KB264252

설교 분석 리포트

J. E. 아담스 지음
김 의 종 옮김

Sermon Analysis

A Preacher's Personal Improvement
Textbook and Workbook
by Jay Adams

Copyright © 1986 Jay E. Adams
Originally published in English under the title
Sermon Analysis : A Preacher's Personal Improvement
Textbook and Workbook by Jay Adams
All rights reserved

Translated and used by permission of Jay. E. Adams
through the arrangement of KCBS, Inc., Seoul, Korea

Korean edition © 2001 by Elman Publishing Co., Seoul, Korea

머리말

왜 다른 사람들의 설교를 연구해야 하는가? 이 질문은 아주 중요하며, 시의 적절한 것이다. 설교학 교수들은 당연히 다른 사람들의 주해와 견해를 모방하는 경향에 대해 비난할 것이다. 그러나 만일 연구의 목적이 표절하려는 것이 아니라 개인적으로 자신의 설교를 개선하기 위한 것이라면 목사나 목사 후보생들은 다른 사람들의 설교를 연구함으로써 커다란 유익을 얻을 수 있다.

본서 「설교 분석」의 목적은 오직 설교의 능력을 향상시키기 위해 성장하고 배우는 것뿐이다. 다른 사람들의 스타일과 방법에 집중함으로써 자신만의 독특한 설교 스타일을 강화시킬 수 있을 것이다. 올리버 W. 홈즈(Oliver Wendell Holmes)는 "나에게는 많은 젖소들이 있지만, 나만의 버터를 만든다"고 했다. 이 책의 목적은 더 나은 낙농 일꾼이 되도록 돕는 것이다.

설교 분석의 기술은 지침에 의해 수집되지만, 실례와 실습이 중요하다. 신학교 교수들은 이론과 중요한 사상을 개인화하여, 당신이 개선하려는 부분을 지적해 주고, 당신에게 어떻게 변화해야 하는지를 보여준다. 그러나 목사가 되어 사역의 장에 들어서면 이러한 노력들을 그만두게 된다. 개인의 개선이라는 것은 어려워질 것이다. 그러나 그러한 설교의 광야에서 방황하는 길고 건조한 시기는 필요하지 않다. 「설교 분석」이 모든 말씀 사역자들에게 신학교에서부터 주께서 부르실 때까지 일생 동안 개인적 개선을 계속할 수 있는 수단이 되기 때문이다.

개인적 연구를 하면서, 당신은 설교의 개선을 위해 꾸준히 노력할 것이다. 경험이 많은 목사들은 같은 목적으로 모인 소그룹의 잘 훈련된 구조에서 본서의 원리들이 더욱 연구되기 좋다는 사실을 알게 될 것이다. 함께 연구함으로써 부가적인 격려와 통찰력과 성장에 대한 빠른 반응을 얻을 수 있을 것이다.

그러나 개인적으로든지, 교실에서든지, 혹은 그룹 연구이든지 간에, 기억해야만 하는 중요한 사실은 각 참여자가 자신의 설교에서 가장 가치 있는 부분에 집중할 수 있도록 개인적 특성을 보전하는 것이다. 본서에서 제공하는 설교들은 기본적인 요점들을 제공할 것이다. 각각의 설교는 서로 다른 성질들을 보여 준다. 「설교 분석」을 공부하는 각 개인은 부가된 설교들을 알게 될 뿐 아니라, 원리들을 설교에 적용함으로써 자신을 개선할 수 있게 된다. 그렇게 해서 해답을 얻는 방법을 배울 수 있다.

그렇다면 무엇을 해야만 하는가? 당신의 설교 능력을 향상시키고 개선하려는 개인적 연구를 시작하면서, 한 가지 기본적인 원리가 당신이 하는 모든 일들을 인도하게 될 것이다. 당신은 이 원리에 익숙해져야 하고, 이 원리를 채택해야 하며 긴밀히 따라야 한다. 그렇지 않으면 당신의 설교를 강화하기보다는 오히려 길을 잃거나 상처받을 위험이 있다.

우리가 변화를 시도할 때는 항상 잘못된 길로 갈 위험성이 있다. 그러나 아무 것도 하지 않고 가만히 있는 것은 당신의 설교를 퇴보시킬 뿐이다. "만일 당신이 그것을 사용하지 않는다면, 당신은 그것을 잃는다"는 격언을 기억하라. "개선하지 않는 것은 잃는 것이다"라는 말도 적당할 것이다.

유익하고 의식적인 노력을 통해서만 당신이 이제 가져야 하는 기술을 간직할 수 있다. 성장 결핍은 단조롭게 하며, 단조로움은 공허한 형식과 허탈한 예배가 되게 한다. 결국 생동감의 결핍은 권태롭게 하며 진부하게 한다. 간단히 말하면 설교자의 기술과 능력이 침체하게 된다. 그러면 그것들은 앞뒤로 흔들리게 된다.

그렇다면 계속적으로 도전하도록 도와주는 기본적인 원리는 무엇인가? 그것은 단순하면서도 심오하다. 설교 분석에서 발견되는 모든 원리들과 실례들과 과정들은 성경에 의해 검증되어야만 한다는 것이다.

성경의 원리 밖으로 빗나가는 것이라고 보이는 것은 어떤 것이든지 받아들여서는 안된다. 다른 사람의 설교는 절대로 실제 설교의 표준이 되어서는 안된다. 성경만이 초석이 되어야만 한다.

그러면 왜 다른 사람들의 설교를 연구하는가? 성경에 있는 설교의 사례만 연구하면 되지 않는가? 이러한 합리적인 질문들은 충분히 대답할 가치가 있다.

성경에 있는 설교를 연구하는 것은 기본적이다. 그러나 다른 사람들의 설교에서 그들이 성경을 탐구하면서 배운 것들을 발견할 수 있으므로 가치가 있다. 설교 연구는 주석을 연구하는 것만큼 아주 중요하다. 다른 사람의 설교를 연구함으로 전에 깨닫지 못했던 성경적 원리들과 실례들을 깨달을 수 있다. 게다가 광범위한 설교를 통해 당신과 유사한 현대적 상황에 있는 다른 사람들이 성경적 원리들과 실례들을 적용하는 수단과 방법들을 연구할 수 있다.

이러한 연구를 통해 시대적, 문화적 차이를 극복하는 방법들을 배울 수 있다. 구약 설화들과 시, 묵시적 자료들과 잠언 같은 책들로부터 그리스도를 설교하는 방법들을 발견할 수 있다. 설교들에 대한 주의 깊은 연구는 전에 다른 사람들이 걸었던 막다른 길을 피하도록 해 줄 뿐 아니라, 다른 사람의 연구로부터 혜택을 얻도록 해줄 것이다. 많은 장애물들을 피할 수 있고 시간을 많이 절약할 수 있을 것이다.

또한 성경에 있는 설교의 연구는 너무나 무시되어져 왔다. 예수와 사도들의 설교들에 대한 분석에 있어서 더 많은 작업들이 행해져야만 한다. 그러나 현대적인 상황에서 더욱 성경적 설교의 좋은 모범들을 찾고 사용함으로써, 이러한 원리들을 성경적 설교의 개인적 연구에 적용할 수 있다.

본서는 적용된 성경 이론의 사례 연구를 포함하고 있으며, 그것은 당신을 계속적으로 개인적이고 영적이고 전문적인 성장을 위해 준비시켜 줄 것이다. 그러나 어떤 것이든 수용하고 채택하기 전에, 그렇게 하는 것에 대해 성경적 보증이 있는지 반드시 확인해야만 한다.

또 다른 중요한 원리는 한두 사람의 설교자로부터 모든 것을 배우려고 해서는 안된다는 것이다. 그들은 그들 자신만의 약점을 가지고 있으며, 다른 사람들보다 어떤 영역에서 더욱 발전된 장점을 가지고 있다. 그러므로 「설교 분석」의 두 번째 원리는 각 사람의 장점들을 발견하여 이것들에만 집중하라는 것이다.

장점과 약점 모두를 모방하지 않기 위해서는 그 둘을 구별하는 데 시간을 투자해야만 한다. 설교 각 영역에서 최고인 설교자들을 면밀히 살피고 그들의 장점만을 연구해야만 비로소 설교에 있어서 균형있는 성장을 이룰 수 있다. 예화, 개요, 서론, 결론 등에 대하여 각 분야의 유능한 전문가로부터 최선의 것을 배울 때에, 당신은 균형 있는 방법으로 개선되어질 것이다.

본서의 설교들은 그것들이 나타나는 장점들 때문에 선정되었다. 각 설교자의 설교에 대한 서론에서 연구할 만한 가치가 있는 면들을 적어도 한 가지 이상 제시해 줄 것이다. 그러나 대부분의 경우에 설교자들이 몇 가지 장점들을 가지고 있다는 것을 알게 될 것이고, 당신은 연구를 위해 한 가지 이상을 택하기를 원할 것이다.

　세 번째 원리는 당신의 연구를 주로(꼭 그 설교자들만은 아닐지라도) 지역 교회에서 매주 정기적으로 설교했던 위대한 설교자들에 한정하라는 것이다. 순회 설교자들은 수십 편의 설교 레퍼토리를 발전시킬 수 있고, 그것들이 진정으로 빛날 때까지 갈고 닦으면서 반복해서 사용할 수 있다. 그러나 당신은 매주 두 편의 새로운 설교를 준비해서 전해야 하며, 게다가 기도회, 헌신 예배, 결혼 예식, 장례식 메시지 등을 준비해야 한다. 또 그밖에 다른 것이 있을지 누가 알겠는가! 순회 설교자는 포괄적이고 더 일반적이고 광범위하게 설교할 수 있다. 그러나 당신은 더 지엽적이고 구체적으로 당신이 섬기는 교회의 특정인들에게 전해야만 한다.

　순회 설교자들로부터 배울 수 있는 것이 많이 있겠지만(예를 들면, 예화를 효과적으로 사용하는 방법 등) 설교 본문의 선택과 주해와 적용과 같은 대부분의 영역에서 당신이 배우려고 하는 것은 우선적으로 매주 정기적으로 설교하는 설교자들로부터 배울 수 있을 것이다.

차 례

⋮

제 1 부
설교 분석 이렇게 하라

제 1 장. 설교의 선택

　설교들을 분석하기 위한 다음과 같은 방법은 그 기술을 획득하고 발전시키는데 기본적으로 입증된, 쉽게 배울 수 있는 만족할 만한 방법을 제공한다. 다만 본서에서 제안하는 원리들과 과정들을 꾸준히 규칙적으로 따르는 것만이 필요한 재능과 양식들을 쌓을 수 있는 길이다. 일관된 노력 외에 다른 대안은 없다.

　그렇게 6주 정도 노력하면, 설교 분석에 있어서 눈에 띠게 숙달하기 시작해야 하고, 당신의 연구로부터 좋은 첫 열매를 얻어야 한다. 반년이 지난 후에는, 분석 도구들을 능수 능란하게 사용할 수 있어야 하고 풍성한 추수를 해야 한다.

　그렇지 못한 결과를 가져오는 것은 대부분 과정 중에 하나, 혹은 그 이상의 단계들을 무시하거나 잘못 사용했기 때문이다. 그리고 불규칙적이고 훈련되지 않은 습관 때문이기도 하며, 그 둘 모두 때문이기도 하다.

1. 오디오 테이프를 듣거나 비디오 테이프를 보거나 설교를 읽으라.

물론 설교를 연구하는 다른 방법들도 있다. 설교를 듣고, 보고, 읽는 것 사이에 큰 차이점들도 있다. 가장 분명한 것은 읽을 때에는 목소리나 동작을 알 수 없다는 것이다. 당신은 설교문에 있는 글들만 가지고 작업해야 한다. 오디오 테이프에는 다른 차원이 더해가고, 비디오 테이프에는 한 차원이 더 더해진다. 그러나 삭제되는 것도 있다. 선포된 설교를 듣고 보는 것과는 달리 기록된 설교문에는 좀더 집중할 수 있다는 것을 알게 될 것이다. 목소리와 동작을 삭제함으로써 덜 산만하게 설교의 다른 면에 집중할 수 있다. 그러나 당신이 목소리나 전달에 대해 연구하고 있다면, 당연히 인쇄된 설교문보다는 다른 것들이 필요할 것이다.

유사하게 비디오는 독특한 방식으로 동작에 대한 직접적인 연구를 하게 해주는데, 소리가 없으면 설교할 때 설교자가 어떻게 동작하는지에 대해 더 쉽게 집중할 수 있다. 예를 들면, 얼굴 표정과 자세와 제스처가 의미 전달에 있어서 중요한 역할을 하는 부분과 특히 말하는 사람의 목소리의 음조에 주목해야 한다. 동작이나 목소리의 가장 좋은 예들은 주로 텔레비전이나 라디오에서 나온다. 기록된 설교문에서는 그런 것들을 발견할 수 없다. 그렇기 때문에 라디오나 텔레비전과 같은 매체들에서 나오는 이러한 매우 중요한 요소들을 연구하는 데 시간을 투자해야 한다.

설교, 혹은 특별히 설교문과 관계된 대단히 많은 문제들은 주로 기록된 설교문을 연구함으로써 해결될 수 있다. 설교를 연구하기 위한 최선의 준비는(일반적으로 인정하듯이 많은 경우에는 불가능하지만) 기록된 설교문과 오디오 테이프, 비디오 테이프 모두의 복사본을 얻는 것이다.

그렇게 하고 나면, 설교의 각 영역에서 독특하고 유리한 점을 별도로 연구할 수 있다.

이 과정에서는 기록된 자료에만 집중할 것이다. 다행히 우리가 물려받은 위대한 설교의 대부분이 오디오나 비디오 테이프가 없었던 시대로부터 유래했기 때문에, 기록된 형태로 보존되어 있다. 그리고 이것이 바로 우리에게는 꼭 필요한 형태인 것이다. 왜냐하면 주로 당신이 작업할 설교들은 죽은 사람들의 설교들이기 때문이다.

과거의 설교들을 사용해야 하는 한 가지 이유는 우리가 오늘날의 설교자들과 너무 가까이 있어서, 역사가 위인이라고 판단할 사람에 대해 잘못된 판단을 내릴 수 있기 때문이다. 그러므로 나는 과거의 설교들에서 발견할 수 없는 무엇인가 특별한 것이 있는 경우에만 현재 설교자들을 포함시켰다.

2. 본서에 있든지 혹은 다른 곳에 있는 설교를 읽거나 듣거나 보라.

그러나 그 설교를 분석하려고 하지 말라. 그 설교에 대해 일반적으로 생각하라. 당신 자신의 영적 유익을 위하여 단순히 그 설교를 읽거나 듣거나 보라. 당신이 만일 분석하기 시작한다면, 절대로 당신이 분석하기를 원하는 설교가 어느 것인지 알 수 없을 것이나. 가상 먼저 너욱 일반적인 방법으로 당신이 연구하기 원하는 설교가 어떤 종류인지 결정하라. 보통 이것은 앞부분만 본다고 해서 결정할 수 있는 일이 아니다. 그렇기 때문에 비판하지 말고 먹을 것을 찾는 배고픈 양처럼 전체를 가지고 시작하라.

3. 그 설교에 대해 스스로 질문하라.
· 내가 그것에 의해 도움을 받았다면 어떤 형태의 도움이었는가?
· 내가 어떻게 도전 받았는가?

- 나는 이 설교자의 메시지를 수용하는 데 있어서 어떤 점에서 다를 것 같은가?
- 나는 그 설교를 좋아했는가?
- 나는 하나님과 성경과 나 자신에 대해 무언가 배웠는가?
- 그 설교가 내가 설교하는 사람들에게 도움이 된 것 같은가?

이런 종류의 질문들에 대해 생각해 봄으로써 그 설교를 분석하는 데 시간을 투자하기를 원하는지 결정하는 데 도움을 받을 수 있다. 당신의 전체적인 인상에 따라서 분석하기 위해 선택한 설교마다 당신이 판단해 보니 아주 훌륭하고 뛰어난 설교라는 것을 확인하라.

물론 이 규칙에도 예외는 있다. 예를 들면 노만 빈센트 필(Norman Vincent Peal)이나 해리 포스딕(Harry Emerson Fosdick)의 어떤 설교에서는 아마 은혜받지 못할 것이다. 그렇다고 해도 내용을 거부하는 동안, 아마도 이야기를 효과적으로 말하는 방법이나 "초보적인 (how-to)" 자료들을 사용함으로써 설교를 충족시키는 방법들을 배우기 위해 그 설교를 연구하고 싶어질 것이다. 유사하게 당신은 각 개인의 언어의 명쾌함을 연구함으로써, 혹은 삶의 정황에서의 설교에 대한 그의 관심으로부터 유익을 얻을 수 있을 것이다.

그러나 설교 한 편의 전반적인 가치를 평가함에 있어서, 당신 자신의 의견뿐만 아니라 다른 사람들의 견해를 고려하는 것은 지혜로운 일이다. 만일 당신이 그들의 의견을 중요시하는 오륙 명의 사람들이 어떤 특정한 설교에서 커다란 도움을 입었다고 말한다면, 당신은 그 설교를 연구해야만 한다. 당신 생각에 좋은 설교이지만 실제로는 그렇지 않다는 것은 그 문제의 일부분일 수 있다는 것이다.

또한 당신이 그들의 의견을 중요시하는 설교 선집의 편집자들의 평가는 당신이 선택할 때 큰 비중을 차지한다. 그들은 당신이 알지 못하는 것을 알고 있을 것이다. 선생님들도 이러한 노선을 따라 당신에게 좋은 충고를 해 줄 수 있을 것이고, 당신은 유능한 설교자들의 도움 받은 설교가 누구의 설교인지 그들에게 물어야만 한다. 그러나 최종 분석에서는 당신 홀로 어떤 설교를 연구할 것인지 판단해야만 한다.

제 2 장 연구할 한 가지 양상을 선택하기

▣ 제 2 단계 ▣

1. 그 설교를 다시 읽고, 다시 듣고, 다시 보라. 그리고 나서 연구할 요소들과 여러 면들을 확인하라.

설교 한 편을 선택하고 나면, 실제 분석을 시작해야 할 것이다. 당신은 그 설교에서 당신에게 인상을 준 것이 무엇인지 발견하고 싶을 것이다. 내용에 있어서의 어떤 것인가, 아니면 형식인가, 아니면 둘 다인가? 이것은 처음으로 해야 하는 가장 광범위한 결정이다. 이러한 판단은 그 두 가지가 전적으로 분리되어 있는 것이 아니어서 쉽지 않을 것이다. 그러나 대부분의 경우에 그 양상이 이 두 영역 중 어디에 속하는지 구분할 수 있을 것이다.

당신이 연구하려는 그 양상이 내용의 요소라면, "그 내용에 있어서 나에게 인상을 준 것은 무엇인가?"라고 물어라. 그것이 주해인가? 그것이 나타내는 진리 혹은 정확함의 새로움인가? 예화 자료인가? 무엇인가? 분명히 당신은 그 양상을 구분하면서 형식에 관해서도 질문할 것이다. 그 정확함이 단순히 예리하고 정확한 사고의 문제인가, 아니면 그것이 매우 정확한 어휘를 포함하고 있는가?

또한 당신이 연구하려는 양상이 형식의 영역에 있는 것이라면, 그 형식에 있어서 예외적인 것이 무엇인지 반드시 결정해야만 한다. 개요인가, 서론인가, 결론인가? 그 언어에 있어서의 활기참, 구체성, 아름다움, 생동감, 힘, 대담성, 명확함인가? 아니면 무엇인가?

2. 적어도 한 가지 양상을 선택하여 고찰하라

설교에서 연구하고자 하는 양상이 한 가지 이상이라면, 그것을 노트해 놓았다가 나중에 연구하라. 한 번에 한 가지 이상을 다룸으로써 자신을 혼란케 하는 것은 당신도 원하지 않을 것이다. 당신이 알고자 하는 모든 것을 알려고 처음부터 너무 강하게 밀고 나간다면, 훨씬 못 배우는 결과를 낳을 것이다. 비밀스러운 것을 찾지 말고, 먼저 명백한 것을 가지고 작업하라.

이 일은 탐정이 하는 작업 방법을 취하는 것이다. 당신이 그 설교와 예닐곱 번 씨름할지라도, 당신이 생각하기에 연구할 가치가 있다고 생각하는 적어도 한 가지 뛰어난 양상(한 원리 혹은 실례)을 정하기까지는 그 설교를 내려놓지 말라. 단지 다음 과정을 성공적이지 못하게 시도해 왔다면, 당분간 그 설교를 내려놓고, 분석하기 더 쉬운 다른 설교로 옮겨가라.

작업의 목적은 당신이 원래 평가하는 동안 그 설교를 예외적인 것으로 보이게 하는 것이 무엇인지를 정확하게 밝히는 것이다. 이 작업은 당신이 생각하기에 현재 당신에게 가장 중요한 양상을 찾는 조직적인 접근 방법을 사용함으로써 굉장히 도움을 받을 수 있다.

그러나 이제 "탐정"식의 어투에서 자동차 정비공으로 우리의 어투를 바꾸자. 숙련된 자동차 정비공은 당신 자동차의 후드를 열고 보면, 복잡한 기계 뭉치에서 당신에게 발생한 일이 무엇인지 즉시로 파악한다. 왜 그런가? 그는 훈련되었고 문제에 대처하는 경험이 있기 때문이다.

그는 차가 어떻게 작동하는지 알고 있고 주로 무엇이 잘 고장나는지를 알고 있다. 때때로 그는 전체 증상의 기초인 어떤 특정 요소를 곧바로 가서 당신의 문제를 재빨리 고칠 수 있다.

어떤 때는 그가 당신의 문제의 원인을 찾기까지 한 아이템에서 다른 아이템으로 이동하면서 잘 알고 규정된 경로를 따른다. 그것이 설교 분석에서 해야 하는 것과 유사한 것이다. 정비공은 다른 문제들을 찾기 위해서 연료 계통 혹은 전기 계통과 같은 분리된 계통을 분석할 것이다.

당신의 엔진이 작동하지 않는다고 생각해 보자. 그러한 경우에 정비공은 그 문제가 전기 계통에서 가장 있음직한 문제임을 결정해야 할 것이다. 그러나 아직 그는 이 계통의 어느 부분이 문제의 원인인가는 알지 못할 것이다. 다양한 요소 중에는 전지와 스타터와 당신이 키를 꽂는 스위치도 있다. 그러므로 그는 문제가 무엇인지 정할 때까지 각각 조사하면서 그 계통 안에서 한 요소에서 다른 요소로 이동해야 할 것이다. 그는 그 계통을 알기 때문에 체계적으로 움직여 나갈 수 있다. 그가 그 문제가 어디에서 일어났는지 발견했을 때 — 예를 들어 전지에서 전류가 흐르지 않는다고 하자 — 그는 그 문제의 원인이 그 전지의 어떤 면인지를 결정해야 한다. 부식된 접점이 있는가? 포스트가 헐거운가? 전지를 재충전해야 하는가? 전지가 완전히 닳았는가? 이러한 각각의 상황에 따라 특별한 치료가 요구된다. "문제는 전지에 있습니다"라고 말하는 것으로는 충분치 않다.

이제, 당신은 유사한 방법으로 설교 분석을 보게 될 것이다. 여기서, 또한 당신이 약점이 아니라 강점을 찾고 있을지라도, 그 설교의 체계와 요소들과 양상들을 조사할 것이다. 또한 체계적으로 움직여나가는 것이 필요할 것이다.

한 설교에서 적용할 수 있는 네 가지 체계들이 있다. 그것은 내용 체계와 조직 체계, 언어 체계와 전달 체계이다. 이러한 각각의 체계들은 수많은 양상들로부터 차례로 관찰될 수 있는 다양한 요소들을 포함하고 있다.

그리고 설교에서 영적 역동성은 별개라는 것을 반드시 유의하라. 성령은 한 체계가 아니라 설교자와 회중 가운데 역사하시는 한 인격이시다. 여기서 소개된 이러한 체계들은 자동차 시스템처럼 기계적으로 작용되지 않고 개인적 맥락 안에서 작용한다. 이러한 사람들의 서로에 대한 관계와 설교와의 관계는 모두 다를 수 있다. 이러한 체계들에 대한 언급에 있어서 나는 설교자와 성령님 사이의 적합한 관계를 가정할 것이다.

이제 당신이 어떤 설교가 내용에 있어서 강하다고 생각한다고 하자. 그러나 당신은 특별히 의미심장한 것이 그 내용 체계 안에 있는 것임을 확신하지 못한다. 그러므로 당신은 각각의 요소에 대해 주의를 기울이기 시작한다. 이러한 요소들 중의 두 가지는, 내가 제 2단계 처음에서 말한 바와 같이, 주해와 예들(혹은 예화들)이다.

당신이 당신의 고찰에서 모든 요소와 함께 다른 세 가지 체계를 제외시킨 것과 같이, 내용 체계에 있는 다른 요소들에서도 마찬가지로 주해에만 집중하는 것이 쉽다. 그러나 주해 방법의 연구만 가정히면 결과는 별다를 것이 없을 것이다. 주해는 평균이고 보통이라는 것이 증명된다. 그래서 당신은 내용 체계의 다음 요소(예들의 사용)로 옮겨간다. 당신은 여기서 결국 뭔가 정말로 특별한 것을 재빨리 발견한다. 다른 모든 것을 제외시키고서 당신은 여기서 이러한 예들을 집중적으로 연구하는 것이다.

그러나 한 요소에 대한 집중적인 연구란 무엇인가? 그것은 모든 타당한 양상들 안에서 그 요소에 대한 연구이다. 이제 당신은 그 예들의 각 양상을 조사하기 시작할 수 있다. 당신은 물을 것이다. 그것들의 출처는 무엇인가? 설교에서 사용된 예들은 어디에 있는가? 그것들의 음조와 색조는 각 요점에서 그 논의와 적합한가? 그것들이 설교의 분위기에 기여하는가? 무슨 목적들 때문에 그것들이 사용되는가? 그것들은 명백한가? 그것들은 진리를 구체화하는가? 그것들은 기억하기 쉬운가? 설교자는 어떻게 더 흥미롭게 그의 예들을 소개할 것인가? 그것들은 짧고 힘이 있는가? 혹은 길고 자세한가? 아니면 다양성이 있는가? 대화와 직접적인 연설이 들어 있는가? 사물과 활동하는 사람과 동물들과 관련이 있는가? 예화의 사용은 어느 면에서 탁월한가? 그 나머지는 제외시켜라.

이러한 방법으로 적용 가능한 요소 혹은 당신이 설교에서 연구하고자 하는 요소들을 분석하고 정할 수 있다.

3. 그 연구의 중요성에 대해 다시 한 번 자세히 조사하라.

이런 방법으로 연구할 때, 당신은 우리가 살펴 본 바와 같이 당신에게 영향을 준 것은 그 전체 설교가 아니라고 결론지을 수 있을 것이다. 아마도 한두 요소가 다른 설교들로부터 선택될 것이다. 그러나 설교를 탁월하게 하는 요소 혹은 그 요소들을 정한 이상, 당신은 "내가 따로 떼어 연구한 이 요소 혹은 특정한 양상들이 정말로 주제를 소화하기에 필요한 시간을 보낸 내 설교에 기여할 것인가?"라고 스스로 물어야 한다. 그 양상이 당신이 연구하기 위해 정말 필요한 것인가? 정직하라. 당신을 이미 탁월하게 한 것들을 연구하는 것은 별로 유익이 없다.

제 3 장. 요소들과 설교자에 대한 분석

▣ 제 3 단계 ▣

1. 한 요소를 끄집어내어 그것의 모든 면들을 분석하라.

이것에 관해서는 이미 말했었다. 그러나 이제 그것을 분석 과정의 한 단계로 볼 필요가 있다. 그리고 구체적인 용어로 몇 가지 더 예를 들고자 한다.

이미 주목한 바와 같이, 탐정과 자동차 정비공과 그들의 일을 논할 때, 먼저 당신은 가장 우선적인 요소를 정했을 것이다. 그리고 나서 그것이 무엇이며 그것이 당신의 연구에 가치 있는 것인가를 결정하면서, 당신은 그것의 적절한 각 면을 고찰함으로 그 요소 자체를 분석할 필요가 있다.

정확하게 당신이 그 요소에 대해 결론지은 것을 종이 위에 단 한 줄로 진술하라. 예를 들면, "반하우스(Barnhose)는 예화의 대가이다."라고 적는다. 그리고 나서, 모든 각도에서 조사한 후, 당신의 진술에 당신이 생각하기에 적절하고 도움이 되는 것을 밝혀 주고, 설명하고 한정적인 논평을 추가하라. "그는 묘사에 있어서 최고이다. 그는 진리를 생생하게 만든다. 그는 예화를 항상 사용하는 것은 아니다. 때때로 너무 많이 사용하기도 한다. 때론 필요없을 때에도 사용한다. 그의 예화들이 요구하는 바는 항상 명백하고 적절하고 대체로 흥미롭다. 그는 자신의 경험에서 나오는 예화를 사용하고 있는데 꽤 다양하다."

이러한 부가적인 진술과 함께 당신은 반하우스가 예화를 사용하는 것에 대한 더 깊은 개념을 알기 시작할 것이다. 당신은 이것을 적용할 수 있다. 이제 당신은 어떤 종류의 것들을 당신이 배우고자 하는지 결정할 수 있을 것이다. 아마도 반하우스의 예화 기법에서 가장 당신에게 충격을 준 것은 그가 예화의 자료로 자신의 경험을 사용한다는 점일 것이다. 당신은 예화 자료로 개인적 경험을 사용하는 데 어려움을 느껴 왔을지도 모른다. 그래서 이제 당신은 어떻게 그렇게 하는지 배우기를 원할 것이다. 그것은 이러한 한 양상의 분석에 있어서 당신이 생각하는 모든 양상(양상들의 양상들)으로부터 그것을 바라볼 것이라는 것을 의미한다.

당신은 다음과 같이 물을 것이다. 그가 어떻게 과장된 자기 중심성을 배제하는가? 무슨 방법으로 자신의 자만을 피하고 있는가? 그의 경험의 어떤 영역으로부터 이런 예화들이 주로 오는가? 얼마나 개인적으로 취하는가? 우리로 하여금 그가 경험한 것이라고 느끼게 하는가? 얼마나 자세하게 하는가? 무슨 종류인가?

이러한 모든 것에 노력을 기울여야 한다.

2. 당신에게 인상을 준 효과를 그가 어떻게 성취했는지 정하라

그러한 결론에 도달함에 있어서, 당신은 노트를 할 것이다. 예를 들어 로이드 존스(Lloyd-Jones)는 "자신의 설교에 물음표가 있도록 하고", "종종 감정적으로 긴장된 구절에서는 많은 질문을 한다"(대부분 위대한 설교자들이 하듯이), 그러나 그는 종종 "질문에 의해 사고를 앞으로 나아가게 한다". 또한 "그는 주된 요점들과 하위 요점들의 차이를 질

문으로 다리를 놓는다"라는 부가적인 관찰을 당신은 메모할 것이다. 그리고 당신은 "그가 하는 질문 중 가장 좋아하는 질문은 '그것이 의미하는 바가 무엇인가?'라는 질문이다"라고 쓸 것이다. 결국 당신은 다음과 같이 끝맺을 것이다. "때때로 그는 '무엇인가?'와 '어떻게?'와 같은 한 단어 질문을 효과적으로 사용한다. 이렇게 하는 것은 설교에 '펀치(punch)'를 날리는 것 같고 순수한 단순성으로 인해 사고에 명확성을 더해 주는 것 같다." 당신이 이러한 관찰을 하기 시작할 때, 당신은 당신이 하고 있는 연구가 유용하게 되는 곳에 도달해 있는 것이다.

노만 빈센트 필의 설교는 다른 모든 것을 잊고 수행 방법과 그의 화술에 집중한다면 아마도 연구에 유익한 설교일 것이다. 다른 어떤 연구에 있어서도 전적으로 기교에 초점을 맞춰야 할 것이고, 성경적 원리와 강령에 부합될 수 없는 모든 것들은 조심스레 제거해야 할 것이다.

◼ 제 4 단계 ◼

1. 당신이 선택한 양상과 관련하여 설교자의 전기를 연구하라.

이렇게 할 때, 종종 그가 왜 그렇게 했으며 당신이 연구하고 있는 그 양상을 그가 어떻게 전개하는지에 대한 실마리들과 근본적 이유를 발견할 수 있을 것이다. 아마도 당신은 필립스 브룩스(Phillips Brooks)가 성육신과 특별히 삼위일체에 대해 설교한 횟수에 대해 충격을 받았을 것이다. 당신은 그 내용 체계의 이러한 양상을 연구하려고 결정했을 수도 있을 것이다. 그러나 그 설교에 대한 당신의 연구와 함께 브룩스의 전기를 읽어야 할 것이다.

읽다 보면 당신은 그가 유일신론(Unitarianism)의 당시 중심지인 보스턴에서 설교했었음을 발견하게 될 것이다. 게다가, 당신은 그의 유년 시절에 그의 가족들이 유일신론자가 된 회중 교회에서 나와서 성공회에 가입했다는 사실을 읽게 될 것이다. 그래서 이제 유일신론의 잘못에 대항하여 성공회 신부로서 돌아온 브룩스가 여기에 있는 것이다. 그러나 브룩스는 그 도시에서 사랑 받아서, 심지어 그를 기념하는 기념비가 세워졌고, 유일신론의 중심지인 하바드에서 가장 유명한 채플 설교자가 되었다. 심지어 교목으로 청빙되기도 하였다.

이 모든 것에서 당신은 무언가 다른 것들을 발견하는 것이다. 브룩스는 유일신론의 중심지에서 명확하게 삼위일체를 설교했을 뿐만 아니라 그는 그 일을 명쾌하게 해 낸 것이다.

이러한 사실을 깨달은 후에는 당신은 당신의 연구를 "어떻게 삼위일체 교리를 설교했는가?"에서 "어떻게 적대적 환경에서 명쾌하게 설교했는가?"로 바꾸고 싶어할 것이다.

2. 전기에서 요소들의 광범위한 다양성을 발견하라.

사역에 있어서의 전환점이나 위기들과 같은 설교자의 생애의 세부 사항들은 설교에 영향을 주기 때문에 기록해 두어야 한다. 그가 직면한 문제들과 설교 외에 그가 행한 작업들과 그와 그의 설교에 대한 다른 사람들의 논평, 그의 취미와 그가 특별히 흥미를 갖는 것들은 모두 가치 있는 것들이다. 이러한 것에 대한 예는 에드워드(Edward)의 거미에 대한 호기심과 스펄전(Spurgeon)의 벌에 대한 연구 같은 것들이다.

주목할 만한 다른 것들은 자기 자신의 설교에 대해 말한 것과 다른 사람들이 말한 것들이다. 때때로 연구 중에 있는 양상에 대한 중요한 통찰이 그의 신학 저작이나 다른 저작에서 발견되기도 한다. 이것은 사실이다. 칼빈이 그의 주석에서 설교에 대한 많은 중요한 논평을 한 것이 한 예이다.

3. 어떤 연구를 시작하기 전에 그 비용을 계산하라.

당신이 어떤 사람의 설교에서 한 요소를 연구하려고 결심할 때마다 당신이 대체로 그 사람에 대한 꽤 큰 연구를 떠맡고 있다는 사실을 인정하라. 정선하라. 어쩌면 6개월 이상의 긴 시간을 그와 함께 보내게 될지도 모른다는 것을 깨달아라.

물론 특별히 선택한 요소에 집중하고 다른 일들은 하지 않으면서 그의 설교를 단순하게 연구할 수도 있을 것이다. 이렇게 하는 것이 도움을 줄지는 모르지만, 만일 당신이 모든 것을 다 연구한다면 전체에 대한 당신의 이해는 더욱더 향상될 것이다.

예를 들면, 스스로 전기식으로 질문을 하라. "로버슨(F. W. Robertson)은 그들의 설교를 관통하는 죄된 인간의 성품에 대한 날카로운 통찰력을 어떻게 발전시키고 있는가?" 그 질문에 대한 대답은 그 답을 찾는 데 요구되는 모든 시간과 같은 가치가 있는 연구를 요구한다.

반복하자면, 만일 당신이 한 요소를 연구하고, 그것을 전체적으로 연구하려고 시작했다면, 어떤 경우에는 만만찮은 일을 떠맡게 될 것이다. 그러나 얻어진 성장과 만족은 당신이 소비한 모든 시간만큼이나 가치있는 것이다.

마지막으로 할 말은 주심스럽고 분서저인 설교에 대한 연구는 그것 자체로 자연히 한 설교자로 성장하는 것을 촉진한다. 당신은 설교와 설교하는 설교자들에 대한 집중적인 연구에 의해 좋은 설교에 포함된 것이 무엇인지 알 수 있는 강화된 자각과 의식을 획득하게 될 것이다. 이러한 성장은 우리가 고찰해온 더 기술적인 양상들, 혹은 요소들이 잘 정의될 수 있는 것만큼 잘 정의되거나 자세하게 말할 수 있는 것이 아니다. 그러나 그것은 어느 모로 보나 실제적인 것이다. 정말로 그것은 중요한 이득이다.

제 4 장 다음에 할 것은 무엇인가?

■ 제 5 단계 ■

1. 동일한 설교자의 다른 설교들을 고찰해 보라.

어떤 설교자의 설교에서 나타나는 특색있는 요소에 대한 조심스럽고도 정확한 연구는 있음직한 그 사람의 다른 많은 설교들에 대한 연구로 결론지어진다. 어떤 경우에는 현존하는 설교가 수백 편 혹은 수천 편 있다는 것은 사실이다. 만일 그 양상이 그것에 대해 한 권의 책을 쓸 만큼 아주 중요한 것이 아니라면, 어떤 설교자에 대한 포괄적인 연구도 나는 제안하지 않는다. 그러나 대부분의 경우에 유용한 설교가 적당량 있다. 그것의 대부분 혹은 모두가 내가 주장하고 있는 그런 종류의 연구와 잘 부합한다.

당신은 물을 것이다. "그러나 적당량이 얼마입니까? 내가 스펄전을 연구해 보는 것은 어떻겠습니까? 내가 대도시 성막 시리즈(Metropolitan Tabernacle series)의 모든 설교를 구하는 것을 당신은 제안하진 않겠죠? 그렇죠? 크리소스톰(Chrysostom)이나 루터(Luther)나 칼빈(Calvin)은 어떻겠습니까?"

그것은 옳은 질문이다. 당신이 묻고 있는 것은 요컨대 "충분한 양"이 어느 정도냐는 것이다. 그 대답은 정확한 값이 없다는 것이다. 내가 말할 수 있는 모든 것은 당신이 만족할 때까지 계속 그 설교들을 연구하라는 것이다. "만족할 때까지"라는 말이 적당한 것이 아닌지 모른다. 왜냐하면 어떤 사람은 너무 빨리 만족하는 반면 다른 사람들은 전혀 만족하지 못하기 때문이다. 그러나 당신이 연구하고 있는 양상에 대한 만족할 만한 이해에 도달할 때까지 연구하라. 만족은 또한 당신이 당신의 설교에 그 양상을 성공적으로 사용하기 시작했다는 것을 의미하기도 한다(다음 장을 보라). 또한 당신이 그것을 충분히 정확히 이해해서 당신에게 묻는 다른 사람들에게 그것을 설명할 수 있을 뿐만 아니라, 민첩하게 그것을 다른 문맥이나 구절에 이용할 수 있다는 것을 의미하는 것이다.

당신이 동일한 설교자의 다른 설교들을 읽을 때 다음과 같이 질문하라. "이 설교들이 내게 비슷한 충격을 주는가? 첫 번째 설교에 있는 그 양상이 예외적인가 혹은 전형적인가? 첫 번째 설교에서 내게 충격을 준 동일한 요소가 나머지 설교들에서도 효과적인 양상으로 두드러지게 눈에 띄는가? 첫 번째 설교에서 나타나지 않았지만 연구할 만한 가치가 있는 다른 양상들이 있는가?"

그러나 다른 길로 새지는 말라. 만일 당신이 노력할 만한 한 양상을 연구하기로 결정했다면, 거기에 머물러라. 그리고 부차적이고 흥미를 끄는 양상들에 대해 당신에게 떠오르는 모든 것은 단지 적어 두고 다음에 연구할 것으로 남겨 두어라.

이것들과 동일한 순서의 다른 질문들은 고찰하고 있는 요소에 대한 당신의 이해를 향상시키는 데 많은 도움을 주는 자료로 인도해 줄 것이다.

한 설교에서만 나타나는 한 요소에 대한 연구가 유익하겠지만, 그 설교자의 모두 혹은 많은 설교에서 당신이 발견한 설교자의 장점인 요소들을 연구하는 것 또한 더욱더 유익하다는 것을 당신은 인정해야 할 것이다. 그러므로 당신이 연구하는 요소가 규칙적으로 나타나고 있다는 것을 발견했을 때 기뻐하라. 아마도 당신은 무언가 대단한 것을 알아차리고 있는 것이다!

구체적으로 해 보자. 피터 엘더스벨드(Peter Eldersvelde)나 요엘 네더후드(Joel Nederhood)의 설교에서 나타나는 구어(口語)의 사용에 대한 철저한 연구는 이런 스타일로 쓰는 것과 말하는 것의 가치와 방법, 기교를 배울 수 있는 가장 좋은 방법들 중 하나이다. 왜냐하면 그들은 자신들의 설교를 라디오 방송용으로 만들기 때문에 완전하게 써 놓는다. 그러나 그들은 문어체보다 오히려 대화체나 자연적인 소리를 원한다. 그러므로 그들은 가장 구어에 가까운 문어체 스타일을 만들어 낸다.

출판된 다른 설교들이 가지고 있는 문제들 중 하나는 바로 이것이다. 설교는 노트로부터 전해졌지만, 그 설교는 녹음되었거나 속기로 기록되어졌다는 것이다. 대개 즉석으로 한 설교는 인쇄하기에 좋지 않기 — 그렇게 해서도 안 된다 — 때문에(Pulpit Speech에서 문어와 구어에 대한 나의 비교를 보라) 설교자는 출판사에 넘기기 전에 교정을 보게 된다. 그래서 대부분의 경우 당신이 가지고 있는 것은 실제로 설교되지 않고 인쇄를 위해 수정된 바로 그 설교이다. 결과적으로 아무도 구어를 기록하는 방법을 가르쳐 주지 않으므로 이러한 수정판은 종종 너무 딱딱하다.

대조적으로 엘더스벨드와 네더후드는 구어체적 문어체를 만들어 왔다. 거기에는 수정하는 일이 없다. 그러므로 역설적이지만 훌륭한 구어의 질을 연구하는 가장 좋은 방법 중 하나는 기록된 형태로 연구하는 것이다. 수정된 형태로 당신이 가지고 있는 것은 보통 더 과장된 것이다.

한 설교 이상을 연구하라는 요점으로 돌아가서, 만일 당신이 브룩스의 설교에서 대구나 대조의 사용에 대해 연구하고 있었다면, 결정적으로 하나 이상의 많은 설교를 연구하므로 많은 것을 얻어야 할 것이다. 크리소스톰의 회중의 반응에 대해 응답하는 놀라운 능력이나 특별한 경우에 대해 설교하는 그의 능력은 신상들에 대한 설교만을 분석하는 것뿐만 아니라 유트로피어스(Eutropius)와 다른 사람들에 대한 설교들도 고찰함으로 최선의 연구가 되는 것이다.

2. 부가적인 설교를 연구할 때 당신이 연구하고 있는 요소를 통해 설교자가 그 효과를 어떻게 성취했는지를 더욱 더 정하도록 하라.

"다양한 설교들에서 발견되는 공통점은 무엇인가?"라고 질문하라. 또한 "다양성은 무엇인가?"라고도 질문하라. 만일 동일한 효과가 그 요소가 빠져 있는 다양한 면들 중 몇몇에서 성취될 수 있다면, 그러한 다양성들은 그 양상에 본질적인 것이 아니며 당신이 고려하려는 것들에서 제외시켜도 될 것이다.

혹은 그 다양성이 설교에서 사용된 특정한 문맥에서 그 요소를 받아들일 만한 것으로 만든다는 것이 드러나는 것을 발견하게 될 것이다. 다른 말로 하면, 다수의 설교에서 공통점과 다양성을 연구하는 것은 당신으로 하여금 당신이 연구하고 있는 요소의 본질적인 면들과 부수적이 아닌 것들과 당신이 거리가 있음을 확신하게 할 것이다. 설교 한 편만 연구하는 것은 보호막을 제공하지 못한다.

▣ 제 6 단계 ▣

1. 당신이 하고 있는 연구들에 대한 노트가 늘어나도록 하라.

당신이 연구하는 요소에 대해 배운 모든 것을 한두 문장으로 써 보라. 그리고 그것을 자세하게 묘사하라. 그것이 나타나거나 삽입된 설교로부터 발췌록을 복사하거나 당신이 쓴 것과 나란히 파일화해라. 당신이 그것에 대해 알고 있는 모든 것을 상술하라. 즉, 그 요소가 무엇인지와 그것이 무슨 영향을 주었는가를 적어라. 또한 설교자가 자신이 한 것처럼 왜 전개했는지, 그리고 어떻게 그것을 사용했는지, 언제 그것을 사용했는지, 사용하지 않았는지, 어느 상황하에서 그가 그것을 어떤 형태로 제시했는지, 충분한 효과를 얻기 위해 단계적으로 각 양상마다 무엇을 취했는지, 그리고 그가 수년 동안 그것을 어떻게 재정의 했는가를 적어 보라.

만일 당신이 열심히 이러한 사실들을 기록한다면, 잃어버릴 수도 있었던 자료들을 보존하게 될 것이다. 그리고 이 책은 설교를 준비하는 동안 반복해서 보게 될 중요한 책이 될 것이다. 나는 당신이 당신의 연구의 결과에 대한 완전한 기록을 하기를 권한다.

제 5 장. 당신이 배운 바를 활용하기

▣ 제 7 단계 ▣

1. 당신 자신의 비결을 첨가하라.

당신이 연구한 요소와 그것의 활용에 대해 유의해서 깊이 생각해 보라. 당신 자신의 아이디어 중 어떤 것을 그것에 집중하도록 하라. 그것을 어떻게 다르게 활용할 것인가? 무슨 목적으로? 무슨 방법으로? 스스로 물어 보라. "항상 같은 양상들만 있어야 하는가? 항상 같은 순서대로 사용되야 하는가?"와 같은 질문들과 유사한 질문들이다. 연속적인 구절의 연구에 대한 당신 자신의 기여한 바를 분명히 표시하여 그 요소에 대한 다른 각도나 면들을 더해 주는 창조성을 발휘하게 될 것이다. 창조성에 대한 전체적인 주제에 대해서는 나의 책 〈*Insight and Creativity in Christian Counseling*〉을 보라.

그러나 그 설교자가 한 것처럼 성공적으로 그 양상을 사용하기 전까지는 이런 종류의 변화를 시작하지 말라. 그렇게 하고 나면 당신의 새로운 각도가 개선된 것인지 아닌지 알 수 있는 위치에 있게 될 것이다. 당신 자신의 비결을 사용한 후에는, 그것들이 어떻게 효력을 잘 나타내고 있는지 주목해야 한다. 만일 그것들이 설교를 개선시키지 못했다면,

당신은 아마도 그것들을 지워버리고 싶을 것이다.

2. 당신이 할 수 있는 설교들을 개선하라.

확실히 위대한 설교자들의 설교들도 개선하는 것이 가능하다. 우리가 본 것처럼 그들은 모든 영역에서 동일하게 강한 것이 아니다. 이를테면 당신은 다른 강한 메시지가 그 점에 있어서 실패한다면 강의 개요에서 설교 개요로 돌아가곤 할 것이다(이것과 다른 그런 문제들에 대한 세부 사항에 대해서는 나의 책 〈*Preaching with Purpose*〉을 보라. 정말로 본서의 제2부에 있는 설교 중 많은 설교들은 단지 그렇게 함으로 개선 될 수 있을 것이다.

다른 많은 설교에서, 특정 단원에서 첫 번째 사람과 세 번째 사람 모두의 언어에서 두 번째 사람의 용어로 돌아갈 때 생기는 큰 차이점을 발견하라. 본서에 재현된 칼빈의 설교 가운데 하나를 가지고 해보라. 그리고 나서 개선점을 적으면서 두 방식으로 그 설교를 크게 읽어 보라.

아마도 놀라운 것은, 크게 읽는 것이 분석의 본질적 부분이라는 것이다. 이러한 실습을 통해 당신은 운율과 소리의 조합, 구문의 길이와 다양성, 규칙적 문장과 질문, 감탄과 같은 수사적 기교와 다른 많은 문자적 문제들에 대해 많은 것을 배울 수 있을 것이다. 당신이 분석한 모든 설교를 적어도 한 번씩 읽는 규칙적인 연습을 하라.

또한 이미 한두 요소에서 강점을 나타내는 설교에 다른 설교자의 강점들을 부가하므로 설교의 강점을 증가시키도록 하라. 이렇게 하므로 설교가 즉시 개선되어 얼마나 큰 변화를 나타내는지 놀랄 것이다. 이미 좋은 설교가 아주 강력한 것으로 변하는 것이다.

그렇게 개선하는 일에 숙달된 후에는 전에 작성한 당신의 설교 중 몇 편을 정해서 동일한 작업을 해보라. 그러나 항상 다른 사람의 설교

들을 가지고 시작하라. 그 원리들을 객관적으로 적용하는 것이 더 쉬워
질 것이다. 다른 사람들의 설교를 개선하기 위해 원리들과 기술, 기교
를 어떻게 사용하는지 배우고 나면, 당신은 자신의 설교를 수정하기 위
해 더 나은 준비를 한 것이 될 것이다.

이 과정에서 당신은 설교를 개선하는 작업을 당신 자신의 설교에도
수행하는 자세를 낳는다는 것을 발견하게 될 것이다. 더욱더 당신 자신
이 해놓은 것에 대해 비판적이 된다는 것을 알게 될 것이다. 과거에 안
주해 있던 그런 종류의 준비로는 만족하지 못하게 될 것이다. 올바른
설교를 얻기 위해 스스로 계속적으로 변화하고 세련되는 것을 알게 될
것이다. 이러한 사고방식은 설교 연구를 통해 얻을 수 있는 가장 중요
한 이점이다.

■ 제 8 단계 ■

1. 당신이 현재 작성하는 설교에서 당신이 연구한 그 양상을 사용할
것인가 결정하라.

당신의 설교에서 그 양상의 사용 방법을 결정하라. 어느 설교에 이
요소의 사용이 요구되는지 결정하고, 그 반죽 속에 그것을 혼합하라.

분명히 말하지만 제시된 분석 방법들에는 남의 것을 답습하는 것은
포함돼 있지 않다. 힘든 노력을 통해 다른 사람들의 설교로부터 파내서
자신의 것으로 만든 원리와 실례를 사용하는 방법들을 제시한 것뿐이
다. 답습하지 않고 다른 사람이 어떻게 했는지를 배워야 한다. 이것이
예술가의 그림을 따라 하는 것과 배우는 것의 차이점이며, 화법 연구를
통하여 한 사람의 유능한 예술가가 되는 것이다.

사실, 당신이 연구하는 설교자도 당신이 할 수 있는 것만큼 분명하게

그가 했던 대로 정확히 발음할 수는 없을 것이다. 당신이 그 설교자보다 더 철저하게 과정과 실례를 연구해 왔을 것이다. 보통 한 요소를 채택할 때는 반드시 당신의 기교를 첨가할 것이다. 정말 당신이 몇몇 설교자에게서 한 공통 양상을 알아챘다면, 당신은 당신 자신의 각도를 가지고 그들 모두를 연구했을 것이고, 그들 중 어느 누가 사용한 것과도 정확히 일치하지 않는 합성물을 만들어냈을 것이다. 그것은 독특한 당신 자신의 것이 될 것이다.

중요한 것은 당신이 배워 온 것을 수용하기 시작해야 한다는 것이다.

2. 자신의 설교를 녹음하고 새로운 요소의 효과에 대해 비판적으로 들어라.

당신이 생각하기에 새로운 요소를 포함한 것이 상당한 차이를 만들었는지 정직하게 결정하라. 그렇지 않다면 당신이 그것을 충분히 요령 있게 사용했는지 정하거나 어색하게 다루어진 면들이 있는지 생각해 보라. 만일 어색한 점이 있다면, 당신이 전에 간과한 요소의 어떤 면을 무시한 것에서 유래했는지 생각해 보라. 그러한 생략된 면들에 대해 그 요소를 다시 연구하라. 그리고 나서 새로운 양상을 전개시키는 방법과 사용 방법을 개선하기 위해서 가능한 모든 평가를 하라. 그것이 당신의 설교 레퍼토리의 유효하고 중요한 부분이 될 때까지 당신이 하고 있는 것을 개선하는 동안 내내 그것을 반복, 반복, 반복 사용하라.

마무리

설교 분석 — 설교들의 구성 성분으로 쪼개는 과정 — 은 당신에게 모든 것을 해 주지 않을 것이다. 그러나 그것을 배우는 것은 중요하다. 왜냐하면 설교는 자동차처럼 전체로 오기 때문이다. 대부분의 사람들은 설교를 정확하게 분석할수 없다. 왜냐하면 그들은 전체를 듣고 전체를 구성하는 각 부분은 무시하기 때문이다. 보통 청중에게나 당신조차 처음 시작할 때에는 그렇게 하는 것이 괜찮은 방법이다(제1단계를 보라). 그러나 설교를 연구함으로 인해 자신의 설교를 개선해 나간다면 당신은 곧 설교 분석에서 숙련자가 되어야 한다.

설교를 개선해 나가는 다른 방법들도 있다. 그러나 이것만큼 훌륭한 것은 거의 없다. 설교 분석을 할 때 당신이 연구하는 모델 설교들은 내가 알고 있는 다른 유사한 활동보다 당신 자신의 설교 방법과 실례에 대해 더 큰 자극을 준다. 연구의 모든 과정에서 당신은 도전받을 것이고 정보를 얻을 것이고, 꾸짖음 당할 것이고 고무될 것이다. 설교 개선에 대한 다른 접근들은 거의 생산적인 것이 없다. 그러므로 설교 분석을 잘 하는 것이 시간과 노력을 많이 요하지만, 시도해 보기를 권한다. 잘 이루어진다면, 당신과 당신의 회중은 그 결과로 인해 기뻐할 것이다.

　본서에 포함된 설교들은 작업하기에 좋은 것들이다. 왜냐하면 각 설교는 당신이 자신의 설교에 이용 가능한 유용한 요소를 적어도 하나씩은 제공하기 때문이다(대부분 하나 이상 제공한다). 그 설교집에는 굉장히 다양한 요소들이 있으나 물론 당신이 배우고자 하는 모든 것을 포함하고 있는 것은 아니다. 따라서 만일 분석하고자 하는 다른 요소가 있다면, 곧장 가서 그것을 사용하라. 그러나 그 책에 있는 설교들 중 어떤 것을 사용할지 정해야 한다. 물론 설교 분석의 방법을 단계별로 따라서 말이다.

　이제 어떻게 하는지 알았을 것이므로, 즉시 시작하라. 적어도 하루에 한 시간, 일주일에 5일은 하도록 하자. 그렇게 한다면 자신이 얼마나 빨리 많은 것을 배우며 그것이 당신의 정규적인 설교에 얼마나 큰 영향을 미치는지 스스로 놀랄 것이다. 행운이 있기를!

설교 분석 제안표

　분명히 말하지만 설교를 분석하기 위해서는 어느 사람의 설교가 유용한 자료를 포함하고 있는지 그 설교자들을 선택해야만 한다. 그 문제에 대한 견해들은 다르지만, 다음에 나타난 사람들의 설교 가치에 대해서는 설교학자들 간에 일반적으로 동의한다. 원한다면 다른 사람들을 첨가할 수도 있고 몇몇 사람들을 제외시킬 수도 있다. 그러나 적어도 시작하는 위치에서는 표에 있는 사람들을 고찰하라.

　표에 나열된 사람들 모두가 동일한 방법으로 혹은 동일한 이유 때문에 가치 있는 것은 아니다. 주해나 신학이나 내용에서 신뢰할 수 없는 사람들이 있다. 그러나 그들은 예화를 연구하는 데 유용하거나 설교의 기술적 면을 좁게 연구하는 데 유용하다.

　여기에 표가 있다. 본서에 포함된 16편의 설교들은 이 들 중 몇 사람의 설교에서 선택한 것이다.

구약의 설교자들(Old Testament Preachers)
선지자들(The Prophets)
세례 요한(John the Baptist)

신약의 설교자들(New Testament Preachers)
그리스도(Christ)
베드로(Peter)
스데반(Stephen)
바울(Paul)

교부 시대(Patristic Period, 200-400)
오리겐(Origen, 180-253)
크리소스톰(Chrysostom, 347-407)
어거스틴(Augustine, 354-430)

스콜라 시대(Scholastic Period, 400-1500)
버나드(Bernard of Clairvaux, 1091-1153)
프란시스((Francis of Assisi, 1182-1226)
토마스 아퀴나스(Thomas Aquinas, 1225-1274)
존 위클리프(John Wycliff, 1320-1384)
기랄라모 사바나롤라(Giralamo Savanarola, 1452-1498)

종교 개혁 시대(Refomation Period, 1500년대)
마틴 루터(Martin Luther, 1483-1546)
율리히 쯔빙글리(Ulrich Zwingli, 1484-1531)
휴 라티머(Hugh Latimer, 1485-1555)

존 낙스(John Knox, 1505-1572)
존 칼빈(John Calvin, 1509-1554)

청교도 시대(Puritan Period, 1600년대)

윌리암 퍼킨스(William Perkins, 1558-1602)

윌리암 에임스(William Ames, 1576-1633)

존 코튼(John Cotton, 1585-1652)

존 오웬(John Owen, 1616-1683)

코튼 마더(Cotton Mather, 1663-1728)

부흥 시대(Revival Period, 1700년대)

존 웨슬리(John Wesley, 1703-1791)

조나단 에드워드(Jonathan Edwards, 1703-1758)

조지 휘필드(George Whitefield, 1724-1770)

빅토리아 왕조 시대(Victorian Period, 1800년대)

토마스 차머스(Thomas Chalmers, 1780-1847)

호라스 부쉬넬(Horace Bushnell, 1802-1876)

호라티우스 보나르(Horatius Bonar, 1808-1889)

헨리 워드 비처(Henry Ward Beecher, 1813-1887)

드위트 탈마지(T. DeWitt Talmage, 1832-1901)

찰스 해돈 스펄젼(Charles Haddon Spurgeon, 1834-1892)

필립스 브룩스(Phillips Brooks, 1835-1899)

알렉산더 맥클러렌(Alexander Maclaren, 1826-1910)

현대(Modern Period, 1900년대)

아더 존 가십(Arthur John Gossip, 1873-1954)
제임스 스튜어트(James S. Stewart, 1896-)
해리 에머슨 포스딕(Harry Emerson Fosdick, 1878-1969)
노만 빈센트 필(Norman Vincent Peale, 1898-)
마틴 로이드존스(Martin Lloyd-Jones, 1899-1981)
피터 엘더스벨드(Peter Eldersvelde, 1911-1965)
빌리 그래함(Billy Graham, 1918-)
요엘 네더후드(Joel Nedehood, 1930-)

제 2 부
설교 분석 워크북

I. 오리겐

(Origen, 180-253)

생애

오리겐은 이집트 알렉산드리아의 기독교 가정에서 성장했는데 그의 아버지로부터 문법과 수학과 논리학과 수사학을 배웠다. 그의 아버지는 오리겐에게 성경도 가르쳤는데, 하루 한 구절을 암기하도록 시켰다.

오리겐은 알렉산드리아에 있는 클레멘트의 카타치칼(catachical) 학교에 보내졌다. 202년 반기독교의 박해 시절 동안, 그의 아버지는 그의 신앙으로 인해 참수되었는데, 오리겐의 어머니는 그를 그녀의 옷 속에 숨겨서 아버지와 함께 순교되는 것을 막았다.

오리겐은 십대에 비공식적으로 가르치기 시작했고 유명해졌다. 이미 18세 때에는 박해로 인해 클레멘트가 비운 자리를 그가 채웠고, 곧 상당수의 문하생들을 모았다. 그는 헬라어와 히브리어를 숙달하기 위해 연구했는데, 헬라 철학도 상당히 알고 있었다. 넉넉한 보조금을 받으면서, 오리겐은 성경에 대한 주해에 전적으로 전념할 수 있었다. 고마운 개종자인 암브로시우스(Ambrosius)는 그것을 적은 속기록들을 남겼다.

오리겐은 금욕주의자였다. 그는 정규적으로 금식했으며, 신발을 신지 않고, 땅에서 자고, 전설에 따르면 거세되었다고 한다. 그런데 그의 금욕주의는 그의 건강을 상하게 했다.

215년에 그는 박해 때문에 알렉산드리아로 피난을 가야 했다. 그는 공공연하게 가르치기를 요구한 팔레스타인의 가이사랴로 갔다. 그가 안수 받은 목사가 아닌 평신도였기 때문에 알렉산드리아의 감독인 드미트리우스(Demetrius)는 그렇게 하는 것에 대해 그에게 화를 냈다. 그래서 오리겐에게 알렉산드리아로 돌아오도록 명령했다.

그러나 228년에 오리겐은 가이사랴에서 장로로 임직되었고, 그리고 나서 알렉산드리아로 돌아왔다. 이것에 화난 드미트리우스는 그를 박해했고 알렉산드리아로부터 쫓아냈다. 드미트리우스는 그가 의도적으로 소집을 요구한 감독 회의에서 오리겐을 파문시켰으나, 일반적으로 이 행동은 무시되었다.

후에 오리겐은 계속 가르치고 저술하면서 팔레스타인에서 20년 정도를 보냈다. 그러나 다시 일어난 박해로 그는 또 떠나야 했고 한동안 방황해야 했다. 결국 그는 체포되었고, 두로에서 투옥되어 고문을 받았다. 이렇게 해서 그는 남은 건강마저 잃고, 254년경에 69세의 나이로 두로에서 숨졌다.

설교자로서의 공적

3세기의 가장 중요한 설교자인 오리겐은 그 당시 고난의 시간을 보냈을 뿐만 아니라 현재에도 악평을 받는다. 그가 성경을 알레고리화해서 가르쳤기 때문에 그런 평을 받는다는 것은 당연했다. 그러나 그가 고도의 성경 주해 작업을 했다는 사실은 종종 무시된다. 패럴(F. W. Farrar)은 말하기를, "그는 일반적으로 인정되듯이 거의 모든 면에서 첫 3세기 동안 모든 위대한 기독교 선생들 중에서 가장 위대한 사람이다"(Lives of the Fathers, pp. 291, 292.)라고 했다.

우리는 알레고리보다는 오히려 3가지 설교에 대해 오리겐에게 빚지고 있다. 이것은 전례없이 강하게 영향을 끼친 설교였다.

첫째로, 오리겐은 한 교과서 위에 설교의 실례를 세웠다. 만일 현존하는 가장 오래된 설교인 클레멘트 2서가 오리겐 이전의 설교의 특성을 보여준다면, 오리겐의 공로는 큰 가치가 없을 수도 있다. 그러나 클레멘트 2서는 두서없이 통일성이 없는 설교이고, 그것은 너무 많은 것들에 대해서 너무 많이 말하면서 한 가지에 대해서는 적게 말한다.

오리겐은 석의와 주해를 강조했다. 그는 "주해의 아버지"라고 불려왔다. 그리고 그는 자주 후기 주석가들에 의해 인용된다. 알레고리적 강조는 보통 설교의 끝에 오는데 그의 주석들은, 특히 요한복음 주석은 그의 설교의 결과물이다.

7개의 속기록이 정확하게 오리겐이 설교한 것을 기록해 놓았다. 처음에 그는 출판 전에 수정을 했다. 나중에 설교가 더 안정되었을 때에는 수정하지 않은 채 출판했는데, 많은 그의 설교가 그의 구절들의 의미를 꿰뚫는 통찰력을 보여준다. 그의 메시지 중 한 부분에서 그는 다음과 같이 말했다.

"성경의 능력을 어떻게 사용하는지를 아는 사람에게는 성경의 적합한 적용이 미치지 않는 성경 말씀은 일점 일획이라도 없습니다 … 쓰여진 의미를 찾지 못할 때는 신성한 성경보다는 자신을 나무라십시오."(Petry, No Uncertain Sound, pp. 47-48).

둘째로 오리겐은 단순 설교의 형태를 정립했다. 헬라어 homilia — 한역은 설교(homily)이다. — 는 "다른 사람과의 이야기 혹은 대화"를 의미한다. 현재 설교(homily)의 어원인 그것의 라틴어 Sermo도 "대화" 혹은 "말"을 의미했다. 두 단어 모두 초기 설교의 비공식적 특성을 지적해 준다. 단순한 형태로 그 설교는 거의 통일성이 없다. 왜냐하면 하나의 'telic' 혹은 의도 단위가 선택된 것이 아니기 때문이다(telic 설교에 대해서는 나의 책 Preaching with Purpose를 보라). 그는 적당한 요점에 도달할 때면 언제나 멈추어서 한 구절에 대해 간단한 주석을 한다. 현재에는 "주해 설교"라고 불리는 그의 설교의 많은 부분은 단순 설교 이상인 것이다. 이러한 형태가 주일 학교나 성경 공부반에서 보여지고 있는 것을 우리는 안다.

셋째, 오리겐은 성경의 책들을 통한 설교의 실례를 정립했다. 분명히 이것을 여전히 많이 따르고 있으며 아주 권장할 만한 것이다.

오리겐은 또한 교회사에서 가장 처음으로 비평적 작업을 했다. 그것은 '헥사팔라'(Hexapala)라고 불려진다. 오리겐을 몹시 괴롭히는 알레고리 해석 방법은 그가 창안한 것은 아니다. 그것은 알레고리 방법을 구약 성경에 적용한 필로(Philo)에 의해 발전되었다. 클레멘트는 그것을 채택하여 신약 성경에 적용했고, 오리겐은 그것을 클레멘트에게 취했을 뿐이다.

알레고리 해석 방법은 그 방법을 종교적 시에 적용한 헬라인들에게서 비롯됐다. 그들은 헬라 신들에 대한 조잡한 구절들을 알레고리화 함으로써, 이의가 있는 자료들을 잘 설명해 빠져나갔다. 필로는 헬라화된 사람으로 자신에게 거슬리는 구약 성경의 구절들에 같은 의도를 가지고 알레고리 방법을 적용하였다. 오리겐이 알레고리 해석 방법과 밀접한 연관을 가진 것은 그가 그 방법을 택하여 대중화시켰다는 사실에 기인한다. 그의 대중성과 영향력은 다른 어떤 요소보다도 그를 그후 천년 동안 따른 많은 설교의 모델이 되게 했다(정말 알레고리적 설교는 아직도 아주 없어지지 않았다. 그것은 여전히 오늘날 우리와 함께 있다).

오리겐의 알레고리 해석 방법은 세 가지 단계가 있다.

1. 문법적 / 역사적 방법(아마도 몸에 해당하는)

2. 도덕적 교리적 방법(영에 해당하는)
3. 영적 방법(혼에 해당하는)

이 세 번째 의미가 알레고리이다. 그런데 거기에서 상상력을 자유롭게 사용한다.

오리겐의 알레고리화에 대한 칼빈의 논평은 교훈적이다. 고린도전서 3:6에 대한 그의 주석에서 다음과 같이 쓰고 있다.

"오리겐에 의해 고안된 (그 구절의) 주해는 일반적으로 순환으로 빠져든다. 문자는 성경의 문법적이고 참된 의미를 의미하거나 문자적 의미(그들이 그렇게 부르듯이)를 의미한다는 것이다. '혼'은 '알레고리적 영적 의미'를 의미한다는 것이다 …… 수세기 동안 더 일반적으로 말해진 것이 아무 것도 없거니와 이보다 더 일반적으로 받아들여진 것도 없다. 바울이 여기서 우리에게 성경을 해석하는 한 열쇠로서 알레고리를 제공한다는 것이다. 이것은 아주 치명적인 잘못이다 …… 성경을 정독하여 알레고리화 하지 않는다면 그것은 단순히 소용없는 것이 아니라 오히려 해롭다는 하는 것을 상상해 보라. 이러한 잘못은 많은 악들의 근원이다. 그것은 성경의 참된 의미를 혼탁하게 하는 문을 열어 놓은 것뿐만 아니라 이떤 사림이 이린 행동빙식으로 더욱더 무모해질수록 사신이 생각하듯이 더욱 지명한 해석자가 되었다는 것이다. 이와 같이 많은 사람들이 무모하게 신성한 하나님의 말씀을 가지고 놀이를 해 왔다. 마치 공을 갖고 앞뒤로 토스하듯이 말이다. 당신은 어떤 구절을 가지고도 어떤 의미든 만들 수 있을 것이다."

다른 곳에서 고린도전서 9:8에 대한 주해에서 칼빈은 다음과 같이 썼다.

"그는 그 교훈을 알레고리로 해석할 작정인 것 같지는 않다. 그러나 몇몇 경솔한 사람들이 이것에서 모든 것을 알레고리로 바꾸는 기회를 잡았다. 그들은 개를 사람으로, 나무를 천사로, 모든 성경을 웃음거리로 만들어 버린다."

오리겐은 분명히 혼합된 가방이었다. 교회에 대한 그의 영향은 컸고 계속되었다. 설교에 미친 그의 영향이 좋은 것이 나쁜 것보다 많다고 말하기는 어렵다.

그가 설교사에서 크고 중요한 존재이기 때문에, 오리겐에 대한 이 논평을 썼다. 그러나 그의 설교는 설교 분석을 위해서 별로 유용하지 않기 때문에, 본서에 싣지 않았다.

2. 크리소스톰
(Chrysostom, 347-407)

생애와 교육

존 크리소스톰(John Chrysostom)은 시리아 안디옥에서 태어났다. 안디옥은 당시 로마 제국의 세 번째로 큰 도시였는데, 콘스탄티노플이 떠오름에 따라 그 명성이 가려졌다.

"황금의 입을 가진 자"의 뜻을 지닌 크리소스톰이란 이름은 후에 그의 뛰어난 설교로 인해 붙여진 것이다. 그는 키가 작고 야윈 사람이었다. 그의 뺨은 창백하고 말랐으며, 내버려졌으며(그는 "엘리사같이"라고 말했다), 밝고 깊게 음푹 들어간 눈을 가지고 있었고, 주름진 이마와 헝클어진 회색 수염을 가지고 있었다. 그는 자신을 한 마리의 거미와 비교했다. 그래서 우리에게도 희망이 있는 것이다!

존은 그의 유년 시절 동안 개종하지 않았다. 그러나 그의 어머니 아나뚜사(Anathusa)는 기독교인이었다. 어거스틴의 어머니 모니카처럼 그녀는 그의 아들의 개종을 위해 기도했다.

20세에 그는 유명한 수사학자 리바니우스(Libanius) 문하에서 법을 배우기 시작했다. 리바니우스는 아마도 그 당시 가장 잘 알려진 소피스트였을 것이다. 그는 아테네에서 수사학 학장직을 제안받기도 했으나 거절했다. 리바니우스는 존을 크게 칭찬하였다. 임종시에 그를 계승할 수 있는 사람이 누가 있겠냐고 질문을 받았을 때 대답하기를 "존이 할 수 있을 것입니다. 기독교인들이 그를 우리에게서 빼앗아가지 못하게 해야 합니다"라고 말했다.

존은 실제로 법을 업으로 하기 시작했다. 그는 뛰어난 경력을 가지고 있었던 것 같지만, 그의 어머니와 친구 바실(Basil, 그는 후에 수도원으로 들어갔다)은 그를 법으로부터 소원하게 했다. 존은 안디옥의 감독인 멜레티우스(Meletius)를 알게 되었고, 결국 개종하여 그에게 세례를 받았습니다.

사역

안디옥

존 자신의 사역은, 그가 386년 37세의 나이로 부제(deacon)로 임직된 안디옥에서 시작되었다. 그 때 그는 첫 번째 설교를 했다. 그 후 20년 동안 그는 안디옥에서 설교자의 지위를 갖게 되었고, 매주 두세 편의 설교를 했다(Homily XI, Acts). 크리소스톰은 자신의 설교를 듣기 위해 꽉 들어찬 군중들에게 돈과 보석은 집에 두고 오도록 경고해야만 할 지경이었습니다. 왜냐하면 소매치기가 극성을 부리기 때문이었다.

그는 설교가로 잘 알려지게 되었고, 어거스틴보다도 더 유명하게 되었다. 381년이 못되어 그는 설교에 대한 논평이 포함돼 있는 〈On the Priesthood〉 4권, 5권을 썼는데, 몇 가지를 인용하면 다음과 같다.

· "좋은 설교자는 스스로 자신에 대해 비판적이며 칭찬과 비난에 대

해 개의치 않는 자입니다."(여기에 생각하고 논의할 가치가 있는 원리가 있다).

· "설교는 하나님을 위한 일이며, 그 목적을 절대 잊어서는 안됩니다."

· "서투르고 더듬거린다면 꾸밈없이 말하고 솔직히 말해도 아무 소용이 없다 …… 말의 아름다움은 항상 말하려고 하는 그 목적에 있어야 합니다."

· "경험이 많은 설교자는 계속해서 자신을 개선하려고 노력합니다 …… 평범한 설교자보다 웅변적인 설교자에게 더욱 필수 불가결한 것입니다. 만일 그가 계속해서 연구하지 않으면 그는 퇴보할 것입니다."

· "화술은 획득되는 것입니다."

· "표절하다가 발견되는 사람에게 화가 있도다! 그는 보통 도둑보다도 못한 자로 간주됩니다."

이 시기는 청중이 성원한 시기였다. 어느 날은 설교중에 그는 다음과 같이 선언했다. "여러분은 내 말을 칭찬하고 내 권고를 큰 박수로 환영합니다. 그러나 순종함으로 여러분이 내 말을 받아들였음을 보여주십시오. 그것이 내가 원하는 칭찬입니다 여러분의 선한 행동이 바수를 만입니다." 이러한 나무람도 큰 박수를 받았다!

크리소스톰은 종종 그의 요점을 더욱더 강조하는 기회를 사용해서 반응에 응답했다. 예를 들면, 창세기에 대한 네 번째 설교에서 그는 다음과 같이 말했다. "내 말을 들으시오. 여러분은 내게 주목하지 않고 있습니다. 나는 여러분에게 성경에 대해 말하고 있는 것입니다. 당신들은 램프를 보고 있습니다. 사람들은 그것들에 불을 붙입니다. 램프에 불을 붙이는 사람이 하고 있는 일에 더 흥미를 끄는 것은 매우 하찮은 일입니다 …… 결국 나도 역시 한 램프에 불을 붙이고 있습니다. 하나님의 말씀의 램프 말입니다."

한 번은 그가 모든 사역자들이 기꺼이 동의할 어떤 소감을 표현했다. "내 일은 마치 진흙이 계속해서 흐르고 있는 땅 일부분을 깨끗게 하려는 사람의 일과 같습니다."

신상들에 대한 유명한 설교 시리즈는 특별히 논평할 가치가 있다. 387년에 콘스탄티노플에서 황제 데오도시우스 1세(Thedosius I)는 무거운 군사적 국내적 빈곤에 직면했다. 이것 때문에 그는 그의 제국의 동부에 있는 부한 도시 모두에 특별세를 내도록 정했다. 안디옥에서는 이것으로 인해 커다란 불만이 야기되었다. 크리소스톰은 사람들에게 외국 선동자로 인해 선동되지 말도록 경고했다.

2월 26일에 칙령이 선포되자 군중들은 죽은 듯이 조용해졌다. 그리고 나서 한 폭도가 풀려나자, 보이는 대로 모든 것을 부수었다. 그들은 통치자의 궁으로 향했고, 그는 피했다. 한 소년이 신상에 돌을 던지자 그 폭도들은 모든 신상에 달려들어서 그것을 산산조각으로 파괴하고 거리에 던졌다. 그것들 중에는 데오도시우스와 그의 죽은 아내의 동상도 있었다. 제국 군대가 질서를 회복하는 데 3시간이 걸렸다. 오후가 되자 모든 사람은 두려워했다. 그 사건의 전말이 황제에게 알려졌기 때문이다.

노령의 대주교 플라비안(Flavian)은 관용을 호소하기 위해서 5백마일의 여행을 마다 않고 콘스탄티노플로 왔다. 그 동안에 크리소스톰은 회개를 촉구하고 그들의 신앙을 하나님께 정하도록 격려하는 목적을 가진 설교를 했다. 또한 그들에게 그의 경고를 되새겨 주었다.

곧 군인들은 도착했고, 무거운 제약이 부가되었다. 플라비안이 콘스탄티노플에 도착하기 전에 군대가 시민들을 처벌하기 위해 급파되었다. 그러나 군인들이 안디옥에 도착했을 때, 수도사들은 플라비안이 도착한 후 결과를 알 때까지 그들의 행동을 보류할 것을 설득했다. 그들은 필요하다면 자신들의 생명을 빼앗을 것을 제안했다. 크리소스톰은 한 설교에서 수도사들과 그 도시의 이교도 철학자들을 대조해서 말했다. "평소에 동굴에 살던 수도사들은 도시로 들어왔는데, 철학자들은 도시에서 도망가 굴에 숨어 있습니다."

"나는 사죄를 얻기 전에는 돌아가지 않을 것이다"라고 선언했던 플라비안은 그가 찾던 사면을 얻었다. 그래서 도시는 기뻐했다. 이것은 크리소스톰의 사역에서 중요한 부분이었다. 그 도시는 처벌을 면하게 되었고, 그는 자신이 옳다는 것이 입증되었고, 그와 그의 사람들은 함께 그 위기를 이겨냈던 것이다. 그 후에 그는 자기 자신의 권리로 권력자가 되었다.

콘스탄티노플

397년에 콘스탄티노플의 대주교인 넥타리우스(Nectarius)가 죽었다. 그는 게으른 자였고 호화롭게 살았던 사람이었다. 알렉산드리아의 대주교인 데오빌로스(Theophilus)는 그의 지원자인 이시도르(Isidore)가 빈자리를 채우기를 원했다(이시도르는 그를 공갈하고 있었다). 그러나 크리소스톰이 대신 선택되었고, 데오빌로스는 아주 지독한 적이 되었다.

그러나 크리소스톰은 안디옥에서 교회의 큰 사랑을 받고 있었기 때문에, 문제는 폭동을 일으키지 않고 어떻게 그를 안디옥에서 제거하느냐 하는 것이었다. 계획에 따라 그 도시를 떠나라고 요구했고, 그는 납치되어 콘스탄티노플로 끌려갔다.

그는 398년 2월 26일에 콘스탄티노플의 대주교가 되었다. 그의 첫 설교에서 그는 인간 논리의 무기가 아닌 성경의 영적 갑옷을 신뢰하기로 약속했다(Homily XI). 크리소스톰은 즉시 부패한 도시를 개혁하는 일에 착수했다. 그는 성직자들과 함께 시작했는데 그들 중 많은 사람들은 그의 임명을 불쾌하게 여겨서 그의 적이 되었다.

그리고 나서 흥미로운 사건이 발생했다. 399년에 황실 총리인 유트로피우스(Eutropius)가 실각했다. 군인들이 그를 잡으러 왔으나 그는 크리소스톰의 교회로 피난을 가서는 제단을 받치는 기둥을 붙들었다. 아이러니한 것은, 권력에 있을 때에 그는 교회가 정부에서 피해 온 어떤 사람에게도 피난처를 제공하는 것을 금지했었다. 그럼에도 불구하고 법을 무시한 채, 크리소스톰은 그를 받아들였다. 군인들이 나타났을 때, 크리소스톰은 다음과 같이 말하면서 그들을 문에서 맞았다. "여러분은 내 몸을 넘어서야만 이 성소에 들어갈 수 있습니다."

그후 그는 유트로피우스의 실각에 대한 두 개의 위대한 설교를 했다. 그 중 첫 번째 설교는 본서에 포함돼 있다 (그것이 얼마나 강력한가 보라. 그리고 그가 그 설교를 준비하는 데 하루도 걸리지 않았다는 사실을 생각해 보라). 적당한 순간에 커튼이 내려졌고 거기에는 제단을 붙잡고 있는 유트로피우스가 있었던 것이다. 크리소스톰은 그와 회중에게 가장 극적인 설교 중 하나로 설교했다.

결국 데오빌로스는 날조된 혐의로 크리소스톰을 체포했고, 404년에 그를 파문시키고 유배시켰는데 그는 유배 중 죽었다.

그의 설교

크리소스톰의 설교는 700편 이상이 현존하지만, 그 중 많은 부분이 확인될 수 없거나 연대를 결정할 수 없는 것이다.

내용에 있어서, 그의 설교는 주해적이고 건실하고 실제적이고 성경 전권에 대한 주해로 구성되어 있다(창세기, 시편, 마태복음, 요한복음, 바울 서신들 모두가 현존한다). 그 자료는 알레고리이지만 사실상 문법적이고 역사적이다. 그는 알렉산드리아학파의 알레고리화하는 것을 반대했다. 그는 항상 치열한 사건 속에 있었지만, 급진적이지는 않았다. 그의 언어는 종종 강했지만, 그의 생각은 온건하였다. 그는 자신의 메시지를 위해 많이 연구하고 충실히 준비했다. 어거스틴의 큰 강조점이 은혜였다면, 크리소스톰은 거룩성이었다.

그는 그 당시의 많은 사회적 악들을 공격했다. 그가 따르던 계획은 연설(address)인 로고스(logos)(cf. 유트로피우스에 대한 설교)도, 단순 강화인 호밀리아(homilia)도 설교하는 것이었다. 그는 종종 연속적인 주석 작업을 했는데 그것은 어거스틴의 설교만큼 한 가지 목적에 집중된 것이 아니었다.

그는 언젠가 이렇게 말했다. "나는 내 설교 한 편 한 편에서 너무 많은 것을 다루고, 그 설교들을 매우 다양하게 만듭니다. 왜냐하면 나는 모든 사람이 스스로 그 설교들에서 무언가 특별한 것을 발견하기를 원하고 빈손으로 집에 돌아가는 것을 원치 않기 때문입니다." 많은 그의 설교가 두 부분으로 되어 있다. 하나는 주해이고 그 다음은 교훈이다.

그는 자신의 노트에 결코 얽매이지 않았다. 다른 이야기로 새는 것이 유용하다고 생각하고, 회중의 눈물과 박수를 언급하면서 회중들로부터의 반응에 응답해야 된다고 생각할 때는 다른 이야기로 새는 것을 주저하지 않았다. 이러한 응답하는 능력은 크리소스톰을 연구하는 요소들 중 하나이다. 개혁자들과 심지어 현대 주석가들도 어떤 구절의 의미를 논의할 때 자주 크리소스톰을 언급한다.

크리소스톰의 고전적 훈련, 특히 수사학에서의 훈련의 증거들은 그의 설교들에서 보여지는데, 특별히 그의 언어 사용에서 그러하다. 그는 헬라 저자들을 언급하고, 그의 논평은 그가 그들의 문제를 연구했음을 보여 준다. 그는 "소크라테스의 부드러움과 데모스테네스의 무게와 투키디데스의 품위와 플라톤의 장엄함"에 대해 말한다. 그의 언어는 항상 명쾌하고, 때론 극적이다. 그는 묘사에 있어서 아주 강한데, 연구할 가치가 있는 또 다른 요소이다. 때때로 그는 화려하기도 하다.

그의 뛰어난 언어 구사 능력은 그에게 "황금의 입을 가진 자"란 별명을 붙게 했다(아마도 이 이름은 17세기까지는 사용되지 않은 것 같다). 그는 또한 예화의 사용에 있어서도 매우 뛰어났는데, 이것들은 보통 평범한 일상의 일들에서 취해졌다.

크리소스톰의 설교는 즉석에서 했으나 즉흥적이지는 않았다. 훗날에는 그렇게 하기도 했지만 말이다. 그의 설교는 속기에 의해 기록되어 전해졌는데, 거의 수정하지 않았다. 그는 사람들과 더 가까이 가기 위해서 낭독대와 독서대에서 설교했다.

그는 항상 기회의 명수였고 그 능력의 진수는 수시로 하는 설교에서 보여진다. 특별히 로고이(logoi)에서 보여진다. 이러한 설교 형태는 크리소스톰의 장점이고 설교를 공부하는 모든 연구자에 의해 연구할 가치가 있는 것이다.

크리소스톰은 407년 9월 14일에 "doxa to theo panton heneka"라는 말을 남기고 죽었다. 이것은 "하나님은 만유 가운데 영광 받으시리라"라는 의미이다.

환관이며 귀족이며 집정관인
유트로피우스에 대한 강화

"헛되고 헛되니 모든 것이 헛되도다." 이렇게 말하는 것은 항상 시기 적절한 말이지만 현재에 더욱 특별합니다. 당신의 집정관직의 뛰어난 측근들은 지금 어디에 있습니까? 번뜩이는 횃불은 어디에 있습니까? 춤과 댄서들의 소리, 연회와 축제는 다 어디에 있습니까? 화환과 극장의 커튼은 어디에 있습니까? 도시에서 당신을 환영하는 박수갈채는 어디에 있으며, 경기장에서의 환호성과 관객의 아첨은 어디에 있습니까? 그것들은 가 버렸습니다. 아주 가 버렸습니다. 바람이 불어 나무의 모든 잎을 떨어뜨리고 우리에게 앙상한 모습을 보여주는데, 나무는 뿌리로부터 흔들립니다. 왜냐하면 그 바람은 광풍이었기 때문입니다. 그래서 그것은 나무의 모든 조직에 충격을 주어 뿌리에서부터 벗기려고 위협합니다.

이제 당신의 거짓 친구들은 어디에 있습니까? 당신의 흥청거리는 파티와 만찬은 어디에 있습니까? 식객의 무리는 어디에 있으며, 하루 종일 붓던 포도주는 어디에 있습니까? 당신의 요리사가 만들었던 다채로운 진미들은 어디에 있습니까? 당신의 권세에 아첨하고 당신의 기호에 따라 모든 것이 승리할 것이라고 말하던 그들은 어디에 있습니까? 당신의 권세에 아첨하고 당신의 기호에 따라 모든 것이 승리할 것이라고 말하던 그들은 어디에 있습니까? 그것들은 모두 밤의 단순한 환상이며, 아침이면 사라질 꿈인 것입니다. 그것들은 봄의 꽃과 같아서 봄이 가면 모두 시들고 맙니다. 그것들은 사라져 버리는 그림자입니다. 그것들은 퍼져 나가는 연기이며, 터져버리는 거품이며, 산산이 부서지는 거미줄입니다.

그러므로 우리는 계속해서 이 영적 노래를 부릅니다. "헛되고 헛되니 모든 것이 헛되도다." 이 말은 계속해서 우리의 벽과 옷, 시장과 집과 거리, 문과 현관에 무엇보다도 각 사람의 의식에 기록되어야 하기 때문이며 묵상할 영구적인 주제이어야 하기 때문입니다. 기만과 가장과 허위가 많은 사람들에게 실제로 보이는 한, 각 사람은 매일 만찬과 아침 식사와 사회적 모임에서 "헛되고 헛되니 모든 것이 헛되도다."라는 말을 이웃에게 말해야 하고 이웃이 하는 말을 교대로 들어야 합니다.

내가 부(富)는 도망자라고 계속해서 말하고 있지 않았습니까? 그러나 당신은 내 말에 주의하지 않았습니다. 감사하지 않는 종이라고 내가 당신에게 말하지 않았습니까? 그러나 당신은 확신하지 않았습니다. 보십시오. 그것은 도망자이며 감사하지 않는 종일 뿐만 아니라 그것으로 인해 당신이 두려워하고 떠는 살인자라는 것을 실제 경험이 증명하고 있습니다. 당신이 내가 진리를 말한다고 나무랄 때, "나는 당신을 아첨하는 자들보다 더 사랑합니다. 당신을 나무라는 내가 당신의 비위를 맞추는 자들보다 더 잘 보살필 수 있습니다"라고 내가 당신에게 말하지 않았습니까? 친구들의 모욕이 적의 자발적인 입맞춤보다 더 의지할 것이라고 내가 이 말들에 덧붙이지 않았습니까? 만일 당신이 나의 모욕에 복종했었다면 그들의 입맞춤이 당신을 이 파멸에 빠지게 하지는 못했을 것입니다. 내 모욕은 건강하게 하나, 그들의 입맞춤은 치유할 수 없는 질병을 앓게 하기 때문입니다.

당신의 술잔 맡은 자가 이제 어디에 있으며, 시장에서 당신의 길을 열던 자들과 모든 사람의 귀에 끊임없이 당신을 칭찬하던 자들이 어디에 있습니까? 그들은 피했으며, 당신의 우정을 저버렸으며, 당신의 고난으로 자신들의 안전을 제공받고 있습니다. 그러나 나는 이와 같이 행동하지 않습니다. 아니 불행하게도 나는 당신을 버리지 않고, 당신이 이제 실각하자 나는 당신을 보호하고 돌봅니다. 그리고 당신이 적으로 여겼던 교회는 가슴을 열고 당신을 받아들였습니다. 반면 당신이 사랑하고 때로는 나에게 분개하던 극장은 당신을 배반하고 파멸시켰습니다. "왜 당신은 이 일들을 행합니까?", "당신은 교회를 격분시키고 있고 자신을 곤두박질 치게 하고 있습니다"라고 말하기를 전혀 그치지 않았습니다. 그러나 당신은 내 경계에 빨리 떠나갔습니다. 이제 경기장은 당신의 건강을 소진시키면서 당신을 대항하여 칼을 갈고 있습니다. 그러나 당신이 극단적으로 분개한 교회는 다방면의 그물에서 당신을 건져내려는 생각으로 분주합니다.

그리고 내가 이렇게 말하는 것은 굴복한 자들을 유린하려는 것이 아니라 여전히 서 있는 자들을 더욱 안전하게 하려는 소망 때문입니다. 또한 상처 입은 자의 아픔을 자극하는 방도로서가 아니라 오히려 아직 상처받지 않은 자들을 건강하도록 유지하려는 것입니다. 또한 파도에 흔들리는 자를 침몰시키려는 방도에서가 아니라 순풍에 항해하는 자들을 교훈하여 그들이 전복되지 않게 하려는 것입니다.

어떻게 이것이 달성되겠습니까? 인간사의 추이를 관찰함으로써입니다. 왜냐하면 심지어 변화의 두려움에 직면한 사람이라도 그것을 경험하지 않아도 될 것이기 때문입니다. 그러나 자기 자신의 의식도 다른 사람의 권고도 그를 개선시키지 못한 반면, 적어도 당신이 풍부한 대로 자신을 가다듬는 당신은 그의 재난으로 유익을 받습니다. 왜냐하면 인간사보다 더 약한 것은 없기 때문입니다. 그러므로 사람이 자신의 무가치를 표현하려고 취하는 용어가 무엇이든지 그것은 실체에는 못미치는 것입니다. 그가 연기라고, 풀이라고, 꿈이라고, 봄의 꽃이라고, 혹은 다른 어떤 이름으로 부를지라도 그것은 쉽게 썩어질 것들이고 비실재보다도 더 무가치한 것들입니다. 그러나 그들의 무가치와 함께 그것들은 또한 우리 앞에 증거가 있는 매우 위험한 요소입니다.

이 사람보다 더 높아진 자는 누구입니까? 그가 부에 있어서 전 세계를 능가하지 않았습니까? 그가 명예의 최정점에 오르지 못했습니까? 모두가 그 앞에서 떨며 두려워하지 않았습니까? 그러나 보십시오! 그는 죄수보다 더 비참해졌으며, 천한 노예보다 더 가련해졌으며, 배고픔에 쇠약해진 거지보다 더 궁핍해졌습니다. 날카로운 칼과 범죄자의 무덤과 그를 죽음으로 이끄는 공개 처형의 환상을 매일 보면서 말입니다.

그리고 그는 자신이 누렸던 과거의 즐거움을 다시 즐길 수 있을지, 혹은 햇빛조차 분간할 수 있을지도 자신은 모릅니다. 그러나 한낮에도 그는 짙은 어둠에 둘러싸여 있듯이 그의 시야는 희미합니다. 내가 최선을 다할지라도 그가 끊임없이 죽음을 예상하여 겪는 당연한 고통을 말로 표현할 수 없습니다. 그러나 그가 스스로 우리에게 이것을 마치 가시적인 이미지로 분명히 묘사할 때 내 말이 무슨 필요가 있겠습니까? 어제 그들이 황궁에서 무력으로 그를 끌어가려고 왔었고, 그는 성구에 피하려 도망했습니다. 그 때, 그의 얼굴은 지금처럼 죽은 자의 표정보다 더 못했고, 그의 이는 떨고 있었고, 그의 몸 전체는 사시나무 떨듯 떨었으며, 그의 목소리는 더듬거렸습니다. 사실 그의 전체 모습은 영이 굳은 사람 같았습니다.

내가 이렇게 말하는 것은 그를 꾸짖거나 그의 불행을 모욕하기 위해서가 아닙니다. 여러분의 마음을 그에 대해 부드럽게 하기 위한 것이고, 여러분이 연민을 느끼도록 하기 위한 것이고, 이미 가해진 처벌에 만족하기를 권고하려는 것입니다. 내가 그를 성소에 들어오도록 인정한 일로 인해 나를 비난하려는 경향을 가진 우리들 중에 비인간적인 많은 사람들이 있어서, 내가 그들의 굳은 마음을 내 이야기로 부드럽게 하고자 그의 고난을 드러낸 것입니다.

사랑하는 형제여, 왜 내게 분개하는지 말해 주겠습니까? 그것은 계속적으로 교회와 대항하여 전쟁을 하던 그가 교회 안으로 피해 왔기 때문이라고 당신은 말할 것입니다. 그러나 우리는 분명히 그가 교회의 권세와 자애를 경험하도록 그러한 큰 곤경에 처한 그를 받아들임으로 고도의 경지에서 하나님께 영광 돌려야만 하는 것입니다. 그가 교회를 공격하던 공격의 결과로 이 커다란 변화를 겪고 있다는 데에 교회의 권세가 있는 것입니다. 그가 공격했던 교회가 이제 그의 앞에 보호막을 펴고, 그를 교회의 날개 아래 받아들이고, 교회가 전에 당한 상해에 대해 분개하는 것이 아니라 가장 사랑스럽게 가슴을 열고 그를 받아들여서 가장 안전하게 그를 두는 것입니다. 이것이 교회에서 자애입니다. 이것이 어떤 종류의 트로피보다 더 영광스러운 것이며, 빛나는 승리이며, 이방인과 유대인 모두를 부끄럽게 하는 것이며, 교회의 밝은 면을 드러내는 것입니다. 교회의 적을 받아들이므로, 교회는 그를 용서하는 것입니다.

모두가 그의 비참함을 보고 그를 경멸할 때, 왕의 분노와 사람들의 분개와 그들의 넘치는 증오에 반하여 교회는 홀로 애정 어린 어머니처럼 그를 교회의 외투로 감싸주었습니다. 이것이 제단을 위한 장식입니다. 당신은 말할 것입니다. "고발된 죄인과 강도와 도둑이 제단을 잡도록 허락되는 것은 참 이상한 장식이군요"라고 말입니다.

아닙니다! 그렇지 않습니다. 창녀조차 예수님의 발을 붙잡았습니다. 그런데 그녀는 가장 저주받고 불결한 죄로 더럽혀진 여자였습니다. 그러나 그녀의 행동은 예수님께 책망받지 않았습니다. 오히려 예수님께서 칭찬하셨습니다. 그것은 그 불결한 여인이 순결한 예수님께 해를 끼쳤기 때문이 아니라 오히려 더러운 창녀가 순결하고 흠 없는 분을 만져서 순결하게 된 것입니다. 그때 인색하게 굴지 않았습니다.

우리는 "그들을 용서하라. 왜냐하면 그들은 자신들의 행한 일이 무엇인지 알지 못하기 때문이다."라고 말씀하신 십자가에 달리신 분의 종들입니다. 그러나 여러분은 말할 것입니다. "그는 포고령과 여러 가지 법으로 이곳으로 피하는 권리를 제한해 버린 사람입니다"라고 말입니다. 그렇습니다. 그러나 이제 그는 자신의 경험으로 그가 행했던 일이 무엇인지를 알았습니다. 또한 그는 스스로 자신의 행동으로 그 법을 깨뜨렸습니다. 또한 그것이 전 세계에 보여지게 되었습니다. 그러므로 그는 모두에게 경고의 목소리로 말합니다. "내가 행했던 일과 같은 일은 행하지 마십시오. 그래서 내가 겪은 일과 같은 일은 겪지 마십시오." 그는 그의 재난에 의해서 우리에게 한 교사로 나타난 것입니다.

그리고 제단은 사자를 잡은 사실에서 큰 경외감을 고무시키면서, 큰 광채를 발합니다. 왕이 자주색으로 꾸며진 왕좌에 앉아 있고 왕관을 쓴 것을 볼 뿐 아니라 왕의 앞에 부복한 이방인들이 자신들의 손을 뒤로 한 채 머리를 깊이 숙이고 있었다면 왕위의 어떤 모습도 매우 돋보였을 것입니다. 어떤 설득력 있는 말이 필요 없이, 여러분 자신은 사람들의 열광과 모임의 증인들입니다. 오늘 우리 앞의 이 광경은 눈부신 광경이며, 장엄한 모임입니다. 나는 거룩한 유월절만큼이나 큰 모임을 오늘 여기에서 보았습니다.

이와 같이 그 사람은 말없이 여기로 여러분들을 모았습니다. 그리고 그는 트럼펫보다 더 분명하게 그의 행동으로 말을 합니다. 여러분 모두는 오늘날 여기에 다 모였습니다. 처녀들은 자신의 내실을 내버려두고, 부인들은 침실을 내버려두고, 남자들은 인간성을 깨달을 수 있고 세상사의 불안정성을 드러내는 시장을 내버려두고 이 곳에 모였고, 어느 주름진 노인보다 더 추하게 보이는 며칠 전에 광채 나던 창녀의 얼굴도 있습니다(그러한 것은 강탈로 말미암은 것입니다). 그런데 이 얼굴은 내가 여러분에게 말하기는 마치 스펀지처럼 역경의 활동으로 그 얼굴의 안료와 색소를 벗겨 내어진다는 것입니다.

그러한 것이 이러한 재난의 힘입니다. 그것이 현명하고 뛰어난 사람을 가장 무가치한 자로 드러냅니다. 그리고 만일 한 부자가 그 모임에 들어갔다면, 그는 보는 것에서 많은 유익을 얻을 것입니다. 세상을 흔들었던 그 사람이 이제 권력의 정점에서 떨어지고 공포로 위축되고 토끼나 개구리보다 더 두려워하고 저쪽에 있는 기둥에 묶는 것 없이도 그의 두려움이 쇠사슬과 돌연한 공포와 떨림을 대신하여 그를 기둥에 묶어 두는 것을 볼 때, 그는 자신의 오만을 누그러뜨릴 것이고, 그는 자신의 자랑을 내려놓을 것입니다.

또한 인간사에 대한 지혜를 얻을 수 있을 것입니다. 그 지혜는 성경이 교훈으로 가르쳐 준 것입니다. "모든 육체는 풀과 같고 그 모든 영광이 풀의 꽃과 같으니 풀은 마르고 꽃은 떨어지되" 혹은 "그것들은 풀처럼 빨리 시들 것이고 푸른 풀처럼 빨리 사라질 것이다" 혹은 "그의 날들은 연기 같으리니"와 그 외 그런 종류의 모든 구절에서 말입니다.

가난한 자가 들어와서 이 광경을 보았을 때, 그는 그를 멸시하지도 않고 그의 빈곤 때문에 스스로 비탄해 하지도 않을 것입니다. 그러나 그의 빈곤에 대해 고맙게 생각할 것입니다. 왜냐하면 그 곳은 그에게 피난처이며 고요한 안식처이며 안전한 보루이기 때문입니다. 그리고 그가 이러한 일들을 보았을 때 모든 사람이 잠시 소유한 것을 즐기고 후에 자신의 생애의 위험에 빠지는 것과 오히려 그가 있는 곳에 오래 머무를 것입니다.

여러분 보십시오. 부자와 가난한 자, 높은 자와 낮은 자, 묶인 자와 자유한 자가 어떻게 이 사람이 이곳에 피한 것을 보고 조금의 유익도 얻지 못하겠습니까?

여러분 보십시오. 어떻게 각 사람이 단순히 이 광경을 봄으로 치료를 받아서 나겠습니까? 내가 여러분의 열정을 부드럽게 하며, 여러분의 분노를 제거했습니까? 내가 여러분의 잔인성을 잠재웠습니까? 내가 여러분이 자비하게 되도록 완화시켰습니까? 정말로 나는 내가 했다고 생각합니다. 여러분의 표정과 흘리는 눈물이 그 증거입니다. 여러분의 딱딱한 바위가 깊고 좋은 옥토로 변했으므로 이제 서둘러 자비의 열매를 맺고 황제 앞에 엎드리거나 아니면 오히려 황제의 분노가 사라지도록 하고 우리가 요구하는 모든 사항을 허락하도록 그의 마음을 부드럽게 하도록 자비하신 하나님께 간구하므로 자비의 풍성한 곡식을 드러내야겠습니다.

이 사람이 여기로 피해온 날 이래로 어떤 조그만 변화도 발생하지 않았습니다. 황제는 그가 이 피난처로 피해 온 것을 알자마자 군인들을 이리로 보냈고, 그의 악행으로 화가 나고 그에게 처형받도록 명령했을지라도, 황제는 군인들의 분노를 진정시키려고 노력하면서 긴 연설을 했습니다. 그의 위반 행위와 더불어 그가 행했던 좋은 행동도 고려되어야 함을 주장했습니다. 그는 후자에 사의를 느끼고 그렇지 않은 행동들에 대한 동포로서 그를 용서할 준비가 되어 있다고 선언하면서 말입니다.

그리고 그들이 황제 위엄에 행한 모욕에 대해 그에게 복수하기를 재촉할 때, 그는 소리지르고, 뛰고, 그들의 창을 휘두르며, 그의 온화한 눈에 눈물을 흘렸고, 그들에게 그 사람이 피난처로 피한 그 거룩한 탁자를 회상시키면서, 결국 그들의 분노를 진정시켰습니다.

덧붙여서 우리 자신과 관련된 몇 가지 논의를 더하겠습니다. 황제는 그가 자신을 모욕했을 때 조금의 분개한 마음도 품지 않았는데, 이런 종류의 일을 경험하지 못한 여러분은 너무 많은 분노를 나타냈다면, 여러분은 무슨 용서를 받을 가치가 있겠습니까? 이 모임이 해산된 뒤에 여러분은 거룩한 신비들을 어떻게 다룰 것이며, 여러분이 당신에게 죄지은 자에 대해 앙갚음을 해야 할 때, "우리가 우리에게 죄지은 자를 용서한 것같이 우리의 죄를 용서하여 주옵시고"라고 우리에게 기도하라고 명령하신 것을 어떻게 반복할 수 있겠습니까? 그가 여러분에게 커다란 잘못을 행했습니까? 아니면 여러분을 모욕했습니까? 나는 그것을 부정하지 않을 것입니다. 그러나 이 때는 심판의 때가 아니라 자비의 때이며, 책임을 물을 때가 아니라 사랑의 친절을 베풀 때입니다. 또한 범죄를 밝힐 때가 아니라 그것을 감춰야 할 때이며, 판단과 앙갚음의 때가 아니라 자비와 호의의 때인 것입니다.

아무도 선동하거나 격앙되게 하지 말고, 오히려 자비로운 하나님께 그를 죽음으로부터 유예해 주시고, 그를 이러한 급박한 파멸에서 구해 주시기를 간구한다면, 그는 자신의 죄를 벗을 것입니다. 우리는 연합해서 자비로운 황제께 나아가 교회를 위하여 제단을 위하여 성전의 한 재물로서 한 사람의 생명을 인정해 주시기를 간청합시다. 우리가 이렇게 한다면, 황제 자신이 우리를 받아들일 것이며, 그의 칭찬 이전에 우리의 자비에 대해 커다란 보답을 수여하실 하나님께서 우리를 승인해 주실 것입니다.

그가 잔인한 자들과 비인간적인 사람을 거부하고 싫어할 때, 하나님께서는 자비롭고 인간적인 사람을 환영하고 사랑하십니다. 그러한 사람이 의롭다면 더 영광스러운 것은 그를 위해 화환을 두른 왕관인 것입니다. 만일 그가 죄인이라면 하나님께서는 그의 동포에게 보여준 연민에 대한 보상으로써 그의 죄를 간과하십니다. 하나님께서는 "나는 자비를 원하고 제사를 원하지 않기 때문이다"라고 말씀하셨습니다. 성경 전체를 통해 하나님께서 항상 이것에 대해 물으신다는 것을 여러분은 알 것입니다. 그것이 죄로부터 벗어나는 방법임을 선언하시면서 말입니다.

이와 같이 우리로 하여금 하나님께서 우리에게 좋으신 분이 되게 할 수 있습니다. 이와 같이 우리는 우리 자신을 우리의 죄로부터 벗어나게 할 수 있습니다. 이와 같이 우리는 교회를 장식하는 것입니다. 또한 내가 이미 말한 바와 같이 우리의 자비로운 황제께서 우리에게 명령하실 것이고, 모든 사람은 우리에게 박수를 보낼 것입니다. 땅끝까지 우리 도시의 인자와 친절을 칭송할 것이고 이러한 행동을 듣는 전 세계의 모든 사람들이 우리를 찬양할 것입니다. 그때 우리는 이러한 좋은 것들을 즐길 것입니다.

기도와 간구로 무릎 꿇읍시다. 갇혀 있는 자와 도망자와 탄원자를 위험으로부터 구해 냅시다. 그렇다면 우리 자신이 우리 주 예수 그리스도의 은혜와 자비로 미래의 축복을 받을 것입니다. 우리 주님에게 영광과 능력이 이제와 영원히 세상 끝까지 있을 지어다. 아멘.

하나님 섭리에 순종하고
맹세를 삼가라

여러분들은 성경이 비록 먼 과거의 역사적 이야기일지라도 우리에게 어떻게 위로와 평안을 가져다 주는지를 들었습니다. 이를테면, 창세기 1장 1절의 "태초에 하나님께서 천지를 창조하시니라"라는 구절은 역사적 선포입니다. 하지만 이 구절은 위로로 가득 차 있습니다.

하나님께서는 이 세상을 두 가지 측면에서 창조하셨습니다. 예를 들면, 두 종류의 빛인 해와 달이 동시에 바다와 육지를 비추고 있고, 해와 달은 노동을 위한 낮과 휴식을 위한 밤으로 두 개의 세상을 가지고 있습니다. 왜냐하면, 밤은 낮과 같이 이롭기 때문입니다. 그리고 열매를 맺지 못하는 나무와 열매를 맺는 나무는 그 유용성에 있어서 대동소이 합니다. 전자의 경우는 건축 재료로, 후자의 경우는 그 열매로 우리에게 모두 필요한 것들입니다.

또한 야생동물들도 가축처럼 우리에게 필요한 동물들입니다. 야생동물에 대한 두려움으로 우리는 더 강해지며 우리의 결속은 더 굳건해 집니다. 그리고 의사들은 야생동물로부터 많은 병을 치료할 약을 만들기도 합니다. 더욱이 우리가 지은 원죄에 대한 기억을 상기시키지요. 성경에는 "땅의 모든 짐승이 너희를 두려워하며 너희를 무서워하리니"라고 기록하고 있습니다. 이 구절을 살펴보면, 짐승들이 인간에 대한 두려움은 줄고 우리의 생명을 위협할 때에, 나는 죄를 생각합니다. 그러므로 나는 죄가 우리에게 준 해악을 배우는 동안 더욱 현명해지고, 보다 더 나아지고 있습니다.

세상이 두 개의 영역으로 창조되었다는 나의 말은 시사하는 바가 있습니다. 이것은 창조주 하나님을 아는 데 결코 작지 않은 기여를 했습니다. 그래서 나는 밤은 낮이 가져다 주는 유익함만큼 유익하다고 또 한 번 말합니다. 밤이 주는 유익은 병을 치료하는 약처럼 노동으로부터의 휴식이 있습니다. 실제적으로 의사가 비록 그들 스스로 여러 가지 치료법을 사용하고 다양한 약을 준비하더라도 질병 아래서 노동하는 사람들을 해방시킬 수는 없습니다. 하지만 휴식은 그 스스로 병을 회복시켜 건강하게 해 주고 수많은 노동과 수고로부터 자유롭게 해줍니다.

다시 말해서 밤은 단순히 육체적 노동을 치유할 뿐만 아니라 마음의 병을, 고민하는 영혼을 치료합니다. 종종 자식의 건강을 잃어버리는 일이 일어납니다. 수많은 사람들이 아버지를 위로하지만 그의 눈물과 신음 소리를 없애지는 못합니다. 하지만 밤은 그에게 가까이 접근해 잠의 강력한 힘으로 그를 정복하여 평안한 잠자리에서 그의 눈을 감게 만들고 낮의 고통으로부터 작은 구원을 느끼게 합니다.

그리고 지금, 저는 여러분들게 주의를 기울여줄 것을 간청합니다. 왜냐하면, 나는 여러분들 모두가 간절히 바라는 것이 성경을 배우고자 하는 것이라는 것을 알고 있기 때문입니다. 하지만 저는 성경 전체를 설교하기에는 적절하지 못한 시기라고 생각합니다. 왜 그럴까요? 그 이유는 우리가 성경에 관하여 이해하기 위해서는 여러 날 설교를 해야 하고, 여러분들의 지속적인 참여와 기억력을 요구하고 있기 때문입니다. 그러나 부적절한 설교 주제라고는 할 수 없습니다. 여러분들이 흥미를 가진다면 그 대가는 틀림없이 받을 것입니다.

저는 새로운 주제를 가지고 이야기하려고 합니다. 창세기 3장 8절에 있는 "날이 서늘할 때에 동산을 거니시는 여호와 하나님"이라는 표현이 있습니다. 하나님께서 걷는다고요? 하나님께서는 걷지 않으십니다. 왜냐하면, 하나님께서는 무소부재(無所不在)하신 분이기 때문입니다. 그런데 어떻게 그분이 "걷는다"라고 할 수 있겠습니까? 그 원인은 아담이 인식한 것을 표현했기 때문입니다. 그리고 하나님께서는 사려가 깊고, 스스로 날기도 하시고, 숨으시기도 하시며, 인간이 언어로 표현하기 이전에 이미 존재하신다는 것을 표현하기 위해서 이렇게 쓴 것입니다. 더욱이 이 표현은 하나님께서 죄로 더럽혀진 것을 지탱하기 위해서 법정으로 들어가는 것으로, 황폐해지고 더럽혀지고 슬퍼하며 죄에 정복된 모습을 한 아담에게 자애와 자비, 그리고 용서를 베풀어 주기 위해서 출현한 것을 묘사한 것입니다.

그러나 어떤 사람들은 '하나님께서 어디로부터 오셨나?' 궁금해 합니다. 이러한 상상은 죄악에 사로잡힌 사람들의 습관적인 생각입니다. 이들은 매사에 의심이 많으며, 작은 그림자에도 벌벌 떨고, 어둠 속에서 나오는 모든 소리에 공포감을 느끼고, 모든 사람들이 악의를 품고 자신에 접근한다고 상상합니다. 그래서 이들은 종종 다른 일로 달려오는 사람들을 자신에게 대적하기 위해서 온다고 상상하여 죄를 범하기도 합니다. 또한 아주 별개의 문제로 여럿이 이야기하는 것을 보면 자신을 험담한다고 추측하여 이야기하는 사람들을 해할 이야기를 합니다.

이런 일들은 죄를 범한 그들의 결점을 발견하기 이전에 배반하는, 죄를 추궁하기 이전에 이미 먼저 비난하는, 정의에 반대되는, 작은 소리에 벌벌 떠는 겁많은 죄인의 본성입니다.

성경에는 비겁한 것과 용감한 것에 관하여 어떻게 기록되어 있는지 들어 보세요. 잠언 28장 1절에서 "악인은 쫓아오는 자가 없어도 도망하나"라고 기록하고 있습니다. 다른 사람이 쫓아오지 않는데 왜 도망가는 것일까요? 그는 바로 양심의 비난에 쫓겨 주위의 모든 것에 신경을 곤두세우고 도주할 수 있는 것처럼 도피를 하지만, 양심의 소리로부터 벗어날 수 없는 것입니다. 이런 것들은 정의롭고 용감한 사람의 태도가 아닙니다. 그는 치료 불가능한 상처만을 입게 됩니다!

들어보세요! 다시 잠언에서 "의인은 사자 같이 담대하니라"고 말하고 있습니다. 성경의 한 예화를 들면, 열왕기상 18장에 아합왕이 엘리야를 보고 "이스라엘을 괴롭게 하는 자여 네냐?"하고 묻자, 엘리야는 "내가 이스라엘을 괴롭게 한 것이 아니라 당신과 당신의 아비의 집이 괴롭게 하였으니 이는 여호와의 명령을 버렸고 당신이 바알들을 좇았음이라"고 대답했습니다. 진실로, 정의로운 사람은 사자처럼 용감합니다. 그는 마치 사자가 비열한 짐승에게 대항하듯이 왕에게 대항하여 일어섰습니다. 비록 어떤 사람들은 슬픈 기근의 악한 선홍빛 옷을 걸치지만, 다른 사람들은 재앙으로부터 해방시켜 줄 선한 양 가죽 옷을 입습니다.

열왕기하 2장 11절에서 "엘리야가 회리바람을 타고 승천"한 것은 바로 위대한 성인의 덕입니다. 오! 이렇게 위대한 것들이 성인의 덕입니다! 그들의 말이나 그들의 육체가 아니라 바로 그들이 입은 옷은 모든 피조물들 중에서 가장 존경받을 가치가 있는 것입니다. 그 사람이 입은 선한 양가죽은 하늘로 승천하게 할 수 있습니다. 보십시오! 모세의 지팡이는 홍해를 가르고, 바위를 쪼개었습니다! 바울의 선한 옷은 병마를 추방하였습니다! 그리고 베드로의 그림자도 병마를 쫓았습니다! 이들은 모두 엘리야가 한 것과 같이 권세있는 덕을 가지고 있었습니다.

엘리야가 왕관을 보지 못한 것도 아니고 왕의 화려한 행렬을 못 본 것도 아닙니다. 엘리야는 누추하고 더러운 넝마를 걸치고 어떤 죄인보다도 비참한 모습으로, 열망의 포로가 되어 노예가 된 왕을 보았습니다. 엘리야는 왕의 모든 권세를 경멸했습니다. 그는 화려한 행렬들 사이에 서 있는 왕을 보았습니다. 하지만 엘리야는 왕의 권세를 무시하고 오직 하나님의 권세만을 의지하였습니다.

고통 속에서도 이렇게 위대해질 수 있을 때에 화려한 주변 환경이 무슨 유익이 있습니까? 그리고 아무리 부를 축적을 한다고 하여도 재앙에 무슨 소용이 있겠습니까? 이런 것들은 또한 사자처럼 당당한 바울에게도 볼 수 있습니다. 그가 투옥되었을 때에 사자같지는 않았으나 때론 사자보다 더 용감하게 말했으며, 그의 목소리는 모든 기초를 흔들었습니다. 그물에 걸려 쓰러진 사자는 체념하지만 성인은 감옥에 투옥되었을 때에 더욱더 강해집니다. 지진으로 감옥이 무너지고 벽이 흔들려 감옥 문이 열려도 그는 도망가지 않고 깊은 신앙심으로 결국은 승리합니다.

사자의 우렁찬 소리는 모든 야생동물들을 두렵게 만들고, 성인의 음성은 항상 마귀를 쫓아냅니다! 사자의 무기는 무성한 털로 된 갈기와 예리한 발톱, 그리고 날카로운 이빨이며, 정의로운 사람의 병기는 영적인 현명함과 절제, 참을성, 모든 세속적인 것에 대한 절제입니다. 누구든지 이같은 병기를 가진다고 비열한 인간을 비웃을 수 있는 것이 아니라, 이것은 그 스스로 불의(不義)한 권력에 대항할 수 있다는 것입니다.

이제까지 살펴본 바와 같이, 하나님의 섭리에 순종하면 살고 어떤 시대적 유혹에도 지배받지 않는 인간, 비록 그가 가장 하찮은 인간일지라도 어느 누구보다도 강한 사람입니다. 달리 말해서, 만약에 여러분들이 인간이 가질 수 있는 가장 강한 권력을 통해 영혼의 덕에 냉담한 사람이 된다면, 여러분들은 여러분을 공격하는 가장 나쁜 것들에 쉽게 시들고 말 것입니다. 하지만 만약에 여러분들이 배우길 원한다면, 나 또한 여러분들에게 정의는 정복하기 어렵다는 것과 죄인들은 쉽게 절망의 상태에 빠진다는 것을 가르치기 위해 최선을 다하겠습니다.

지금까지 어떻게 예언자가 그들의 특별함을 알리는지를 들었습니다.

하지만 "악인은 그렇지 않음이여 오직 바람에 나는 겨와 같도다."라는
말씀이 있습니다. 하찮은 거짓말이 백일하에 드러나고 진실은 쉽게 밝
혀집니다. 그래서 죄인은 그 자신과 싸우는 동안, 그가 이 전쟁을 견디
는 동안 모든 유혹은 바람처럼 사라지고, 마치 편안한 집에 있는 것처
럼 안전해져 양심을 회복하게 될 것입니다.

　하지만 이렇게 제아무리 노력할지라도 정의로운 사람의 본성은 아닙
니다. 그는 인간적인 방법으로 하려고 했지 않습니까? 들어보세요, 성
경 시편 125장 1절은 이렇게 이야기하고 있습니다. "여호와를 의뢰하
는 자는 시온산이 요동치 아니하고 영원히 있음 같도다." 여기서 시온
산처럼 요동하지 않는다란 무엇을 의미한다고 생각하십니까? 여러분들
은 산을 뒤집기를 몹시 갈구한 나머지 아무 무기나 가져와 있는 힘을
다해 화살과 창을 던지나, 여러분들은 결코 산을 뒤집을 수 없습니다.
자, 어떻게 하시겠습니까? 여러분들이 가진 모든 무기는 아무 소용없고
오히려 여러분들의 힘을 다 소진하게 될 것입니다.

　정의로운 사람도 싸움을 합니다. 그는 무엇이든 그것으로부터 생긴
악을 참지 않고 정의에 대항하는 세력을 파괴하지만, 그것이 사람이 아
니라 마귀인 것입니다. 여러분들은 종종 악마의 무기들은 폭력, 폭행으
로 파괴하고 기력을 다 써버리게 하는데 유용한 무기라는 것을 들었을
것입니다. 그러나 결국 산을 뒤집는 데 성공하게 해주지는 못합니다.

　인생을 조심스럽게 하지만 도적들의 장물처럼 음산하게 살지는 마십
시오. 그들의 일들은 금새 쇠퇴한 영광도 아니고, 늙은 육신도, 사라진
아름다움도 아니며, 어느덧 지나가 버리는 즐거움도 아닙니다. 바로 영
혼에 관한 여러분의 관심을 소비시키는 것입니다. 질병에 걸린 육체는
모든 사람이 완치되거나 치료되는 것은 아니지만 치료할 수 있는 것들
로, 육신의 병을 치료하기 위해서는 치료비와 많은 약들을 필요로 합니
다. 그러나 영혼의 치료는 대가없이 누구나 쉽게 치료할 수 있는 것입

니다. 육체의 치료의 본질은 의사의 노고와 수술용 매스, 그리고 지독히 쓴 약들을 응용하지만 지우기 힘든 흉터를 남기나, 영혼의 치료에는 이런 것들이 중요시되지 않습니다.

영혼의 치료는 고치고자 하는 의지와 열망으로 훈련을 하면 모든 일들은 성취됩니다. 바로 하나님의 섭리가 하시는 일입니다. 우리에게 불현듯이 찾아와 우리의 육체를 파괴하고 녹여버리는 죽을 병이 들지 않는 한은 성취됩니다. 하지만 이 일은 우리의 건강하고 고귀한 그리고 절실히 필요로 하는 영혼에 달려 있고 우리의 노고나 대가는 쓸모 없는 것입니다. 만약에 육체가 병들었을 때에 우리에게 건강을 회복한다는 결과로 의사가 요구하는 엄청난 치료비를 지급해야 하고, 수많은 고통을 참고 견딜 때 우리의 영혼을 무시한다면 도대체 우리가 얻은 것이 무엇입니까? 우리가 치료비를 지급하지 않고 다른 병이 드는 것도 아니고, 심한 고통을 참아야 하는 것도 아닌 치료를 선택하여 기꺼이 치료를 받을 때, 그리고 그 치료가 실패할지 분명히 알고 있다면, 우리는 아주 극단적인 의사의 판결과 형벌 그리고 고통을 견딥니다. 긍휼이 없이!

내게 말해 주세요. 만약에 어떤 의사가 돈이나 우리의 노고없이 아주 짧은 시간 동안 그의 의술(醫術)을 베풀 것을 약속한다면, 여러분들이 그를 은혜를 베푼 의사라고 생각하지 않겠습니까? 여러분들은 이 모든 일들을 견디고 참아내기 위해서 이렇게 약속한 의사의 어떤 명령이라도 복종하지 않겠습니까?

나를 보세요. 치명적인 상처를 치료하기 위한 약을 찾기 위해서 노력하지 않고, 육체가 아닌 우리 고귀한 영혼을 위해서, 건강한 상태로 돌려주기 위해서, 지금 허락하십시오. 아무 고민없이! 치료에 냉담하지 마십시오! 병들어 누워 있는 것은 제쳐놓고도 노여워하는 치료자에게 무엇을 기도하시겠습니까? 진실로, 상처의 고통을 상기하시고 화해하십시오! 하나님께서 기뻐하실 일들을 물어보시고, 무엇을 할지 기도하세요. 그리고 하나님으로부터 좋은 일들을 물어보세요.

누가 하나님의 은혜를 받을 준비가 되어 있습니까? 다른 사람의 죄악을 말하는 대신에 어떤 노력을 해야 할까요? 질투와 병든 의지로부터 구원을 받는다면 도대체 어떤 일이 어려운 일입니까? 우리의 이웃을 사랑하는 일에 무슨 마찰이 있습니까? 다른 사람들에게 부끄러운 일들도 아니고, 모욕적인 일들도 아니고 손해를 보는 일도 아닌데 무엇이 고통스럽습니까?

진실로 훈계를 하나 더 하고자 합니다. 맹세는 참으로 너무나 위대한 일입니다. 우리는 종종 분노와 노여움으로 우리에게 심한 상처를 주는 그 어떤 것하고 화해하지 않겠다고 맹세를 합니다. 하지만 우리의 분노가 사라진 후에, 그리고 우리의 노여움이 가신 이후에 우리는 상대와 화해할 것을 은근히 원하지만 맹세의 의무에 속박되어 올가미에 걸린 것처럼, 그리고 영원한 고통의 굴레에 묶인 것처럼 고민하고 괴로워하게 됩니다. 사실상 사탄은 분노가 사랑과 화합에 의해 쉽게 소멸되는 불과 같다는 것을 알고 있을 뿐만 아니라 뚜렷하게 이해하고 있습니다. 그래서 사탄은 우리에게 비록 분노가 사라지더라도 맹세의 의무를 남겨 맹세를 계속 지키도록 하여, 우리가 서로 화해할 것을 거부하든지 아니면 우리 스스로 은밀히 간직한 악의에 대한 죄값을 지불하게 합니다.

맹세를 할 경우에 우리가 화해를 거부하거나 스스로 괴로워해야 한다는 것을 안다면, 맹세하지 마십시오. 왜냐하면, 어떤 사람이 상스러운 맹세를 하지 않는 사람을 볼 때에, 그는 맹세한 사람을 비웃고 이렇게 고함지릅니다. "네가 모든 일들에 '나를 믿어라' 하고 말하나 쉽게 맹세하지 말아라. 너는 부끄러운 표현으로 나의 혀를 치욕스럽게 하고 있지 않은가?"

그러므로 우리가 맹세한 것을 마지못해 하든, 안하든, 강제적으로 재촉하여 우리를 되돌아오게 합니다. "만약에 맹세가 필요할 경우에 어떻게 해야 하는가?"라고 묻는다면, 필요하다면 죄를 범한다는 것입니다. 다시 "어떤 일에도 맹세하지 않는 것이 가능한가?"라고 묻는다면, 여러분은 무슨 말을 합니까? 하나님께서 명령하신 것에 대하여 감히 여러분들은 "하나님의 명령을 지키는 것이 가능한가?"를 묻는 것입니다.

진실로 하나님의 계명을 지키는 일은 중요한 일이므로 나는 여러분들을 현재의 상황, 즉 맹세하는 것을 중요하게 여기지 않는 상황들 속에서 맹세하는 것이 얼마나 중요한가를 설득할 수 있기를 원합니다. 왜냐하면, 보십시오. 도시인들은 무엇이든 할 수 있는 권력같은 황금에 지배받고 있어서 늘상 큰 몫을 선택하고, 동시에 여러분들은 세금을 내야 합니다. 그러나 왜, 사람들은 기한을 늦춥니까? 매일 매일 맹세한 것을 지키지 않고 기간을 늦춥니까? 세금 기간을 어기는 것을 용납하지 않는 황제의 법을 피할 수는 없습니다. 여러분들은 어떻게 하시겠습니까? 황제는 여러분들에게 여러분의 돈을 가지고 오라고 명령할 때에 세금을 내지 않는 것은 불가능합니다! 하나님께서 여러분들에게 맹세하지 말라고 명령하셨습니다! 그리고 여러분들은 그 계명을 피할 수는 없습니다.

지금 나는 6일 동안 여러분들을 타이르듯이 훈계를 하고 있습니다. 차후에, 나는 여러분들이 맹세를 삼가할 것을 희망합니다. 여러분들은 많은 훈계와 조언이 주는 유익으로 즐거워하시고, 두려운 법정에 설 경우에 이웃에게 관용을 베푸시고, 그리고 반드시 죄악을 청산하십시오. 용서를 가장한 행위는 불가능하니 그러므로 고치십시오. 만약에 여러분들이 고치지 못한다면, 극도의 형벌을 받게 될 것입니다.

이 모든 교훈을 기억하시고, 이에 관한 모든 근심에서 벗어나십시오. 여러 날 동안에 설교한 것들은 여러분들 마음에 주의깊게 남아 묵묵히 행동으로 하십시오. 그래서 여러분들이 다른 사람을 간곡히 타일러 가르쳐서 위대한 변혁을 나타내십시오. 그리고 다른 모든 훈계들도 행동함으로 하나님께서 인정하신 영원한 왕관을 쓰십시오. 영원히 살아계신 우리 주 예수 그리스도의 영광과 사랑을 통해서, 아버지의 영예와 함께 성령과 더불어…… 아멘..

3. 어거스틴
(Augustine, 354-430)

어거스틴의 본명은 아우렐리우스 아우구스티누스(Aurelius Augustinus)이다. 그는 고대 교회의 가장 위대한 신학자이면서(조직 신학의 설립자로 생각된다), 가장 위대한 변증가이고, 바울로부터 종교개혁까지 가장 위대한 기독교 저술가였다. 또한 그는 처음으로 「De Doctrina Christinan」라는 설교에 대한 체계적인 책을 썼다. 어거스틴은 이 책을 승인했던 것 같다. 그는 설교학 교재에서 "설교를 배우려면 규칙을 배우는 것보다 모델들을 사용하는 것이 더 유용하다"고 말했다. 어거스틴은 오늘까지 계속 영향을 끼치는 뛰어난 설교자이다.

생애에 대한 개요

A. 가족

어거스틴의 어머니 모니카(Monica)는 역사에 가장 유명한 어머니들 중 한 사람이다. 기독교인인 그녀는 아들의 개종을 위해 30년 이상을 기도했다. 어거스틴은 33세에 개종했는데, 그녀는 어거스틴이 세례 받던 해에 죽었다. 그의 아버지 파트리시우스(Patricius)는 죽기 직전인

372년까지 이교도였으나 그도 결국 기독교인이 되었다. 그는 강한 성격을 가진 사람이어서 그의 아들의 성공에 대해 대망을 가진 자였다.

B. 출생과 교육

어거스틴은 354년 11월 13일에 북아프리카의 작은 마을 타가스트(Tagaste)에서 태어났고, 초기에 타가스트와 카르타고(Carthage)에서 문법과 수사학을 배웠다. 12세 때에는 타가스트의 서쪽에 있는 마다우라(Madaura)에서 문법에 대해 더 깊은 공부에 몰두했다. 그 곳에서 문학과 고전에 대한 전통적인 로마 교육을 받았는데, 이 시기에 아리스토텔레스에 대한 공부를 마쳤다.

이 당시 아프리카에서의 최고 교육은 카르타고에 근거하고 있었다. 그래서 5년 후에 라틴 문학에 몰두해서 수사학을 배우러 그는 카르타고로 갔다. 어거스틴은 헬라어에는 약했으나 라틴어에는 강했다. 다른 위대한 설교자들처럼 그도 수학을 싫어했지만 키케로(Cicero)를 완전히 배워서 종종 수사학적 문제에 대해 그를 인용했다. 그의 교육의 한 부분은 낭독법에 대한 것이었다.

카르타고에서 그는 오히려 거친 삶을 살았다. 그는 거기서 한 여인과 교제하여 결혼하지 않은 채로 17세에 아데오다투스(Adeodatus)라는 아들을 낳았다.

카르타고에 있는 동안 그는 마니교도가 되었다. 9년 동안은 그 종파의 완전한 회원이 되기 전 "듣는 자(hearer)" 였다. 마니교도들은 구약을 거부하고, 물질과 영이라는 이원론을 취해서, 물질은 악이고 죄는 회개가 필요 없는 본의 아닌 행동이라고 생각했다. 마니교에 대한 어거스틴 자신의 묘사를 보려면, 그의 책 「신의 도성」(City of God), pp. 446-447(현대판)을 참고하라.

C. 초기 경력

카르타고에 있는 동안 어거스틴은 수사학의 교사가 되었고, 10년 동안 자신의 학교에서 가르쳤다. 이 시기 동안 그는 그 해의 최고의 시에 주어지는 상으로 왕관을 받았다. 이 시기 점성술을 믿었고 별점을 연구했으며, 빠르게 키케로에 대한 만능인이 되고 있었다. 26, 27세에 그는 그의 첫 번째 책인 (현존하지 않는) 「On the Fitting and the Beautiful」을 써서, 한 번도 만난 적은 없으나 로마의 웅변가 히에비우스에게 헌정했다. 그는 히에비우스의 작품에 경의를 가지고 있었다.

그러나 얼마 후에 그는 마니교에 대해 의심하기 시작했다. 그런데 시험할 수 있는 때가 온 것이다. 마니교의 위대한 변증가인 파우스투스(Faustus)가 카르타고에 도착한 것이다. 그에게 들으면서 어거스틴은 그가 그의 모든 논의를 반박할 수 있음을 알게 되었다. 구약에 대한 파우스투스의 책에 대한 연구도 역시 그를 같은 결론으로 이끌어 주었다. 그는 상세히 그와 맞섰다. 어거스틴은 파우스투스를 "유창한 웅변가이지만 내용은 없는 자"라고 생각했다.

383년에 어거스틴은 로마로 갔다. 그는 카르타고의 학생들의 무례함을 혐오하게 되었다. 그들은 너무 자유분방해서 그의 강의를 방해했던 것이다. 그러나 로마에서는 가르침의 조건이 더 나은 것이 아니라 단지 다를 뿐임을 알았다. 그곳에서 그는 새로운, 그러나 동일한 종류의 학생 문제에 직면했다. 그 학생들은 선생으로부터 받을 수 있는 모든 것을 받은 후에는 수업료를 지불하지 않는 것이었다.

그러한 대우로 환상이 깨지자, 385년에 그는 공식적으로 지원을 받는 밀란(Milan)에서의 수사학 교사 자리를 얻게 되었다. 여기에서 그는 신플라톤주의에 흥미를 느끼게 되었는데, 더 중요한 것은 그가 암브로스(Ambrose)의 설교를 들었다는 것이다. 그는 암브로스 설교의 설득력에 감동되었다. 그 설교들은 파우스투스보다 사상과 물질에 대해 더 나은 것이었다.

387년에 그는 기독교인으로 개종했고 세례를 받았다. 정원에서 기도하는 중에 "tolle lege"(들어서 읽어라)는 아이의 목소리를 듣고서 신약성경을 들어서 로마서 13:13-14을 읽었는데, 이것이 그를 개종하게 했다. 그는 곧 수사학을 버리고, 더 이상 "말 장사꾼"이 아니라고 말하면서 타가스트로 돌아갔다.

D. 기독교인으로서

40세에(391년) 어거스틴은 북아프리카의 힙포(Hippo)로 갔는데, 그곳에서 395년에 감독이 되었다. 어거스틴은 그가 가르쳤던 신학교를 설립했고 모든 아프리카를 위해 저작했다. 그는 430년에 죽기까지 35년 동안 그곳에서 일했다.

설교자로서 어거스틴

바울부터 종교개혁까지 별로 뛰어난 설교자들이 없었다. 오리겐, 어거스틴, 크리소스톰, 버나드와 같은 이름들이 두드러질 뿐이다.

A. 명성과 영향력

어거스틴은 사제로서 설교했다. 그것은 본래 예외적인 것이다. 아프리카에서 이전에는 감독만이 설교했는데 그는 그 전례를 깼다. 여전히 사제이면서 그의 설교는 너무 갈채를 받아서 390년 감독회의 전에 설교를 위해 초대되었다. 굉장히 많은 군중들이 그의 설교를 들으러 왔다. 관례에 따라 설교하는 동안 회중은 서 있었고, 그 설교자는 앉아 있었다.

어거스틴의 설교는 속기로 기록되었다. 그는 매우 단순한 언어를 사용했고, "가난한 직공과 어부"에게 설교하려 한다고 말했다. 암브로스에게 배워서 조금은 알레고리도 있었으나, 그 설교들은 주해적이었고 성경적이고 신학적이었다. 그의 설교 중 몇 편은 매우 간단한데, 원래 단 11줄로 된 설교도 있다. 그는 아침과 저녁, 그리고 거의 매일 설교했다.

어거스틴의 설교는 효과적이다. 힙포에는 먹고 마시고 즐기는 라에티아(Laetitia, '기쁨')라는 축제가 매년 거행되고 있었다. 어거스틴은 그들 가운데서 나와서 그들이 눈물을 흘리기까지 그들의 죄에 대해 설교했고 그들은 그 축제를 그만두었다.

가이사르(무라타니아)에도 카테르바(Caterva)라는 유사한 축제가 있었다. 그곳의 관습들은 폭력적이고 잔인했다. 사람들은 실제로 서로 전투했는데, 그 도시는 반으로 나뉘어 5, 6일 동안 각 진영은 죽기까지 서로 싸웠다. 전체 가족들이 나뉘졌다. 그래서 다시 그는 회개의 눈물을 흘리기까지 설교했고 그 관습을 아주 사라지게 할 수 있었다.

마니교의 옹호자인 파우스투스가 392년에 그 도시로 왔을 때, 어거스틴은 이틀에 걸쳐 논쟁하기 위해 도전했다. 파우스투스의 최고의 논의들에 대해 어거스틴은 그를 부수었다. 결과적으로 파우스투스는 불명예스럽게 그 도시를 떠났다. 마니교도는 힙포에서 그 영향을 잃었고 많은 초기 마니교도들은 기독교인들이 되었다.

B. 그의 청중

어거스틴의 청중은 혼합되어 있고 까다로웠다. 교양 있는 학자들과 무지한 소작농들이 공존했다. 그래서 그는 학적이고 교양있는 라틴어가 아니라 사투리로 설교하기로 작정했다. 그는 "그 사람들이 이해하지 못하는 것보다 교양있는 사람들이 웃는 게 낫다"고 말했다.

이교도들도 적은 호기심으로 어거스틴의 설교를 들으러 오곤 하였다.

심지어 마니교도들도 와서, 어떤 사람은 어거스틴을 속이려 했다. 어느 날 그는 청중 가운데 유명한 마니교도가 있는 것을 보았다. 그래서 그의 설교를 이 상황에 대한 것으로 바꾸었고, 그 사람은 개종했다.

어거스틴의 청중들은 감정적이었다. 그들은 그들의 가슴을 치거나 울거나 소리를 지르고 손뼉을 치기도 했다. 거기에는 배움이 많지 않은 많은 사람들이 있었기 때문에, 어거스틴은 자주 내용을 반복했다. 그는 그의 이야기를 거의 일상에서 찾았는데, 그 결과 보통 사람들이 듣고 즐거워했다. 그의 설교는 잘 받아들여져서 계속해서 북아프리카 전역에 걸쳐 설교해 달라는 요구를 받았다. 그 당시에 설교자 또한 감정적이었다. 그래서 어거스틴이 청중 중에서 사람들을 지적하고 자신이 우는 것은 특이한 일이 아니었다.

C. 준비

알리피우스(Alypius)에게 보낸 편지에서 어거스틴은 자신이 자신의 설교를 쓰지 않는다고 말했다. 다른 곳에서 그는 자신이 설교한 후에 삼위일체에 대해 설교를 썼다고 주장한다. 그의 방법은 묵상하는 동안 생각들을 메모했다가 이것을 가지고 설교하는 것이었다. 그의 설교는 속기로 기록되었고 출판 전에 약간 수정되었다.

어거스틴은 보통 길에서 사람들이 입고 다니는 옷을 입었다. 어거스틴 자신처럼 현존하는 그의 394편의 설교도 꾸밈이 없다. 그러나 많은 그의 설교가, 심지어 그 구조에 있어서 완벽하고 분명히 뛰어난 설교자의 작품임을 드러낸다.

우리는 어거스틴의 설교에서 많은 것들을 배울 수 있을 것이다. 분명하고 충실한 내용의 중요성이 그 하나이다. 그러나 다음에 있는 설교에서 몇 가지 문체적 문제들이(특별히 평행법과 대조와 반복을 그가 상용한 점) 연구에 있어서 고려되어야 한다.

마태복음 18장 15절에 대하여

마태복음 18장 15절에는 "네 형제가 죄를 범하거든 가서 너와 그 사람과만 상대하여 권고하라. 만일 들으면 내가 내 형제를 얻은 것이요"라고 했고, 솔로몬은 잠언 24장 25절에서 "무릇 악인더러 옳다 하는 자는 백성에게 저주를 받을 것이요 국민에게 미움을 받으려니와 오직 그를 견책하는 자는 기쁨을 얻을 것이요 또 좋은 복을 받으리라"고 했습니다.

하나님은 우리에게 다른 사람들의 죄를 경히 여기지 말고, 다른 사람의 결점을 발견하는 일을 하지 말라고 했습니다. 그리고 잘못된 것을 고치라고 하십니다. 주님은 "어찌하여 형제의 눈 속에 있는 티는 보고 네 눈 속에 있는 들보는 깨닫지 못하느니"라고 했습니다.

사랑하는 여러분, 이 구절의 의미를 여러분께 짧게 전하려 합니다. 눈 속의 티끌은 화입니다. 눈 속의 들보는 증오입니다. 그러므로 누군가를 증오하는 사람에게서 화를 내고 있는 사람의 잘못을 발견합니다. 그는 그의 형제의 눈에서 티끌을 꺼내기를 원하지만, 눈에 가지고 있는 들보로 인한 증오는 그가 가지고 있는 것입니다. 티끌은 들보의 시작입니다. 티끌이 자라는 가운데 있는 들보는 처음에는 티끌이었습니다. 여러분은, 티끌에 물을 먹인 것이 들보가 되는 것을 아십니까?

상대방을 정죄함으로 자라게 된 화가 증오가 됩니다. 누군가의 화로 인한 죄와 누군가가 다른 이에게 가진 증오의 잔학은 큰 차이가 있습니다. 심지어 우리는 우리 아이들에게도 화를 냅니다. 그렇다고 그 아이들을 증오합니까? 다름 아닌 소들 사이에서도 이런 것을 발견할 수 있습니다. 약한 종류의 암소는 때때로 화가 나면, 그녀의 새끼를 핥는 일을 합니다. 그러나 암소는 자신의 모성애로 그렇게 하게 되는 것입니다. 암소가 새끼에게 들이받을 때, 암소는 그렇게 했던 것을 숨기려고 합니다. 그렇지만 새끼가 없는 것을 깨달았을 때는 자신의 새끼를 찾으러 나갈 것입니다. 화낼 때와 다르게, 화낼 때보다 화와 격분의 정도가 줄어들 것입니다.

우리가 아이들을 사랑한다면, 그들에게 절대 체벌을 해서는 안됩니다. 조금 맥락을 달리하는 이야기지만, 누구나 증오로 인한 화를 냅니다. 그러므로 만약 그가 화를 내지 않았으면, 때때로 그것이 증오가 될 수 있다는 것을 확인시켜 주어야 할 것입니다. 어떤 강가에서 놀기 원하는 아이가 있다고 가정해 봅시다. 그는 어떤 사고에 의해서 죽을 수도 있을 것입니다. 만약 이것을 여러분들이 보고 있을 때 그 아이가 그를 올바르게 하는 것보다 훨씬 더 낫게 할 수 있겠습니까! 그렇다면, 그가 죽는다는 고통에 대해 화를 내지 않아야 하는 것일까요? 전문에 나온 그 상황에 모든 것들은 증오였던 것이 회피될 것이며, 들보는 여러분들의 눈 속으로 던져지게 될 것입니다. 대단한 것은 누군가의 화를 통해 그가 만일 몇 마디의 제한된 대화와 음흉한 계획이 들통나지 않기 위해 마음 속으로, 말을 하지 않는 것의 차이 입니다.

마지막으로 중요한 것은 이런 말씀 구절의 차이입니다. "그 형제를 미워하는 자마다 살인하는 자니"와 "내 눈이 노로 인하여 쇠하였도다"입니다. 가장 큰 차이는 눈의 혼란과 깨끗했던 것이 어지러워지는 것입니다. 하나의 티끌의 혼란은, 하나의 들보가 깨끗해지는 것입니다. 그렇다면, 앞의 모든 내용들은 전혀 증오의 감정이 포함되어 있지 않습니다. 이것이 우리를 먼저 설득시키면 우리는 아마도 오늘의 경고로 배우게 되고, 해야 할 일들을 잘할 수 있을 것입니다.

우리 눈에 들보가 없을 때, 형제가 어떻게 하든 간에 우리들은 그들을 바로보고 있는 것입니다. 그리고 우리가 상처 준 것이 형제의 눈 속으로 던져질 때까지 바라보고 있는 것은 쉽지 않습니다. 우리가 형제의 선행에 게으르지 않게 될 때야, 그 선행이 우리 안에 있는 것입니다. 만약 우리가 증오하고 있음을 고려한다면, 그를 바르게 할 수 있지만, 우리가 발견한 선행을 잊고 있을 때, 어떻게 그의 모습을 고쳐나갈 수 있겠습니까? 그에 관련된 구절로는 "그 형제를 미워하는 자마다 살인하는 자니"라고 쓰여 있습니다. 이것 역시 우리에게 명확하게 의미를 밝히고 있습니다.

어두움에 있는 한 형제가 있습니다. 증오는 어두움입니다. 지금 그에게 그렇게 대한 다른 사람이 되는 것입니다. 실제로 그렇지는 않을 것입니다. 하지만 그는 지금 먼저 자신을 해하는 사람이 되는 것입니다. 그는 외부로는 다른 이에게 상처를 주려고 노력하고, 그 자신은 그만큼 자체적으로 낭비가 되는 것입니다. 지금, 우리의 영혼이 우리의 몸보다 더 가치있는 만큼, 우리는 우리의 영혼에 상처를 주지 않고, 우리의 영혼의 갈급함을 더 채워 나가야 할 것입니다.

그렇다면 그는 무엇을 해야겠습니까? 그는 그의 돈을 사용해야 합니다. 그의 믿음이 약해질 수 있습니다. 그의 좋은 명성에 상처를 입고, 그는 그의 양심에 상처를 입을 수도 있을 것입니다. 어쨌든, 외부적으로는 아니지만 그는 해를 주었습니다. 지금은 그가 그 자신에 대해 상처를 준 것을 관찰해야 할 것입니다. 그는 그 자신을 다른 사람의 적으로 만들었습니다. 그러나 그는 그가 그 자신에게 그렇게 하는 것이 상처가 되는 것을 알지 못했기 때문에, 다른 이에게 난폭하게 대했습니다. 더 위험하게도 그가 그 자신에게 그렇게 하는 것이 죄가 된다는 것 조차 알지 못했습니다. 그는 자신의 이성을 잃고 격렬히 대했기 때문입니다.

당신은 당신의 적에게 격렬했습니다. 당신의 격렬함으로 그는 망쳐졌고, 당신은 눈치를 보게 되었습니다. 양자간의 엄청난 차이가 생겼습니다. 그는 손을 잃어버리게 되었고, 당신은 결백하다는 것입니다. 어떤 것이 더 심하게 손해를 보게 된 것인지 알 수 있습니까? 그는 죽었다고 확신했을 정도로 잃었고 당신은 지금 당신 자신이 죽어야만 하는 존재가 되도록 했습니다. 그러므로, 우리는 사랑 안에서만 책망해야 합니다. 조금도 상대를 해치기를 원하는 마음으로 나가서는 안될 것입니다. 그러나 고칠 것들은 밝혀서 알려 주어야 합니다. 만약 우리가 그런 마음만 있다면, 우리가 오늘 권면한 것들을 실천하는 것을 거의 완벽하게 할 수 있을 것입니다.

"내 형제가 죄를 범하거든 가서 너와 그 사람과만 상대하여 만일 들으면 네가 네 형제를 얻은 것이요." 그에게 관심이 있다면 그렇게 해야 할 것입니다. 그러면 당신은 그를 얻은 것입니다.

그가 만약, 당신을 향해 죄를 범했으면, 가서 당신과 그 사람과만 상대하여 권고하십시오. 당신이 그의 말을 듣게 되면 그는 당신을 잃지 않을 것입니다. 그가 만약 당신을 얻지 못했으면, 당신을 잃게 됩니다. 만약 당신이 잃지 않았다면, 그가 당신을 어떻게 얻을 수 있겠습니까? 그가 만약 다른 형제에게 범죄했었다면, 아무도 그것에 신경을 쓰지 않았을 것입니다.

사도는 "그러나 당신이 형제들에게 죄를 범하고, 그들의 약한 양심에 상처를 주는 것은, 그리스도께 죄를 범하는 것입니다."라고 말했습니다. 우리는 모두 그리스도의 지체들입니다. 그러면 당신이 어떻게 그리스도의 몸된 지체들에게 죄를 범하지 않을 수 있겠습니까? 아마, 아무도 이렇게 말하는 사람은 없을 것입니다. "물론, 나는 하나님께 범죄하지 않았어. 형제들에게도 물론 그렇지 않았지. 나는 사람들에게 범죄했지만, 그것은 사소한 죄에 지나지 않거나 모두에게 죄를 지은 것은 아니기 때문이지." 아마 이렇게 말하는 사람은 그것을 사소한 것이라고 할 것입니다. 왜냐하면 그것은 곧 고쳐질 수 있는 것이라고 생각하고 있기 때문입니다. 그가 이 형제에게 범죄했다면, 그에게 만족을 주고, 내가 모든 것을 해결했을 것입니다. 그는 빠르게 치명적인 일을 했습니다. 그러나 너무 빨리 돌이켰습니다. 하나님께서 "어리석은 자여, 누구든지 형제에게 말하는 것으로 지옥불의 위험에 들어가겠느냐?"라는 말씀을 하실 때, 형제 여러분들은 천국에 대해 소망을 품을 수 있습니다. 또, 어려움이 더하는 형제들도 있을 것입니다. 그러나 이같은 일이 일어날 때, 빨리 조취를 취하십시오.

"주라 그리하면 너희에게 줄 것이니 곧 후히 되어 누르고 흔들어 넘치도록 하여 너희에게 안겨 주리라. 너희의 헤아리는 그 헤아림으로 너희도 헤아림을 도로 받을 것이니라"(눅 6:38).

하나님께서는 당신이 예물을 늦게 드린다고 해도 화를 내지 않으십니다. 하나님께서는 예물보다는 오히려 당신을 더 찾으시기 때문입니다. 만약 당신이 주님과 동행함으로 읽은 예물이 있다면, 당신의 형제에게 나쁜 마음을 품고 있는 것을 참으십시오. 그는 당신에게 이렇게 말할 것입니다. "네가 잃었는데, 네가 가진 것 중 무엇을 나에게 주겠니?" 당신의 예물을 가져오겠지만, 하나님께 드릴 적당한 예물은 없을 것입니다.

그리스도께서는 광에서 발견된 사람보다는 그의 피로 구원받은 자를 찾으십니다. 그래서 "그러므로 예물을 제단에 드리다가 거기서 내 형제에게 원망 들을 만한 일이 있는 줄 생각나거든 예물을 제단 앞에 두고 먼저 가서 형제와 화목하고 그 후에 와서 예물을 드리라"고 했습니다.

당신이 화해했을 때만 당신은 걱정 없이 제단 앞에 예물을 드릴 수 있습니다.

그러나 사람은 상처를 줄 준비가 되어 있고, 또 상처 입히기가 더 쉽습니다. 그리고 회개하는 것은 어렵습니다. 그래서 당신이 상처를 가지게 되었더라도 당신은 범죄한 자에게 먼저 용서를 구하십시오. 그러나 만약 당신이 당신의 형제를 얕보게 된다면, 결국 당신은 하나님께 귀기울여야 합니다. "누구든지 자신을 낮추는 자는 높아지리라" 당신은 당신 자신이 겸손한 것이 싫습니까? 그럼, 벌써 자신이 겸손합니까? 가장 큰 것은 그 자신이 겸손한 것과 거만한 것의 차이입니다.

당신은 벌써 운동장에 누워 있습니까? 그리고 당신은 스스로 겸손하지 못하십니까? "나는 내 자신을 낮추지 않을 거야"라고 아마, 당신은 말할 것입니다. 만약 당신이 처음에 낮아지기를 원하지 않았더라면 이것은 상처를 입은 어떤 사람이 해야만 할 일입니다. 그리고 그는 다른 사람에게 고통을 당했습니다. 그럼, 그는 무엇을 해야만 할까요? 오늘 우리가 들은 말씀은 무엇입니까? "네 형제가 죄를 범하거든 가서 너와 그 사람과만 상대하여 권고하라."

만약 당신이 이것을 게을리 한다면 당신은 그보다도 못한 사람이 됩니다. 그는 상처를 주는 일을 해서 상처를 주었고, 그 자신에게 슬픈 아픔을 주었습니다. 당신이 형제의 아픔을 무시합니까? 그가 죽은 것을 볼 것이라면, 이미 그는 잃은 것이나 다름 없습니다. 그의 상황에 동의하지 않습니까? 당신이 침묵을 지키는 것은 그와 화해하는 것보다 더 좋지 않은 일입니다. 그러므로 누구든지 우리에게 죄를 범할 때는 우리가 그에게 관대해야 하며, 우리 자신에게 그렇게 해서는 안됩니다. 왜냐하면 상처를 용서하는 것은 영광스러운 일이기 때문입니다. 단, 당신의 아픔은 잊어버리고, 당신의 형제의 아픔을 잊지 마시기 바랍니다.

"너와 그 사람과만 상대하여 권고하라"고 했습니다. 그러므로 그의 고쳐야 할 점을 이야기하십시오. 그렇지만 그의 부끄러운 부분을 들춰내지는 마십시오. 부끄러운 것을 통해서, 그는 그의 죄에 대한 변명을 시작할 것입니다. 그렇게 되면 당신은 그가 고쳐야 할 부분들이 원치 않는 방향으로 더 나쁘게 바뀌어질 것입니다.

"그를 권고하라." 그러므로 그 사람과만 상대하십시오. 만일 들으면, 당신은 형제를 얻은 것입니다. 왜냐하면 그는 잃어질 것이고, 당신은 그것을 할 수 없습니다. 그러나 그가 만약 당신의 말을 듣지 않았다면 즉, 만약 그가 그의 죄를 단지 행동에 불과했다고 변명했다면, "만일 듣지 않거든 한 두 사람을 데리고 가서 두세 증인의 입으로 말마다 증참케 하라", "만일 그들의 말도 듣지 않거든 교회에 맡겨라. 그러하니 만약 그가 교회의 말도 듣지 않거든 이방인과 세리와 같이 여기라"고 했습니다.

형제들 중에서 그를 믿지 마십시오. 그러나 아직 그것으로 그의 구원의 여부에 대해서 생각하기를 게을리 하지 마십시오. 이방인이기 때문에, 즉 이방인과 이교도이기 때문에 우리는 형제들 중 그들의 수를 셀 필요가 없습니다. 그러나 우리는 그들이 구원받지 못한 자라고 볼 수는 없습니다. 이것으로 우리는 하나님이 그를 경책하시는 것을 듣고, 그에게 수의를 발씀하시는 것을 듣게 될 것입니다.

이것을 우리는 심지어 이렇게까지 말하는 것입니다. "틀림없이 나는 당신에게 말합니다. 당신이 온 땅을 묶게 될 것이고, 하늘도 묶게 될 것입니다. 그리고 당신의 정당치 못한 것이 파멸하게 됩니다. 그리고 당신이 그를 땅에서 잃으면, 당신은 그를 역시 하늘에서도 잃을 것입니다. 왜냐하면, 큰 상처가 그에게 남아 있고, 당신에게는 남아 있지 않기 때문입니다."

그러나 그런 일에 관해서 솔로몬은 이렇게 말했습니다. 그것이 오늘 우리가 들어야 할 다른 교훈입니다. "오직 그를 견책하는 자는 기쁨을 얻을 것이요 또 좋은 복을 받으리라." 이렇게 그 사람과만 상대해서 권고했습니까? 우리는 틀림없이 두려울 것입니다. 우리가 하나님의 교훈을 가지고 상대방과 반대의 입장에 서야 하니까요. 그러나 그렇지 않습니다. 우리로 하여금 거기에는 많은 완벽한 의견이 그들에게 있음을 이해시키고, 우리로 하여금 헛된 자만을 따르지 않도록 만들어야 합니다. 그들의 두 개의 신구약 성경은 서로 반대 입장이다라는 주장은 잘못된 것입니다. 그래서 우리는 여기에 아무런 모순이 없음을 생각해야만 합니다. 왜냐하면 하나는 솔로몬이 쓴 책이고, 다른 것은 복음서이기 때문입니다.

만약, 누구든 그런 것을 잘 알지 못한다면 하나님의 말씀을 가지고 이렇게 말하면서 욕을 할 것입니다. "보아라, 신·구약 성경은 서로 모순이 된다." 하나님께서는 "죄를 범한 형제에게만 찾아가서 권고하라"고 말씀하고 계십니다. 솔로몬은 이렇게 말합니다. "견책하는 자는 기쁨을 얻을 것이요, 또 좋은 복을 받으리라." 하나님께서는 솔로몬이 하라고 한 것을 알지 못하실까요? 솔로몬은 이미 죄의 대가를 받았습니다. 그리스도께서는 다른 사람의 죄로 인한 상처의 부끄러운 부분을 말하는 것을 삼가라고 하셨습니다. 다른 한 곳에는 이런 말씀도 있습니다. "견책하는 자는 기쁨을 얻을 것이요." 그러나 또 다른 곳에는 "너와 그 사람만 상대하여 권고하라"는 말씀도 있습니다.

그것이 공개적으로는 되는 것은 아닙니다. 따로 은밀히 되는 것입니다. 그러나 당신은 누구든지 신구약이 서로 반대된다는 생각을 가진 사람이 있다는 것을 알게 될 것입니다. 왜냐하면, 이 구절은 솔로몬의 구절이고, 다른 것은 복음서이기 때문입니다. 그럼, 사도의 말을 들어봅시다. 사도는 틀림없이 신약시대에 성직자일 것입니다. 바울이 디모데에게 하는 말을 들어 봅시다. "어떤 사람들의 죄는 밝히 드러나 먼저 심판에 나아가고 어떤 사람들의 죄는 그 뒤를 좇으니"(딤전 5:24). 이렇게 보면 솔로몬의 책과 바울의 서신서는 복음서에서 말하고 있는 것과는 달라 보입니다. 그렇다면 편견을 가지지 말고 솔로몬의 글을 간직해 둡시다. 예수님과 그의 종이었던 바울의 말을 들어 봅시다. 예수님께서는 당신에게 어떻게 말씀하고 계십니까? "네 형제가 죄를 범하거든 가서 너와 그 사람과만 상대하여 권고하라 만일 들으면 네가 내 형제를 얻은 것이요"(마 18:15). 사도는 무엇을 말합니까? "하나님의 지으신 모든 것이 선하매 감사함으로 받으면 버릴 것이 없나니"(딤전 4:4).

우리는 무엇을 하고 있습니까? 우리는 주님의 심판에 대한 경고를 듣고 있습니까? 그것은 우리와 거리가 멉니다. 우리는 두드려야 합니다. 차라리 심판받는 것을 택하십시오. 그것은 우리가 생각해 볼 수 있는 문제이므로, 우리는 얻게 될 것입니다. 주님 안에서 자유하십시오. 주님은 사도들에게 모순되는 말씀을 하지 않으셨습니다. 예수님 "안에" 그들이 역시 거했었던 것을 보기 때문입니다.

내 안에 그리스도께서 사시는 것을 증명할 수가 있을까요? 복음서에 그리스도께서 계시고, 서신서 안에도 그리스도는 역시 계십니다. 그리스도께서는 역시 두 곳에서 모두 말씀하고 계십니다. 하나는 그의 입의 말씀을 통해서, 그리고 다른 하나는 그의 사자를 통해서 말씀하셨습니다. "그것은 기록된 것이 아니다"라고 그의 사자가 법정에서 선언했습니다. 그러나 말씀은 예수께서 말씀하신 것으로 쓰였고, 무엇을 해야할지 사자에게 말씀을 통해 명령한 것입니다.

그렇다면 우리는 두 가지 교훈에 귀를 기울여 보도록 합시다. 우리가 그것을 이해하고, 평안 속에 거하도록 합시다. 우리로 우리의 마음 속에 그 말씀이 있도록 하고, 말씀이 단지 말씀으로서 끝나지 않도록 합시다. 그것이야말로, 우리가 찾던 참 말씀인 것입니다. 두 가지 교훈은 참입니다. 그러나 우리는 다른 사람에게 때때로 성경 말씀대로 탁월하게 대해야 하고, 그렇게 행해야만 합니다. 그것은 때때로 형제가 "너와 그 사람만 만나서 권고하게 만들 것이고" 때때로 너의 형제가 "어떤 사람들의 죄는 밝히 드러나 먼저 심판에 나아가고 어떤 사람들의 죄는 그 뒤를 좇나니"하는 말씀처럼, 죄가 밝히 드러날 때도 있을 것입니다. 만약 우리가 이중 한 가지를 적용시키면, 다른 사람들도 때때로 그러한 일을 하게 될 것입니다.

우리는 빨리 말씀을 적용시켜야 합니다. 그리고 적용에 대한 실수는 하지 말아야 하고, 그것을 순종해야 할 것입니다. 그러나 누군가 나에게 말할 것입니다. "내가 이것을 언제 해야 하는지? 그리고 다른 사람들은 그것을 또한 어떻게 할 수 있겠습니까?"라고 물을 것입니다. 당신이 먼저 다른 사람들 앞에서 권면을 받을 때, 내가 그 사람과만 상대해서 권면을 받지 않으면 안됩니다.

또는 모든 사람들 앞에서 비난받을 때, 내가 나만의 비밀 속에서 내 자신을 책망해야만 할 때 사랑하는 여러분은 우리가 무엇을 해야 하는가와 이젠 어떻게 실행해야 하는지 알게 될 것입니다. "내 형제가 죄를 범하거든 가서 너와 그 사람과만 상대하여 권고하라 만일 들으면 내가 네 형제를 얻은 것이요"(마 18:15). 왜냐하면 그가 죄를 가지고 있는 데 비해 당신은 그것이 당신에게 반대되는 상황이기 때문입니다. 그것은 무엇입니까? "죄를 가지고 있는 것이 당신에게 반대되는 것입니까?"

당신은 그가 죄를 지었다는 사실을 압니다. 그가 비밀을 찾기 위해 그가 당신에게 죄를 지었고(정죄함), 당신은 그의 죄를 고쳐 주려고 했기 때문에 그것은 비밀일 수밖에 없었던 것입니다. 만약, 그가 당신에게 죄를 지었다는 사람이 당신이면, 당신은 권면하는 사람이 아니라 그에게 배반자가 되게 됩니다.

단지 사람이 하는 방법으로 요셉은 그가 생각하기 전에 그의 부인이 자기에게 친절하다는 것 이상으로 대한다라는 것과 그가 그녀에 대해 깊이 생각함으로 그것이 큰 죄를 범하는 것인지를 고려해야 했습니다.

왜냐하면, 그는 그 사실을 자각했었기 때문입니다. 그녀가 아들을 잉태했을 때, 그녀에게까지 들어갈 사실을 알았습니다. 그러므로 피할 수 없는 간통죄만이 남았었던 것입니다. 왜냐하면 그는 단지 자각했었고 그것을 알았기 때문입니다. 복음서에서는 그에게 뭐라고 말하고 있습니까? "그렇게 해서 요셉은 단지 그런 사람이 되었습니다. 그리고 그녀가 평범한 사람이 되길 원하지 않았습니다" 남편의 슬픔에서 아무런 분노를 찾을 수 없었습니다. 그는 범죄자에 대해서 공표하기 보다는 단지 이익을 바랬던 것입니다. 그리고 그녀가 평범한 표본으로 남아 있기를 원하지 않았습니다. 그는 그녀가 남몰래 이혼해 주길 원했습니다. 그러나 이런 것들에 대해 (그 가자는 집에 대해) 그가 생각하고 있을 때, 보십시오. 하나님의 천사들이 그에게 나타나는 것을 보았습니다. 그리고 그는 그것이 어떻게 되었는지 말했습니다. 그녀는 그녀의 남편의 침상을 더럽히지 않았습니다.

그러나 그녀는 하나님의 거룩하신 사자가 온 것을 잊었습니다. 그녀가 당신에게만 정말 범죄했었으면 만약 당신이 그것을 혼자 알고 있다면 범죄한 것입니다. 만약 그가 당신에게 많은 상처를 주었다는 것을 많이 듣게 된다면, 그는 그 부정에 지혜를 가진 그들에게 역시 범죄한 것입니다.

내 사랑하는 형제들이여, 내가 당신에게 말하건대, 당신의 상황에 맞게 자신을 인식할 수 있다는 것이나, 누군가 내 형제에게 내가 들은 상처되는 일을 했을 때, 하나님께서는 내가 내 자신에게 연결되지 않은, 직접 전해지지 않는 상처를 생각하는 것을 금하게 하셨습니다. 확실히 주님은 그렇게 하는 것이 기쁨이 된다는 생각으로 나에게도 마찬가지로 그것을 행했습니다. 그러므로 이런 자들은 모든 이중에서 드러날 것이며, 그것은 모든 이들에게 맡김이 될 것입니다. 그들은 좀더 비밀스레 맡겨져야 하는 비밀을 엄수하기 위해 책망받아야 합니다.

시간을 초월하여, 성경은 하나의 조화를 이루는 것입니다. 그러므로 우리는 형통하게 해야 합니다. 그리고 우리는 죄가 우리 곁으로 지어지는 이유 때문이 아니라 죄가 다른 사람들로부터 맡겨지고 다른 사람에게 지어지지 않았을 때, 우리는 행해야 합니다. 우리는 은밀하게 권면해야 하며, 그를 책망해야 합니다. 만약 우리가 그를 많은 사람들 앞에서 책망하지 않는다면, 우리는 그 사람을 비난해야만 합니다. 우리는 권고하기를 원하고 그가 새사람이 되기를 원합니다. 그러나 만약 그의 적이 그의 잘못된 점을 발견한다면, 그가 벌을 받을 것입니까? 예를 들어, 감독은 누군가가 다른 사람을 죽인 것을 안다면, 그 외에 그 사실을 아는 사람은 없습니다. 나는 감독이 공공연하게 그에게 책망하기를 원합니다. 그러나 내가 그를 기소한다면, 확실히 나는 그에게 배반한 것이 되며, 그를 게으르게 보는 것일 것입니다.

나는 그를 은밀하게 꾸짖을 것입니다. 나는 그의 눈 앞에서 하나님의 심판을 세울 것입니다. 나는 그의 썩은 양심에 놀랄 것이며, 그가 후회하도록 설득할 것입니다. 우리가 책망하지 않는 것처럼, 아니면 그것은 우리가 아마 알고 있는 것을 달래려고 하는 것이라고 생각하게 될 것입니다. 그리고 그것은 우리가 아마 알고 있는 것일 것입니다. 나도 역시 압니다. 그러나 나는 당신의 존재로 꾸짖지는 않을 것입니다. 왜냐하면 나는 치료하기를 원하고, 통치자처럼 되기를 원치 않기 때문입니다.

자신의 집에서 간통을 저지르는 사람이 있습니다. 그들은 은밀하게 죄를 지은 것입니다. 때때로 그들은 우리에게 공공연하게 그들 자신이 저지른 죄에 대해 부인하는 것이 발견될 것입니다. 통상적으로 질투함으로, 때때로 그들의 남편의 구원으로 찾아볼 수 있습니다. 그런 상태로는 그들을 배반해서는 안됩니다. 그러나 그들이 은밀히 짖는 죄는 꾸짖어야 합니다. 어디서 악이 일어났는가, 악을 없애야 합니다. 아직 우리는 상처에 게으리지 않습니다. 사람이 죄를 짓는 것과 다친 양심을 참는 것을 초월하는 것, 그것은 그들이 상처받는 것으로부터 치명적인 것이 됩니다. 때때로, 난 어떻게인지 알지 못하지만 가치없는 확실함과 쓸모없는 것과 경멸하는 강퍅함으로, 그리고 그들의 서한으로 증거를 찾아낼 것입니다.

"하나님은 육의 죄를 돌보지 않으신다"라는 말씀이 있습니다. 그것이 오늘 우리가 들은 말씀입니다. 하나님께서 호색가와 간통하는 자들을 심판하시겠습니까? 보십시오. 누구나 병든 상태에서 일합니다. 하나님의 말씀을 들으십시오. 마음 먹던 것은 하지 마십시오.

당신의 죄로 마음대로 행하는 것과 당신이 친구들, 당신의 사람들보다 당신의 적도 역시, 당신이 말하는 것을 간통같은 것으로 묶어야 합니다. 그렇다면 사도가 말한 것을 들어봅시다. "결혼은 고귀한 것이요, 침상을 정하게 하는 것이라. 그러나 호색가와 간통하는 자들을 하나님께서 심판하실 것이다."

그러므로 형제여, 당신의 행위를 고치십시오. 당신의 적이 당신을 기소하지 않게 당신은 두려워 해야 합니다. 그러면 당신은 하나님께로부터 심판받지 않겠습니까? 당신의 믿음은 어디 있습니까? 두려움에 떨 시간이 올 것입니다. 심판의 날이 멀지 않았습니다. 그러나 모든 이의 마지막 날은 아직 멀리 떨어져 있지 않을 것입니다. 왜냐하면 삶이 짧기 때문입니다. 그리고 이런 확신없는 일 때문에, 당신이 당신의 마지막 날이 어떠한지 알지 못할 것입니다.

당신의 오늘 모습을 고치십시오. 왜냐하면 내일이 있기 때문입니다. 은밀한 책망으로 지금 당신이 봉사하는 모습이 되도록 하십시오. 내가 솔직히 말하는데, 은밀하게 계속해서 나 자신에게 책망하십시오. 나는 나의 귀를 항상 모두에게 열어놓았습니다. 그러나 나는 상식있는 몇몇에게 말을 걸 것입니다. 만약 내가 말하게 된다면, "간음하는 자여, 너 자신을 고치라"고 말할 것입니다.

아마도 내가 먼저 처해 있었던 곳에서 "나는 지식이 없다"고 말해야
합니다. 아마도, 지각없는 소문이 돌 것이 짐작이 됩니다. 나는 그렇다
면, 이렇게 말하지 않을 것입니다. "간음하는 자여, 너의 호흡을 고치
라" 그러나 누구라도 이런 간음하는 자들에게는 "네 자신을 고치라"고
말할 것입니다. 그 책망이 세상이 다 아는 것이라면 말입니다.

자기 개선은 은밀하게 하는 것입니다. 자신에게 은밀한 개선이 있을
것을 압니다. 누구든지 겁을 낼 것을 내가 압니다. 아무도 그의 마음에
말하지 않도록 해야 합니다. 사도가 말씀하시길 "너희가 하나님의 성전
인 것과 하나님의 성령이 너희 안에 거하시는 것을 알지 못하느뇨 누구
든지 하나님의 성전을 더럽히면 하나님이 그 사람을 멸하시리라 하나님
의 성전은 거룩하니 너희도 그러하니라"(고전 3:16, 17)고 했습니다.
아무도 그 자신을 속이지 못하게 하십시오.

그러나 아마도 누군가는 말할 것입니다. "나의 영혼은 하나님의 성전
이다. 그러나 나의 몸은 아니다." 그리고 역시 이런 증거도 더할 것입
니다. "모든 육은 풀과 같아도, 사람의 모든 영광은 풀의 꽃과 같도다."
잘못된 판단입니다! 징계에 대한 자만입니다! 육은 풀이라고도 불리웁
니다. 왜냐하면 그것은 죽기 때문입니다. 그러나 죄로 인해서 다시 일
어나지 못하는 것이지, 몇 시간 동안 죽어 있는 것이 아님을 당신 자신
은 주의해야 할 것입니다.

당신도 역시 이 부분에서 명백한 심판을 받지 않을 것을 확신할 수
있겠습니까? "당신은 알지 못합니다." 사도들이 말하기를 "너희가 하나
님의 성전인 것과 하나님의 성령이 너희 안에 거하시는 것을 알지 못하
느뇨"(고전 3:16)라고 했습니다. 그렇다면, 더 이상 당신의 몸의 죄에
대해 무시하지 마십시요. 이것을 보십시오. "몸은 하나님의 성전이며,
하나님의 성령이 거하시는 곳이다." 만약, 당신의 몸의 죄에 대해 무시
한다면, 당신은 성전을 범하는 죄를 짓는 것입니다.

당신의 몸은 하나님의 성령이 거하는 곳입니다. 지금은 하나님의 성전이 당신과 함께 계십니다. 만약 당신의 이런 벽이 있음에도 불구하고 교회에서 간통죄를 범한다면, 그것보다 더 큰 죄가 어디 있겠습니까? 그러나 지금 당신은 자신이 하나님의 성전입니다. 교회에 갈 때와 올 때, 집에 머물 때, 그리고 일어날 때 당신이 하는 것을 주의해서 행하십시오. 그가 당신을 버리지 않도록 당신은 성전에 내재하는 성령을 노하게 하지 말아야 합니다.

그리고 만약 당신이 하나님을 뵈었을 때 하나님께서 당신을 보시고, "내가 너를 알지 못하노라" 말하시면 어떨까요? "너의 몸을"은 그들이 몸에 범하는 죄를 가볍게 생각하게 하지 않으려고 사도가 간음에 대해 알려 주었던 것입니다. "크도다 경건의 비밀이여 그렇지 않다 하는 이 없도다 그는 육신으로 나타난 바 되시고 양으로 의롭다 하심을 입으시고 천사들에게 보이시고 만국에서 전파되시고 세상에서 믿은 바 되시고 영광 가운데서 올리우셨음이니라"(딤전 3:16).

당신은 비싼 대가로 그의 자녀가 되었습니다. 만약 당신이 당신의 몸에 대해 가볍게 생각한다면, 당신의 몸의 값을 고려해야 할 것입니다. 나는 내가 말하는 것으로 아는 것을 모든 사람이 보통사람보다 더 고려한다라는 것을 압니다. 하나님은 7의 말씀에 순종하고, 말씀을 두려워하고 자신을 고치는 그런 사람을 빠뜨리지는 않으십니다. 그러나 그는 그가 살 수 있는 더 많은 시간에 대해 생각합니다. 이것은 그들이 "내일, 내일"이라고 얘기할 때, 많은 것들이 없어지는 것입니다. 그리고 갑자기 하늘 문이 닫히고, 그는 갈가마귀의 오지그릇과 함께 밖에 남아있게 될 것입니다.

왜냐하면 그는 비둘기의 신음을 해보지 않았기 때문입니다. "내일, 내일"이라고 하는 것은 갈가마귀의 오지그릇입니다. 비둘기로 구슬프게 우는 것과 당신의 가슴을 치는 것, 그리고 당신의 가슴에 고통을 가하는 험담을 할 것입니까? 아마, 가슴을 치는 것이 더 나을 것입니다. 내가 당신의 양심을 치지 않는 것처럼, 그러나 그것을 심하게 험담하는 것이 나을 것입니다. 그것은 더 높은 수준의 경건을 추구하는 비양보보다 악한 양심을 만들게 될 것입니다. 열매없는 울음은 덕이 되지 않는 울음입니다. 양심이 당신에게 말하고 있습니다. "하나님께서는 언제든지 나를 용서해 주신다"고 약속하셨습니다. 내가 내 모습을 고치고, 내가 안전할 때, 나는 하나님의 말씀을 읽습니다. "사악한 사람이 그의 사악에서 떠나 그의 행위로 바르게 하는 자에게는 내가 그날에 그의 죄를 잊을 것이다."

내가 내 자신의 모습을 고쳐나갈 때마다, 하나님께서는 나의 악한 행위를 용서해 주실 것이기 때문에, 나는 안식할 수 있습니다. 나로 이렇게 말할 수 있게 하는 것이 무엇입니까? 그에게 용서를 받지 않고 내가 하나님께 말할 수 있을까요? 하나님께서 이렇게 약속하지 않으셨고, 말씀에 그렇게 나와 있지 않다면, 내가 말할 수 있습니까? 만약 내가 이렇게 말해야만 한다면, 나는 거짓으로 말하는 것일 것입니다.

당신이 참으로 말한다는 것은, 하나님께서 내가 회개하면 용서해 주신다는 약속이 있다는 것과 나는 그것을 부정할 수 없다는 것입니다. 그분에게 당신에 대해 말하고, 기도해 보십시오. 나는 동의하고 승인하고, 하나님께서 당신을 용서해 주신다고 약속하신 것을 알고 있습니다. 그가 "만약 네가 자신의 행위를 돌이키면 용서해 주신다"는 것을 내일로 약속하셨습니까? 그 말씀을 나에게 읽어 주면서 얼마나 오랫동안 당신이 산다는 것도 알려 주었습니까? 당신은 "나는 그것을 말씀에서 읽을 수 없었다"라고 고백하게 됩니다. 그렇다면, 당신은 얼마나 오래 살지 못하는 것입니다. 당신 자신을 고쳐 나가십시오. 그날은 내가 집에서 잘 때, 내가 살던 집이 부서질 것입니다.

그러나, 오늘은 당신이 자신이 깨어 있고, 변화되어야 합니다. 왜 당신은 내일까지 기다리려고 하십니까? 만약 당신의 생이 길다면, 긴 것입니다. 좋은 것은 둘다 남겨놓아야 합니다. 저녁 식사시간이 길어서, 좋은 식사를 하는 사람은 없습니다. 그렇다면, 당신은 길고 악한 생을 살기 원하십니까? 물론, 그것은 길 것입니다. 만약, 그것이 좋다면 그러는 편이 나을 것입니다. 만약 그것이 짧다면, 유일이 되는 것을 할수 있을 만큼 될 수 있을 것입니다. 그러나 사람은 삶을 게을리 하여 그들이 원치 않은 것을 가지는 것을 제외하고는 어느 정도만 해야지 하는 생각을 가져서는 안됩니다.

당신은 농장을 샀습니다. 그리고 당신은 좋은 것을 목표로 살았습니다. 당신은 한 여인과 결혼하기를 원했고, 당신은 잘 선택했습니다. 당신은 아이들의 생일이 오기를 원했고, 당신은 잘 선택했습니다. 당신은 신발을 기대했고, 나쁜 것을 원하지 않았습니다. 그리고 아직 당신이 사랑해야 할 원치 않는 삶이 있습니다. 어떻게 당신의 삶이 당신을 상처 입히겠습니까? 그것은 당신이 단지 그것에 대해 나쁘게 생각하기 때문입니다. 그것이 당신의 모든 좋은 것으로부터 당신이 당신 스스로 악을 범할 것이 서로 대립됩니까? 그렇다면 형제여, 만약 내가 당신에게 은밀히 개인적으로 권면한다면, 아마도 그는 내 말을 들을 것입니다. 나는 당신에 대해 지금 주위에 있은 많은 것을 비난할 것입니다.

나에게는 전부 칭찬을 할 것입니다. 아마 약간의 세심한 주의가 나에게 있을 것입니다. 나는 그에 대한 사랑이 없습니다. 그는 나를 그의 목소리로 칭찬하고, 그의 마음으로 나를 경멸하는 자입니다. 당신이 칭찬할 때, 그리고 내 자신을 변화시켜 나갈 때, 당신의 지혜는 당신 자신의 것입니다. 만약, 당신이 일을 저지르면, 당신은 내가 말한 것으로 기쁘게 하는 사람입니다. 당신 자신으로 기뻐하지 마십시오. 왜냐하면, 당신이 만약 죄를 지음으로 당신 자신을 싫어하게 되기 때문입니다.

당신이 자신을 변화시킬 때, 만약 당신이 엊그제 말한 것이 실수였다면, 당신은 당신에 대해서 기쁨을 누릴 것입니다. 나의 모든 말로 나는 당신의 거울이 될 것입니다. 그것이 나의 말이 아니고, 내가 고요를 지키는 것을 그만두고, 하나님의 말씀을, 내가 하나님의 망령을 말할지라도 누군가는 침묵하는 것을 원치 않을 것입니다. 그리고 당신을 위해 고려하지 않을까요? 그러나 나는 무거운 책임이 있어서 천국으로 갈 수 없습니다. 그러나 그것이 나의 어깨를 흔들지 못하게 해야 합니다.

히브리서 말씀에 "오직 선을 행함과 서로 나눠 주기를 잊시 말라 이같은 제사는 하나님이 기뻐하시느니라"(히 13:17)고 했습니다. 우리가 언제 즐거움으로 해야 합니까? 언제 우리가 사람을 말씀으로 양육해야 합니까? 언제 노동자는 즐거움으로 일합니까? 그들이 나무를 볼 때, 그들이 열매를 볼 때입니다. 그가 곡식을 보고 있을 때, 그리고 그가 홍수로 옥수수 농사를 포기하고 싶을 때입니다. 그는 쓸데없는 것에 노동력을 투자하지 않는다는 것을 그가 볼 때입니다. 그것은 그의 등에 인사하지 않을 때, 그의 손에 멍이 들었을 때, 공연히 열과 차가움을 견딜 때입니다.

이것이 바로 그가 말한 것입니다. "오직 선을 행함과 서로 나눠 주기를 잊지 말라 이같은 제사는 하나님이 기뻐하시느니라"(히 13:17). 그는 "그들에게 불리한 것"이라고 했습니까? 아닙니다. 그는 "너에게 불리한" 이라고 했습니다. 당신의 악한 행위로 당신은 놀라게 될 때가 있을 것입니다. 그것은 그들에게 유리한 것일까요? 그들의 슬픔은 그들에게 유리한 것일까요? 그러나 그것은 당신에게 불리합니다. 형제들이여, 우리 하나님의 편에 서서 서로 선행을 합시다. 거기에 대한 보응은 우리를 서로 기쁘게 할 것입니다.

4. 루터
(Luther, 1483-1546)

마틴 루터의 생애나 그의 교리적 가르침에 대해서는 논의할 필요가 없을 것 같다. 이것은 잘 알려진 것이며 다른 곳에서 다루어졌기 때문이다. 우리의 관심은 설교자로서의 루터이다.

참된 의미에서 종교개혁은 설교의 부활이다. 사제주의가 우세하여 황폐한 시기 후에 개혁 설교는 암석에서 솟아오르는 물줄기 같았다. 수세기 동안 그러한 설교는 없었다. 메마른 스콜라 철학과 이교적 사제주의 융성과 더불어, 오리겐의 알레고리 방법은 거의 설교를 죽여 왔던 것이다. 그러나 결국 크리소스톰의 주해와 같은 — 아니 오히려 더 나은 참된 주해가 다시 시작된 것이다.

스콜라 학자들은 오리겐의 3단계 해석법을 취하고 거기서 한 단계 더 나아가서 "quadriga"라는 4단계법을 취했다. 이것은 문자적, 알레고리적, 도덕적, 유비적 의미들로 구성되었다. 문자적인 것은 역사적 행동과 관계가 있고, 도덕적인 것은 행동의 규칙으로서 청중의 윤리적 행동과 관련되어 있다. 또한 알레고리적인 것은 교회가 믿어야 하는 교리와 관련되어 있고, 유비적인 것은 사람들이 소망을 가지고 바라보는 천상의 불가시적 실체에 관한 것이었다.

루터는 이러한 전통에서 설교하기 시작했으나 한 가지 점에서 의식적으로 거부했다. 1521년 이전에 그는 스콜라적 설교 규칙의 영향하에 있었으며 전형적인 스콜라 형식을 사용했다. 그러나 그 해 그는 의식적으로 스콜라적 방법을 버리고 그가 새로이 만든 설교 방법, 즉 설교(homily)를 발전시켰다. 그는 주요 요점에서 시작했고 시간이 다 되면 그만했다. 그의 방법은 종교개혁 전에 몇몇 사람이 사용한 설교를 발전시킨 것과 유사했다.

그러나 루터는 전혀 알레고리적 경향을 완전히 흔들어 버릴 수 없었습니다. 그래서 그는 그렇게 하기 위한 참된 투쟁을 알았다고 고백했다. "내가 수도사였을 때, 나는 알레고리에 정통했습니다. 나는 모든 것을 알레고리화 했습니다"라고 한 번은 그가 말했다. 그래서 설교의 관점에서 종교개혁은 의식이고 계획적인 성경적 문법적-역사적 설교로 돌아가는 것이었다. 안디옥 학파가 결국 알렉산드리안 학파를 이기려 했다고 말할 수 있을 것이다.

주해적인 강조점

우리는 루터가 단순한 선동가나 말썽꾼이었다고 생각해서는 안된다. 그렇다. 그는 뜨거운 열정을 가지고 있는 사람이지만, 그의 설교는 보통 견고하게 주의 깊은 주해에 근거했다. 이것을 기억하라. 그는 성경 전체를 독일어로 번역했고 성경의 여러 책들을 강의했다. 그의 시편 강의에 대해 바우어(K. Bauer)는 "이것은 개신교회의 가장 첫 번째 학문적인 주해적 작업입니다. 그 당시 걸작입니다. 사람들은 그것이 어떻게 예전에 기록되었는지 이해하지 못합니다."고 했다.

루터에 대해 쿠이만(Kooiman)은 "강의대와 강단의 사이는 좁다"라고 쓴다(Luther and Bible, 1961. p. 193). 설교와 성경적 주해의 현대적 구별을 그는 알지 못하는 것이다. 거의 주해와 그의 강의를 포함한 그의 설교는 항상 설교적이었다. 약 2000편이 현존한다.

강조하자면, 루터의 작품은 조직적이기보다는 예언적이다. 그의 저작들은 종종 교회를 위한 강요라기보다는 그 당시에 대한 소책자의 풍미를 낸다. 그의 예언자적 정신이나 태도에 대해 많이 연구되는 것 같다.

설득력있는 문체나 기교에 대해 그의 설교를 분석하는 것이 유용하다. 설교에서 그는 직접적 연설이나 대화를 빈번하게 사용한다. 그는 요점들을 생동감있게 만들고 회중을 자신이 말하는 것에 집중시키기 위해 그 자신과 회중, 그 자신과 적대자 사이의 가공의 대화를 사용한다. 루터의 대화의 사용은 그러한 연구를 위한 유용한 자료를 제공한다.

그의 설교는 로마와 전쟁을 하는 가장 날카로운 무기였다. 그는 성경이 대중에게 가르쳐질 수 있으며 그들에게 이해될 수 있음을 친히 증명했다. 다른 말로 하면, 일반인에 대한 그의 설교의 효과는 사제직에 대한 강한 반박이었다. 만인제사장직을 주장하는 종교개혁을 증명한 것은 그의 설교를 통해서였다.

루터의 설교론

루터는 언젠가 다음과 같이 썼다.

"내가 강단에 올라갈 때 나는 사람들의 머리를 보지 않고 내 앞에 있는 사람들의 머리를 모두 벽돌이라고 상상합니다. 내가 설교할 때 나는 내 자신을 깊이 가라앉힙니다. 나는 40명 이상 교회에 있는 박사들과 학자들을 주목하지 않습니다. 그러나 나는 2000명 이상이나 있는 젊은 사람들과 아이들, 종들과 같은 대중들을 바라봅니다. 나는 그들에게 설교합니다. 어떤 주제를 설교할 때, 먼저 그것을 구별합니다. 그리고 나서 정의하고 그것이 무엇인지 보여 주어야 합니다. 그것을 증명하기 위해 성경에서 구절들을 만들어야 합니다. 그리고 그것을 강화하기 위하여 예를 들어 설명해야 합니다. 유사성을 가지도록 장식해야 하고, 게으른 자를 훈계하고 깨워야 하고, 순종치 않는 자를 바로 잡아야 합니다. 그리고 잘못된 교리의 저자들을 나무라야 합니다."(Grenville Kleiser, The World's Great Sermons, Vol. I., NY. 1908, p.114).

이것이 내가 알기로는 그의 설교론의 분명한 요약판이다.

루터의 스타일은 직접적이다. 그의 설교는 대체로 길지 않다. 단순성과 명확성이 그의 목표이다. 그가 첫 번째 설교했을 때는 수도원 채플 때였다. 여기서 그는 그가 원하는 모든 신학 용어들을 사용했다. 그가 비텐베르그에서 교회의 목회자가 되었을 때, 그는 곧 색슨 사람들에게 자신을 이해하도록 해야 한다는 것을 깨달았다. 그래서 그는 독일 속담과 지방 이야기들을 수집했고 그것을 예화와 그의 메시지의 매개체로 사용했다.

다른 사람들에게 이해시키려는 그의 의식적인 노력은 성공적이어서 사람들은 그를 이해하지 못하는 것이 불가능하다고 말할 지경이었다. 아마도 루터의 설교에 대해 얻어지는 가장 가치있는 용법은 언어와 예화와 이야기들에 대한 그의 사용을 연구하는 것이다.

루터는 즉석 설교자였다. 그는 몇 가지 중요한 단어로 된 간단한 개요만을 사용했다. 설교는 월요일에 쓰여졌고, 주일에 청중에게 전달되는 것은 항상 노트에 적은 것과 같지는 않았다. 서론과 결론은 있다면 아주 짧았다. 그러나 그는 매일 설교했고, 때로는 하루에 두 번도 했다.

누가복음 10:23-37절에 관하여

나는 이 복음의 말씀을 당신이 정확하게 이해하기를 바라면서, 이 본문으로 매년 설교하고 있습니다. 우리는 다시 이 말씀을 깊이 묵상해 보아야 합니다. 첫째로 복음 전도자들은 예수님께서 그의 제자들을 곁으로 부르시고 비밀히 그들에게 말씀하셨다고 말하고 있습니다. "너희가 보고 있는 것을 보는 눈은 복이 있다. 내가 너희에게 말한다. 많은 예언자와 왕이, 너희가 지금 보고 있는 것을 보고자 하였으나, 보지 못하였고, 너희가 지금 듣고 있는 것을 듣고자 하였으나 듣지 못하였다."

보는 것과 듣는 것이 외부를 보고 있는 것과 듣고 있는 것보다 쉽게 이 부분에서 이해되고 있습니다. 그것은 그들이 예수님께서 육신으로 오신 것을 보았고, 그의 설교를 들었고, 그분이 유대인들 가운데서 행하신 그러한 기적들을 소개하고 있다는 것입니다.

유대인들은 육체를 따라 그와 같은 것을 보았고, 또한 그와 같은 것을 절실히 느꼈습니다. 아직 그들은 그의 제자들이 행한 것처럼 그리스도를 통해 그를 진실로 인정할 수 없었습니다. 그리고 특히 그를 고백할 수 있는 나머지 모든 이름들 안에 있는 베드로는 말했습니다. "주는 그리스도시요. 살아계신 하나님의 아들이십니다." 우리는 거기에 사도들이 행한 것처럼 그를 인정하고 있는 유대인들 가운데 누군가가 있다는 사실을 참으로 인정해야 합니다. 그들의 숫자는 매우 적지만 왜 그가 그의 곁으로 그의 사도들을 부르셨는가 하는 것입니다.

많은 선지자들과 왕들이 주님 자신이 아브라함과 관계되어 있는 유대인들에게 말씀하신 것처럼 영적인 것 안에서 그리스도를 바라보았습니다. "너희 조상 아브라함은 나의 날을 보게 될 것을 즐거워하였고, 마침내 보고서 기뻐하였다"(요 8:56). 유대인들은 그가 육체적으로 보고 있는 것을 말하고 있다고 생각하였습니다. 그러나 그는 모든 그리스도인들의 마음이 그가 태어나기 전에 그를 붙잡고 있었다는 것에 의해서 영적으로 보고 있는 것을 말하고 있습니다.

지금 만일 아브라함이 그를 보고 있다면 의심할 여지 없이 성령 안에 있는 많은 선지자들이 또한 그를 보게 될 것입니다. 그리고 이러한 바라봄이 영적인 아버지들과 선지자들을 구조한다고 할지라도 아직 그들은 선지자들 안에서 분명하게 보여지고 있는 것처럼 내부에서 우러나오는 진심어린 애정과 함께 육체 안에서 그리스도를 바라보기를 희망하고 있습니다. 이것이 왜 주님께서 육체와 영적인 것 안에서 동시에 그를 보이셨다고 그의 제자들에게 말하셨는가 하는 이유입니다.

"너희가 보고 있는 것을 보는 눈은 복이 있다". 이것이 만일 그가 말하고 있는 것처럼 존재한다면 지금은 만족할만한 은혜의 시간과 해입니다. 이것을 보고 있는 눈들이 축복을 받고 있다고 말하는 것은 중요한 것이고 귀중한 것입니다. 지금 복음은 그리스도와 그의 사도들에 의해서 명백하게, 그리고 공공연하게 설교되고 있습니다. 그리하여 그는 여기서 내가 당신에게 많이 그리고 오랜 시간 동안 설교했던 것과 같은 그러한 은혜를 듣고 보고 있는 모든 축복을 받은 그들을 부르고 있습니다. 내가 기억 안에서 새롭게 하신다고 말할 수 있도록 당신을 유지시키는 분은 하나님이실 것입니다.

주님께서 이러한 것들을 말씀하셨을 때, 어떤 율법가들은 주님을 시험할 수 있는 위대한 사람이 존재할 수 있는가에 대해 생각할 때처럼 그 자신을 보고 서 있었습니다. "주님, 내가 무엇을 하여야 영생을 얻을 수가 있습니까?" 율법가는 지혜를 가지고 있었습니다. 그래서 그의 대답을 선언할 때에 말씀 안에서 서투르지 않았습니다. 아직 이러한 위치안에서 그는 어리석게 시험하였습니다. 그는 부끄러움과 수치스러움을 가져왔습니다. 그리스도는 한 말씀 안에서 그의 모든 영광을 좇아가셨습니다. 그가 전체의 율법을 준수하고 있다는 것, 그리고 의심할 여지가 없이 그가 있었다는 것, 다른 사람들을 향한 존경과 함께 그가 우두머리중의 하나이었다는 것을 믿어야 했습니다. 그는 그의 경건의 이유로 인하여 충분히 가치가 있는지 그 자신에 관해 생각했습니다. 그리고 주님과 함께 어떠한 담화를 계속하기를 배워야 했습니다.

그러나 이러한 경우 안에서 주님께서 행하신 것은 무엇입니까? 따라오는 텍스트는 선언하고 있습니다. "율법에 무엇이라고 기록되었으며 네가 어떻게 읽느냐? 대답하여 가로되 내 마음을 다하며 목숨을 다하며 힘을 다하며 뜻을 다하여 주 너희 하나님을 사랑하고 또한 네 이웃을 네 몸과 같이 사랑하라 하였나이다. 예수께서 이르시되 네 대답이 옳도다. 이를 행하라. 그리하면 살리라" 하시니 나는 주님께서 어려운 과정을 통해 이러한 좋은 사람을 주셨다고 생각했습니다. 그는 그와 함께 매우 분명하게 행동했습니다. 그리고 모든 것 이전에 공공연하게 수치심을 그에게 주었습니다. 그는 모든 것들을 행할 수 있다고 생각했던 그가 아무것도 할 수 없다는 것을 입증했습니다.

만일 내가 시간을 가지고 있다면 많은 일들로 두 가지 계명들에 대해 말할 수 있었을지도 모릅니다. 마태복음서 안에서 말해지고 있는 그리스도 자신에게처럼 모든 율법과 선지자들의 강령들 위에서 모세 안에 위대한 계명들과 지도자들이 있었습니다. 만일 우리가 모세의 계명들을 깊이 생각해 보면 우리는 그들이 사랑과 함께 행하고 있다는 것을 발견하게 됩니다. "나 외에 다른 신을 네게 두지 말라." 우리는 이러한 것 이상의 어떤 다른 방법들 안에서 선언하거나 해석할 수 없습니다.

우리는 유일하신 하나님을 사랑해야 할 필요가 있습니다. 그러므로 모세는 그가 말하는 곳에 대하여 상세히 설명하고 있습니다. "이스라엘 아 들으라. 우리 하나님 여호와는 오직 하나인 여호와시니 너는 마음을 다하고 성품을 다하고 힘을 다하여 네 하나님 여호와를 사랑하라"(신 6:4, 5). 율법사들로부터 이러한 해답을 얻을 수 있습니다. 그러나 유대인들은 이러한 계명이 그들이 우상을 세우거나 예배할 수 없다는 것 이상으로 더 멀리 적용될 수 없다고 생각했습니다. 그리고 만일 그들이 유일하게 한분이신 하나님을 가지고 있고, 그 외에 다른 어떤 것도 예배할 수 없다고 증거하거나 말할 수 있다면 그들은 이러한 율법가들이 이해한 방법과 같은 방법으로 그들이 이러한 계명을 지키고 있다고 생각했을 것입니다. 그러나 그들은 잘못되거나 나쁜 이해를 하고 있었습니다.

우리는 다른 방법으로 이러한 교훈을 이해하거나 생각할 필요가 있습니다. "나 외에 다른 신을 네게 두지 말라." 당신은 당신에게 있는 모든 것과 함께 이것을 말해야 합니다. 그러나 특히 당신의 마음과 영혼과 힘을 다해 이것을 말해야 합니다. 이것은 혀나 손이나 무릎에 의해서 말해지는 것이 아닙니다. 그러나 당신에게 있거나 가지고 있는 것은 무엇이든지 전체의 인류에 의해서 말해져야 하는 것입니다. 결코 다른 하나님을 섬길 수 없습니다. 이것은 내가 마음과 마음 안에서 진실로 유일하신 하나님을 가지는 것이 필요합니다.

나는 나의 마음으로부터 그를 사랑해야 할 필요가 있습니다. 그러므로 나는 항상 그를 믿고 의지하며 그를 신임하고, 그 안에서 나의 희망을 두고, 그 안에서 나의 즐거움과 사랑, 기쁨을 소유합니다. 그리고 매일 그를 기억합니다. 만일 우리가 어떠한 것 안에서 즐거움을 얻고 있다면 우리는 말할 수 있습니다. "이것은 마음에 내적인 좋은 것을 나에게 행합니다." 그리고 만일 어느 누군가가 말할 수 있거나 웃을 수 있고, 그의 마음으로부터 이것을 의미할 수가 없다면 우리는 이렇게 말하기가 쉬울 것입니다. "그는 실제로 말할 수 있고 웃을 수 있습니다. 그러나 이것이 그의 마음으로부터 울 수는 없습니다." 말씀 안의 마음의 사랑은 우리가 하나님을 통해서 제공받아야 할 열렬하고 특별한 사랑을 의미합니다. 유일하게 그들의 입과 손과 무릎으로 하나님을 섬기는 그들은 위선자입니다. 그리고 하나님께서는 그들을 받아들이지 않으십니다. 왜냐하면 그는 부분을 가지지 않고 전체를 가졌기 때문입니다.

외면적으로 유대인들은 우상으로부터 삼가고 입으로 유일하신 하나님을 섬기고 있습니다. 그러나 그들의 마음은 그로부터 멀리 떠나 있었고, 나서기를 싫어하며 불신앙으로 가득차 있었습니다. 외면적으로 그들은 하나님을 섬기는 것 안에서 매우 열심인 것처럼 보였습니다. 그러나 그들 안에는 우상으로 가득하였습니다. 그리하여 주님께서는 그들에게 말씀하였습니다. "화있을진저 외식하는 서기관들과 바리새인들이여 회칠한 무덤과 같으니 겉으로는 아름답게 보이나 그 안에는 죽은 사람의 뼈와 모든 더러운 것이 가득하도다. 이와 같이 너희도 겉으로는 사람에게 옳게 보이되 안으로는 외식과 불법이 가득하도다"(마 23:27).

거기에는 이러한 율법사들의 방법론을 통해서 그들 자신의 일들에 의해 스스로를 선하게 만들고 정당화시키는 일에 착수하는, 외면적인 일들 안에서 기뻐하는 그러한 부도덕한 사람이 있었습니다. 이 사람은 어떻게 크게 자랑할 것인가만을 생각합니다. 그는 축복을 받을 수 없을 뿐만 아니라 주님의 비난을 받을 것처럼 나타납니다. 그는 그렇습니다, 이것은 주님께 내어 맡기고, 사람들 앞에서 그의 생애를 찬양해야 한다는 것을 그에게 보여 줍니다. 그는 주님으로부터 어떠한 것들을 배우는 것에 대해서 생각할 수 없었습니다. 그러나 유일하게 그 자신의 칭찬을 구해야 했습니다. 그는 자진해서 모든 눈이 그를 향해 있고, 모든 것을 칭찬하고 있는 그를 통해 그의 찬양을 나타내보일 그리스도를 가지고 있습니다.

그러므로 모든 외면적인 위선자들은 훌륭하고, 위대하며, 비중있는 사역들을 핑계삼고 있습니다. 그들은 그들이 영광을 돌리지 않을 뿐 아니라 찬양하지도 않는다는 것을 인정한다고 말합니다. 그러나 그들의 마음 안에는 야심으로 가득차 있고, 그들의 신성함을 전 세계가 알아 주기를 소원한다라고 말합니다. 첫 번째 계명들에 반대하여 가장 심하도록 감정을 상하게 하는 그들 모두는 이러한 율법사들과 같습니다. 그들은 하나님께서 계시의 목소리 이상으로 사랑하시지 않는다고 생각합니다. 그리고 그것으로 말미암아 이것들은 완료되었다고 생각합니다.

그전에 계명들은 그들의 입안에 남아 있었습니다. 그리고 마음보다 위로 떠오르고 있었습니다. 그러나 이것은 감동시킬 수 없습니다. 나는 더 멀리 나아갈 필요가 있습니다. 나는 그를 위해 모든 창조물들을 저 버리는 데 만족할 수 있는 하나님을 사랑할 필요가 있습니다. 그리고 만일 요구한다면, 나의 육체와 삶을 통해 하나님을 사랑할 필요가 있습니다. 나는 그분이 질투하시는 하나님이시라는 사실을 통해 모든 것보다 위에 그분을 사랑해야 할 필요가 있습니다. 그리고 그보다 위에 어떠한 것들을 사랑하는 것을 허용할 수 없습니다.

그러나 그분 아래에서 그분은 우리에게 어떠한 것을 사랑하도록 허용하셨습니다. 마침 남편들이 그의 하녀들, 집들, 가족적인 일들, 그리고 어떠한 것들을 사랑하는 것을 그의 부인이 허용할 때처럼, 아직 그는 무엇으로 그녀가 그에게 속박되어 있는가를 사랑을 하는 것과 함께 어떠한 것들을 사랑하는 것을 그녀에게 허용할 수 없습니다. 그러나 그를 위해 모든 그와 같은 것들을 떠나서 그녀를 소유할 수 있습니다. 같은 방법안에서 다시 부인은 그녀의 남편에게 같은 것을 요구합니다. 하나님은 결과적으로 그들이 창조되었고 그들이 선하기 때문에 그의 창조물들을 사랑하는 것을 우리에게 허락하십니다.

태양, 황금, 그리고 본질이 좋은 것은 무엇이든지 우리의 사랑을 생산합니다. 이것이 우리에게 소중하게 만들어지는 한 하나님을 그 정도로 화나게 할 수 없을 뿐만 아니라 내가 창조물들과 분리될 수 없습니다. 이와 같이 그를 동등하게 사랑할 수 없습니다. 그는 허용하지 않습니다. 실로 그는 그가 나의 이것을 요구하실 때 모든 이러한 것들을 저버릴 뿐만 아니라 부인하고 나를 소유할 것입니다. 그리고 비록 내가 태양이나 돈, 부를 볼 수 없다고 하더라도 만족하고 나를 가질 수 있습니다. 창조물의 사랑은 창조자의 사랑을 향해 내부적으로 멀리 있는 것입니다. 그가 주권자이실 때처럼 그는 내가 모든 것보다도 그를 사랑하고 있다고 주장합니다. 만일 그가 그와 함께 동등하게 모든 것을 사랑하는 것을 허락하시지 않는다면 그는 그보다 어떠한 것을 사랑하는 것을 나에게 허락하는 것이 훨씬 적을 것입니다.

당신은 나의 마음과 영혼과 정신의 모든 것과 함께 하나님을 사랑하고 있다고 내가 생각할 수 있는 무엇을 지금 봅니다. 모든 마음과 함께 하나님을 사랑하는 것은 모든 창조물 위에 그를 사랑하는 것입니다. 창조물들이 매우 붙임성 있다고 할지라도, 그리고 나에게 소중하다고 할지라도, 내가 그들 안에서 큰 기쁨을 얻었다고 할지라도, 만일 나의 주님이 나의 이것을 요구한다면 나는 그들을 나무라고 저버리기 위하여 아직 그들을 사랑할 필요가 있습니다.

모든 영혼과 함께 하나님을 사랑하는 것은 그의 즐거움에 우리의 몸과 삶 전체를 내어주는 것입니다. 만일 창조물의 사랑 또는 어떤 창조물, 어떤 유혹이 우리를 습격하거나 우리를 이기도록 하기 위해 우리가 말할 수 있다면, 나는 나의 하나님을 저버리는 것보다도 이 모든 것과 함께 조금을 소유할 것입니다. 그가 나를 버리든지, 나를 파괴하든지,

또는 그의 허락을 통해 내가 우연히 만날 수 있는 것은 무엇이든지 나는 그보다 오히려 모든 일로부터 떠날 것입니다. 내가 가지고 있던, 나에게 있던, 내가 포기한 것은 무엇이든지… 그러나 나는 그를 저버리지 않았습니다.

말씀 안의 영혼은 육체 안의 삶을 의미합니다. 그리고 다섯 가지 의미들, 즉 먹고 마시고, 자고 일하고, 보고 듣고, 냄새맡고, 테스트하는 의미에서 무엇이든지 할 수 있습니다. 영혼은 육체에 의해서 무엇이든지 성취할 수 있습니다. 모든 힘과 함께 하나님을 사랑하고, 그의 원인을 통해 모든 구성원들, 그리고 육체의 사지들을 포기하기 위해 그가 하나님께 반대하여 불평한 것들을 맡기 전에 육체와 몸 사이의 위험을 드러내 보여야 합니다. 모든 마음과 함께 하나님을 사랑하는 것을 위해서 어떠한 것도 할 수 없습니다. 그러나 그를 기쁘시게 하는 일을 위해서는 어떠한 것도 할 수 있습니다.

당신은 지금 하나님의 이러한 계명 안에 내포되어 있는 무엇을 자각해야 합니다. "당신, 당신" 그는 말합니다. 그리고 당신의 손과 입, 당신의 유일한 무릎이 아니라 당신의 모든 부분인 전체를 말하고 있습니다. 이러한 모든 것을 행하는 그들은, 말할 때처럼 진실되게 이것을 이행해야 합니다. 그러나 어떤 사람도 그러한 것을 할 수 있는 땅 위에 살고 있지 않습니다. 우리는 모든 것을 다른 방법으로 행해야 합니다.

그러므로 율법은 우리를 모두 죄인으로 만듭니다. 거기에 가장 적은 메모 또는 요점에 초점을 맞추었다면 이 세계안에 많은 거룩함이 있는 그들에 의해서 가득차게 된 것입니다. 하나님을 향한 그의 모든 마음과 함께 인류를 쪼갤 수 없습니다. 그리고 그를 위하여 모든 것들로부터 떠날 수 없습니다. 그의 의지가 우리의 마음 안에 자리잡지 않았을 때 우리가 하나님을 사랑한다는 것을 어떻게 해결할 수 있습니까? 만일 내가 하나님을 사랑한다면, 나는 할 수 없습니다. 그러나 그의 의지 또한 사랑합니다. 만일 하나님께서 병, 가난, 부끄러움, 면목없음 등을 보내셨다고 한다면, 만일 우리가 속삭이는 한 그의 의지가 있다고 한다면 우리의 마음은 여기 저기로 움직이고 있습니다. 우리는 매우 성공적으로 이것을 산출합니다. 우리는 바리새인 그리고 율법사들과 같습니다. 외견적으로 정직한 삶으로 인도됩니다.

우리는 하나님을 예배합니다. 우리는 그를 섬깁니다. 우리는 금식합니다. 우리는 기도합니다. 우리는 외부적인 출현 안에서 바르고 거룩하게 우리 자신을 행동하게 합니다. 그러나 하나님은 우리의 그것을 요구할 수 없습니다. 그는 즐거움, 그리고 사랑, 기분 좋음 그리고 사랑스러움과 함께 그의 의지대로 행하는 데에 우리 자신이 열중하기를 우리에게 원하십니다. 주님께서 율법사들을 향해 말하는 것은 무엇이든지 그는 우리 모두에게 말씀하십니다.

우리는 아무것도 행할 수 없습니다. 그러나 모든 일은 아직 행할 수 있는 것으로 남아 있습니다. 그러므로 모든 사람은 죽음의 죄 그리고 사단에게 복종하는 데에 있습니다. 모든 사람은 헛되고 더러운 거짓말쟁이입니다. 그리고 그들이 핑계삼는 것은 무엇이든지 이것은 가치가 없는 것입니다. 우리는 세계적인 본질 안에서 슬기로워져 있습니다. 우리는 서로 돈과 좋은 것들을 끌어 모으고 있습니다. 우리는 사람들 앞에서 유쾌하게 말합니다. 그리고 약삭빠르게 우리의 상황을 제출하고 그리고 나타내 보이고 있습니다. 하나님께서 이러한 일들과 관련하여 돌보고 계신 것은 무엇입니까? 그분은 사람이 살아 있으면서 그 자신이 실행할 수 없는, 우리의 전체적인 마음과 함께 그를 사랑하는 것을 우리에게 요구하십니다. 그러므로 이것은 우리가 모든 죄인이라는 것을 추론하게 합니다. 그러나 특히 삶이 외면적으로 선함을 가지고 있다는 것은 유일하게 보입니다.

텍스트의 앞부분을 토론해 봅시다. 율법을 설교하고 있는 지금 복음을 설교하고 있는 다른 부분이 뒤를 잇고 있습니다. 우리가 어떻게 율법을 이행할 수 있는지를 설명하고, 어떻게 이행할 수 있는 그것이 이것에 의해서 일어날 수 있었는지를 설명하는, 우리가 사마리아인으로부터 배워야 할 것에 관하여 설명하는 율법가들이 주님께서 그와 함께 이와 같이 분리하신 후에 할 수 있는 것이 무엇입니까? 그는 그 자신을 정당화하여 주님께 말하고 그에게 묻는 복음 전도자라고 말합니다. "누가 나의 이웃인가?" 그는 묻지 않습니다. "누가 나의 하나님인가?" 이것은 마치 그가 "나는 하나님을 향해 빚을 지고 있습니다. 나는 그의 어떠한 것도 바라지 않습니다. 실로 이것은 내가 남자를 향해 어떠한 것도 소유할 수 없음을 나에게 보여 줍니다. 그럼에도 불구하고 나는 누가 나의 이웃인지를 알 수 있을 것 같습니다."라고 말하는 것과 같습니다.

주님은 우리가 다른 사람들을 향한 모든 강력한 이웃들 중의 하나라는 사실을 그가 선언하는 것 안에서 강력한 예를 사용하고 있음을 그에게 알리셨습니다. — 이익을 주고 있는 그와 받아들여지거나 또는 하나를 필요로 하는 그 사이에는 — 텍스트에 의한 것에도 불구하고 이것은 유일하신 그분이 다른 사람들 위에 이익을 분배하는 우리의 이웃이라는 것을 나타내 보입니다. 그러나 말씀은 다른 차이를 만들지 않습니다. 어떠한 때에 의미를 주고 있는 이웃으로 그를 부르십니다. 그리고 어떠한 때에 이러한 것을 추론할 수 있는 그를 부르십니다.

이러한 예들에 의해서 주님은 암시하십니다. "가라. 그리고 너는 마찬가지로 행하라." 그러므로 율법사들은 하나님과 사람의 감정을 해친 것입니다. 그리고 하나님과 그의 이웃 사이에는 사랑의 빈곤함이 있습니다. 이러한 가련한 사람은 그가 심지어 머리로부터 발끝까지 전적으로 나쁘게 존재할 수 있다는 것을 발견할 수 있는 이와 같은 상태를 초래할 수 있습니다. 이것을 알아차림이 없이 말씀 안에서 어떻게 숙련될 수 있습니까? 그는 그의 이웃에 주목하거나 또는 다른 사람들을 거들고, 도와줌이 없이, 바리새인적이고, 위선적이며, 그리고 인생을 속이는 자들을 이끌고 있습니다. 그러나 그것으로 말미암아 사람들 앞에서 유일한 열광, 그리고 명예를 구하고 있습니다. 그리고 천국을 얻기 위해 생활하는 것에 대해 부주의하며 방종함 가운데 생각하고 있습니다.

그러나 당신은 크리스챤의 생활이 이러한 것과 일치한다는 것을 매우 자주 들을 수 있습니다. 우리는 하나님께 속하는 일들 안에서 마음과 믿음을 함께 나눔으로 우리의 이웃들을 위해 말씀들과 생활 안에서 노력할 수 있습니다. 그러나 우리는 우리의 이웃이 이익을 찾고, 그리고 우리의 어떠한 것을 요구할 때까지 기다릴 필요가 없습니다. 이것은 그의 질문을 방해하기 위한, 그리고 그를 향한 우리의 관대함을 제공하는 데 우리 자신의 일치를 위한 우리의 임무입니다.

우리는 지금 비유 안에서 포함하고 있는 것이 무엇인지를 볼 수 있습니다. 이러한 위치 안에서 사마리아인은 하나님과 사람을 향하여 그의 사랑을 선언하고 계신 우리의 주인 예수 그리스도를 의심하지 않고 있습니다. 하나님을 향하여, 하늘로부터 전해지는 것 안에서 그는 육신을 입으셨고, 그의 아버지의 뜻을 이행하고 있습니다. 사람을 향하여, 세례 후에 그는 기적을 행하여 병자들을 치유하기 위하여 설교하기 시작했습니다. 거기에는 그가 유일하게 그 자신과 관계하여 행한 어떠한 일도 없었습니다. 그러나 그가 행한 모든 것은 그의 이웃들을 향하여 보내어져 있었습니다. 비록 그가 하나님과 동등되시며 모든 것 위에 존재한다고 하더라도 존재하는 것은 우리의 사역자들을 만듭니다.

그러나 그는 그들이 하나님을 기쁘게 하심을 알고 이러한 일들을 행했습니다. 그리고 이것은 그의 아버지의 의지였습니다. 그가 그의 모든 마음과 함께 하나님을 사랑하고 그 계명을 이행했을 때, 그는 그의 삶을 위탁하였습니다. 그리고 그가 그의 아버지의 뜻임에 틀림없다고 생각하는 것은 무엇이든지 말하였습니다. "아버지여! 나는 당신의 것이오니 모든 것을 붙잡아 주십시오. 당신의 목적 가운데에서 떠나있는 나는 사람 가운데에서 영광과 명예를 소유하고 있습니다. 그뿐만 아니라 모든 일들과 세계 안에서 내가 그들을 얼마나 많이 사랑하고 있는가를 알게 될 것입니다."

이것이 이러한 것들을 행하는 것에 대해 질문 없이 와서 율법을 이행하는 사마리아인입니다. 그는 홀로 이것을 이행하고 있습니다. 그리고 그 칭찬을 그로부터 받을 수 없었습니다. 그는 홀로 이것을 할 만했고, 이것에 적용하여 홀로 그에게 이것을 할 수 있었습니다. 동정과 함께 감동된 그는 상처입은 사람에게 연민을 가지고 있었습니다. 그는 그의 부상을 묶었습니다. 그리고 그를 여관으로 데리고 갔고 그를 위해 자리를 마련하였습니다. 이것은 우리에게 적합하였습니다. 부상을 당하고 얻어맞아 누워있는, 약탈당하고 반죽음이 되어 있는 그는 아담입니다. 그리고 또한 우리입니다. 이러한 한탄스러운 상태 안에서 우리를 방치하고 부상을 입히는 도둑은 사탄입니다. 우리는 우리 자신을 도울 수가 없습니다. 그리고 이러한 상태안에서 방치되어 있습니다. 우리는 심한 고통과 고뇌 가운데 죽게 됩니다. 우리의 부상들은 상처가 곪게 되고, 괴로움은 대단히 커지게 됩니다.

이러한 훌륭한 비유는 존재하고 있고, 우리의 이성과 자유의지를 힘있게 하는 무엇을 우리에게 보여주기 위해 우리 앞에 놓여 있습니다. 만일 가엾은 사람이 그 자신을 도우려고 시도하고 있다면, 그것은 잘못을 저지르고 있는 것입니다. 그는 그 자신을 아프게 만들 것입니다. 그는 노력에 의해서 그의 상처들을 새로이 초래하고 있습니다. 그리하여 큰 재난 가운데로 떨어지게 됩니다. 만일 그가 도움이 없이 드러누워 방치되고 있다면 이러한 경우는 같은 결과를 가지게 되는 것입니다. 그러므로 이것은 우리가 우리 자신으로부터 떠날 때입니다.

우리의 수고와 노력들은 어떠한 것도 이루지 못합니다. 여러 길들과 다른 의미들은 생활이 수정되어야 할 것과 천국을 소유해야 할 것을 발견해 냅니다. 한 사람은 이 길을, 다른 사람은 그것을 발견해 냅니다. 이러한 셀 수가 없을 만큼의 명령들의 결과로 항상 기독교인의 신앙을 보다 나쁘게 만드는 관대한 편지들, 성인들을 향한 순례 여행, 그리고 이러한 종류의 것들이 늘어나게 되었습니다. 이것은 부상을 입은 사람에 의해서 묘사되고 있는 세계입니다. 그는 죄와 함께 짐을 싣고 있고, 무거운 짐 아래에서 의기소침해 있습니다. 그리고 그 자신을 도울 수가 없습니다.

그러나 율법을 이행하고 있는 사마리아인은 완벽하게 하고 있고 완전합니다. 그는 제사장이나 랍비 이상으로 무엇을 할 수 있습니다. 그는 그의 상처들을 묶고, 기름과 포도주를 부었으며, 그 자신의 짐승 위에 그를 놓았고, 여관으로 그를 데리고 갔습니다. 그를 위해 먹을 것을 만들었고, 그리고 그가 떠나갈 때 부지런하게 주인에게 그를 위탁하였습니다. 그리고 제사장들이나 랍비들이 할 수 없는, 그의 비용을 지불하기에 충분할 만큼을 그와 함께 남겨 두었습니다.

제사장들은 모세 전에 번성하였던 거룩한 아버지들을 의미합니다. 랍비들은 구약의 모든 성직자의 대표자를 의미합니다. 이 모든 사람들은 그들의 사역에 의해서 어떠한 것도 할 수 없었습니다. 그러나 이러한 랍비나 제사장에게서와 같이 지나가고 있었습니다. 그러므로 비록 내가 노아, 아브라함, 그리고 모든 믿음의 지도자들의 모든 선한 사역을 가지고 있다고 할지라도 그들은 나에게 어떠한 이익을 얻게 할 수 없었습니다.

제사장들과 랍비들은 거기에 상처를 입고 방치되어 있는 가련한 사람을 보았습니다. 그러나 그들은 그를 도와줄 수 없었습니다. 그들은 가사상태로 누워있는 그를 보았습니다. 그러나 그에게 어떠한 치료도

해줄 수 없었습니다. 거룩한 아버지들은 죄 안에서 아무데나 던져져 있고 물에 빠져 있는 사람을 보았습니다. 또한 그들은 이것의 자극과 심한 고통을 느꼈습니다. 그러나 그들은 이러한 경우를 더 좋게 만들 수 없었습니다. 이러한 것은 세계에 무엇이 존재하고 있는가를 보여 주는 율법의 선지자들입니다. 즉 그것은 죄로 가득찬 것이고, 반쯤 죽어 누워 있는 것이며, 최대한의 힘과 이성과 함께 이것 자체를 도울 수 없다는 것입니다.

그러나 그리스도는 가련한 사람의 경우를 움직일 수 있는 진실된 사마리아인입니다. 그는 그의 상처를 묶었고, 그를 대단히 소중하게 돌보았으며, 순수한 복음인 기름과 포도주를 부었습니다. 그는 은혜를 설교할 때 기름을 부었습니다. 그는 이렇게 선포하였습니다. "오 가엾은 사람이여, 이것은 당신의 불신앙입니다. 이것은 당신의 죄의 선고입니다. 게다가 당신은 부상당해 있고 병들어 있습니다. 그러나 나는 치료함을 당신에게 보여 줍니다. 이 사마리아인에게 당신 자신을 결합시키십시오. 그리스도는 구세주이십니다. 그는 당신을 도와주고 원조해 주십니다."

우리가 알고 있는 것처럼 기름의 본질은 완화시키고 부드럽게 만들기 위한 것입니다. 그래서 복음의 기분좋고 온화한 설교는 하나님과 우리 이웃을 향하여 부드럽고 연한 마음을 만듭니다. 선명한 포도주는 따라오는 괴로움의 십자가를 의미합니다. 거기에는 그가 알아차린 것보다 일찍이 그의 머리에 계속되는 것을 위해, 십자가를 구하는 그리스도인을 위해 어떠한 원인도 되지 못한다는 것입니다. 바울의 증거처럼 "무릇 그리스도 예수 안에서 경건하게 살고자 하는 자는 핍박을 받으리라"(딤후 3:12). 이것은 이 왕의 표상이며 상징입니다. 그리고 이것을 부끄러워 하는 그는 그에게 속할 수 없습니다. 더구나 사마리아인은 그 자신의 짐승 위에 상처를 입은 사람을 두었습니다. 이것은 우리를 지탱하시고 그의 어깨 위에 우리를 운반하시는 그리스도 주님이십니다. 거기에는 그리스도께서 그 자신을 무리를 향해 그의 어깨 위에 다시 잃어버린 양을 운반하는 목자에 비유할 때보다, 전체의 말씀들 안에서 상당히 친절하고 마음 편하게 하는 구절들이 결핍되어 있었습니다.

여관은 우리가 짧은 시간 동안 남아 있을 필요가 있는 이 세계 안에 기독교의 상태입니다. 주인은 우리를 돌볼 책임이 있는 복음의 설교자들 그리고 사역자들입니다. 그러므로 이것은 텍스트의 요약입니다. 그리스도의 왕국은 자비와 은혜의 왕국입니다. 그리스도께서는 우리의 결점들과 허약함을 대신 짊어지시고, 그 자신 위에 우리의 죄를 올려 놓으셨습니다. 그리고 기꺼이 우리의 타락을 짊어지셨습니다. 우리는 매일 그의 어깨 위에 놓여있습니다. 그들은 모든 사람의 필요에 따라서 말씀이 적용될 수 있도록 알맞게 행동해야 합니다.

이것은 진실된 성직자들과 설교자들의 임무입니다. 폭력에 의해 나아가기 위한 것이 아닙니다. 현재의 어떠한 성직자의 관습인 것처럼, 초조해 하며, 고뇌하고 큰소리로 외쳤습니다. "그는 이것을 자진해서 행하지 않을 것입니다. 이것을 억지로 행할 것입니다. "우리는 이러한 방법 안에서 나아가는 데 있어서 슬기롭게 행동할 필요가 없습니다. 그러나 성직자 또는 설교자들은 그들과 함께 매우 사랑스러운 단어들을 말하며, 점잖게 이야기하고, 그리고 선하게 그들에게 행하기 위해 많은 노력을 다하는, 매우 친절하게 다루는 병자의 치료자처럼 그 자신이 헌신해야 합니다. 성직자 또는 사역자는 질병의 다른 종류들과 함께 괴롭힘을 당할 때처럼, 존재하는 한 병원처럼 그의 교구를 깊이 생각해야만 합니다. 그러므로 그리스도가 이와 같이 설교된다면 믿음과 사랑이 함께 나아오게 될 것이고, 사랑의 계명으로 가득차게 될 것입니다.

5. 칼빈
(Calvin, 1509-1564)

생애

존 칼빈(John Calvin)은 교회 법률가의 아들로 프랑스의 피가디 지방 노용에서 1509년 7월 10일에 태어났다. 그는 파리에서 목회를 위해 준비하고 있었으나, 그의 아버지는 그 과정을 그만두게 하고 그를 오를레앙 대학에 있는 법률 학교로 보냈다. 그곳에서는 그는 1527년부터 1528년까지 공부했다. 그리고 나서 부게(Bourges)대학에 있는 법률 학교로 옮겼다. 그곳에 있는 동안, 그는 리그니에(Lignieres)와 아스니에(Asnieres)에 있는 교회에서 설교했습니다.

그의 아버지는 1531년 죽었고 존은 파리로 돌아왔다. 일년 후에 그는 세네카의 논문에 대한 주석 〈De Clementia〉를 출판했다. 그의 총명함은 즉시 인정되었고 그의 경력은 확실하게 보이는 것 같았다.

그러나 1533년에 그는 문제에 부딪쳤다. 그의 친구 니콜라스 캅(Nicholas Cop)은 그의 교구에서 루터파 교리를 가르쳤다고 고소되었다. 그런데 확실한 것은 그것이 칼빈이 그의 친구를 위해 써 준 것이라는 것이다.

결과적으로 칼빈은 파리로부터 피해야 했다. 그는 1535년 스위스의 바젤(Basil)에 도착했는데, 그곳에서 1536년 3월에 「기독교 강요」 첫 판을 출판했다. 그는 같은 달에 이탈리아의 페라라(Ferrara)로 갔다. 1536년에는 제네바(Geneva)를 거쳐 스트라스부르그(Strasbourg)로 향했다. 개신교 설교자 파렐(Farel)은 그를 도중에 막고 위협하고 그를 거기에 목사로 있도록 권유했다.

공의회 의사록은 1537년 7월 3일에 먼저 설교자들로서 파렐과 칼빈에 대해 말하고 있다. 그의 신실하고 성경적 접근을 반대하는 당파의 영향으로 그는 1538년에서 1541년까지 제네바로부터 망명해야 했다. 망명 동안 칼빈은 스타스부르그에 정착했고 그곳에서 프랑스 교회의 목사가 되었다.

그는 매일 강의하거나 설교했다. 스트라스부르그에서 그는 거의 빈곤해서 하숙할 사람을 받고 그의 책을 팔아야 했다. 그가 회중의 한 회원이었던 과부 이데레테 드부르(Idelette De Bure)와 결혼한 것은 바로 1540년 8월 여기서였다.

요청에 의해 그는 제네바로 돌아왔고 1541년 9월 13일에 도착했다. 칼빈은 도착한 후 그의 첫 번째 설교에 대한 매우 흥미로운 말을 남겼다.

"그들 모두가 확실하게 들을 것이라고 기대한 문제에 대해서 전적으로 생략한 채, 나는 우리의 직무에 대해 간단하게 말했습니다. 이러한 서문 후에 나는 내가 그동안 멈추어 온 주해를 끄집어냈습니다. 이렇게 함으로써 나는 내가 그것을 완전히 포기한 것이 아니라 오히려 잠시 동안 내 설교가 방해받았다는 것을 지적했습니다."

1545년 2월 12일에 제네바 당국과 도덕성에 대해 언급하면서, 칼빈은 비렛(Viret)에게 "이미 나는 10번의 설교에서 그 도시의 내적 상태를 갈아엎어 왔습니다."라고 의미심장하게 말했다. 그것은 분명히 두 가지를 보여준다. 첫째는 칼빈이 그가 사역하고 있는 전 도시의 생활을 바꾸려고 의도했다는 것이요, 둘째는 그가 설교를 통해 그것을 제안했다는 것이다. 아마도 오늘날 설교자들이 회중에게 큰 영향을 미치지 못하는 이유 중 하나는 칼빈과 다르게 비전도 없고 하나님의 말씀을 선포하는 데 대한 하나님의 축복에 대한 믿음도 없기 때문일 것이다. 그들은 작게 생각하고 거의 기대하지 않는다.

그 해 말(11월 4일)에 황제의 군대가 독일에 있는 기독교인들에 대해 전쟁을 시작했다는 사실을 듣고 그는 "전쟁" 설교를 했다. 그의 본문은 시편 115편이었다. 그리고 단 1주일 후에 그는 "승리" 설교를 했다(시편 124편). 이 설교들은 그가 처음 출판한 두 편의 설교들이었다. 노트나 원고없이 설교하는 것이 그의 설교 습관이었다. 그 설교들은 노트 형식을 기록되었으나, 설교 후에는 자세하게 기록되어졌을 것이다.

1546년에 그는 이사야를 가지고 설교했고, 1546 -1548년에는 시편을 가지고 설교했다. 그는 1548년에 세 번이나 시공의회에서 설교에 대해 비난받았다(그의 설교의 시대적이고 대담함을 주목하라). 1549년 10월에 그는 하루에 한 번 설교하기 시작했다. 제네바 도서관에는 2023편의 그의 설교가 있지만, 현대 영어로 볼 수 있는 것은 몇 편 뿐이다. 거의 그 모든 것은 그의 비서에 의해 기록된 것들이다. 칼빈의 천식은 비서가 모든 단어를 받아 적는 데 도움을 주었다. 왜냐하면 천식으로 그가 천천히 신중하게 말했기 때문이다.

칼빈은 1564년 5월 27일 죽었다. 그의 사역의 결과로 제네바는 굉장히 많이 변화되었고 150년 넘게 경건의 모델이 되었다.

그의 설교

칼빈의 주석들은 그 자신의 설교와 강의의 산물이었다. 사실상 그 설교들은 적용된 주석이라고 말할 수 있다. 그의 설교들은 대부분 성경 각 권에 대한 지속적인 주해인데 단순히 적용이 있는 연달아 쓴 주석은 아니다. 그 설교들은 잘 손질되고 수정된 설교들이다.

때때로 그는 이 주해들을 절기 설교들로 그만두기도 했다. 그가 설교했던 구약 주해의 구절들의 평균 길이는 5절 이하이고, 신약의 평균은 2-3절이었다. 오늘날 그를 따르는 많은 사람들과 같지 않게, 칼빈은 설교가 짧아야 된다고 믿었다.

그의 설교 배후에는 매우 세심한 준비가 되었다. 그는 적게 자고 오래 일했다. 한 편의 설교는 다음과 같은 형식을 가지고 있다.

1. 기도
2. 이전 설교의 요점을 다시 반복
3. 구절의 첫 번째 요점에 대한 석의(exegesis)와 주해 (exposition)
4. 이것에 대한 적용과 권면
5. 다른 요점들에 대해서도 3번과 4번을 반복
6. 요약과 기도

때때로 설교들은 통일성이 결여되기도 한다. 욥기를 본문으로 한 인내에 대한 설교에서 갑자기 천사들에 대한 논의로 바뀐다. 만일 칼빈이 그렇게 하지 않았다면 반복되는 설교에서 이러한 형식은 더 지루해졌을 것이다. 서론과 결론은 종종 다음과 같았다. "우리는 어제 알아보았습니다", "우리는 오늘 아침에 알아보았습니다", "나머지는 내일을 위해 남겨 두어야겠습니다."

그러나 주목을 끄는 칼빈의 설교의 또다른 양상이 있다. 본문이 모든 요점에서 그의 의견을 뒷받침 해주는 반면 그 본문이 나타내지 않는 것을 적절하게 설교하는데 칼빈이 커다란 관심을 보여 주는 설교들이 있다. 이렇게 더 주해적인 설교에서도 칼빈은 항상 그의 본문으로부터 회중에게 설교를 한다. 많은 현대 설교자들과 달리 그는 다윗과 욥과 바울과 베드로에 대해서 설교하지 않고, '하나님'과 '듣는 자'에 대해 설교했다. 이러한 설교의 좋은 예는 디도서에 대한 칼빈의 첫 번째 설교이다. 여기에서 당신과 그가 본문이 아닌 회중과 함께 어떻게 시작하는지를 볼 수 있을 것이다.

칼빈의 설교들은 종종 다음과 같은 말로 시작한다. "성경은 여기서 우리에게… 말합니다." 그의 설교를 듣는 누구도 성경이 단지 오래 전 멀리 있는 인물들과 시대들을 다루는 책에 불과하다고 생각하지 않을 것이다. 그가 그렇게 설교한 것처럼, 청중들은 성경이 성경의 일차 독자들만큼이나 어느 모로나 충실히 지금 앞에 앉아 있는 사람들에게 설교하고 있다는 것을 인정할 것이다.

이 점은 훌륭한 종교 개혁자들의 설교와 오늘날의 열등한 설교 사이의 중요한 차이점을 강조해 주는 굉장히 중요한 문제이다. 현대의 설교자들 — 특별히 자신을 칼빈주의자라고 주장하는 사람들 — 은 스콜라 철학의 수정된 방식을 따른다. 오히려 청교도 '강연' 설교가 개혁자들의 참된 '설교' 스타일이다. 그들은 오래 전에 멀리 살았던 사람들과 '성경에 대해' 설교하기보다는, 성경으로부터 하나님에 대해 회중들에게 설교하는 칼빈의 예를 잘 따를 것이다.

칼빈과 의 다른 개혁자들의 설교 자세에서의 어떤 점이 결과적으로 지금과 그때의 차이점을 설명해 준다면, 그것은 바로 이것 때문이다(설교 자세에서의 전반적인 문제와 설교와 강의의 차이점에 대해서는 나의 책 Preaching with Purpse를 보라).

칼빈의 회중에는 서방 세계 전체에서 온 학자와 지도자와 설교자들이 있었다. 그들 대부분은 망명자들이었다. 그는 설교자의 설교자였다.

「기독교 강요」나 그의 주석을 읽었을 때 기대되는 방식과는 달리 칼빈은 학자들에게 학적인 방법으로 설교하지 않았다. 그의 관심은 무엇보다도 인간으로서 그들에게 있었다. 이를테면 디모데후서 4:1, 2에 대한 그의 설교에서 그는 다음과 같이 말했다. "…사람이 학교에서 가르친다고 할지라도 하나님의 율법과 약속들과 성경 안에 있는 무엇이든지 설교하는 것으로는 충분치 않습니다. 우리는 적용해야 하고 강권해야 하고 권면해야 합니다."

칼빈은 어떻게 회중이 들었는지와 그들에게 예배 오기 전에 아침을 너무 많이 먹지 않도록 충고하는지에 마음을 썼다.

스타일

칼빈의 장점은 명쾌함과 내용이다. 그 둘은 그의 주해 방법과 더불어 연구되어야 한다. 페어베런(Fairbairn)은 "현대적 웅변술은 칼빈과 함께 시작된 것이라고 말할 수 있습니다. 정말로 그의 창조물입니다."라고 말했다. 파커(Parker)는 다음과 같이 썼다. "동시대 사람들 중에서 유일하게 칼빈은 현대적 스타일로 쓰고 설교했습니다." 보써트(Bossert)는 "그는 거의 17세기의 사무에 가깝다."고 했다.

그는 즉석에서 말했고 기록된 설교는 하나님의 능력을 막는다고 했다. 이러한 확신 외에도, 칼빈은 원고를 사용하는 문제에 대해 영국 교회의 설교자들을 비판하려고 가기도 했다.

이러한 사건들에 따르면, 칼빈은 첫째가는 위대한 현대 설교자이다. 칼빈의 설교는 내용과 명쾌함에 대해서 뿐만 아니라 단순성에 대해서도 연구되어야 한다. 그는 반복되는 문구와 스콜라 연역법과 생략법, 청중을 감동시키기 위해 계산된 다른 수사적 장치들의 사용을 고의로 거부했다. 다른 말로 하면 고전적 수사학 특히 아리스토텔레스-스콜라 수사학은 옆으로 치워 버리고 더 성경적인 설교 스타일을 발전시켰다.

그의 설교에는 냉정함도 있다. 잘 알려진 베자(Beza)는 다음과 같이 말했다. "Tot verba tot pondera"(모든 말은 1파운드 무게이다). 설교할 때 칼빈은 좀처럼 인용하지 않는다. 그는 걸어가지 좀처럼 날아가지 않는다. 좀처럼 확장된 예화나 일화를 사용하지 않고 힘과 생동감으로 그의 적들을 공격할 수 있다. 그의 비유들은 종종 혼합되고, 그의 심상은 우선적으로 군대, 법률, 학문적 영역으로부터 일터, 자연, 동물들에서 도출되는 것으로 가득차 있다.

형용사를 잘 사용하지 않는 것과 조심스럽고 세심한 단어의 사용은 그의 설교의 특징이다. 명사와 동사의 구사 능력은 있지만 그에게 형용사는 별로 필요하지 않다. 칼빈의 언어는 루터처럼 힘이 있고 다채롭지는 않을지라도, 농촌의 삶과 관련된 구어체 표현과 속담을 사용한다.

윌리암 퍼킨스(William Perkins)의 〈Arte of Prophecying〉(1592)는 칼빈의 설교방법을 체계화한 시도이긴 하지만, 영어로 설교하는 설교자들은 아마도 스타일 부분을 제외하고는 전혀 받아들이지 않는다. 대부분 17세기 말까지 개혁과 설교와 주해 설교는 영국에서는 실패했다. 슬프게도 청교도주의는 약간 개정된 사멸한 스콜라 방법론으로 돌아갔고, 우리는 불행한 상속자들이 되었다.

핍박을 참아내는 것에 관하여

예수 그리스도의 이름 때문에 고통을 참아내는 것에 대해 우리에게 주어진 모든 교훈은 만약 우리가 싸워야 하는 이유에 대한 확신이 없다면 아무런 효과가 없습니다. 우리가 이런 삶을 나누도록 부름을 받았다면 그 근거를 아는 것은 절대적으로 필요합니다. 그것이 확실한 믿음의 기초 위에 세워져 있지 않다면 견고한 필요성을 가질 수 없습니다.

사람들은 자신의 머리로부터 나온 허망한 공상이나 불합리한 의견들을 유지하느라 죽음의 길로 바보스럽게 자신들을 노출시키고 있으며 이러한 성급함은 그리스도인들이 갖는 믿음의 열정보다 더 인정을 받습니다. 사실 되는 대로 자신을 내어던지는 사람들에게 확신이나 사려깊은 감각들은 있을 수 없습니다. 그러나 하나님께서 우리를 그의 순교자들로 인정하시는 사실만으로도 그럴만한 합당한 이유가 됩니다. 죽음은 모든 사람에게 동일하지만 하나님의 자녀들은 마치 범죄자처럼 모욕을 당하고 고통을 받아야 한다고 여깁니다. 그러나 하나님은 그가 진리를 부인하지 않는 한 그들 사이에 구별을 두십니다.

그러기에 우리는 우리가 갖고 있는 신조에 대한 확실하고 명백한 증거를 갖는 것이 필요합니다. 지금부터 내가 말하려는 것은 우리 마음 속에 각인된 믿음에 대한 확신이 없다면 복음을 위해 고통을 받는다는 어떤 권고도 이성적으로는 용납할 수 없다는 것입니다. 우리가 확실하지 않은 것에 모험한다는 것은 자연스럽지 않으며 설사 그렇다고 하더라도 그것은 그리스도인의 용기가 아니라 경솔한 것입니다. 만약 우리가 하나님께로부터 이 일이 그분을 위한 것이며 핍박을 받을 만한 이유가 있으며 세상은 그런 면에서 우리의 적이라는 사실을 철저하게 설득당하지 않았다면 우리는 하나님을 증거하는 어떤 일도 하지 못했을 것입니다.

내가 이런 설득에 대해 말할 때 단순히 진정한 종교와 사람들의 어리석음을 구별할 줄 알아야 한다는 것뿐 아니라 하늘 나라의 삶과 여기서 우리가 싸우고 난 후에 약속된 면류관에 대해서도 깊이 인정해야 한다는 것입니다. 이 두 가지는 필수적이며 서로 분리될 수 없습니다. 따라서 우리가 시작하려는 요점은 이것입니다. 우리의 기독교 신앙과 우리가 붙잡고 따라가야 할 믿음에 대해 하나님께서 주신 규칙들이 무엇인가를 확실히 알아야 합니다. 그래서 사탄이 하나님의 간단하고 순수한 교리들을 부패시키기 위해 사용하는 거짓과 잘못들, 우상숭배와 같은 것들을 비평할 수 있는 교훈들을 잘 마련해 주어야만 합니다.

그러므로 오늘날 소수의 사람들만 복음을 위해 핍박받는 자리에 있고 스스로 기독교인이라는 많은 나머지의 사람들이 이것이 무슨 의미인지 모른다고 해도 놀라지 말아야 합니다. 왜냐하면 거의가 복음을 듣거나 읽는데 열중하는 대신 열의가 없이 미지근하게 기독교 신앙에 대해 약간의 맛을 보는 것으로 충분하다고 생각하기 때문입니다. 이것이 신앙의 결단이 없고 공격을 받게 되면 즉시 떨어져 나가는 이유입니다. 이러한 사실은 우리로 하여금 그 믿음에 대해 더욱 확실히 증거하기 위해 더욱 거룩한 진리를 요구하도록 우리를 고무시킵니다.

그러나 잘 알고 잘 다져진 것이 필요한 전부는 아닙니다. 왜냐하면 우리는 철저하게 건전한 교리에 물들어 있는 것처럼 보이는 사람이 거역하지는 않지만 마치 지나치는 공상과 같이 하나님에 대해 전혀 알지 못하는 것처럼 더 이상의 열정이나 애정이 없는 경우를 보기 때문입니다. 왜 이런 일이 있을까요? 그것은 그들이 거룩한 성경의 권위를 이해하지 못하기 때문입니다. 사실 우리도 이것이 하나님께서 우리에게 말씀하시는 것이고 우리가 더 많은 존경심을 가지고 주의깊게 들어야 한다고 깊이 생각했습니까? 만약 성경을 읽을 때 우리가 천사들의 학교에 있다고 생각한다면 아마도 더욱 주의깊게 되고 우리에게 제시된 교리를 통해 더 많은 유익을 얻으려고 열심을 낼 것입니다.

이제 우리는 복음을 위해 고난을 받을 준비를 위한 실제적인 방법들을 살펴보겠습니다.

첫째로, 우리가 붙잡아야 할 신조와 진정한 종교를 결정하기까지 하나님의 학교에서 도움을 얻어야만 합니다. 우리는 그리스도인들의 순수성을 부패시키려는 사탄의 모든 책략과 사기, 그리고 천박할 뿐 아니라 육감적인 인간의 모든 발명품들을 경멸해야만 합니다. 진정한 그리스도의 순교자들과 단순한 불합리함 때문에 핍박을 받는 종잡을 수 없는 자들과는 구별이 있습니다.

두 번째는 합당한 이유로 확신을 가지면 우리는 흥분되어지고 하나님의 부르시면 어디든지 따라가게 됩니다. 그의 말씀은 우리에게 그런 만한 권위를 가지고 이 세상으로부터 멀어지게 하고 하늘의 삶을 추구하는 데 도취되어 버린 것처럼 느끼게 합니다.

이상한 것은 하나님의 빛이 그전보다 더 밝게 비취고 있음에도 열정은 슬프리만큼 결핍되어 있다는 사실입니다. 이런 생각이 우리를 부끄러움으로 채우지는 않지만 더 나쁜 상태입니다. 왜냐하면 우리가 그렇게 감추려고 애썼던 불법들이 우리를 혼란스럽게 하는 책망과 함께 그 앞에 드러나는 큰 심판대 앞에 서야만 하기 때문입니다. 우리가 그분이 우리에게 허락하신 지식의 기준으로 어쩔 수 없이 하나님의 증인으로 우리가 갚아야 할 것, 빚진 것에 대해 견뎌야 한다면 "우리는 그 비밀의 위대한 보물을 우리 앞에 열어 놓고 보여 주시며 동시에 그분 자신을 명백히 드러내시는 것을 보면서 그 싸움에 참여하기에 너무 냉랭하고 마음이 약하지 않습니까?"라고 묻고 싶습니다. 그것이 마치 우리가 하나님과 함께 그것을 해야 한다고 생각하지 않는 것처럼 들려지지 않을까요? 왜냐하면 우리는 감히 그의 입으로부터 나오는 교리들을 어떤 종류의 철학적 사고로 전환시킬 수 없는 권위에 대해 존경심을 갖고 있기 때문입니다.

간단히 말해 우리가 하나님의 진리에 대해 잘 알고 있으면서도 그것을 지켜나갈 용기가 없다는 것은 비난을 받기보다 수치스러운 것임을 부정하는 것은 불가능한 일입니다. 게다가 과거의 순교자들을 보면 우리의 비겁함이 얼마나 혐오스러운지! 그들의 대부분은 성경의 모든 주제를 논의할 만큼 성경에 정통한 사람들이 아닙니다. 그들은 예배하고 섬길 가치가 있다고 생각하는 한 분 하나님을 알았고, 예수 그리스도의 보혈에 의해 죄사함을 얻은 구원의 확신을 예수 안에서 그 분의 은혜안에서 얻었으며, 인간의 모든 발명들은 쓰레기와 같이 무가치한 것임을 알았고, 모든 거짓과 우상 숭배를 비난했습니다. 한 마디로 그들의 신학의 요지는 이렇습니다. 온 세상을 창조하신 한 분 하나님이 모세와 선지자들, 마지막으로 예수 그리스도와 그의 사도들을 통해 그분의 뜻을 우리에게 알리셨고, 그의 피를 값으로 치른 오직 한 분 구원자가 계시며, 그의 은혜로 구원의 소망이 주어졌으며, 세상의 모든 우상들은 저주받아 마땅하다는 것입니다.

이것과 다른 교리를 수용하라는 체제에 대해 그들은 담대하게 화형을 당하거나 다른 형태의 죽음을 맞이했습니다. 두 사람이나 세 사람 정도가 아니라 폭군의 손에 죽어간 이런 무리들의 수효는 무한대였습니다. 박식한 사무원 같은 우리는(적어도 우리가 생각하기에) 아무도 그렇게 할 수 없을 것입니다. 실제로 성경을 통해 하나님은 어떤 이전 세대도 귀하게 대접받은 적이 없다는 것을 우리에게 보여 주고 있습니다. 결국 열정의 작은 조각도 남아 있지 않습니다. 사람들의 이런 무관심은 마치 하나님의 분노에 굴복한 것처럼 보입니다.

그러면 진정한 용기로 우리의 마음을 격려하기 위해 무엇을 해야만 할까요?

우선적으로 하나님 앞에서 우리의 믿음의 고백이 얼마나 귀중한가를 생각해야 합니다. 우리는 하나님께서 그것을 얼마나 높이 평가하시는지를 잘 모르고 있습니다. 아무런 의미가 없는 삶이라도 우리에 의해 가치있게 될 수 있습니다. 그렇게 될 때 우리의 어리석음의 정도를 알게 됩니다. 우리가 하나님의 영광과 우리 영혼의 구원보다 더 높은 가치를 둔 어떤 것을 붙잡고 있다는 인식이 없이는 우리의 고백은 우리의 생명을 구할 수 없습니다.

이교도들은 "우리의 삶을 매력있게 만드는 그 일을 포기함으로 삶을 구원한다는 것은 비참한 일이다"라고 말할 수 있습니다. 그러나 그와 같이 생각하는 다른 사람들은 세상의 종말이 어떠하며 왜 세상에 살고 있는지를 모르고 있습니다. 그들이 사람들은 덕목을 따라야 하고 비난받지 않게 정직한 행동을 해야 한다는 것을 말할 만큼 충분히 알고 있는 것은 사실입니다. 그러나 그들의 모든 미덕은 색칠한 것이나 연기같은 것입니다. 우리는 삶의 가장 중요한 목표가 무엇인지 — 말하자면 하나님께 영광돌리는 것, 그분이 우리의 영광이 되시게 하는 것 — 에 대해 더 잘 알고 있습니다. 그렇게 되지 않을 때 우리에게 화가 있을 것입니다! 우리는 머리에 저주를 쌓아가지 않고는 한순간도 이 땅에서 삶을 계속할 수가 없습니다. 그러나 우리가 이땅에서 우리의 삶을 유지시켜 주는 그의 힘으로부터 우리 자신을 분리시킴으로 영원한 왕국을 포기하지 않으면서 고달픈 나날을 사는 것에 대해서는 부끄러워하면 안됩니다.

우리는 세상에서 야만적인 사람들에 대해서가 아니라 그들이 사는 이유가 단지 먹고 마시고 잠자기 위해서라고는 감히 말할 수 없는 가장 무지한 사람들에게 묻습니다. 왜냐하면 모든 사람들은 더 고귀하고 거룩한 종말을 위해 창조되었다는 것을 알기 때문입니다. 만약 하나님을 높이지 않고 좋은 부모님 밑에서 양육받고 자라는 아이들처럼 그분의 지배하에 자신을 두지 않는다면 우리가 이 부패한 인생의 여정을 마치고 영원한 기업을 받으려고 할 때 어떤 종말을 만나게 될까요? 원리적으로 사실 유일한 종말입니다. 그것이 죽음보다 못한 야만적인 삶의 의도가 있었다고 참작되어지지 않는다면 우리의 변명을 무엇으로 주장할 수 있겠습니까? 사는 것과 그에 대한 이유를 모른다는 것은 자연스럽지 못합니다. 우리가 하나님과 분리되어 세상에 사는 동안 집행유예의 날에 대한 바보스러운 소망 — 이런 현혹과 정신 착란같은 것을 무엇이라 해야 할지 모르겠지만 — 의 영향 아래 사는 삶의 이유들을 거부하십시오.

그러나 핍박은 언제나 어렵고 지독하기 때문에 어떻게 어떤 방법으로 그리스도인들이 굽히지 않고 하나님의 진리를 위해 그들의 삶을 드러내며 인내하는 데 강해질 수 있을지를 고려해 봅시다. 당연히 그렇지만 우리가 읽은 과제에는 우리에게 그렇게 하도록 권유하는 내용들이 많이 있습니다. 사도들은 "우리의 도시로부터 나와서 그에 대한 비난을 감수하면서 우리 주 예수를 따라 나아갑시다"라고 말합니다. 처음에 그는 검이 우리에게 내려치지 않고 불이 우리를 사르지 않음에도 불구하고 우리가 세상에 뿌리박고 사는 동안은 하나님의 아들과 진정으로 연합될 수 없음을 상기시킵니다. 그러므로 휴식 중에 있는 그리스도인이라도 언제나 전장으로 한걸음을 내딛고 있어야 할 뿐 아니라 육신이 그곳에 살고 있더라도 세상으로부터 그의 감정을 정리해야 합니다. 처음에는 이것이 어려울 것이라고 생각하지만 "우리를 불러 내시고 고난을 당하게 하셨다"는 바울의 말에 만족해야만 합니다. 그가 그렇게 말했다면 그것이 그리스도인인 우리의 상황이고 그리스도를 따르기 위해 가야만 하는 길입니다.

한편, 우리의 연약함이 위로받고 핍박으로 인한 괴로움과 슬픔이 완화되는 이유는 앞으로 우리에게 주어질 좋은 보상이 있다는 사실 때문입니다. 하나님 때문에 고통을 받는 동안 우리는 하나님의 아들을 인도자로 삼고 한 걸음 한 걸음 따라가고 있는 것입니다. 그리스도인이 된다고 하는 것은 담대하게 세상의 모욕을 감당하고 항상 죽음을 대면하며 하나님이 기쁘게 약속하신 어떤 길을 걸어야만 한다고 말합니다. 우리는 명백하게 보상에 대한 어떤 이유를 가지고 있지만 그것은 불확실한 것을 향해 걸어가는 이상한 길이기도 합니다. 그러나 우리가 주 예수를 따르도록 명령을 받았을 때, 그의 인도하심은 거절하기에는 너무나 유익하고 명예로운 것입니다. 지금 예수 그리스도가 우리의 선장으로 앞서 가실 뿐 아니라 그의 형상을 닮아간다는 것은 "하나님이 미리 아신 자들로 또한 그 아들의 형상을 본받게 하기 위하여 미리 정하셨으니 이는 그로 많은 형제 중에서 맏아들이 되게 하려 하심이라"고 바울이 로마서 8장에 말한 것처럼 더 깊은 감동을 줍니다.

우리는 어떤 것을 참는 데 내키지 않는 것에 대해 너무 예민하지 않습니까? 그렇다면 우리는 우리를 부르시고 구원의 소망을 주신 하나님의 은혜를 단념해야 합니다. 왜냐하면 그리스도의 사람이 되는 것과 많은 갈등으로 애쓰는 것은 분리될 수 없는 양면이기 때문입니다.

우리는 우리의 원래 모습보다 하나님의 아들을 닮아가는 것에 대해 틀림없이 상을 받을 것입니다. 세상의 판단은 복음을 위해 고난받는 것이 불명예스러운 것이 사실입니다. 그러나 우리는 불신자들이 눈먼 자인 것을 알기 때문에 그들보다 더 좋은 안목을 가져야 하지 않겠습니까? 의의 자리를 차지하고 있는 사람들로부터 고통당하는 것은 치욕이지만 사도 바울은 자신의 예를 들면서 하나님이 우리를 아시고 당신의 소유로 인정하시는 표적으로 예수 그리스도 때문에 당한 고통에 대해서 영광을 받게 될 것을 말하고 있습니다. 누가복음에서 베드로와 요한은 그들이 단지 "예수의 이름 때문에 불명예와 비난을 받을 자로 여김을 받은 것"을 즐거워했다고 기록하고 있습니다.

불명예와 존엄성은 상반된 두 모습입니다. 분별을 잃은 세상에서는 모든 이유와 방법으로 하나님의 영광을 불명예스러운 것으로 바꾸려고 합니다. 그러나 우리는 하나님과 천사들 앞에서 받을 영광을 위해서 세상의 관점에서 오는 비방을 거절하지 맙시다. 우리는 야망을 가진 자들이 왕의 명령을 수행하기 위해 그들이 얼마나 수고하고 그들이 행한 것을 얼마나 떠벌리며 자랑하는지 봅니다. 하나님의 아들은 그의 명령을 우리에게 주셨고 모든 사람들은 그것을 알지 못합니다. 우리가 그 일을 하든지 안하든지 상식적으로 그분과 어떤 것을 공유할 가치가 있는 자들인가를 물어보고 기도하십시오. 우리의 자연적 성향은 볼 만한 것이 아무것도 없음에도 불구하고 우리에게는 진정한 하늘의 귀족 가문의 방패가 있습니다. 투옥, 추방, 거짓 보고 등 인간의 생각 속에 내재되어진 것은 무엇이든지 욕을 먹을 만한 것들 뿐입니다. 그러나 하나님이 심판하시고 선언하신 일들을 바라보는 데 방해되는 것들이 우리의 불신앙을 해결할 수 있습니까? 그러므로 그럴 만한 자격이 있으신 하나님의 아들의 이름이 우리에게 가장 중요한 것이 되게 하십시오. 그의 표시를 우리에게 찍어주실 때 그것이 얼마나 영광스러운 것인가를 알게 될 것입니다. 그렇지 않으면 우리의 배은망덕함은 도움이 되지 못할 것입니다.

하나님이 우리의 자격을 보고 다루신다면 그분은 여러 면에서 매일 우리를 책하실 이유가 있을 것입니다. 아니 어떤 수많은 죽음도 우리의 잘못된 행위의 작은 부분에 대해 충분한 보상이 될 수 없습니다! 그의 무한한 자비 안에서 허물을 따라 처치하시는 대신에 우리의 과오를 그의 발 아래 두시고 없애시며, 우리의 고통을 영광과 특권으로 바꾸는 우수한 방법을 고안하시고, 그것으로 하나님의 아들과 동역하도록 하시지 않았다면 우리가 이 행복한 위치에서 멸시를 받으며 그리스도인으로서의 믿음을 지켜나갈 수 없었음은 말할 필요도 없습니다.

따라서 사도 베드로는 "도둑이나 음행한 자나 살인자로 핍박받지 말고" 순전히 하나님을 경외함으로 따르라고 권면한 후에 "우리가 그리스도인으로 고통을 받는다면 우리에게 허락하신 축복으로 하나님께 영광을 돌리라"고 말합니다. 그가 이렇게 말한 것은 이유가 있습니다. 우리는 하나님의 진리의 증인이며 그의 변명을 옹호하는 자들이 아닙니까? 허무와 거짓으로 가득찬 피조 세계에서 우리는 불쌍한 벌레같은 인간이지만 하나님은 우리를 당신의 진리 — 하늘의 천사들도 갖지 못한 영광 — 를 옹호하는 자로 고용하십니다. 이 고유한 축복에 대한 생각은 우리를 이런 영광스러운 봉사에 어떤 방법으로든 참여하게 하신 하나님께 우리 자신을 드리는 일에 열정을 갖도록 하지 않습니까?

그러나 많은 사람들은 자신의 연약함을 더 많이 도와주지 않는다고 하나님께 불평을 하고 반박합니다. 그들은 하나님이 어떻게 자신의 자녀로 택한 후에 그들이 거룩하지 않은 것들에 의해 괴롭힘을 당하고 무시당하도록 내버려 두시는지 굉장히 이상하게 생각합니다. 제가 대답해 드리겠습니다. 그분이 왜 그렇게 하시는지 명백하지 않더라도 그분은 우리에게 자신의 권위를 사용하시며 그분의 기쁨으로 우리의 역할을 확정하시곤 합니다. 그러나 더 이상의 필요없이 예수 그리스도가 우리의 모형이 되어 그를 닮아가고 있다는 사실만으로 큰 기쁨이 아니겠습니까? 그러나 하나님은 우리가 핍박을 받아야만 하는 것이 왜 그를 기쁘시게 하는지에 대한 이유를 명백히 하십니다. 우리는 사실 베드로가 말하는 것처럼 그런 것을 묵묵히 따르지 않는 경멸적인 존재 외에는 아무 것도 아닙니다. 그는 "금이나 은같이 썩어질 것들도 불고 정화되고 연 단되듯이 우리의 믿음도 세상의 모든 보화들을 능가하도록 훈련되어야 한다"라고 말합니다.

사실 어떤 투쟁도 없이 즉시 우리에게 면류관을 주는 것은 하나님께 쉬운 일입니다. 그러나 세상 끝날에 그리스도가 그의 원수들 가운데서 통치하실 때까지 세상 가운데 있는 우리들이 구원의 때까지 핍박과 고 통을 참아야 하는 것이 또한 그의 기쁨이 되십니다. 사실 육체가 이 시 점까지 오는 것은 전적으로 하나님의 의지가 지배해야만 한다는 것을 압니다. 만약 우리가 스스로 모순을 느낀다고 해도 놀랄 필요가 없습니 다. 십자가를 피하고 싶은 것은 지극히 자연스러운 일이기 때문입니다. 하나님께서 이러한 우리의 순종을 인정하시고 우리의 모든 감정과 소원 들을 사로잡아 그분께 복종할 수 있도록 하심을 알고 곤란을 이겨내는 데 실패하지 않도록 하십니다.

사도들과 선지자들이 죽음에 이르게 되었을 때 주춤거리는 경향이 없었던 것은 아닙니다. 우리 주 예수께서는 사도 베드로에게 "사람들이 너를 원치 않는 곳으로 끌고 갈 것이다"라고 말씀하셨습니다. 우리 속 에 이런 죽음에 대한 두려움이 일어날 때 그것을 극복하거나 하나님이 그 일을 하시도록 하십시오. 반면에 하나님의 말씀 앞에 전적으로 우리 자신을 드리고자 하는 마음에 저항이 생기거나 기분이 상하게 될 때 우 리가 드리는 것이 기쁜 희생임을 다시 확신합시다. 이것은 하나님께서 그의 백성에게 약속하신 원리적인 전쟁입니다. 그는 그의 백성들로 하 여금 그가 제시하는 길로부터 벗어나게 하는 모든 반항적인 생각과 감 정들을 억누르도록 노력하게 합니다. 그리고 그 위로는 너무나 충분해 서 우리가 물러난다면 비겁자들보다 더 비겁한 것이라고 말합니다.

고대에는 많은 사람들이 고통이나 아픔과 문제들 없이 죽음조차 지불할 것 없이 단순한 월계관을 획득했지만 그들중 모든 사람들은 얻을지 잃게 될지 확실히 알 수도 없는 불확실한 것을 위해 싸웠습니다. 하나님은 그의 영광에 동참자가 되는 영원한 면류관을 제시하십니다. 그는 우리가 확실하지 않은 일에 싸우도록 하시는 것이 아니라 우리 모두에게 전쟁에 대한 확실한 상의 약속을 주십니다. 그런데 이 투쟁을 거절할 이유가 있을까요? "우리가 예수 그리스도와 함께 죽는다면 역시 그와 함께 살 것이다"라고 말하는 것이 허무하게 들립니까? 승리는 준비되어 있지만 아직 우리 모두는 그 전쟁을 피할 수도 있습니다.

6. 라티머
(Latimer, 1485-1555)

생애

휴 라티머(Hugh Latimer)는 루터가 태어난 지 2년 후인 1485년에 태어났고, 그는 1555년 화형에 처해졌다. 영국 농원에서 성장한 라티머는 로마 카톨릭에 열심이었고 캠브리지에서 공부했다. 신학사인 그는 멜랑크톤의 관점에 대항해서 설교했다.

이 설교 후 토마스 빌리가 그에게 다가와 믿음에 의한 칭의에 대해 설명했고, 예수 안에서 개인적인 믿음에 관하여 그를 지도했다. 라티머에게 많은 변화가 일어났다. 점점 빌리의 도움을 통해 그는 완전히 개혁적 입장을 가지게 되었다. 그는 빌리와 함께 동행했고, 종종 교서 회기를 개최했는데, 죽음 이후 이 분야에서 그들은 "이단자들 언덕"이라 불려진다.

라티머는 교회법의 전문가였다. 그는 헨리 8세의 아라곤의 캐더린에 대한 결혼 계획에 대해 지지했고, 그 보상으로 왕의 목사로 임명되었다. 1535년 그는 워체스터의 감독이 되었는데, 여기서 악습과 죄에 대해 담대하게 설교했다. 이러한 설교는 어디서든지 발견되었다. 그는

1539년에 그만둘 것을 강요받았고 에드워드 6세 때 평화롭게 은퇴하였다.

그러나 메리가 왕좌에 오르자 그와 크랜머와 리들리는 체포되었고 런던탑(처음엔 왕궁, 후에 국사법의 감옥, 현재는 박물관—역자 주)에 던져졌다. 그는 옥스포드에서 심문받았지만 개종을 거절하였다. 감옥에서 1년을 보낸 후, 1555년 10월 16일 그는 리들리와 함께 화형에 처해졌다. 리들리는 젊은 사람으로 유명한 예언적 진술을 하였다.

그의 사역에 있어서 큰 강조는 사람들이 이해할 수 있는 언어로 그들에게 복음과 성경을 이해할 수 있도록 한 것이었다. 다른 이들은 두려워하였는데, 만약 사람들이 그들의 언어로 성경을 소유했다면 그들이 성경을 오해하고 왜곡된 모든 부분대로 행할까 봐서였다. 라티머는 이것은 난센스이고, 루터와 같이 그의 설교의 노력들에 의해 그것들을 잘못 증거했다고 생각했다. 그의 가장 좋아하는 주제는 설교에 대한 필요성이었다.

라티머는 명랑한 재치를 가진 사람이었다. 그의 빠른 대답들과 솔직함, 기억에 의존한 연설과 우정에 대하여는 넓고 광범위하게 잘 알려져 있다. 계속해서 라티머는 성공적으로 그를 압도하려는 유식한 반대자들로부터 도전을 받았다. 그는 영국 설교의 아버지라고 불리웠다. 만약 태도와 스타일에 있어서 라티머 이후에 모델화되었다면 영국 설교는 영광스런 역사로 알려졌을 것이다.

태도와 분위기는 라티머의 설교에서 연구할 가치가 있는 요소이다. 청교도로서 격렬하게 모든 죄에 대해 치는 반면 후에 영국 설교로부터 사라졌던 그에겐 호감과 용기와 열정의 설교에 있어서의 분위기가 있었다. 비록 두 사람의 스타일은 꽤 달랐지만 크리소스톰에게서 비롯한 비슷한 분위기가 있다. 두 사람은 사랑받았는데, 어린이들은 길거리에서 라티머를 따르곤 했다.

내용

라티머는 주로 신약 성경을 설교했다. 최소한 몇 개의 현존하는 설교들은 이것을 입증한다. 그러나 종종 예증으로써 구약의 예들을 인용했다. 이런 활용은 문제점이 있다. 구약은 권위적으로 사용되어야지 예를 드는 것으로 사용하면 안되기 때문이다. 다른 요소들은 농경 생활과 일상사를 통해 수집되었다. 많은 훌륭한 설교자들의 설교와 같이, 라티머의 설교는 편안하고 가정적이고, 일반인들에게 생생하고, 이해할 수 있도록, 그리고 기억할 수 있도록 작성되었다.

라티머는 오직 믿음에 의한 칭의에 대해 설교했다. 그는 오직 칭의에 의한 믿음을 말했다. 그 전제는 거의 진실하고 확실하다. 그는 더욱더 "믿음은 우리가 영생을 가지는 손입니다"(요 15:12 설교)라고 외쳤다. 더욱이 그의 설교는 균형이 맞춰져 있다. 그리고 같은 설교에서 믿음의 증거들이 있는 것을 조심스럽게 관찰하였다. "사랑은 믿음의 소산입니다". 그리고 그는 계속해서 "나는 만약 회복이 되지 않는다면 구원을 기대하지 말 것을 여러분들에 말합니다"라고 주장했다.

형태

라티머에게 있어서 설교의 형태는 어떤 점에서는 약했다. 종종 그는 두서없이 썼기 때문이다. 그의 설교는 굉장히 연역적(추상적이고 일반적인 것부터 구체적이고 특별한 것까지)이고, 권고적이며 형태(거의 단어에 대한 어떤 형식적인 면에서 그는 가르치지 않았다)에서 설득적이었다. 그의 기본적인 설득적 설교와 더불어 그의 메세지에서 뼈대들은 불쑥 나오지 않았다. 그러나 설교 그 자체에 있어서 그의 접근은 더 연역적이다.

라티머가 일찍 개발하고 그후 종종 사용했던 설교 방법 중 하나는 상상의 틀 안에 전체 설교를 던져버리는 것이었다. 그후 라티머는 다른 것들을 다소 성공적으로 시도하는 기술의 대가였다. 사랑에 대한 설교 (이 책 안에 포함되어 있다)뿐만 아니라, 카드와 농업가에 관한 설교들은 철저히 그리스도의 옷의 특징을 사용하고 이것에 대한 본보기들이다. 그의 도입 부분들은 종종 전형적이고 임시적이며 꽤 길다. 결론들은 간단한데, 일반적으로 요약과 권고를 구성하였다. 권고 부분들은 설교에서 철저히 나타난다.

스타일

블렌흐는 라티머를 "그 당시 지배적 스타일의 가장 위대한 대표적 설교자"라고 부른다. 더불어 라티머는 유머가 있었고 날카로운 언어가 풍부하였다. 라티머의 성향은 감정적으로 두려워하게 되는 용어들로부터 선택했다. 그는 예리한 비판의 대가였고, 그의 관점을 드러내기 위해 풍자를 사용했다. 그는 활발한 상상력을 지녔고 그리스도의 섬김을 잘 사용했다. 이러한 요소들 중의 어떤 하나를 연구해 보면 설교 분석에 있어서 중요성을 발견할 것이다.

라티머의 유머스런 언급인 빨간 딸기류와 같은 "딸기 고위 성직자들은"을 주기적으로 언급했는데 일반인들 사이에 설교의 특징이 되었다. 이러한 그의 많은 말들은 널리 인용되었는데, 그 말이 활발하였고 외우기 쉬웠기 때문이다.

"이 말을 들어보십시오. 자. 나는 당신이 웃음과 좋은 환호를 만들기를 허락합니다. 그러나 아직 당신의 이웃의 가슴 속에는 20살인 불결한 악의의 가방이 있군요."

심지어 라티머는 보이는 보조물도 사용했다. 한번은 그가 새로운 은

실링(화폐 단위)을 꺼냈고 거기에 쓰여진 글을 읽었습니다. "주님에 대한 두려움은 지혜의 시작이다".

그는 또한 성 바울교회에서는 소위 "Road of Grace"라고 불리는 로마 카톨릭 상(像)을 가지고 강단에 올라갔다. 그리고 청중들에게 그 상이 눈알을 굴릴 수 있고, 머리를 흔들 수 있고, 입을 열었다 닫았다 하며, 끈을 당겨서 묘기들을 수행하는 것을 보여 주었다.

그는 수많은 청중들의 외침에도 불구하고 그것을 교회 문 밖으로 넌져버렸습니다. 이 사건으로부터 인기 있는 노래가 생겨났다.

램스버리의 달콤한 막대기
말에스버리로부터 20마일
종종 두려움에 놓여 있었습니다.
그리고 마침내
그는 속박(상, 像)을 던졌습니다
그리고 사라져, 나는 어디에 있는지 모릅니다.

얼마나 많은 인기 있는 노래가 오늘날 설교에 대하여 작곡되고 있는가?

그의 설교에는 많은 개인적인 회상들이 예로 들어 있다. 그래서 그의 설교들에서, 당신은 라티머의 농장에서의 어린 시절과, 어떻게 그가 사격에 대하여 배웠는지 알 수 있게 된다. 그는 또한 그의 학교 시절과 대학교, 그리고 개종에 대해 이야기한다.

라티머는 조심스럽게 각각의 청중들을 향해 그의 설교를 적용시켰다. "지금 만약 내가 그 나라에 있는 배우지 못한 이들 사이에서 설교해야 한다면 나는 속죄적인 것들에 대해 설교할 것이다." 한번은 뜻하지 않게 라티머의 결점을 찾으려는 주교들이 나타났다. 라티머는 즉시 설교를 바꾸어서 주교의 의무에 대하여 설교했다.

라티머는 신중하게 설교를 준비했지만 즉흥적으로 설교했다. 그는 주일마다 두 번 설교했고, 군중들은 그의 설교를 듣기 위해 모였다. 군중들이 워낙 많아서 그들의 의자가 부서졌다는 기록들이 있다. 우리는 라티머가 웨스트민스터에 있는 성 마가렛의 사원에서 설교후 수리하기 위한 비용들에 대한 기록들을 가지고 있다.

사람들은 곧 그의 설교의 결과로 급격하게 변화되었고, 많은 사람들은 배상했다. 현대 설교가들은 라티머의 설교를 연구함으로 많은 유익을 얻을 수 있을 것이다.

기독교 사랑에 관하여

"내 계명은 곧 내가 너희를 사랑한 것 같이 너희도 서로 사랑하라 하는 이것
이니라"(요 15:12).

이제까지 보낸 시간을 보면 우리는 이 한 문장보다 이 시간을 더 이
상 손에 넣고 싶지 않을 것입니다. 왜냐하면 그것은 이것을 잘 고려하
고 우리로 하여금 저 멀리 두도록 하기에 충분하기 때문입니다. 우리의
구원자 자신은 그의 최후의 만찬에서 "내 계명은 너희가 서로 사랑하라
하는 이것이니라"는 말씀을 하셨습니다. 그리고 이것은 그가 떠나기 전
에 제자들에게 하셨던 마지막 설교였습니다. 이것은 매우 긴 설교였습
니다. 곧 죽을 것을 아셨던 우리 구원자 자신은 시간이 없던 중에도 어
떻게 제자들이 그들의 삶들을 살아가야 할지를 교훈과 권면하시는 가운
데 그들과 함께 하시기를 원하셨습니다.

그가 명령한 것은 오직 한 가지였습니다. "내 계명은 너희가 서로 사
랑하라 하는 이것이니라". 영어에서는 마치 이것이 하나인 것처럼 "이것
은 나의 명령이다"라고 표현합니다. 그리스어를 검토해 보았을 때, 거
기엔 매우 명백하게 복수로 되어 있었습니다. 즉 기독인들에 속하는 많
은 것들이 있었고, 이 모든 것들은 한 가지 안에 포함되어 있었는데 그

것은 바로 사랑이었습니다. 그는 사랑 안에서 모든 것들을 포함시켰습니다.

우리의 온전한 임무는 이러한 단어들 속에 포함되는 것입니다. "서로 사랑하라"고 했습니다. 그러므로 사도 바울은 말하기를 "서로를 사랑하는 이가 온전히 율법을 이루나니"라고 하였습니다. 그래서 모든 것들이 사랑이란 용어 속에 포함되는 것으로 나타납니다. 이 "사랑"은 귀중한 것입니다. 우리의 구원자는 "너희가 서로 사랑하면 이로써 모든 사람이 너희가 내 제자인 줄 알리라"(요 13:35)라고 하셨습니다.

그래서 그리스도는 그가 인정하는 사랑과 배지와 옷을 만드십니다. 일반적으로 모든 주인이 그의 종들에게 어떤 옷을 입힘으로써 종들은 그에게 속하게 됨을 알게 됩니다. 그래서 우리는 "저쪽에 있는 저들은 주인의 종들이다. 왜냐하면 그들은 그의 옷을 입고 있기 때문이다"라고 말합니다. 모든 주인의 주인이 되시는 우리 구원자는 그들의 옷과 사랑이라는 배지에 의해 그의 종들을 알아 오셨습니다. 사랑과 자비에 속한 자는 누구나 그의 종입니다. 우리는 그를 그리스도의 종이라 부를 수 있습니다. 즉 사랑이란 당신은 그러한 종이 그리스도께 속함을 알므로 인식됩니다. 그래서 사랑은 바로 그리스도의 옷이라 불리워질 수 있습니다. 사랑을 소유한 이는 그리스도의 종입니다. 사랑을 가지지 못한 이는 악마의 종입니다. 그리스도의 옷이 사랑과 자비인 것과 같이 악마의 옷은 미움과 원한과 불의입니다.

그러나 나는 마귀가 그리스도가 소유한 종들보다 더 많은 종들을 소유하고 있다고 생각합니다. 왜냐하면 그리스도의 옷 안보다도 마귀의 옷안에 더 많은 이들이 있기 때문입니다. 사랑과 자비, 그리고 성령 안에서의 친절함과 온유함과 함께 그리스도의 옷으로 견디는 이들은 거의 없지만 자랑과 교만, 거만함이 도사리고 있는 마음 속에 미움과 악의를 품는 이들이 더 많이 이들이 있습니다. 그러므로 마귀의 종들은 그리스도의 종들보다 훨씬 더 많습니다.

사도 바울은 사랑의 필요성을 강조합니다. 나는 육욕적인 사랑을 말하는 것이 아닙니다. 육욕적인 사랑은 오직 동물적인 감정입니다. 그러나 자비로운 사랑은 매우 필수적입니다. 사람들이 자비로운 사랑을 소유하고 있을 때 다른 모든 것들이 없어도 사랑은 그에게 충분할 것입니다. 또한, 만약 사람이 모든 것들을 소유하고 있지만 사랑이 부족하다면, 모든 것들은 그를 돕지 못할 것입니다. 이 모든 것들은 헛되고 사라지는 것들입니다.

그래서 사도 바울은 이런 말을 했습니다.

"내가 사람의 방언과 천사의 말을 할지라도 사랑이 없으면 소리나는 구리와 울리는 꽹과리가 되고 내가 예언하는 능이 있어 모든 비밀과 모든 지식을 알고 또 산을 옮길 만한 모든 믿음이 있을지라도 사랑이 없으면 내가 아무것도 아니요 내가 네게 있는 모든 것을 구제하고 또 내 몸을 불사르게 내어 줄지라도 사랑이 없으면 내게 아무 유익이 없느니라."

귀중한 선물들이 있지만 바울 사도는 사람이 사랑을 가지고 있지 않을 때 아무것도 아니라고 말합니다. 사랑은 가장 큰 칭찬이고 사랑의 커다란 필요성을 보여 줍니다. 그러므로 사랑이 부족할 때 모든 다른 덕들은 헛된 것입니다. 그리고 바울 사도가 믿음의 권위에 대항해서 말했다고 생각하는 사람들이 있습니다.

그러나 당신은 사도 바울이 여기에서 말한 점을 이해해야 합니다. 사도 바울은 의롭게 하는 믿음을 가지고 우리가 영생을 받는 것이 아니라 그는 "믿음"이란 단어를 기적을 행하고 산을 옮길 만한 선물로 이해합니다. 즉 그러한 믿음을 말하는 것입니다. 이것에 대해 나는 이런 전제를 확신있게 말합니다. 오직 의롭게 되는 믿음, 이 전제는 가장 진실하고 확실합니다. 그리고 사도 바울은 여기에서 의롭게 하는 믿음인 이

옷에 대해 말하지 않습니다. 왜냐하면 의로운 믿음은 사랑없이는 아무 것도 아니며 사랑은 믿음에서 오고 사랑에서 벗어나지 않기 때문입니다. 사랑은 믿음의 소산입니다. 어느 누구도 믿음없이는 사랑할 수가 없습니다. 표면상 서신에 의하면 사도 바울은 고린도전서 13장에서 표현한 것으로, 이 믿음에 대해서는 인색하고 사랑에 대해서만 찬양하는 것처럼 완전히 보여집니다.

그의 말을 들어봅시다. "믿음, 소망, 사랑 이 세 가지는 항상 있을 것인데 그 중에 제일은 사랑이라."

어떤 유식한 사람들이 있는데, 그들은 마치 영원한 것처럼 바울이 말한 것에 대하여 탁월함을 묘사하려 합니다. 우리가 하나님 앞에 나아갈 때에 우리는 더 이상 믿음이 아닌 오히려 그가 어떤 분인지 얼굴과 얼굴을 대하고 눈으로 볼 것입니다. 그러나 이 모든 것에 대하여 사랑은 여전히 존재합니다. 그래서 사랑은 영원하기에 가장 중요하다고 일컬어집니다. 그리고 비록 사랑이 가장 중요하지만 오직 믿음에 속하는 직무로 돌리지 말아야 합니다.

"스탬포드의 시장은 나에게 신발을 한 켤레 만들어 줘야 한다. 왜냐하면 그는 신발 제조자보다 더 위대하기 때문이다"라고 말할 수 없는 것과 같이 사랑은 비록 위대하지만 떼어 두는 것이 직무가 아닙니다. 그래서 나는 진리에 대항해서 싸우는 그들을 말하는 것은 선하다고 생각하는 것이 지배적입니다.

누가 그리스도의 옷 안에 있는지 없는지에 대해 알려 할 때 우리는 사도 바울에게서 그러한 것을 배워야 합니다. 그는 매우 분명하게 "사랑은 인내하며, 오래 참는" 옷이라고 진술하였습니다. 노여움과 화를 내는 이는 누구나 이 옷을 입고 있는 자들이 아닙니다. 그러므로 우리는 우리의 주인이신 그리스도의 옷을 던져 버리지 않도록 명심해야 합니다. 우리가 아프거나 역경에 처해 있을 때 인내하고 기꺼이 고통을 감수하며 도움과 원조, 위로를 받기 위해 그를 부르는 것입니다. 그가 없이는 어떤 고난도 감수할 수 없습니다. 그러므로 우리는 하나님을 불러야 합니다. 그는 도우실 것을 약속하셨습니다.

그러므로 나는 그의 약속들이 잘못되었거나 거짓이라고 생각하지 않습니다. 왜냐하면 하나님을 믿지 않거나 신뢰하지 않음보다, 더 하나님을 모욕할 수 없기 때문입니다. 그러므로 우리는 하나님을 모욕하는 이 모든 것들에 대해 조심합시다. 그리고 또한 우리가 처한 환경을 우리 자신들보다도 훨씬 더 잘 아시는 그에게서 선함이 발견될 때에 그가 우리를 인도하실 것을 가장 확실히 믿고 인내하며 신뢰해야 합니다.

"사랑은 온유하고 친절하며 충성하며 시기하지 않습니다." 그들은 이웃이 잘 되어 갈 때 그것을 보고 시기합니다. 그러한 자들은 그들의 옷들을 벗어 던지고 하나님 섬기기를 멀리합니다. 시기함으로 악마의 종이 되기 쉽습니다.

"사랑은 무례히 행치 아니하며, 사랑은 성내지 않습니다." 여태까지 성내려는 어떤 이들이 있는데 이것은 그들에게 사랑에 거하기 어렵게 합니다. 그러나 우리는 이러한 우리 자신의 감정들(성내려는)과 싸워야만 합니다. 우리는 우리의 주인이신 그리스도의 이 옷을 계속 입고 있도록 노력해야만 합니다. 왜냐하면 우리의 옷을 벗기려고, 우리를 사랑과 자비의 줄로부터 끊으려고 "대저 마귀가 우는 사자와 같이 두루 다니며 삼킬 자"를 찾기 때문입니다.

"사랑은 자만하지 않고 뽐내지 않습니다". 그러나 오늘날에는 자만하는 이들이 많이 있습니다. 그들은 매우 높고 고상해서 다른 모든 이들을 경멸하고 비난합니다. 이러한 모든 사람들은 악마의 통치하에 있습니다. 하나님은 그의 선하신 영으로 그들을 통치하지 않으십니다. 악령은 그들의 마음들을 차지하고 그들을 소유해 왔습니다.

"사랑은 불의를 행치 아니하고, 자신의 유익을 구치 아니합니다. 그리고 사랑은 이웃의 유익을 위해 모든 것을 행합니다". 사랑하는 사람은 이웃의 불행을 통해 자신의 유익을 가지지 않을 것입니다. 사랑치 않는 사람은 오직 그들 자신의 유익을 찾고 그들의 이웃은 잊어버림으로, 하나님의 자녀가 아니며 그들은 그리스도의 옷을 소유하고 있지 않습니다. 아울러 자비는 화에 대해 성내지 않습니다. 자비는 악한 것을 생각치 않습니다." 우리는 악함이 보여지지 않는 한 이웃에 대한 악을 생각하지 말아야 합니다. "너는 판단치 말지니"라고 했습니다. 우리는 우리의 이웃을 비난하지 말아야 합니다. 그리고 확실히 다른 이들의 사역을 비난하는 자들은 그리스도의 옷 안에 있지 않습니다. 그리스도는 그들을 미워하십니다.

"사랑은 불의를 기뻐하지 아니합니다". 사랑은 공평과 선을 좋아합니다. 그리고 또한 사랑은 요즘 일반적으로 사용되는 거짓말이나 훔친 것과 같은 것에 대해 듣는 것을 슬퍼합니다. 지금과 같이 그리스도인들 사이에는 그러한 거짓말이 결코 없었습니다. 그리고 나는 진실로 경험을 가진 이들이 그리스도인들 사이에서보다 이교도와 터키인들 사이에서 더 충성과 정직함이 있다는 것을 기록한다고 생각합니다. 사람은 그의 약속과 찬성, 그리고 그들이 어떤 이들과 더불어 섬기지 않을 것을 말하지 않았습니다. 그들은 그들이 감히 그들 자신의 친필을 부정하는 것을 부끄러워하지 않았습니다. 그러나 나는 당신들을 위해 기도합니다. 저들은 그리스도의 옷 안에 있는 거짓 동료들입니까? 그들은 그를 인정합니까? 아닙니다. 그들은 악의 배지를 가지고 있고 그들이 악을 떠나 개정하지 않으면 끝없이 지옥으로 떨어질 것입니다.

"사랑은 모든 것을 참으며, 모든 것을 믿습니다." 이것은 우리의 이웃과 더불어 우리를 슬프게 하는 큰 문제입니다. 인내심을 가지고 그의 잘못된 행동을 조언해 주며 악에서 떠나기를 갈망해야 하며 이러한 행동은 위험한 것이라고 이웃에게 영원한 지옥이 있음을 보여 주어야만 합니다. 이런 지혜로 우리는 이웃의 변화를 연구하고 그를 미워하거나 뒤돌아서서 험담하지 않고 오히려 자비롭게 그를 변화시킬 수 있도록 살펴보아야만 합니다. 이렇게 행하는 자가 그리스도의 옷을 입은 자이며 그리스도를 인정하는 자입니다. 그리스도는 마지막날 그의 종을 알 것입니다.

"사랑은 모든 것을 믿습니다." 이것은 매일 자비롭고 상냥한 사람이 대부분 속임 당하는 것으로 나타납니다. 왜냐하면 그들은 모든 사람들을 좋게 생각하고 그들은 모든 사람들을 믿으며 말들을 신뢰하기에 악의 소산인 이 세상에서 속임을 당합니다. 이러한 것들은 의롭고 신성한 사랑에서 나왔습니다.

그러므로 이 사랑을 소유한 자들은 구석에 숨겨질 수 없기 때문에 알게 됩니다. 사랑은 스스로 효력을 가집니다. 즉 사랑을 소유하면 사랑 이외에 어떤 다른 은사들이 없다 하더라도 모든 것이 충분하기 때문입니다. 비록 그들이 다른 많은 은사를 가졌다 하더라도 사랑이 부족하면 목적을 이룰 수 없습니다. 우리가 언젠가 그분 앞에 설 때에 우리에게 "사랑"이란 옷이 없으면 우리는 버림을 당할 것입니다. 그는 우리가 그가 인정하시는 것을 가지고 있지 않기에 우리를 그의 종으로 받아들이지 않을 것입니다. 그러나 만약 우리가 이 옷을 가지고 있으면 즉, 만약 우리가 이 세상에서 그가 인정하시는 것을 입고 있으면 이것은 바로 우리가 우리의 이웃을 사랑하고 불행을 도와주며 자비를 베풀고 사랑하며 그에게 친절을 베푸는 것이라 할 수 있습니다.

우리는 마지막 날 그 앞에 서서 의롭다 함을 받을 것입니다. 그러나 만약 우리가 이웃을 향해 자비를 베풀지 않고, 그를 미워하고, 이웃의 피해를 방관한 채 나의 유익만 구한다면 우리는 그리스도로부터 쫓겨나 끝없는 지옥으로 던져질 것입니다.

우리의 구원자는 이 복음에서 말씀하셨습니다. "내 계명은 이것이라"(I command you these things). 그는 복수로 우리에게 말씀하셨고 한 가지를 더하셨는데 그것은 바로 "서로 사랑하라"는 것이었습니다. 사도 바울은 로마서 13장에서 "아무에게도 빚지지 말고 서로 사랑하라"고 로마인들에게 말합니다. 바울은 사랑이 율법의 완성임을 우리에게 알게 합니다.

"간음하지 말라"는 이 십계명은 사랑의 율법에 포함됩니다. 하나님을 사랑하는 이는 결혼 생활을 파괴하지 않을 것입니다. 왜냐하면 결혼 생활을 깨뜨리는 것은 하나님에 대한 불신이고 악을 숭상하는 것이기 때문입니다.

"살인하지 말라"고 했습니다. 사랑하는 이는 살인하지 않을 것이며 해를 입히지 않을 것입니다. "도적질하지 말라"고 했습니다. 자신과 같이 이웃을 사랑하는 이는 이웃의 물건을 취하지 않을 것입니다. 최근에 나는 부정 소득과 도적질에 대한 경우를 알고 있는데, 나는 그들이 그들로부터 이웃의 물건들을 훔친 점에서 위험스러움을 보았습니다. 그러나 나는 아직 변화되었다는 소식을 듣지 못했습니다. 여러분이여, 내가 여러분에게 말하고 싶은 것은 변화가 되지 않고는 구원을 기대할 수 없다는 것입니다.

그리고 우리가 변화시키기보다 이 세상에 대하여 완전히 어두워져 우리 구주 그리스도의 피로 산 우리의 영혼이 악마에게 팔릴 것을 생각해 보면 그것은 비참하고 극악한 것입니다. 약간의 돈을 위해 악마에게 우리의 영혼을 파는 것보다 그리스도를 불신하는 일이 더 심한 행위가 아니겠습니까? 우리의 영혼은 그리스도의 열심과 죽음을 통해 사지 않았습니까!

그들이 잘못 행하거나 이웃의 물건을 탐하였을 때 변화가 일어나지 않는다면 그들은 그리스도의 옷 안에 있지 않은 것이며, 그리스도의 종들이 아닙니다. 그들이 세상에 있기를 원하는 것을 내버려 두십시오.

그러나 그들 모두는 하나님 앞에 분명히 불결하고 추합니다. 그들은 하나님의 얼굴 앞에서 악취를 풍깁니다. 그러므로 그들은 그리스도가 우리에게 명령한 것을 기억하지 못합니다.

"내가 명하노니 서로 사랑하라"고 말씀하십니다. 이것은 그리스도의 말씀입니다. 하나님의 위대한 선지자인 모세는 많은 율법을 받았지만 똑같은 율법을 이루기 위한 성령을 받지 못했습니다. 하지만 그리스도는 이 율법을 주셨고 우리가 부를 때마다 성령을 주실 것을 약속하셨습니다. 성령은 율법을 온전히 이루실 것입니다.

우리가 이 세상에 관한 한 해야 할 것으로서는 어떤 것도 할 수 없습니다. 왜냐하면 우리의 육신은 우리를 지배하고 있기 때문에 하나님의 율법에 저항합니다. 우리가 행할 일들은 그리스도를 위한 것이어야 할 것입니다. 그리고 상급이 있을 것입니다. 그러므로 우리의 구원자는 "내 멍에는 쉽고 내 짐은 가벼움이라"고 말씀하셨기에 그들의 수고를 도우십니다.

그를 통하지 않고는 우리가 그 짐을 질 수 없습니다. 그리고 또 다른 장소에서 그는 그의 명령들이 무겁지 않음을 말씀하셨습니다. 그 짐들이 육체에는 무겁지만 그들에게 하나님의 성령으로 인침받아서 그리스도 안에서 믿음으로 말미암았기에 그 짐들은 무겁지 않습니다. 비록 그들의 행위들이 완전하지는 않지만 그들은 그리스도를 위하여 기꺼이 행합니다.

당신은 성령이 매우 높은 사랑을 명령하기 때문에 불쾌하게 생각하지 말아야 합니다. 딸을 명령하는 그는 어머니를 명령합니다. 즉 사랑은 딸이고 믿음은 어머니입니다. 사랑은 믿음을 통해서 흐릅니다. 믿음이 있는 곳에 사랑이 있습니다. 믿음은 우리가 영원한 삶을 유지할 손입니다.

우리가 하나님의 옷 안에 있는지 밖에 있는지 자신의 마음을 검토하고 우리 자신들 안으로 들어가 봅시다. 그리고 우리는 이 옷의 밖에 있으려는 우리 자신을 발견하여, 회개하고 변화되어 다시 하나님에게로 가게 되고, 우리의 이웃이 우리를 대적한 것과 같은 그러한 모든 일을 용서하며 하나님의 위엄과 영광을 위해 이 세상에서 시간을 보내게 될 것입니다.

결론을 말씀드리겠습니다. 사랑에 관한 교훈을 주신 이는 그리스도, 우리의 구원자이십니다. 언제, 어느 때 주십니까? 그가 죽을 때, 그가 죽음을 경험할 때입니다. 그러므로 그 자신이 그들에게 우리로부터 떠나게 될 때를 말씀하셨음을 기억함으로써 이러한 말들을 더 잘 생각해야 합니다.

사랑의 하나님은 서로서로 자비롭고 친절하게 이 세상에서 걸을 수 있도록 은혜를 주십니다. 우리는 하나님이 그를 사랑하는 모든 이들을 위해 준비하신 기쁨을 누릴 수 있습니다. 아멘.

7. 에드워드
(Edward, 1703-1758)

생애

조나단 에드워드는 설교가인 그의 아버지 디모데에 의해 교육받았다. 조나단은 조숙한 아이여서 12살 때 들판에서 며칠 동안 거미들의 습관들을 연구한 후 거미에 관한 좋은 엣세이를 기록했을 정도였다.

그는 13살 되던 해 더 많은 교육을 위해 예일로 보내졌다. 그 당시 예일은 새롭고 앞서가는 학교였다. 조나단은 1720년에 졸업하고, 1722년에는 8개월 동안 뉴욕시에 있는 조그마한 장로교회에서 봉사했다. 1724에서 1726년 동안 그는 예일에서 가르쳤고, 1727년에 목사로 임명되었으며 메사츄세츠에 있는 노담프톤의 회중교회에서 그의 할아버지 스톳다드의 보조자가 되었다. 스톳다드는 2년 후에 죽었고, 조나단은 600명 교회의 목사가 되었다.

그의 설교는 매우 존경을 받았고 6개월 후에 300명이 더 모여들었다. 5년 후 그의 명성은 뉴잉글랜드에 퍼졌고 1734~1735년에는 그의 교회 안팎에서 집중된 놀라운 부흥이 일어났다. 그는 24년 동안 노담프톤의 목사로 남았었다.

1750년 6월, 교회는 그를 해고했다. 이유는 그의 결론 때문이었는데, 그것은 불완전한 언약백성은 교회로부터 제외되어야 한다는 것이었다. 비록 다른 문제들도 있었지만 그는 목회적 사역이나 상담을 하지 않았고 젊은이들 사이에 꽤 거칠게 인식되었다. 이러한 것들과 다른 불평들이 아마도 그의 해고에 대한 뿌리가 되었던 것 같다.

실제적으로, 도중에 언약에 대한 언급과 더불어 정책의 변화는 이 전체 제도에 대한 초기의 변화에 기인했다. 그의 할아버지는 그리스도 안에서 그들의 자녀들이 세례받는 것과 주의 식탁에 참여하는 것에 대해 믿음을 고백할 준비가 아직 되어 있지 않은 이들을 용납했다.

그는 그리스도에게로 그들을 인도하는 것에 대한 은혜의 수단인 이러한 조례들에 대해 고려했다. 조나단은 잠시 동안 이런 행위들을 하였지만 마침내 이런 행위들에 대한 잘못을 보게 되었다.

도중에 언약은 준비일(안식이나 축제일 전 날)에 대한 교회의 치명적인 결과들에 대항하여 근본적으로 제도화했던 것으로 스톳다드와 그밖에 다른 많은 청교도들에 의해 유지되었다. 이 교리에 따르면 사람은 준비 교리의 소책자인 알레인의 〈Alarm to the unconverted〉 안에 기술된 것들을 행함에 의해 거듭나도록 자신을 준비해야 했다. 소문으로는 이러한 것들을 행하는 많은 사람들이 있었지만 그들은 아직 거듭났어야 했음에 대해 생각지 않았다. 그들은 그 외에 행하는 것에 대해 알지 못했지만 단순히 그들을 거듭나게 할 성령을 기다렸다.

반면에 아이들은 그들에게서 태어났다. 스톳다드가 그들에게 허락한 것은 주의 식탁에 참여할 것과 그들의 신실성에 기초하여 세례 받도록 어린이들을 데리고 오도록 하는 것이었다. 전체적인 문제 뒤의 잘못은 준비 교리 그 자체였다. 회개와 복음을 믿기 위해 직접적으로 개종하지 않는 것보다 오히려 그들은 잘못된 소망 안에서 거듭남에 대하여 자신을 준비하도록 사람들을 재촉했는데 그러한 준비는 그들의 거듭남을 더 가능하게 하였다. 그래서 모든 성경적 가르침과는 반대로 의에 대한 사역들은 거듭남에 대한 가치 있는 원인으로서 앞으로 유지되었다. 준비교리는 영국과 스코틀랜드와 뉴잉글랜드에 있는 개혁교회를 말살케 하였다. 그것은 치명적으로, 사적으로, 자기관찰적으로, 그리고 설교의 구원을 위한 사역 형태로 이끌었다.

해고된 뒤, 에드워드는 스탁브리지 인디언들 사이에 선교사가 되었는데 그는 그들을 위해 7년 간 봉사했다. 1757년, 그는 프린스톤의 총장이 되었는데 천연두를 예방 접종한 후 다음 해에 죽었다.

내용

에드워드의 설교는 칼빈주의적이지만 형태와 내용에 있어서 스콜라주의적 청교도 형태를 넘어 진보적이었다. 그러나 다른 청교도들과 같이 그의 설교는 자연스럽게 경험적이고 개종에 관한 심리학을 염려했다. 그는 명백하게 지옥 불과 저주에 대해 설교했다.

그러나 모든 설교가 "진노하시는 하나님의 손 안에 있는 죄인들"에 관한 것은 아니었다. 그는 종종 신선하고 가벼우며 아름다움에 대하여 설교했다. 15편의 설교에 대한 연구를 통해 374번이나(각 설교마다 25번 정도) 성경을 인용했음을 보여 주고 있다. 그의 설교의 목적들은 그의 고별설교에서 나타난다. "나는 두려움으로 기우는 당신을 일깨우고 노력했을 뿐 아니라 당신이 승리하도록 최선을 다해왔습니다."

많은 청교도들과 같이 에드워드는 개종의 조치들을 발견하는 것에 몰두하였다. 그의 설교들은 이에 대한 그의 이론들에 의해 형성되었다. 목표들에 대한 그의 진술을 나타냄으로써 그는 또한 동기에 관심을 가지게 되었다. 그는 부흥의 노력들에 관한 점에서 연구했고 주석했다. 이런 면에서 그는 어떤 경험주의자였다(cf. 거미에 관한 그의 계속적인 연구).

에드워드의 설교는 엄격히 조직화되었다. 게다가 본제에서 벗어나지 않았다. 설명은 간단했고 정확했다. 그리고 가르침에 관한 진술을 했다(일반적으로 교리라고 불린다). 이것은 적용에 의해 뒤를 이어왔는데 설교의 가장 큰 부분이다. 구성은 논리적이었고 요점과 부차적인 요점으로 구성되었다. 그는 연역적 방법을 사용했고, 자주 요점 정리화되어 있었다.

문체

그의 문체는 간단하고 장식화되어 있지 않았다. 일찍이 그는 "최소한 낱말의 혼돈과 애매모호함으로부터 모든 문제들을 벗어나게 하기 위해서 상상력이 드러나도록" 했다. 대부분 그의 말들은 간결하고 한 음절이 대다수이다. 한 연구는 82%가 5글자 낱말이거나 그보다 더 적었음을 보여 준다. 25%는 3글자 낱말들이었고, 23%는 2글자 낱말들이었으며, 일반적으로 4글자들이었다. 문장들은 길게 활자화된 것처럼 보이지만 많이 요약되어 있고 구절들이 분리되어 있다.

에드워드의 두 번째 사람에 관한 힘있는 사용은 연구되어져야만 한다. 그가 배운 것은 구두(oral)스타일에서 그의 설교들을 쓰는 것이었고, 그것은 그의 시대에 인정된 것들이었다. 활발한 상상력과 수사학적인 대구법과 수사학적 질문들의 사용, 전체적 질문들과 그것들 안에서 간단한 언어(그 모든 것들은 이윤과 더불어 연구되어왔을 것이다)의 사용이 있었다.

설명의 재료는 대부분 식민지 생활로부터 왔다. 부차적인 사건들에 대한 언급들이 있다. 그 결과, 그는 성경적 권위의 기초하에 논리적 논평을 사용했다.

강연투

에드워드의 목소리는 명랑하지만 약했으며 키가 크고 우아하고 홀쭉했다. 그의 눈은 매우 날카로워서 설교 원고로부터 그의 눈을 들어 올릴 때 사람들은 떨었다고 전해졌다.

한 가지 예를 들면 교회 종이 느슨해져 떨어지게 되었을 때 어떤 익살꾸러기가 외치기를 "그는 뾰족탑에 종이 달린 줄을 쳐다 보았고, 그래서 그 종이 추락하여 떨여졌다"고 했다.

첫째, 설교들은 그의 눈 가까이 4×4 노트의 분량으로 쓰여졌고 읽혀졌다. 조그마하게 쓴 것을 읽기 위해서이고 전체 장마다 채워져 있었다. 그 당시 그는 즉흥적인 요소들 — "더 위대한 정념과 그가 썼던 어떤 부분으로써 그의 청취자들에 관한 더 민감한 결과와 함께 주목했던"(관찰자, 히치콕에서 인용했다) — 을 불쑥 끼워 넣었다.

죠지 휘필드가 방문했을 때 그가 에드워드를 설득한 것은 원고에 의존하지 않고 설교할 것에 관한 것이었다. 그래서 1746년 후 에드워드는 오직 개요에만 의존하였는데 점점 더 자연스럽게 개략하게 되었다. 예일 도서관에는 1200개가 넘는 그의 설교들이 있다.

영향들

조나단 에드워드의 설교는 유사한 것이 거의 없는 결과들을 돌출해 냈다. 사람들은 지옥에 떨어지는 것으로부터 살기 위해 걸상의 난간을 붙잡았다. "진노하시는 하나님의 손 안에 있는 죄인들"이란 유명한 설교를 하는 동안 사람들은 자비를 부르짖었고 어떤 이들은 건물의 기둥에 달라붙었다.

그때 그는 가느다란 실에 의해 지옥의 열려진 입에 매달려 있는 거미에 대해 설명했다. 이러한 설교들은 대각성 운동을 불러 일으켰다. 그러나 또한 나쁜 영향들도 있었다. 감정적인 반응들은 항상 긍정적이지 않았다. 어떤 이들은 매우 넋을 잃고 자살을 하려고 하였고 몇몇은 그렇게 행하였다.

에드워드의 설교 중 어떤 것들은 사람들을 절망감에 빠뜨렸다. 그 자신은 이렇게 썼다. "사단이 더 긴장하지 않도록 하는 것처럼 보였고 두려운 모습을 가지고 사납게 날뛰었다". 어떤 점에서 그것이 나타난 첫 번째 예는 그의 목을 자름으로 목숨을 끊으려는 사람이었고, 우울증 아래 있어 모여든 많은 사람들, 그리고 신앙심이 깊은 사람들… 그것은 마치 누군가 그들에게 "당신 자신의 목을 자르라, 지금이 좋은 기회이다"라고 말한 것처럼 그들을 재촉했다.

그러나 대각성 운동이 지속될 수 있는 좋은 영향들이 있었다. 8년 후(1835년) 두 영국 사역자들은 그들이 했던 영향들이 계속되었고 결말에 이르렀는지에 대한 발견의 목적을 나타내기 위해 그 도시를 방문했다. 그의 설교에서 특별한 주해 없이 집요한 방식을 행하여 그는 청중들을 뒤쫓는다.

끝까지 악인에게 임하는 진노

"우리가 이방인에게 말하여 구원 얻게 함을 저희가 금하여 자기 죄를 항상 채우매 노하심이 끝까지 저희에게 임하였느니라"(살전 2:16).

14절에서 사도는 데살로니가 교인들은 믿음과 고난 가운데 유대에 있는 하나님의 교회들을 본받을 것을 명령합니다. 믿음 안에서 그들은 이 말씀을 받았습니다. 이 말은 사람의 말이 아니라 진리 안에서 하나님의 말씀으로 비롯된 것입니다. 고난 가운데 그들은 유대인에게 고난을 받음같이 그들의 자신의 나라 사람과 같이 고난을 받았습니다. 이러한 점에서 사도는 주 예수님과 선지자들을 죽였고 취한 사람들의 박해와 잔인함과 사악함에 대해 진술합니다.

그가 말하기를 "그들은 우리를 박해했다. 그리고 그들은 하나님을 기쁘시게 하지 않고 모든 사람들에 대해 반대했고 이방인들이 구원받을 수 있도록 복음 전하는 것을 금지시켰다"고 하였습니다. 그런 후 "그들의 죄가 항상 채워질 때까지 그들에게 임하기 위하여"라는 본문의 낱말들이 나타납니다.

그런 말들에서 우리는 두 가지를 관찰할 수 있습니다. 초래하는 것은 유대인들의 가증스런 사악함과 완고함, 즉 그들의 죄가 채워질 때까지였습니다. 하나님은 모든 사람들의 악함에 대한 경계를 두셨습니다. 그는 그들의 분량이 채워질 때까지 죄 아래서 계속해서 살도록 내버려두신 후 그들을 잘라 버리십니다. 이런 결과들은 유대인의 사악함과 완고함 때문이었습니다.

그들은 극도로 사악했고 그 사악함으로 말미암아 더 크게 그들의 죄의 분량이 채워졌습니다. 왜 그들이 그리스도와 사도들의 설교와 기적들 하에서, 그리고 그들로 더불어 사용됐던 모든 방법들에 대해 매우 완고하게 되었을까요? 그 이유는 그들이 죄악으로 가득 채우려는 것 때문이었습니다. 이것은 "그러므로 너희는 너희들 자신에게 증인이고 너희들은 선지자들을 죽인 자식들이다. 너희 아비들의 분량을 채우라"는 그리스도의 말씀에 대해 동의할 수 있는 것입니다.

"노하심이 끝까지 그들에게 임하느니라". 사람의 죄의 정도와 징벌의 정도 사이에는 연결고리가 있습니다. 그들이 죄의 정도를 채웠을 때, 그 다음 하나님의 진노의 정도가 채워집니다.

그들의 징벌의 정도는 끝까지입니다. 이것은 국가적으로, 그리고 개인적인 응징으로 예상할 수 있습니다. 만약 우리가 국가적인 징벌로 받아들인다면 그리스도가 "그후로 세상의 시작 이래 결코 더 큰 고통이 없으리니"라고 말함으로써 서신들이 쓰여진 후 얼마 지나지 않아 진노가 유대 국가에 임하였는데 로마인들의 처참한 파괴로 끝까지 행해졌던 것입니다. 그 나라는 전에 그들의 죄에 대한 하나님의 진노의 많은 열매들로 고난을 겪었습니다. 이것은 국가로써 그들에게 임한 가장 큰 응징이었습니다.

만약 우리가 개인적 응징으로 받아들인다면 그것은 지옥에서의 그들의 징벌을 기대하게 합니다. 하나님은 종종 매우 무섭게 이 세상에 있는 사람들을 응징하십니다. 그러나 "진노하심이 끝까지 그들에게 임하는" 지옥에서 사람들을 응징하십니다.

이러한 표현에 의해서 또한 이 징벌에 대한 확실성을 나타내셨습니다. 비록 미래에 일어났지만 "노하심이 끝까지 그들에게 임하게 됨"을 현재 말하셨습니다. 이것은 마치 발생한 것처럼 확실하였습니다. 현재, 그리고 미래의 일들은 그와 함께 정확합니다. 또한 그것에 대한 가까운 접근을 의미합니다. 노는 임합니다. 즉 손 안에 있습니다. 이것은 문 앞에 있습니다. 국가에 대해 증명했던 것처럼 말입니다. 그들의 로마에 의한 심한 파괴는 곧 사도가 이 편지를 쓴 후 발생했습니다.

계속해서 죄 아래 있는 이들은 그들의 죄의 정도가 채워졌을 때 노하심이 끝까지 그들에게 임할 것입니다. 하나님이 모든 사악한 사람들의 죄에 대해 준비해 놓으신 어떤 기준이 있습니다. 하나님은 바다의 노한 물결에 대해 말씀하시는 것처럼 사람들의 죄에 대해 말씀하십니다. 어떤 이의 죄의 정도는 다른 이들보다 훨씬 더 많습니다. 어떤 이들은 범하는 것을 책망하지만 다른 이와의 비교를 통한 극소수의 죄와 또한 조화롭게 더 작은 징벌을 견딜 수 있습니다. 진노의 그릇들이 많이 있지만 어떤 것들은 더 작고 어떤 것들은 더 큰 그릇들입니다. 어떤 것들은 꽤 확실하지만 진노가 없고 다른 것들은 진노의 분량이 더 큽니다.

종종 우리는 사람들이 무서운 길을 가서 매우 사악하게 되는 것을 볼 때, 곧 하나님이 그들을 내버려 두신 것에 대해 놀라게 됩니다. 그는 그런 무시무시한 사악함 가운데 있는 그들을 보시고 침묵하시거나 그들을 방해하도록 어떤 일을 행하십니다. 그러나 그들은 아무 일 없다는 듯이 계속 보내며 상처를 입지 않습니다.

그러나 종종 하나님이 그들을 내버려 두시는 이유는 그들의 죄의 정도가 아직 채워지지 않았기 때문입니다. 그들이 무시무시한 죄악 속에서 살 때 그들은 하나님이 그들을 위해 제한하셨던 분량을 채우고 있습니다. 이것은 종종 하나님이 사악한 자가 매우 오래 살도록 제공하는 이유입니다.

즉 그들의 죄악이 아직 관영치 않았기 때문입니다. "아모리 족속의 죄악이 아직 관영치 않는다"고 했습니다. 이런 이유로 또한 하나님은 종종 그들에게 삶이 번영하도록 하십니다. 번영은 그들에게 덫이며 훨씬 더 많은 죄 때문입니다. 그러므로 하나님은 그들에게 더 많은 분량을 채우도록 하는 이유는 그러한 덫이 그들에게 임하도록 하기 위해서입니다. 그래서 이런 이유 때문에 더 많은 빛 아래 그리고 더 좋은 방법들과 유익들 아래 살도록, 동시에 무시와 호전되지 않도록 하기 위하여 그들에게 주십니다.

사람들이 계속해서 죄 아래 거할 때 그들은 분량을 채우고 있습니다. 이것은 그들의 삶을 보내는 가운데 일입니다. 그들은 그들의 자녀로 시작하며 만약 그들이 죄악에서 성장하도록 산다면 여전히 이 일을 계속하고 있는 것입니다. 이것은 모든 날이 채워지는 것과 함께한 일입니다. 아마 다른 면에서 그들의 사업을 변경할지 모릅니다.

때로 그들은 한 가지 일이나 다른 일을 하려고 할지 모릅니다. 그러나 그들은 그들의 죄의 양을 채우려는 이 일들을 결코 변경하지 않습니다. 그들의 손으로 행하는 것이 무엇이든지 여전히 이런 일 안에 속해집니다. 이것은 그들이 아침에 깨어났을 때 자신을 두려는 첫 번째 일이고 마지막 일은 밤에 행합니다. 그들은 하나님의 의로우신 재판과 진노의 날에 대항하여 진노가 쌓여지는 동안에의 모두들입니다.

어떤 자연인들의 가장 큰 실수는 그들이 읽고 기도할 때 죄가 증가하지 않을 수 있다고 생각하는 반면에 그들은 이러한 활동들을 통해 그들의 죄를 줄일 수 있다고 생각합니다. 죄가 더해 감에도 불구하고 과거의 죄에 대해 만족할 만한 어떤 일을 행할 것을 생각하지만, 최고의 기도와 봉사에 의한 한도를 증가시킴으로 자신들이 대부분 기뻐합니다.

언젠가 죄의 정도가 채워졌을 때 진노는 끝까지 그들에게 임할 것입니다. 하나님은 더 이상 그들을 기다리지 않을 것입니다. 악한 사람은 하나님이 그들 자신들을 악한 사람이라고 생각합니다. 왜냐하면 그러한 악한 일을 행할 때 하나님은 침묵하시기 때문입니다. "악한 일에 대한 심판이 빠르게 실행되지 않았기에 사람의 아들의 마음은 온전히 악한 일을 행합니다"

그러나 언젠가 그들의 죄에 대한 정도를 채웠을 때 심판은 실행될 것입니다. 하나님은 더 이상 참지 않을 것입니다. 지금은 은혜 받을 만한 때요 인내의 날입니다. 그들은 그들의 죄악을 채우며 보냅니다. 그러나 그들의 죄가 채워졌을 때 진노의 날은 올 것이고 그 날은 하나님의 몹시 사나운 진노의 날일 것입니다.

하나님은 종종 이 세상에서 작은 분량으로 사악한 사람에게 그의 진노를 발하십니다. 종종 고통을 주며 진노를 발하십니다. 때로 매우 분개한 심판으로 그의 진노를 표현하십니다. 종종 언짢은 태도를 나타내시고 외적으로 뿐만 아니라 내적으로도 그들의 양심 가운데서 표현하십니다. 죽기 전에 어떤 이들은 참을 수 없을 정도로 그들의 영혼에 하나님의 진노가 임하였습니다. 그러나 이러한 것들은 오직 그들의 징벌에 대한 전조이고 진노에 대한 약간의 예기에 지나지 않습니다. 하나님은 결코 이 세상에 있는 악한 자에 대하여 그의 모든 진노를 나타내지 않지만 언젠가 악한 사람이 그들의 죄의 분량이 채워질 때 노는 끝까지 그들에게 임할 것이고 다음과 같은 일이 일어날 것입니다.

때가 되면 노는 언제나 금지없이 그들에게 임할 것입니다. 하나님은 항상 기다리셨습니다. 다시 말해 자신에 대하여 억제하셨습니다. 하나님은 노를 행치 않으셨습니다. 동쪽 바람의 말에 그의 거친 바람을 억제하십니다. 엄청난 무게로 악한 자에게 진노의 팔을 내리지 않으십니다. 그러나 죄인들이 그들의 죄의 분량이 채워질 때, 예고나 억제가 없을 것입니다. 그의 거친 바람은 무르거나 완화되지 않을 것입니다.

하나님의 진노는 불과 같이 부어질 것이고 진노뿐만 아니라 사납다는 것을 나타낼 것입니다. 하나님은 노를 보여 주고 그의 힘을 알도록 힘에 진노를 더하여 이행하실 것입니다. 진노는 경감되지 않을 것입니다. 하나님의 가공할 진노는 짐을 가볍게 하거나 영혼을 누르는 것으로부터 무게의 분량을 벗어나게 하지 못하고 그들에게 임할 것입니다.

하나님의 눈은 용서치 않을 것이고 죄인들의 울부짖음과 슬픔, 외침과 괴로움에 대하여 생각하지 않을 것입니다. 그런 후 악한 자들은 하나님이 주라는 것을 알 것입니다. 그들은 경멸했던 주가 얼마나 위대한 분인지를 알 것이고, 전혀 생각지 못했던 임박한 진노가 얼마나 두려운지를 알 것입니다. 그리고 나서 그들에게 임할 징벌이 올 것입니다.

하나님은 그들을 끝까지 억지로라도 복종시킬 것입니다. 그들의 불법은 하나님 앞에서 인식됩니다. 그들은 모두 하나님의 책에 쓰여져 있습니다. 그리고 세상에서 미리 그들을 평가할 것이고 그들은 모두 빚을 지불해야만 합니다. 그들의 죄는 하나님의 창고 안에 있습니다. 그들은 하나님의 귀중품 가운데 봉인되어져 있습니다. 그리고 그들에게 하나님은 되갚을 것이고 심지어 그들의 가슴 속에 보상할 것입니다. 징벌의 완전한 시기는 심판의 날까지는 실행되지 않을 것입니다.

그러나 악한 자는 죽은 후 즉시 이 징벌이 성취될 때까지 봉인됩니다. 그들은 지옥에 던져지고 찬란한 날의 심판 때까지 어둠의 쇠사슬에 묶이고 징벌의 가장 높은 시기가 임할 것을 압니다.

최종 진노는 어떤 혼합 없이 이행될 것입니다. 모든 자비와 모든 즐거움이 사라질 것입니다. 때로 하나님은 이 세상에서 그의 진노를 발하십니다. 그러나 선과 악이 공존하고 있습니다. 미래에는 오직 악한 것만이 있을 것입니다.

진노는 어떤 자비로운 분위기가 없는 가운데 실행될 것입니다. 이 세상에서 사악한 사람들에게 하나님이 실행하시는 심판은 많은 자비로운 환경들과 더불어 임해집니다. 많은 인내와 긴 고통, 그리고 심판이 있습니다. 심판은 자비를 찾아서 기회의 연속과 연합됩니다. 그러나 지옥에서는 더 이상 신성한 인내의 모습이 없을 것입니다. 이 세상에서 사악한 사람에게 하나님이 행하시는 심판은 더 큰 징벌을 피하도록 그들에게 경고하십니다. 그러나 그들이 죄의 양을 채우려 할 때 그들에게 임할 노는 경고에 대한 특성이 아닐 것입니다. 그들은 참으로 깨닫게 될 것이고, 철저하게 고통 당할 것들에 의해 민감하게 될 것입니다. 많은 악한 사람들은 이 세상에서 하나님으로부터 매우 두려운 것들을 경험했습니다.

그러나 죽음 이후 죄인들이 경험한 진노는 그들의 선에 대한 길이 없을 것입니다. 하나님은 더 이상 자비로운 표시를 하지 않을 것입니다. 그들이 그러한 것에 의해 어떤 선을 얻는 것도 불가능할 것이고 그 밖의 다른 것에 의해서도 마찬가지입니다.

진노는 진노가 완벽히 행하고자 하는 일에 관하여 이행될 것입니다. 진노가 종종 실행되는 것은 삶에 있어서 불행한 사람들에 대하여 크게 커다란 재난 가운데 구하는 것입니다. 아직은 그것을 경험하는 그들에 대한 완전한 파괴에 관한 것은 아닙니다. 그러나 또다른 세상에서 그것은 그들의 파괴를 마치도록, 그리고 전적으로 그들을 넘겨주고 완전히 행치 못하도록 할 것입니다. 이것은 모든 위로와 소망, 그리고 모든 부양을 멀리하게 할 것입니다. 다시 말해서 영혼은 전적으로 붕괴될 것입니다. 진노는 온전히 견딜 수 없을 것입니다. 그것은 가라앉아야 하고 완전히 가라앉을 것이고 더 이상 벌레가 산의 무게 아래 붕괴됨으로부터 유지해야 하는 것보다 가라앉는 것으로부터 유지하려는 힘을 가지지 못할 것입니다. 진노는 복지에 관한 모든 방법들을 파괴하는 데 있어서 전체적으로 매우 클 것이고 매우 힘있으며 강력할 것입니다.

사람들이 그들의 죄의 분량을 채웠을 때 진노는 그들에게 임할 것이고 그것은 영원할 것입니다. 비록 그들은 이 세상에서 매우 비참하고 경악스런 심판을 경험할지 모르지만 이런 심판들은 끝이 있을 것입니다. 심판이 오래도록 계속될지 모르지만 일반적으로 구원에 이릅니다. 잠시의 고통과 슬픔은 일반적으로 경감과 점차 사라짐에 의해 중지와 연기를 가질 것입니다.

그러나 진노가 실행되는 때는 죄의 분량이 채워질 때로 끝이 없을 것입니다. 그래서 이것은 지속에 관하여 끝까지일 것입니다. 이것은 매우 오랫동안 지속될 것으로 더 지속되는 것은 불가능할 것입니다. 어떤 것도 영원보다 더 오랠 수는 없습니다. 사람들이 그들의 죄의 분량을 채워야만 했을 때 진노는 끝까지 그들에게 임할 것입니다. 죄는 무한한 악이며 징벌로 하나님이 위협이 되게 하신 것으로 이것은 매우 두려움에 대항한 것입니다.

죄악을 행하는 자들에게 대항한 하나님의 징후를 보이심은 매우 무시무시합니다. 그러나 이러한 징후들은 결코 온전히 이 세상에서 성취되지 않습니다. 두려운 일은 어떤 사람이 삶에 있어서 경험할지도 모르지만 하나님은 결코 온전히 그들이 완전한 분량이 채워질 때까지 한가지 죄로써 그의 위협을 이행치 않는다는 점입니다. 율법의 위협은 어떤 사람들이 여기서 경험하는 어떤 것에 의한 답을 결코 주지 않습니다.

이 삶에서 가장 두려운 심판은 정도나 환경이나 지속함이 아닌 하나님의 위협을 답하지 못했던 것입니다. 인생에서 지속된 가장 큰 고통들이 영원하다면 위협에 대한 답을 줄 수 없을 것입니다. 일시적인 심판들은 율법의 위협에 속하지만 이러한 것들은 그것들에 의해 대답하지 못합니다. 그들은 "죄의 물결은 죽음이다"라는 징벌에 대해 미리 맛을 봅니다.

죄의 분량을 채운 사람들이 온전한 물결이 있기 전까지는 진노의 표현들은 경험하지 못했습니다. 그러나 하나님은 그들로 더불어 평가할 것이고 그들의 가슴 속에 온전히 상당한 금액으로 보상할 것입니다.

내가 이 교리에 대해 사용하는 것은 자연인에 대한 경고로써 더 이상 죄 아래 쉬지 않도록 하기 위해서이고 그것으로부터 서둘러 도망가도록 하기 위해서입니다. 이런 교리 아래 청취한 것은 잘 깨닫게 되는 것으로 당신에 대한 두려운 고려들은 당연합니다.

그들의 진노를 간주하는 것은 두려운 것으로 이것은 당신에게 머무르며 노에 관한 한 위험 속에 있습니다. 그것이 자연 상태의 비참함을 표현하는 것은 불가능합니다. 이것은 노가 곧 발생하고 쏟아지는 것 이상의 불과 유황의 무서운 폭풍우가 소돔에 닥치는 것과 같습니다. 신선한 복수의 구름들이 가득하고 곧 폭발하려고 합니다. 이 도시 안에서 죄 아래 거하는 사람들을 특별히 고려해 보도록 합시다.

많은 부와 유익들 아래 당신은 죄 아래 머물러 있습니다. 하나님은 지금 우리에게 굉장하고도 특별한 부와 유익들로 은혜를 베풀고 계십니다. 그 점에서 우리는 하나님과 우리 사이의 관계를 특별히 유지해왔습니다. 그의 영은 매우 놀랍도록 쏟으셨고 모든 세대와 모든 사람들이 변화되었고 그리스도에게로 인도되었습니다. 하나님은 가장 특별한 모습으로 우리 가운데 나타나십니다(아마도 뉴 잉글랜드에서 행하신 것처럼). 이스라엘의 어린이들은 하나님이 애굽에서 그들을 인도하셨을 때 많은 기적을 보았습니다.

그러나 오늘날 우리는 더 많은 기적과 더 영광스러운 것들을 봅니다. 우리가 이런 빛 아래 산다면 특히 지금 더 크게 하나님을 불러야만 합니다. 지금은 구원의 때입니다. 은혜의 샘이 특별한 방법으로 우리에게 열려졌고 고려할 만한 시간을 위해 열려졌습니다. 그러나 당신은 계속해서 죄 아래 있고 지금까지 당신이 요청한 것은 아직은 씻음을 받을 수 있도록 당신을 인도하지 못했습니다. 당신은 비도덕적인 사람들의 나쁜 본보기들을 가지고 있지 않는데 이러한 것들은 당신에게 유혹이 될 수 있습니다. 예전에는 있었지만 지금은 헛된 세상적인 이야기나 당신을 변화시킬 나쁜 동료나 당신을 방해할 만한 것이 없습니다.

지금 당신은 당신 앞에 좋은 예를 가질 만한 사람들이 있습니다. 당신 주변에는 많은 사람들이 있는데 당신을 변화시키거나 방해하는 것으로부터 그들은 당신의 구원에 대하여 열정적으로 진지하며 그리스도에게로 피할 수 있도록 모든 일을 다 할 것입니다. 그들은 그것에 대해 열정적 소망을 가지고 있습니다. 도시에서의 주요 이야기는 종교에 대한 것이었고 당신의 영혼의 선을 방해하지 않고 향상시키려는 것에 관한 것이었습니다. 당신 주변에 있는 이 모든 것들은 당신을 선동하게 합니다. 당신은 아직도 죄 아래 거하고 있습니까?

당신들 중 몇몇은 계속 죄 아래 거주해 왔습니다. 당신이 어린이였을 때 경고를 들었고 그런 후 몇몇은 의식했습니다. 그러나 시간이 지나가 버렸습니다. 당신은 성인이 되었고 다시 한번 선동되었습니다. 당신은 하나님의 영의 노력을 소유했습니다. 그리고 몇몇은 당신이 구원을 찾으려는 것의 일을 통해 행하려 할 때 시간을 고정시켜 버렸습니다. 아마도 몇몇이 결심하려 한 것은 당신이 이 세상에 정착하고 결혼하려 할 때에 행하려는 것입니다. 다른 이들은 당신이 그러한 일을 마쳤어야만 할 때 그리고 당신의 환경들이 변화되려 할 때입니다. 지금 이러한 시간들이 왔고 과거도 지났지만 당신은 계속 죄 아래 있습니다.

많은 사람들이 하나님의 주목할 만한 경고들을 알아왔습니다. 몇몇은 가까운 친척들의 죽음을 통해 경고되었습니다. 당신은 다른 사람들의 죽음을 보아왔고 그 가운데 서 있었으며 영원으로 가고 있습니다.

그러나 이것은 효과적이지 않았습니다. 몇몇은 죽음 가까이 있어 봤고 아픈 병으로 무덤 가까이 가 보았을 것입니다. 만약 하나님을 기쁘시게 해 드리도록 삶을 아낄 수 있다면 어떻게 자신 스스로 행동할 것인지에 대한 온전한 약속을 하였을 것입니다.

몇몇은 위험스런 사고들에 의한 죽음을 매우 힘겹게 탈출했습니다. 그러나 하나님은 당신을 남겨 두시고 회개의 더 많은 여유를 허락하시는 것을 기뻐하셨습니다. 그러나 당신은 여전히 죄 아래 있습니다.

몇몇은 과거에 이 도시에서 하나님의 영의 놀랄 만한 유출의 시간들을 보아왔습니다. 그러나 이것은 당신에게 좋은 결과를 주지 못했습니다. 당신은 다른 사람들뿐 아니라 또한 하나님의 영의 노력들을 얻었습니다. 하나님은 당신의 문을 지나가지 않으셨고, 그는 오셨으며 두드리셨습니다. 그러나 당신은 문 밖에 서 있었습니다. 지금 하나님은 그전보다 더 놀라운 방법으로 다시 오셨고 가장 은혜스런 영향력으로 지속적으로 그의 영을 부어 주셨습니다. 그러나 당신은 지금까지 죄 아래 남아 있습니다. 이것을 깨닫는 즉시 당신은 진노로부터 멀어져서 죄를 버리도록 경고 받았습니다. 당신에게는 큰 문이 열려 있었고 받아들일 시간이 있었으며 하나님의 나라로 들어갈 수 있도록 촉구받았습니다. 그리고 많은 이들이 들어가려고 노력했습니다. 그들은 그들의 죄를 버렸고 그리스도를 믿었습니다. 그러나 당신이 그것을 보았을 때 그를 믿는 것에 관하여 회개치 않았습니다.

그런 뒤 다시 경고를 받았고 여전히 다른 이들이 하나님의 나라로 들어가도록 해왔고 밀려들었습니다. 많은 이들이 피난처를 향해 달아났고 그리스도 안에 거하였습니다. 나와 당신은 죄와 불신 속에 있습니다. 당신은 그리스도에게로 몰려드는 모든 이들과 모든 세대, 젊은이들과 늙은이들과 당신의 세대와 환경들 가운데 많은 이들을 보아 왔습니다. 그러나 당신은 여전히 똑같은 비참한 상황 아래 있는데 이 상황 안에서 과거에 있곤 했습니다. 당신은 그들의 창문으로 모여든 것처럼 매일 그리스도에게로 모이는 사람들을 보아 왔습니다. 하나님은 이 도시에 그의 영을 쏟아 부으실 뿐만 아니라 또한 우리 주위에 있는 다른 도시에도 동일하게 역사하십니다. 그들은 여기뿐만 아니라 저기에서도 모입니다. 이 축복은 훨씬 더 멀리 퍼집니다. 멀리 그리고 가까이 있는 많은 이들이 그들의 얼굴을 천국으로 향하도록 하는 것으로 보입니다.

그러나 이 사역이 첫 번째 시작하는 곳인 여기 살고 있는 당신은 여전히 뒤에서 계속 있으며, 이 문제에 있어서 운명이나 미래를 가지지 않습니다. 하나님의 진노가 끝까지 임할 때 그것은 얼마나 두려운 것입니까! 나는 당신이 이것이 누구로부터 임하는 노인지 알기를 소망합니다. 왕의 노는 우는 사자입니다. 이것은 바로 전능하신 주 하나님 여호와의 진노입니다.

같이 생각해 봅시다. 우리는 이것에 대해서 어떻게 합리적으로 생각할 수 있겠습니까? 어떤 동정이나 절제나 자비로운 여건들 없이 끝까지 사람에게 임할 때 이런 진노는 얼마나 무서운 것이겠습니까? 권세의 말에 의해 하늘과 땅을 만드신 그 분의 진노가 끝까지 임할 것입니다. 그는 말씀하셨고 행하셨으며 명령하셨고 그것을 빨리 세우셨습니다.

노를 발하시는 그는 태양을 명령하셨고 태양은 떠오르지 않으며 별들 위로 숨겨졌습니다. 그의 진노는 세상 전체를 움직이게 하며 하늘의 기둥들이 흔들리게 하셨습니다. 그의 진노는 바다를 비난하고 마르게 하셨습니다.

하나님의 진노가 종종 이 세상에서, 오직 이 세상에 대한 약간의 경험과 관점으로 임하는 것이 얼마나 두려운가를 생각해 보십시오. 때때로 하나님이 그의 진노를 의식할 수 있도록 양심을 발하실 때 이것은 울부짖을 수 있도록 대담함을 야기합니다. 본성은 곧 이것 아래 가라앉을 것이고 그때 이것은 정말로 신성한 노에 대해 거의 의식하지 않을 것입니다. 이것은 많은 경우에 관철되어 왔습니다.

그러나 만약 진노에 대한 약간의 경험과 염려가 매우 두렵고 참을 수 없다면, 진노가 끝까지 사람에게 임한다면 어떻게 되겠습니까? 진노가 약간 살포되거나 떨어지면 이것은 영혼을 매우 괴롭히고 억압하는 것입니다. 하나님이 홍수 문을 여시고 그의 진노의 대홍수가 사람의 죄의 머리에 임하고 이 모든 물결 속으로 데려 가시고 그들의 영혼 위에 파도가 일어나게 하셨을 때 어떻게 되겠습니까? 하나님의 진노가 아무리 적더라도 그들을 가라앉힐 것입니다. "그의 진노가 타오르게 될 때는 얼마 되지 않겠지만 그를 신뢰하는 그들 모두는 복을 받게 될 것입니다".

당신은 하나님의 진노가 이 세상에 있는 악한 자들에게 곧 시행될 것을 알지 못한다고 생각해 보십시오. 어떤 면에서 노는 우리가 알고 있는 어떤 것에 대해 끝까지, 현재 삶에서 그들에게 임할 것입니다. "노하심이 끝까지 그들에게 임하느니라"는 말을 유대인들에 대하여 들었을 때 그 점은 지옥에 있는 그 사람에게 신성한 진노의 이행뿐만 아니라 유대와 예루살렘의 비참한 파괴를 가져왔습니다.

우리는 단지 노하심이 특별히 어떤 두려운 방법으로, 사악한 세계에 지금 온다는 것을 압니다. 하나님은 우리 가운데 행하시는 일들에 의해 어떤 위대한 일을 위해 공표하실 것처럼 보입니다. 그 일은 최근에 우리 가운데 행하셨던 것으로 일반적인 것은 아닙니다. 그는 일반적인 방법으로 행하지 않았고 매우 특별한 방법으로 행하셨으며 이것은 아마도 매우 특별한 혁명의 전조입니다. 우리는 감히 하나님의 내부에 무엇이 있는지 또는 하나님의 비밀 법령들의 책에 무엇이 있는지 말하는 체 하지 말아야 합니다. 우리는 이런 시기의 징조들을 분별하려고 해야만 합니다. 비록 하나님은 지금 막 그의 교회와 성도들을 위해서 영광스러운 일을 하려 하지만 이것은 아마도 그들이 그의 대적자들에 대해 두려운 것들로 더불어 동반하게 될 것입니다. 이것이 하나님의 방법입니다. 하나님이 그의 백성들을 위해 영광스런 혁명을 이끌 때, 동시에 매우 두려운 심판을 그의 대적자들에게 행하십니다.

"기뻐하라, 나라와 백성들이여, 그는 그의 종들의 피를 복수할 것이고, 그의 대적자들에게 복수할 것이며 그의 땅과 그의 백성들에게 자비를 베풀 것이다."

"너는 의를 말하라, 그 의는 그와 함께 할 것이다. 그들은 그들의 행하는 열매를 먹을 것이다. 악인은 슬퍼하라, 악이 그에게 임할 것이다. 그의 손의 보복이 그에게 주어질 것이다."

그러므로 하나님께서 말씀하셨습니다. "보라, 나의 종들이 먹을 것이나 너는 배고플 것이다. 보라, 나의 종들은 마실 것이나 너는 목마를 것이다. 보라, 나의 종들은 즐거워 할 것이나 너는 수치를 당할 것이다. 보라, 나의 종들은 마음의 즐거움을 위해 노래할 것이나 너는 맘의 슬픔 때문에 울 것이고 영혼의 괴로움으로 인해 신음할 것이다."

우리가 성경에서 발견하는 것은 영광스런 시간이 하나님의 사람에게 예언된 것이며 동시에 두려운 심판들이 그의 대적자들에게 미리 예고되었던 것입니다. 하나님이 지금 곧 하시려는 것을 우리는 알지 못합니다. 그러나 방주 안에 거하는 것 외에는 어떤 것도 만족함이 없다는 것을 우리는 압니다. 그러므로 모두 그리스도 안에서 얻기 위해, 그리고 만족한 상태를 얻기 위해 그들의 삶을 위해 서둘러야 할 필요가 있습니다. 그런 후 그들은 두려워 할 필요가 없습니다. 비록 땅이 움직이고 산이 바다 가운데 옮겨질지라도 말입니다. 비록 물이 노호하고 곤란하게 된다 하더라도, 비록 산이 삼킬 듯이 흔들리더라도 하나님은 그들의 안전한 휴식처와 힘이 될 것입니다. 그들은 흉보를 두려워할 필요가 없습니다. 그들의 마음은 고정되었고 주를 신뢰하기 때문입니다.

8. 휘필드
(Whitefield, 1724-1770)

생애

복음주의 부흥이 조지 휘필드의 영향하에 시작되었는데 그는 담대하게 설교했으며 복음적 칼빈주의자였다. 웨슬레는 똑같은 과정을 시작했으나 알미니안주의에 대한 약점을 지녔다. 왜냐하면 그는 죄 값의 정도와 예정에 관한 의견의 변화를 보류했기 때문이다. 로이드 존스는 휘필드를 "18세기의 가장 위대한 설교자요 연설가"라고 하였다. 휘필드는 대중 연설을 공부할 뿐 아니라 그리스어와 라틴어를 포함한 좋은 교육을 받았다.

그가 웨슬레 형제를 만난 것을 옥스퍼드에서였다. 그는 22살에 성공회의 사역자로 임명되었고 곧 많은 인기를 얻게 되었다. 그는 사역의 1/3을 미국에서 보냈는데, 미국에 있는 동안 조지아 사바나에서 보육원을 시작했다. 그는 대서양을 13번이나 횡단했다(그 시대에는 쉬운 일이 아니었다). 46년 동안의 열매를 거둔 후 그는 뉴잉글랜드에서 죽었다.

벤쟈민 프랭클린은 "나는 휘필드와 30년 이상을 친밀하게 지냈다.

그는 성실하고, 모든 선한 사업에 있어서 핍박 가운데서도 사욕이 없고, 지칠 줄 모르는 열성을 지녔다. 나는 그보다 결코 더 나은 이를 보지 못했다"고 하였다. 때때로 그는 매우 지쳐서 말을 이용하기도 했다. 그는 일주일에 3번 설교했고 18,000번 넘는 설교를 했다. 그중 75개의 설교가 남아 있다.

내용

그는 칼빈주의적 감리교도였다. 미국과 영국에서 일어났던 부흥이 칼빈주의적 설교에 의해 시작됐음을 기억하라. 웨슬레는 "자유로운 은혜"라는 설교에서 칼빈주의자로부터 변절을 설교했고 휘필드는 그에게 이 설교를 출판하지 말 것을 요구했다. 그런데 웨슬레는 불쾌한 방법으로 응답했고 출판했다. 그 결과 두 사람은 사이가 나빠졌고(1741), 이후 휘필드는 어디선가 "만약 천국에서 웨슬레를 볼 수 있을까요?"라는 질문을 받았다. 그는 "아니오. 그는 왕좌에 매우 가까이 있을 것이고 우리는 너무 멀어서 그에 대해 인식하지 못할 것입니다"라고 대답했다. 그러나 그후 그들은 화해했고 웨슬레는 휘필드의 죽음에 대하여 유명하고도 기억될 만한 설교를 했다.

휘필드의 설교는 성경적이고 교리적이며 복음주의적인 문제들을 관련해 두었다. 저자들에 대한 언급들이 반복되었는데, 신학과 설교에 있어서 최고의 저자들에 대한 그의 지식을 보이고 있다. 휘필드는 설교들을 연구했고 때로 구약성경을 설교했다.

구성

구성은 때론 느슨해 보이기도 하지만 변형된 청교도 모형을 따랐다.

일반적으로 소개와 주제의 분류, 적용과 결론이 있었는데, 종종 문맥의 설명들은 요점에 대한 말로 결론에 이르렀다.

스타일

휘필드의 설교는 대담하고 직접적인데 그의 설교의 2가지 현저한 특징들은 분석할 가치가 있다. 그는 개인적으로 낳은 설교를 통해 전했다. 적용은 결론에 고정되지 않았다. 볼링 부룩은 말하기를 "그는 내가 여태까지 어떤 이들로부터 들어온 설교 중 가장 명령하는 웅변조를 소유하고 있다"고 하였다.

휘필드는 드라마틱하였고 상상력을 잘 사용하였다. 그가 가라앉는 배를 묘사했을 때 사람들은 걸상으로부터 사람을 구조선에 올렸다. 그는 감정적이고 영적이었고, 그의 묘사하는 힘은 달랐다. 항상 그는 설교할 때 회중이 "보았고, 느꼈고, 들었던" 것을 말한다. 그래서 사람들은 후들후들 떨었다.

푼손은 말하기를 데이비드 흄이 휘필드의 설교에 붙잡혀 그는 조소하는 것도 잊어버렸다"라고 했다. 체스터 필드는 눈 먼 거지를 잡기 위해 앞으로 달려갔고 휘필드는 낭떠러지 끝에서 균형을 잡도록 그림을 그렸다. 설교를 구성하는 힘은 매우 진지하고 활발하여 회중이 깊게 분석할 가치가 있음을 포함시킨다. 우리는 에드워드의 설교에서도 똑같은 것을 보았다.

강연투

휘필드는 설교단의 데모스테네스(그리스의 웅변가)라고 불려진다.
그의 목소리는 매우 힘이 있어서 야외와 길거리에서 많이 설교했다.

2만 5천명에서 3만 5천명의 군중들이 종종 모였고 쉽게 설교를 들을 수 있었다. 휘필드가 필라델피아에서 설교했을 때 프랭클린은 시청에서 길 앞까지 후원했고 그의 주위에 3만 5천명이나 되는 사람들이 아무 어려움 없이 그의 설교를 들었던 것을 계산했다.

언젠가 대서양을 횡단할 때 그는 매우 큰 소리로 설교해서 그 배에 있는 사람들이 들을 수 있을 뿐만 아니라 옆을 지나가던 배에 있던 사람들도 역시 들을 수 있었다.

그는 메소포타미아를 말함으로 당신을 웃고 울게 할 수 있다고 개릭(Garrick)에게 들었는데 그는 유명한 배우로서 휘필드의 몸짓을 칭찬했고 그의 얼굴은 언어였다고 하였다. 그는 한때 만약 그가 휘필드와 같이 말할 수 있다면 500 달러를 주겠다고 하였다. 그는 배우들이 휘필드의 집회에 참석할 것과 그에게서 배울 것을 요구했다. 그의 설교에는 연민의 정을 자아내는 힘과 감정들이 있었고 때론 울기도 했다.

그의 설교가 시작된 후 얼마 되지 않아 즉흥적인 설교자가 되었다. 1739년 2월 2일자 저널에서 그는 이렇게 썼다. "이것은 내가 원고 없이 하는 첫 번째 설교입니다. 하지만 지금 내 자신이 그렇게 하도록 강제적으로 된다는 것을 발견합니다." 다음날 그는 이렇게 썼다. "나는 즉흥적인 설교로 더 큰 빛과 지식을 얻음을 알아서 그가 나에게 말하는 능력을 주실 때 내가 계속 말하지 않음으로 성령을 소멸시킬까 두렵습니다".

영향들

그가 야외 설교를 시작한 킹스우드(브리스톨 근처)에 있는 광부들도 역시 석탄 먼지가 묻어 있는 얼굴에 눈물이 뺨을 흘려 내리며 젖게 하였다. 영국에서의 대각성 운동은 그의 설교에 의해 시작되었고 또한 미국에까지 영향을 주었다. 그의 설교 결과, 새 집회의 수천 명이 6개의 다른 교파가 형성되었다.

프랭클린은 "필라델피아에 있는 거주자들의 관습이 그의 설교에 의해 빨리 변화되는 것을 보는 것은 놀랄 만한 일이다"라고 하였다. 종교에 대해 무관심하거나 생각이 없는 것에서, 그것은 마치 세상이 종교에 관한 한 성장하는 것처럼 보였다.

한 가지 경우, 휘필드가 조지아에 있는 그의 고아들을 위해 돈을 호소할 때 프랭클린은 어떤 것도 줄 것을 결정하지 않았다. 그런데 그후 휘필드가 설교했을 때 동전을 줄 것을 결정했다. 휘필드가 계속 설교했을 때 그는 은화를 줄 것을 결정했다. 그러나 헌금대가 지나가자 그는 동전과 은화와 금을 넣었다.

휘필드가 이 세상에서 마지막 밤 설교를 마쳤을 때 군중들은 더 설교할 것을 요청했다. 그래서 그는 초가 다 탈 때까지 그 집의 계단에 서서 설교했고 자러간 후 죽었다. 주님은 그의 종들에게 세상 끝까지 말씀을 전할 수 있도록 계속적인 특권을 허락하셨다.

은혜의 방법(순서)에 관하여

"그들이 내 백성의 상처를 심상히 고쳐 주며 말하기를 평강하다, 평강하다 하나 평강이 없도다"(렘 6:14).

하나님은 한 민족에게 믿음직스럽고 신실하며 올바른 사역자들을 그들에게 보내시거나, 더 큰 복을 주지 않으시고 엄청난 저주를 이 세상에 있는 사람들에게 주실 수 있는데, 그들에게 주어지는 것은 눈멀게 하고, 다시 회심치 않도록 하는 것과 세속적이며 냉담함과 능숙치 못한 인도 등입니다. 그리고 모든 세대 가운데서 우리가 발견할 수 있는 것은 양의 옷을 입은 많은 늑대들이 있었다는 것과, 많은 늑대들이 참을성 없이 회반죽으로 더럽혔으며, 하나님께서 허락하신 것보다 더 달콤한 것들을 예언했다는 것입니다. 과거에 행해졌던 바대로 오늘날도 똑같이 행해지고 있습니다.

하나님의 말씀을 더럽히고 속이는 많은 이들이 있다. 선지자 예레미야 시대에는 특별한 방법이 행해졌습니다. 그는 주께 신실하고 그를 들어 쓰신 하나님을 신뢰하여, 때때로 그들에 대하여 그의 입을 여는 데 담대했습니다. 그가 종종 말씀하셨던 그의 이름 안에서 하나님에 대한 존경을 고상하게 증거하는 데 실패하지 않았습니다.

만약 당신이 그의 예언을 읽는다면 당신은 예레미야보다 그런 사역자들에 대하여 더 이상 말할 수 없다는 것과, 특히 이 장에서 본문은 그가 매우 엄격하게 그들을 대항해서 말씀하셨다는 것을 발견하게 될 것입니다. 그는 몇몇 범죄들을 저지른 이들을 책망하시고 탐욕으로 얼룩진 그들을 책망하십니다. 그는 13절에서 "이는 그들이 가장 작은 자로부터 큰 자까지 다 탐남하며 선지자로부터 제사장까지 다 거짓을 행함이라"고 말씀하십니다.

그리고 나서, 본문의 말씀에서, 더 특별한 방법으로 그는 그들이 어떻게 잘못했으며 믿을 수 없게 행하여 영혼을 궁핍하게 했는지 예시하십니다. 그는 "그들이 내 백성의 상처를 심상히 고쳐 주며 말하기를 평강하다, 평강하다 하나 평강이 없도다"라고 말씀하십니다. 하나님의 이름 안에서 선지자는 백성에 대하여 공공연히 전쟁을 일으켰습니다.

그는 그들에게 말하기를 그들의 집은 황폐하게 될 것이며 주님이 확실하게 전쟁과 아울러 땅을 방문할 것이라고 하였습니다. 그는 11절에서 "그러므로 여호와의 분노가 내게 가득하여 참기 어렵도다. 그것을 거리에 있는 아이들과 모인 청년들에게 부으리니 지아비와 지어미와 노인과 늙은이가 다 잡히리로다"라고 하였습니다. 선지자가 놀랄 만한 메시지를 전달함으로써, 그들은 떨며 양심의 가책을 느끼고 회개하기에 이릅니다.

그러나 이것은 거짓 선지자와 거짓 성직자, 사람들의 신념을 거북하게 하고, 그들이 상처를 입거나 약간 혼돈이 생겼을 때 상처 이상 더럽히게 된 것처럼 보입니다. 열정적인 설교가였던 예레미야는 그들이 여전히 평화, 평화가 있다고 하나, 그들에게는 평화가 없음을 이야기 합니다.

그리고 나서, 말씀은 기본적으로 외적인 것들에 대하여 언급합니다. 그러나 내가 진실로 믿는 것은 영혼에 대한 더 많은 언급과 거짓 교사들에 대한 것으로, 사람들이 죄에 대한 양심의 가책 하에 있을 때, 사람들이 하늘을 향하기 시작할 때, 그들의 양심의 가책은 숨막힐 듯하고 그들이 그전에는 아주 선했다는 것을 그들에게 말했습니다.

그리고 정말로 사람들은 보편적으로 그러한 것을 소유하기를 좋아합니다. 우리들의 마음은 지나치게 속이며 정말로 악합니다. 어느 누구도, 그들이 믿을 수 없을 정도로 영원하신 하나님을 알지 못합니다.

진실로 우리들 대부분은 "평강하다, 평강하다"라고 외쳐보나 평강이 없지 않습니까! 얼마나 많은 이들이 그들의 찌꺼기(포도주의)위에 정착하려고 하고 있는데, 그들은 기독교인들이고 자신들 스스로 우쭐거리며 예수 그리스도 안에 관심을 가지고 있다고 생각합니다.

반면에 만약 우리가 그들의 경험들을 검토하게 된다면, 우리가 발견할 수 있는 것은 그들의 평화는 악마가 형성한 평화라는 것입니다. 이것은 하나님이 주시는 평화가 아니며, 인간 이해를 넘어서는 평화가 아닙니다.

그러므로 가장 중요한 문제는 나의 사랑하는 여러분들이 우리는 우리의 마음에 평화를 말할 수 있다는 것을 아는 것입니다. 우리 모두는 평화를 갈망합니다. 평화는 형언할 수 없는 복입니다. 우리가 어떻게 평화 없이 살 수 있습니까? 사람들은 때때로 그들의 마음 속에 평화를 말하기 전에 그들 안에 무엇이 잘못되었고 어떻게 잘 진행해야 하는지 가르침을 받아야 합니다.

이것은 현재 내가 인식하는 것으로 내가 나의 영혼을 해방시키고, 내가 설교한 모든 사람들의 피로부터 자유로워지려는 것입니다. 나는 하나님의 온전한 조언을 외치는 데 실패하지 않을 것입니다. 본문의 말씀으로부터 나는 노력해서 당신에게 당신이 마음 속에 평화를 말하기 이전에 당신 안에 잘못된 어떤 것과 경험하고 있는 것을 보여 줄 것입니다. 그러나 내가 직접적으로 이것을 나에게 허락하기 이전에 한두 가지

주의를 전제하게 할 것입니다.

먼저, 나는 당신이 내적으로 믿으려 하는 종교를 당연하게 생각합니다. 당신이 하나님의 성령의 힘에 의해 역사했던 그 일을, 마음 속에 역사하도록 믿는 것입니다. 만약 당신이 이것을 믿지 않는다면, 비록 당신은 손에 성경을 가지고 있다 하나, 당신의 마음 속에서는 주를 미워합니다. 신앙은 마음 속의 하나님의 사역으로써 성경 안에서 어디서나 표현됩니다.

"하나님의 나라는 우리 안에 있다"고 우리 주님이 말씀하십니다. 바깥에 있는 이는 기독교인이 아닙니다. 그 안에 있는 이가 기독교인입니다. 만약 당신들 중에 누가 외적인 것에 신앙심을 둔다면 아마도 나는 이 아침에 당신에게 간청하지 않을 것입니다. 당신이 만약 내가 알려지지 않은 혀로 이야기했다면, 비참한 영혼의 마음에 하나님의 일을 말하지 않는 것을 이해하지 못할 것입니다. 하나님은 그의 자녀들을 집으로 데려오시기 위해 여러 가지 방법을 취하십니다. 나는 이것을 확고히 하기 위해 위험을 무릅쓸 것입니다. 즉, 당신이 당신의 마음에 평화를 말하기 이전에, 당신의 유죄결정이 지속적으로 짧든 길든, 더 자극적이든, 더 부드러운 방법이든 지간에 나는 지금 이후 다음에 나오는 이야기에서 주장하는 것을 당신이 틀림없이 경험하게 될 것입니다.

먼저, 당신의 마음 속에 평화를 말하기 이전에, 하나님의 법에 대항한 실질적인 범죄를 보고, 느끼고, 울며, 애통해야 합니다. "범죄한 영혼은 죽을 것"이라는 행위 언약에 따라 그가 무엇을 하는 사람이든지, 누구든지 간에, 그는 저주를 받게 되는데, 율법 책에 쓰여진 모든 것들을 행치 않았기 때문입니다.

우리는 어떤 일을 해야 할 뿐만 아니라 모든 일을 해야 합니다. 그리고 계속해서 도덕적인 율법에서 벗어나야 합니다. 행위 언약에 따르는 생각 가운데 행동이든지 말이든지 하나님의 손에서 영원한 죽음을 맞이

합니다. 그리고 만약 어떤 이가 악하게 사고하고 악하게 말하며 악하게 행동한다면 영원한 징벌에 이릅니다. 얼마나 많은 사람들이 지옥에 이릅니까? 나의 많은 친구들과 우리 모두는 살아오면서 계속해서 하나님을 대항하며 살지 않았습니까?

그러므로 당신은 당신의 마음속에 평화를 말하기 이전에 하나님으로부터 멀어졌던 두려운 것이 무엇인지 믿고 보도록 해야 합니다.

그리고 지금, 나의 사랑하는 친구여, 자신들의 마음을 점검해 보십시오. 나는 당신의 영혼이 더 좋게 형성되도록 이쪽으로 마음을 품기를 소망합니다.

하나님 앞에서, 당신에게 질문할 수 있는 시간을 좀 주십시오. 당신은 그 시간을 아십니까? 만약 당신이 정확하게 그 시간을 알지 못한다면 하나님께서 당신에 대항해서 엄한 것들을 쓰셨을(wrote) 때가 있었는지 압니까? 권위의 화살들이 언제 당신에게 있었습니까? 당신의 죄들의 기억이 당신에게 비통하게 다가왔던 적이 있었습니까? 당신의 죄의 짐이 참을 수 없이 당신의 사고 속에 있었던 적이 있습니까? 하나님에 대한 당신의 실질적인 위법 때문에 당신은 하나님의 진노하심이 당신에게 떨어진 것을 본 적이 있습니까? 만약 그러한 일들이 없었다면 예수 그리스도를 위하여, 자신을 기독교인이라고 부르지 마십시오. 당신이 당신의 마음 속에 평화를 외쳐댈지 모르나 평화는 없습니다. 주님은 당신을 깨우시며, 당신을 변화시키시며, 당신에게 평화를 줄 것입니다. 만약 이것이 그의 뜻이라면, 당신이 집에 가기 전에 일어날 것입니다.

그러나 당신이 훨씬 더 큰 떨림으로 당신의 실질적인 죄들에 대하여 설득될 수 있지만, 예수 그리스도에게는 낯선 자들일 수 있습니다. 당신은 당신의 마음 속에 진정 은혜 언약을 가지지 못할 수도 있습니다. 그러므로 당신이 당신의 마음 속에 평화를 말하기 이전에 회개가 더 깊

어 가야만 합니다. 당신은 하나님의 율법에 대항하여 실제로 범죄했을
뿐만 아니라, 당신의 모든 범죄의 근본들도 마찬가지입니다. 그리고 그
것은 무엇입니까?

내가 의미하는 것은 원죄로써, 우리들 각자의 원래의 타락은 우리와
함께 이 세상에 왔고, 이 원죄는 하나님의 진노와 형벌에 대하여 우리
로 하여금 책임지게 합니다. 그들 자신을 스스로 좋은 이성가들이라고
생각하는 불쌍한 영혼들이 많이 있습니다. 그러나 그들은 마치 원죄와
같은 그러한 일이 없는 것같이 말하는 척 합니다. 그들은 아담의 죄를
우리에게 돌림으로써 불법으로 하나님께 책임을 지울 것입니다. 비록
우리는 짐승 표시나 악마의 표시를 가지지 않았지만 그들은 우리에게
우리가 죄 가운데 태어나지 않았다고 말합니다. 그들로 하여금 이 세상
을 널리 보도록 하며 무질서로 가득차 있음을 알도록 합시다. 그리고
만약 이곳이 하나님께서 사람들에게 주신 낙원인지 생각하도록 합시다.
이 세상에 있는 모든 것들은 무질서 상태입니다.

내가 외국에 있었을 때, "만약 원죄를 증명하기 위한 다른 논쟁이 없
었다면" 하고 종종 생각해 보았습니다. 사람들에 대항해서 늑대들과 호
랑이들이 달려드는 것은, 즉, 우리에게 대항해서 개가 짖는 것은 원죄
의 증거입니다. 호랑이들과 사자들이, 만약 아담의 첫 번째 죄가 없었
다면, 우리를 대항해서 감히 달려들지 않을 것입니다. 피조물이 우리를
대항해서 일어날 때, 그것은 "당신은 하나님께 대하여 죄를 지었고, 우
리는 우리 주인의 싸움을 취한다"고 말하는 것과 똑같습니다. 만약 우
리 자신을 본다면 우리는 충분히 욕망과 하나님의 성품에 반대하려는
우리의 기질들을 발견할 수 있을 것입니다. 우리의 마음 속에는 교만과
악의와 복수들이 있습니다. 그리고 이러한 기질은 하나님으로부터 온
것이 아닙니다. 이러한 기질은 하나님으로부터 멀어져 악에 거한 첫 사
람으로부터 왔습니다.

그러나 어떤 사람들은 이것을 부정할지 모르나, 회개가 올 때, 세속적인 이성들은 즉시 부서지고 비참한 영혼은 모든 오염된 시내가 흐르는 것으로부터 샘을 보고 느끼기 시작합니다. 죄인이 먼저 깨닫게 될 때 "어찌 내가 그리 악하였던고?" 하고 그는 놀라기 시작합니다.

그리고 나서 하나님의 영이 감동하고, 본성으로는 그에게 선한 것이 없음을 보여줍니다. 비록 그가 결코 그의 삶에서 한 가지 실질적인 죄를 저지르지 않았다 하더라도, 하나님은 그가 그 길을 완전히 지나갔는지, 그가 죄를 완전히 싫어하는지, 비참한 피조물이 하나님의 보좌의 발 앞에 엎드렸는지, 하나님께서 그를 책망하시는 것을 아는지를 보십니다.

비록 당신이 실질적으로는 결코 당신의 모든 삶에서 그를 공격하지 않았지만, 당신의 형벌에 있어서 하나님이 정당하다는 것에 대하여 자신에 관한 한 당신은 본질상 진노의 자녀이며 하나님은 당연히 당신을 잘라 버리실 것이라는 것을 느끼거나 경험해 본적이 있는지요? 만약 당신이 진실로 죄를 깨닫게 된다면, 당신은 이것을 보고 느끼게 될 것입니다.

그리고 만약 당신이 원죄의 정도에 대해서 결코 느끼지 못한다면 당신 자신을 크리스천이라고 부르지 마십시오. 나는 진실로 원죄는 지정 개종에 있어서 가장 큰 짐이라고 설득되었습니다. 이것은 개종하려는 영혼과 거듭난 영혼을 슬프게 합니다. 마음 속에 거주하는 죄는 거듭난 사람의 짐입니다. 이것은 진실한 크리스천의 짐입니다. 계속해서 그는 울부짖습니다. "오호라! 나는 곤고한 사람이로다. 이 사망의 몸에서 누가 나를 건져내랴?" 이것은 대부분 불쌍한 영혼을 방해하는 것입니다.

그리고 만약 당신이 이러한 내적 부패를 깨닫지 못한다면, 만약 하나님께서 정당하게 이것에 관하여 당신을 저주하시는 것을 보지 못했다면, 진실로 나의 사랑하는 친구여, 당신의 마음 속에 평화를 말할지는 몰라도 나는 진정한 평화가 없다는 것을 알기에 두렵습니다. 아울러 당신이 당신의 마음 속에 평화를 말하기 이전에 당신의 삶의 죄에 대해서, 당신의 본성의 죄에 대해서 곤란을 겪게 될 뿐만 아니라 마찬가지로 당신의 최고의 직무들과 실행들에 대해서도 곤란을 겪게 될 것임에 틀림없습니다.

비참한 영혼이 다소 주님의 가공할 만한 일들(terrors)에 의해 깨닫게 되었을 때, 행위 언약 아래 태어난 비참한 피조불은 곧바로 다시 행위 언약으로 달려갑니다. 그리고 아담과 하와가 동산 나무 사이에서 자신을 숨기고 그들의 부끄러움을 가리기 위해 무화과나무 잎사귀를 사용했던 것처럼 비참한 죄인은 그의 의무들과 그의 행위들을 하나님으로부터 자신을 숨기기 위해서, 그리고 자신의 의로움을 응급 조치하려고 피하는 것을 깨닫게 됩니다.

그는 말하기를 나는 지금 매우 선할 것이고, 나는 개혁할 것이고, 나는 모든 것을 할 수 있으며, 예수 그리스도는 나에게 자비를 베풀 것이라고 합니다. 그러나 당신은 당신의 마음 속에 평화를 말하기 이전에 당신이 하나님께 드렸던 최고의 기도에 대해 책망하실 것을 보아야만 합니다.

나의 사랑하는 친구여, 우리의 행위들 중에서 하나님께 우리를 드러낼 만한 것들이 있습니까? 우리들은 본질상 불의한 상태에 있고 우리는 영원토록 저주받아야 마땅한 인간들입니다. 그리고 우리는 무엇을 해야 합니까? 우리는 본질상 선한 일을 할 수 없습니다. "육신에 거한 자들은 하나님을 기쁘시게 못하나니."라고 했습니다. 당신은 실질적으로 선을 행할지는 몰라도 공식적으로 그리고 의롭게 선을 행할 수는 없습니다.

왜냐하면 자연상태로서는 그보다 더한 어떤 행위들을 할 수 없기 때문입니다. 거듭나지 않은 사람이 하나님의 영광을 위해 무엇인가를 할 수 있다는 것은 불가능한 일입니다. 자연인은 믿음 안에서 어떤 일도 할 수 없을 뿐더러 죄 가운데서는 무엇이든지 믿음으로 할 수 없습니다. 우리는 새롭게 되더라도 부분적으로는 죄가 우리 가운데 계속해서 거주하게 됩니다. 우리의 모든 행위들 가운데는 부패가 섞여져 있습니다. 그래서 우리가 변화된 후 예수 그리스도는 오직 우리의 행위들에 따라 우리를 받아들이셨습니다.

우리의 행위에 따라, 우리의 행위들이 우리를 비난할지 모릅니다. 왜냐하면 도덕법이 요구하는 완전함으로부터 멀어졌기에, 단지 기도를 드릴 수밖에 없기 때문입니다. 나는 당신이 무슨 생각을 하는지 모르겠지만 나는 단지 기도할 수밖에 없다고 말할 수 있습니다—내가 죄인이라는 사실을 당신과 다른 이들에게 전합니다—나는 범죄하였음을 기도합니다. 그리고 다른 이들이 표현하는 것과 마찬가지로 나의 회개는 나의 사랑하는 구속자로부터 온 것이기를 바라며 나의 눈물은 그 분의 고귀한 피로 씻음 받기를 원합니다.

내가 기껏해야 할 수 있는 일이란 금빛 찬란한 많은 죄들입니다. 당신이 당신의 마음 속에 평화를 말하기 이전에 당신은 원죄와 자범 죄로 아파해야 할 뿐만 아니라 당신의 의와 당신이 행한 모든 일들에 대해서도 아파해야 합니다. 당신이 당신 자신의 의를 드러내기 전에 더 깊은 회개가 있어야만 합니다. 이것은 당신의 마음에서 *끄집어낸* 마지막 우상입니다.

우리의 마음의 자랑은 예수 그리스도의 의에 굴복하도록 하지 않을 것입니다. 그러나 만약 당신이 당신 자신의 의를 가지고 있다고 느꼈다면, 만약 당신이 당신 자신의 의에 대해 불결하다고 느끼지 못했다면 당신은 예수께로 올 수 없습니다.

이 말을 믿는 많은 사람들이 있습니다. 자, 우리는 이 모든 것을 믿습니다. 그러나 말하고 느끼는 것 사이에는 너무나 다른 것들이 많이 있습니다. 당신은 사랑하는 구속자가 원하는 것이 무엇인지 느껴본 적이 있습니까? 당신 자신의 불결함 때문에 예수께서 원하시는 것을 느껴 본 적이 있습니까?

그리고 당신은 진심으로 "주님, 당신은 정당하게 내가 이때까지 행했던 가장 잘했다고 생각되는 일들에 대해 책망하실 겁니다"라고 말할 수 있습니까? 만약 당신이 자신을 드러내지 않는 이상 당신의 마음 속에 평화가 있다고 외치나 그러한 평화는 없을 것입니다.

그러나 당신이 당신의 영혼에 평화를 말하기 이전에 매우 심각했던 특별한 죄가 있습니다. 나는 당신들 대부분이 이것이 무엇인지에 대하여 거의 생각하지 않는 것을 두려워합니다. 이것은 기독교의 죄를 통치하고 비난하는 것이나 좀처럼 그리고 결코 이것에 대하여 생각하지 않습니다. 그리고 그것이 무엇인지 기도합니까?

여러분들 대부분은 불신앙이 죄가 아니라고 생각합니다. 당신은 당신의 마음 속에 평화를 말하기 이전에 마음 속에 일어나는 불신앙으로 인해 괴로움을 겪을 것입니다. 당신들 중 어떤 이들은 묘지에 있는 이들이 있고, 그들은 개혁의 나라인 스코틀랜드에서 태어나 매주 교회에 가는데, 어떤 이들은 불신앙자들이라고 상상할 수 있습니까?

어떤 이들은 1년에 한 번 성례에 참석합니다. 그것은 자주 행해져 왔습니다. 당신은 성례에 참석했고, 가족을 위해 기도했는데, 어떤 이들은 주 예수 그리스도를 믿지 않을 것이라고 생각합니까?

나는 당신의 심령에 호소하건대, 당신이 나를 무자비한 자로 생각하지 않는다면, 만약 내가 당신들 중 어떤 이들이 그리스도께 속했는지 그렇지 않은지에 대해 의심했고 내가 그 시험을 두려워한다면, 우리가 발견하게 되는 것은 당신들 중 대부분은 악마 자신처럼 주 예수 안에서 많은 믿음을 소유하지 못했다는 것입니다.

나는 우리 대부분이 믿는 것보다 악마가 성경을 더 많이 믿는다고 알고 있습니다. 그는 예수 그리스도의 신성을 믿습니다. 그것은 크리스천, 자신들이 믿는 것보다 더 많은 숫자들입니다. 즉, 그들은 믿고 떱니다. 그리고 우리보다 더 합니다.

나의 친구들이여, 우리는 하나님의 성령에 의해 마음 속에 사역한 진실한 믿음에 대한 역사적 믿음을 잘못 오해합니다. 당신은 우리가 성경이라고 불리는 그러한 책이 있기에, 당신이 교회에 가기에 믿는다고 상상합니다. 이 모든 것으로 그리스도 안에서 진실한 믿음을 소유하거나 행할 수는 없을 것입니다. 단순히 그리스도와 같은 사람이 있었다는 것을 믿는다는 것으로, 단순히 성경이라고 불리는 책이 있었다는 것을 믿는 것으로는 시저나 알렉산더 대왕과 같은 사람이 믿던 것보다 더 선하지 못할 것입니다. 성경은 신성한 보관소입니다. 우리는 이러한 살아있는 성경에 대해 하나님께 감사드립니다! 그러나 우리는 이러한 것을 소유할 수 있으나, 주 예수 그리스도 안에서 믿지는 못합니다.

나의 사랑하는 친구들이여, 살아 계신 하나님의 성령에 의해 마음 속에 역사하신 원리들이 틀림없이 있습니다. 나는 당신이 예수 그리스도를 믿은 이후 얼마나 오래 유지했는지 묻는다면, 당신들 대부분은 당신이 기억하는 한(당신이 결코 불 신앙을 행치 않았다는), 예수 그리스도 안에서 믿었던 것을 말할 것이라고 생각합니다. 만약 당신이 자궁에서 나는 것과 같이 일찍 거룩해지지 않았다면, 나에게 예수 그리스도 안에서 결코 믿지 않았던 더 좋은 증거를 줄 수 없었을 것입니다. 왜냐하면 그리스도를 믿는 사람은 예수 그리스도를 믿지 않았던 시절이 있었다는 것을 알고 있기 때문입니다.

당신은 당신의 모든 마음과 영혼과 힘을 다하여 하나님을 사랑하노라고 말합니다. 만약 내가 당신에게 당신이 하나님을 사랑한 후 얼마나 오래 지속되었는지 묻는다면 "내가 기억할 수 있는 한"이라고 말할 것입니다. 당신은 결코 하나님을 미워하지 않았고 하나님을 대항해서 당신의 마음 속에 증오할 시간이 없었다는 것을 압니다. 만약 당신이 매우 일찍 거룩하게 되지 않았다면 결코 당신의 삶에서 하나님을 사랑하지 않았을 것입니다.

나의 사랑하는 친구여, 이것에 관해서는 좀더 각별한데, 왜냐하면 이것은 가장 속이기 쉬운 미혹이고, 그것에 의해 많은 이들이 그들이 이미 믿었던 것에서 멀어지고 있기 때문입니다.

그러므로 이것은 마샬씨에 의해 비평되는데, 그는 삶에 충실했고, 10계명 하에 그의 모든 죄를 나열했던 경험을 드러냈고, 왜 그가 평화를 얻을 수 없었는 지에 대해 묻기 위해 목사에게로 갔습니다. 그 목사는 그의 목록을 보았습니다. 즉시, 목사는 이런 말을 했습니다. "나는 당신의 모든 목록에서 불신앙에 대한 죄의 낱말을 하나도 발견할 수 없소." 이것은 우리의 믿음을 가지고 있지 않다는 불신앙에 대해 우리에게 확신케 하시려는 성령의 특별한 사역입니다. 예수 그리스도는 말씀하십니다. "내가 그를 너희에게 보내리니, 그가 와서 죄에 대하여, 의에 대하여, 심판에 대하여 세상을 책망하시리라. 왜냐하면 그들이 나를 믿지 않기 때문이다."

지금, 나의 사랑하는 친구들이여, 하나님께서 지금까지 당신이 믿음을 소유하지 못한 것을 보셨습니까? 당신은 믿지 못하는 굳은 마음으로 인해 몹시 슬퍼하게 되었습니까? 내가 부를 수 있는 나의 주, 나의 하나님이신 주님, 그리고 나에게 믿음을 주시는 주님은 당신의 마음 속에 언어였습니까? 예수 그리스도는 이와 같은 방법으로 당신에게 확신을 심어 주셨습니까? 그는 그리스도께 가까워질 수 없는 당신에게 확신을 주셨고 믿음을 주시도록 하셨습니까? 만약 그렇지 못하다면 당신의 마음 속에 평화를 말하지 마십시오. 주님은 당신을 일깨우실 것이고 진실과 견고한 평화를 주실 것입니다.

덧붙여, 마음 속에 평화를 말하기 이전에 당신의 자범죄와 원죄(당신 자신이 의롭다는 죄들과 불 신앙의 죄)에 대하여 인식되어야 할 뿐만 아니라 당신은 완전한 의(예수 그리스도로부터 오는 충만한 의)를 소유해야만 합니다. 당신은 예수 그리스도의 의로 믿음을 소유해야 합니다. 그리고 나서 평화를 말해야 할 것입니다. 예수는 이렇게 말씀하셨습니다. "수고하고 무거운 짐진 자들아 다 내게로 오라, 내가 너희를 쉬게 하리라."

이 말씀은 수고하고 무거운 짐진 자들 모두에게 용기를 줍니다. 그러나 쉼의 약속은 하나님께로 와서 믿으며 따르는 자들에게만 가능합니다. 우리가 하나님과 평화를 소유하기 전에 우리는 주 예수 그리스도로 말미암아 믿음으로 의롭게 되어야 하고, 우리의 심령을 그리스도께 의탁해야 하며, 그의 의로움이 우리의 의로움이 되기 위해, 그의 장점이 우리에게 귀여(歸與)되도록 하기 위해, 우리 영혼의 집으로 그리스도를 맞이해야 합니다.

나의 사랑하는 친구들이여, 당신은 그리스도와 결혼했습니까? 예수 그리스도는 당신에게 자신을 주셨습니까? 당신의 마음 속에 그리스도를 느끼기 위해, 그가 당신의 마음 속에 평화를 말하는 것을 듣도록 하기 위해 당신은 살아 있는 믿음으로 그리스도와 연합되었습니까? 이 평화가 마음 속에 강과 같이 흐르고 있습니까? 그리스도께서 그의 제자들에게 말씀하신 평화를 느껴 보았습니까? 나는 그가 당신에게 와서 평화를 말씀하시기를 기도합니다. 이러한 것들을 경험해야 합니다.

나는 지금 다른 세계의 보이지 않는 현실에 대해서, 내적 종교에 대해서, 비참한 죄인들의 마음에 있어서의 하나님의 사역에 대해서 이야기하고 있습니다. 나의 사랑하는 청중들이여, 나는 지금 굉장히 중요한 문제를 논하고 있습니다. 당신은 이것에 관련되어 있습니다. 당신의 영혼은 이것에 연관되어 있으며 영원한 구원은 이것에 관련되어 있습니다. 모든 것이 평화하다라고 생각할지 모르나 악마는 육체적인 무기력과 방심 가운데 당신을 잠들게 하고, 당신이 지옥에 갈 때까지 고수하려고 노력할 것입니다. 그 곳에서 당신은 깨닫게 될 것입니다. 그러나 깨어날 때 두렵게 될 것이고 당신 자신이 매우 크게 실수했다는 것을 발견하게 될 것입니다. 그때, 커다란 심연이 고정되어 있고, 당신은 당신의 혀를 서늘하게 하기 위해 물이 떨어지도록 모든 영원(eternity)을 갈구하게 되나 얻지 못할 것입니다.

"너희는 하나님께로부터 나서 그리스도 예수 안에 있고 예수는 하나님께로서 나와서 우리에게 지혜와 의로움과 거룩함과 구속함이 되셨으니"(고전 1:30).

내가 지금 읽은 이 구절은 가장 이해하기 쉬운 것 중의 하나입니다. 이 구절들은 신자들에게 주는 얼마나 기쁜 소식입니까! 얼마나 귀한 특권들을 소개하고 있는지요! 지금 이 구절들은 하나님 아버지의 영원한 사랑을 보여 주고 있지 않습니까! "하나님께로 나서 그리스도 예수 안에 있고 예수는 하나님께로 나와서 우리에게 지혜와 의로움과 거룩함과 구속함이 되십니다."

첫째, 이 모든 축복이 흐르는 것으로부터의 샘을 당신에게 보여 주는데 하나님의 선택은 '우리를 만드신 하나님'이신 예수 그리스도와 함께합니다. 그리고 두 번째로, 나는 이러한 축복들이 지혜와 의로움과 거룩함과 구속함이라 생각하고자 합니다.

첫째, 이 모든 축복이 흐르는 샘을 당신에게 보여 주고 싶은데 하나님의 선택은 '예수는 우리에게 되신' 예수와 관련합니다. 비록 예수 그리스도는 하나님과 동등되지 않으셨지만, 하나님 아버지는 신성의 원천이십니다. 그리고 만약 우리가 중재자로서의 예수 그리스도의 활동을 생각한다면, 하나님 아버지는 그보다 위대하십니다. 아버지와 아들 사이에는 영원한 계약이 있었습니다. "나는 내가 선택한 이와 언약을 맺었고 나는 나의 종 다윗에게 맹세했다."라고 했습니다.

지금 다윗은 아버지께서 맺으신 그리스도의 모형이었고, 만약 그가 복종하고 참는다면 죄에 대한 제물로 하시고, 그는 그의 자손을 볼 것이고, 장수할 것이며 주의 즐거움이 그에게 충만할 것입니다. 우리 주님은 요한복음 17장에 기록된 영광스런 기도에서 이 계약을 말씀하십니다. 그리고 그는 아버지께서 그에게 주신 모두를 위해 기도하십니다. "아버지여, 내게 주신 자들 또한 내가 있는 곳에 함께 있어." 이와 똑같은 이유로 사도는 우리 주 예수 그리스도의 아버지이신 하나님을 찬양합니다. 왜냐하면 그는 우리 주께서 "이 세상에 있기 전에" 라고 표현하신 것과 같이 영원한 사랑으로 선택된 이들을 사랑하셨기 때문입니다.

그리고 그들의 구원을 위해 은혜를 베푸신 것을 보이셨던 주님은 마태복음 25장에서 자신을 이렇게 표현하셨습니다. "내 아버지께 복받을 자들이여, 나아와 창세로부터 너희를 위하여 예비된 나라를 상속하라." 그리고 세베대의 아들의 어머니의 대답에서 말씀하시기를 "이것은 내가 주는 것이 아니라 아버지의 준비된 그들을 위한 것이라"고 하셨습니다.

그러므로 사도는 기독교인의 특권을 이야기할 때 그들 자신의 희생을 드러내지 말아야 하며, 구원이 그들 자신의 신실함에서, 또는 그들 자신의 자유로운 의지에서 비롯되었다고는 하지 말아야 합니다. 오히려 그들에게 하나님 아버지의 영원하신 사랑을 돌아보게 해야 합니다. 하나님은 이 교리가 더 고려되도록 하셨고, 사람들은 하나님과 아들 사이의 구속의 언약에 대하여 더 연구하게 되었습니다.

우리는 선택의 교리에 대해서 더 이상 논쟁하지 말아야 하며, 악마의 교리로 비난받는 것을 듣지 말아야 합니다. 나에게 있어서, 진실로 겸손한 마음이 선택의 교리에 관한 지식 없이 어떻게 획득될 수 있는지 이해할 수 없습니다. 그리고 비록 나는 선택을 부정한 사람들이 나쁘다고는 말하지 않겠지만, 나는 감미로운 가수인 트레일씨와 함께 그것은 매우 나쁜 조짐이라고 말할 것입니다.

어떤 사람이든, 그가 누구든지 간에 나는 진실로 그 자신을 안다고는 생각할 수 없습니다. 그 이유는 만약 우리가 선택을 부정하면, 부분적으로나마 최소한은 우리가 우리 자신의 영광을 취하기 때문입니다. 그러나 우리의 구속함은 잘 체계화 되어 있어서 육체는 하나님의 신성 앞에서는 영광스러울 수 없습니다. 그러므로 사람의 자랑은 이 교리와 반대이며, 이 교리에 따라서 오직 주님만을 영화롭게 해야 합니다.

그러나 내가 무엇을 말할 수 있겠습니까? 선택은 신비인데, 찬란하게 빛나는 것으로 선택적 사랑에 대해 깊이 취해 본 사람들이 이런 단어들을 사용함으로써 하나님의 어떤 사랑하는 자녀들의 연약한 눈에는 당황스럽게 비춰질 수 있습니다. 그러나 그들이 잘 알지 못하더라도 받은 축복들과 즐기고 즐길 모든 특권들은 예수 그리스도를 통해 하나님 아버지의 영원한 사랑으로부터 나옵니다.

"너희는 하나님께로부터 나서 그리스도 예수 안에 있고 예수는 하나님께로서 나와서 우리에게 지혜와 의로움과 거룩함과 구속함이 되셨으니."라고 했습니다.

둘째로, 나는 이러한 축복들이 그리스도를 통해 선택되도록 한 것을 보여주려 했습니다.

그리스도는 그들에게 지혜가 되십니다. 그러나 어디에 진정한 지혜가 있습니까? 나는 당신들 중 몇 사람에게 물어본다면, 아마도 당신은 육체의 욕망에 속하여, 당신의 영혼과 먹는 것과 마시는 것에 대해 말할지 모르나 그것은 무감각한 지혜입니다. 그들은 이 땅에서의 가장 위대한 미식가처럼 세속적인 즐거움을 누립니다. 어떤 이들은 나에게 말하기를, 진정한 지혜는 집을 늘리고, 소유지를 넓히며, 자신이 유명하게 된 후 땅을 누리는 것이라고 합니다.

그러나 이것은 진정한 지혜가 아닙니다. 왜냐하면 하늘을 향한 독수리와 같이 부는 종종 자신의 날개로 소유할 수 있고 저 멀리 날아갈 수 있습니다. 심지어 지혜, 그 자체는 '사람의 인생은 그가 소유하고 있는 것들의 풍부함이 있지 않다는 것을' 우리에게 확신시킵니다. 헛되고, 헛되며, 이 모든 것들은 헛됩니다. 만약 부유함이 소유주를 떠나지 않으면, 소유자들이 곧 떠나야만 합니다. 부자들은 또한 죽을 것이며 다른 이들을 위해 그들의 재산을 남겨 놓아야 합니다. 재산은 죽음으로부터 그들을 구출할 수 없습니다.

그러나 아마도 당신은 부와 즐거움을 경멸하며 책들의 지식 속에 지혜를 둡니다. 당신은 별들의 수를 말하고 별들의 이름을 모두 말할 수 있을지 모르나 이것은 단지 어리석은 일입니다. 박식한 사람이 항상 지혜로운 것은 아닙니다. 즉 우리의 일반적인 배움은, 아무리 외쳐본들, 사람들로 하여금 아주 많이 성취된 어리석은 것들을 만듭니다. 더 이상 불안해하지 않고 더 겸손케 하기 위해 나는 당신을 진정한 지혜가 무엇인지 배울 수 있는 학교인 이방인에게로 보낼 것입니다. "너 자신을 알라"고 그리스의 지혜가들 중 한 사람이 말했습니다.

이것은 확실히 진정한 지혜이고, 이 말은 본문에서 말하고자 하는 지혜이며, 예수 그리스도는 모든 선택된 죄인들을 위해 지혜가 되셨습니다. 그들은 그들이 생각하곤 했던 것보다 그들 자신들이 더 높게 생각하지 않도록 하기 위해서 그들 자신들을 알게 됩니다. 전에 그들은 어두움에 거하였습니다. 지금, 그들은 주 안에서 빛이며 이 빛 안에서 자신의 어두움을 볼 수 있습니다. 또한 지금 본질상 타락한 피조물로서 허물과 죄악으로 죽었고, 지옥의 아들들이며 상속자들로서 그들 자신을 몹시 슬퍼합니다.

지금 그들의 의는 더러운 옷으로 되어진 것이 아니라는 것을 압니다. 그들의 영혼 속에는 건강이 없습니다. 또한 가난하고 비참하며 눈멀고 벌거벗었습니다. 그리고 하늘 아래 주어진 이름이 없습니다. 그들이 구원받을 수 있는 길은 예수 그리스도로서만 가능합니다. 구원자와 가까이 해야 하는 필요성을 알며 구원자 되시는 그에게서 하나님의 지혜를 봅니다. 또한 우리 주 예수 자신의 이름에 의하여 구원을 받게 되고 모든 것 위의 모든 것이 되시는 주를 받아들이게 됩니다. 그래서 그리스도는 그들에게 지혜가 되십니다.

하나님께로서 나신 예수는 우리에게 지혜와 의로움이 되십니다. 그리스도의 완전한 개인적인 의는 그들의 의가 됩니다. 그들은 믿음으로 그리스도께 붙잡힌 바 되고 하나님 아버지는 두꺼운 구름으로 덮여있는 것과 같은 그들의 허물들을 용서하십니다. 그들의 죄와 허물들을 그분은 더 이상 기억하지 않으십니다. 그들은 믿는 모든 이들에게 의로우심으로 율법의 마지막이 되시는 그리스도 예수 안에서 하나님의 의로움이 됩니다. 한 마디로 말해서 하나님은 그들의 죄를 보시지 않으십니다.

모든 행위 언약은 그들에게 충만해져 있습니다. 그래서 실질적으로 옳다함 받으며, 무죄를 선고받으며 하나님의 관점에서 의를 보게 됩니다. 온전한 사랑 가운데 받아들여져서 그분 안에서 완전합니다. 하나님의 진노의 번뜩이는 칼은 지금 제거되고 자유롭게 생명나무에 접근하게 되었습니다. 그들은 믿음의 팔을 뻗어, 더 잡아당기며 더 살 수 있습니다. 그러므로 사도는 이 축복된 특권 아래 이러한 승리의 언어를 외치게 됩니다. "누가 의로우신 그리스도를 비난하리요?" 그리스도의 의는 죄 아래 거하는 모든 믿는 자들을 구원합니다. 그리스도는 그들의 구원자시요, 그들의 죄를 위한 속죄물이 되십니다. 그러므로 누가 하나님의 선택에 관한 일들을 비난하겠습니까? 율법으로 그러하겠습니까?

그들에게 임한 그리스도의 의를 가짐으로써 그들은 행위 언약으로서의 율법에 대해서는 죽습니다. 그리스도는 그들에게 충만하셨고 그들의 보냄을 받은 자로서 충만하셨습니다. 죽음이 그들을 위협하겠습니까? 그들은 두려워 할 필요가 없습니다. 죽음을 자극하는 것은 죄이고, 죄의 강함은 율법입니다. 그러나 하나님은 그들에게 승리를 주셨는데 이 승리는 주 예수의 의를 그들에게 주심에 의한 것입니다.

특권은 여기에 있습니다! 천사들은 그리스도의 탄생에 대하여 비천한 목자들에게 말합니다. "보라, 내가 온 백성에게 미칠 큰 기쁨의 소식을 너희에게 전하노라." "너희를 위하여 구주가 나셨으니 곧 그리스도 주시니라." 그리고 천사들이 비참한 죄인들의 변화를 기뻐합니다. 왜냐하면 주는 그들의 의로움이 되시기 때문입니다. 그들은 그리스도의 피 안에서 믿음으로 하나님과 평화를 누리며 결코 지옥으로 떨어지지 않을 것입니다.

오 믿는 자들이여, 당신들의 머리를 드십시오. "주 안에서 항상 기뻐하라, 내가 다시 말하노니 기뻐하라." 그리스도는 당신에게 하나님의 의가 되시는데, 무엇을 두려워 합니까? 당신은 그 안에서 하나님의 의가 됩니다. 당신은 '우리의 의로움이신 주'라 불려질 수 있습니다. 그런데 무엇을 두려워하십니까? 무엇이 당신을 그리스도의 사랑으로부터 분리시킵니까? 시련이나 고통이나 박해나 기근이나 벌거벗음이나 곤경이나 칼입니까? 아닙니다.

내가 믿는 것은 죽음도, 생명도, 천사도, 지위들이나 힘이나, 현재 것이나 장래 것이나, 높음이나 깊음이나 다른 어떤 피조물로도 우리에게 의가 되시는 그리스도 예수 우리 주 안에 있는 하나님의 사랑에서 끊을 수 없다는 것입니다. 이것은 영광스러운 특권이지만 오직 믿는 자들의 행복의 시작입니다.

그리스도는 그들에게 의가 되실 뿐만 아니라 거룩함이 되십니다. 거룩함에 의해서, 비록 올바르게 개혁된 기독교인들은 변함없이 외견상 모든 성찬식에 참석하는 것이 그들의 의무요 특권이라고 생각할지 모르지만, 나는 그저 외견상의 성찬식에 위선적인 태도로 참석하는 것을 원치 않습니다. 나는 그저 외관상의 개혁과 몇몇 일시적인 확신들과 약간의 법률적인 슬픔이 거룩함에 의한 것이라는 의미는 아닙니다.

이 모든 것들과 관련해서 거룩하게 되지 않은 사람도 행할 수 있습니다. 그러나 거룩함에 의해서 내가 완전히 온전한 사람으로 개선되는 것을 뜻합니다. 그리스도의 의로움에 의해서 믿는 자들은 합법적이고 거룩함에 의해 그들은 영적으로 살게 되며, 한 사람에 의해 권리(자격)를 얻게 되고 다른 이에 의해 영광을 누리게 됩니다. 그러므로 영, 혼, 육을 통해 거룩하게 됩니다.

그들의 이해력은, 그전에는 어두웠으나, 지금은 주 안에서 빛이 되고, 그들의 뜻들은 전에는 반대했으나, 지금은 하나님의 뜻과 하나가 되었습니다. 그들의 감정들은 지금 이 모든 것 위에 놓여져 있으며 그들의 기억은 신령한 것으로 가득차 있습니다. 그들의 자연적인 양심이 지금 거듭납니다. 그전에 불결하고 죄악에 거하여 살았던 이들이 지금은 새로운 피조물이 되었습니다. 그들의 마음 속에 옛 것은 지나가고 모든 것들이 새 것이 됩니다. 죄는 더 이상 그들을 지배하지 못합니다. 그들은 모든 권력으로부터 자유로워집니다.

이 모든 변화의 절차에 있어서 그들의 마음과 삶이 정결케 됩니다. 그들은 하나님과 예수 그리스도와 함께 하게 되고 은혜를 받습니다. 그리고 그리스도 안에 있는 모든 은혜는 그들의 영혼 속에 새겨지고 옮겨지게 됩니다. 그들은 그의 선하심을 따라 변화되고 그는 그들에게 거하게 됩니다. 그들은 그 안에 거하고 그는 그들 안에 거합니다. 그래서 성령으로 인도 받으며 열매를 맺게 됩니다. 그리스도가 그들의 임마누엘(하나님이 그들과 함께 하신다)이라는 것을 압니다.

그들은 성령의 전에 거합니다. 그러므로 주 안에서 거룩한 거주를 하게 되고 성삼위일체께서 그들 안에 거하시고 사역하십니다. 천국에서 그리스도와 함께 거하게 되며 그와 연합하게 되는 것입니다. 그들의 구속자이자요 만드신 이는 그의 남편입니다. 그들은 살 중의 살이요, 뼈 중의 뼈입니다. 그들은 한 사람이 그의 친구와 이야기하고 걸었던 것처럼, 그와 함께 걸었던 것을 이야기합니다.

요약하면, 그들은 그리스도와 하나입니다. 예수 그리스도와 아버지가 하나인 것처럼 말입니다. 그래서 그리스도는 모든 믿는 자들의 거룩함이 되십니다. 그리고 이것이 얼마나 놀라운 특권인지요! 짐승으로부터 의인으로 변화되기 위해, 그리고 악마로부터 거룩함의 참가자가 되기 위해서 입니다. 사탄의 왕국으로부터 하나님의 사랑하는 아들의 나라로 옮겨지기 위해서! 부패한 옛 사람을 벗어버리고, 의와 진리로 하나님께서 창조하신 새 사람을 입기 위하여! 오, 이것은 말할 수 없는 축복입니다!

사도는 믿는 자들로 하여금 주 안에 있는 기쁨에 대해서 권면합니다. 정말로 그들은 항상 기뻐해야 할 이유를 가지고 있습니다. 하나님의 나라는 그들 안에 있습니다. 그들은 주의 영에 의해서 영광에서 영광으로 변화됩니다. 이러한 일들이 세상에서는 신비스러운 일일지 모릅니다. 왜냐하면 이것은 심지어 영적인 사람, 그 자신에게도 신비입니다. 이 신비에 대해서 깊이를 잴 수는 없습니다.

주님의 양초가 꺼지고 당신의 구속자가 당신의 영혼에 그의 축복된 모습의 빛을 비추실 때 당신 자신의 밝음을 보는 것이, 오, 하나님의 사녀들이여, 종종 당황스럽지 않습니까? 당신이 하나님의 사랑의 성령에 의해 당신의 마음 속에 흐르고 하나님께서 그의 자비의 귀중한 주권을 펼치시는 것을 당신이 느끼고, 당신이 무엇을 해야할지, 당신에게 주어질 일에 대해서 당신에게 물을 때에 당황하지 않았습니까?

당신의 마음을 지키시고 통치하시는 하나님의 평화가 당신의 이해력에 대한 궁극적인 제한을 넘어서지 못합니까? 그리고 당신은 말할 수 없는 기쁨을 느끼지 못합니까? 이것은 영광으로 가득차 있지 않습니까?

만약 당신이 하나님의 자녀이고 아버지와 아들과 함께 관계를 형성

해야 할 것이 무엇인지 안다면, 만약 당신이 믿음으로 걷고 보이는 것으로 걷지 않는다면, 나는 종종 이것이 당신의 마음의 언어라고 확신합니다. 그러나 믿는 자들이여, 당신 앞에 놓여 있는 영원한 행복의 거칠 것 없는 광경을 보십시오! 당신이 미리 받은 것은 열매들로, 가나안 땅에서 생산된 포도 열매와 같은 것들입니다. 갈망하고 바라는 것들이 무한히 더 올 것입니다. 다음과 같은 수확에 이를 것입니다. 당신의 은혜는 지금부터 영광 안에 삼키움 바 될 것입니다. 당신의 위대한 여호수아와 자비로운 대제사장은 약속의 땅으로 당신에게 넓은 입구를 보여줄 것입니다. 그리스도는 모든 믿는 자들에게 지혜와 의로움과 거룩함 뿐만 아니라 구속이 되십니다.

그러나 우리는 이 특권의 설명과 관찰로 들어가기 전에 알아야 할 것이 있습니다.

첫째로, 그들이 거룩함과 내적 거룩을 이야기함에도 불구하고 저자들과 성직자의 커다란 실수를 배우는데, 그들은 일반적으로 그것을 원인으로 취급하나 우리는 의의 결과로써 그것을 고려해야 합니다. "너희는 하나님께로부터 나와서 그리스도 예수 안에서 있고 예수는 하니님에게서 나와서 우리에게 지혜와 의로움과 거룩함과 구속함이 되셨으니."라고 했습니다. 그리스도의 의는 우리를 위한 것으로 이것은 하나님의 빛 안에서 우리를 받아들이시는 유일한 것이며 우리 안에서 행하신 모든 거룩함입니다.

비참한 죄인들은 그들 안에 있는 어떤 것이나 그들 안에 있는 빛이 아닌, 하나님의 빛 안에서 의로움을 찾아야 합니다. 우리가 의롭게 되는 것은 그리스도의 의로움으로 인해서이지 우리의 행위로 된 것이 아니기 때문입니다. 하나님은 우리에게 은혜를 베푸십니다. 우리의 거룩함은 완전하지 않습니다. 비록 우리는 어둠의 세력으로부터 옮겨졌지만 죄로부터 자유롭지 못합니다. 죄 아래 지배당하고 거하는 것은 하나님의 완전한 율법에 의해 금지됩니다. 비록 당신이 거룩하지 못하다 하더라도 육욕에 대한 관심들은 남아 있을 것이고 이런 점에서 하나님과 함께 소유하는 것을 소망할 수 없습니다.

둘째로, 우리는 우리에게 없는 의를 갈망해야 합니다. 이 의는 바로 우리 주 예수 그리스도이십니다. 이런 이유로 사도는 본문의 글들에서 거룩함 앞에 그리스도의 의의 먼저 내어 놓고 언급합니다. 그리고 어떤 다른 교리를 가르치는 누구든지 간에 의가 그리스도 안에 있다는 진리를 가르치지 않습니다.

셋째로, 거룩함에 관여치 않고 그리스도에 관해 이야기하는 도덕폐기론자들과 형식적인 위선자들은 당황할지 모르나, 경험상 그들 안에 행하신 거룩한 일을 알지 못합니다. 그들이 아무리 위선적이더라도 그리스도가 그들 안에 없기에 주님은 그들의 의로움이 아니며, 그들은 영광에 대한 충분한 소망을 가지지 못합니다. 비록 거룩함이 원인은 아닐지라도 이것은 우리가 하나님의 주가 우리에게 거룩함과 의로움이 되시는 것으로 하나님과 함께 받아들이는 것의 결과입니다.

그러므로 그리스도 안에 있는 사람은 새로운 피조물입니다. 이제 우리는 행위 언약으로 되돌아 갈 수 없습니다. 그들은 변화되었고 새로워졌습니다. 우리는 성경으로부터 인도를 빋습니다. 우리가 열매를 거둠으로 인해 우리가 진실로 하나님의 성령의 동참자인지 판단하게 됩니다.

우리는 죽음에서 생명에 이른 것을 압니다. 왜냐하면 우리가 서로 형제를 사랑하기 때문입니다. 우리는 그리스도의 의로움에 대하여 이야기하고 율법적인 설교자들에 대하여 외칠 수 있습니다. 만약 우리의 마음과 삶이 거룩하지 못하다면, 만약 우리가 성령에 의해 의롭게 되지 못하고 새롭게 되지 못한다면, 우리는 자기 자신을 속이는 자들이고 단지 형식적인 위선자들을 뿐일 것입니다.

하나님께서 우리를 함께 모이도록 하셨기에, 다시는 흩어지지 말아야 합니다. 우리는 두 극단 사이에서 중립을 유지해야 합니다. 미래 행복에 관한 준비로써 그리고 우리의 그의 증거에 관한 것으로써, 우리 안에 그리스도를 제외하는 것으로 또는 우리 없이 그리스도의 의로움을 배타적인 것으로, 우리 안에 행하신 유전적인 의로움과 거룩함을 너무 너무 의존하지 말아야 합니다.

넷째로, 우리는 계속해서 그리고 다른 계열의 관점을 취해보거나 믿는 자들의 특권인 구속에 대한 빛나는 사슬의 목적을 취해 봅시다. 그러나 우리는 야곱의 사다리와 같이 매우 높이 보아야 합니다. 야곱의 사다리의 끝은 하늘을 닿았는데, 그 곳으로 모든 믿는 이들은 승천할 것이며, 하나님의 오른편에 거할 것입니다. 그 하나님이 누구십니까? 그는 바로 우리에게 지혜와 의로움과 거룩함과 구속함이 되신 분입니다.

이것이 바로 황금 빛 찬란한 사슬이 아니겠습니까! 어느 누구도 이것을 끊을 수 없습니다. 하나님의 책 안에는 다른 내용이 없습니다. 이 한 가지만이 충분하게 진실한 믿음을 가진 자로 하여금 마지막 인내를 증명합니다. 하나님은 결코 거룩하게 되지 않은 이를 의롭게 하거나 완전히 구속하시거나 영광스럽게 하지 않으셨습니다.

하나님에게 있어서, 그의 길과 그의 일은 완전하십니다. 그는 항상 그가 시작하셨던 일을 진행시키시고 끝맺으십니다. 그래서 첫째로 새로운 피조물을 만드셨습니다. 하나님이 '빛이 있으라', 하시니 빛이 있어 점점 더 완전한 날로 비추고, 하나님이 그의 영원한 안식으로 들어가셨듯이 믿는 자들도 영원한 쉼으로 들어갈 것입니다. 하나님은 그들을 의롭게 하셨고 그는 결과적으로 영화롭게 되셨습니다.

하나님은 인간이 훌륭해서 그리스도의 의로우심을 그들에게 주신 것이 아니었습니다. 하나님의 은사와 부르심에는 후회가 없습니다. 나는 그들이 그리스도의 의로움에 관한 개념에서 깨끗하다고 생각할 수 없습니다. 그들은 의인들의 마지막 인내를 부정합니다. 내가 두려워하는 것은 몇 년 전에 단순히 죄를 용서로만 이해했듯이 그들이 저 밑바닥의 감각으로 의로움을 이해한다는 것입니다.

그러나 이것은 죄의 용서를 의미할 뿐만 아니라 또한 미래의 모든 선한 것들에 대한 연합적인 의에 관한 것이기도 합니다. 만약 하나님께서 그의 독생자이신 외아들을 우리에게 주셨다면 그가 우리에게 모든 것을 자유롭게 주시지 않겠습니까?

사도는 말하기를 "하나님은 우리에게 의로움이 되신다"고 하였습니다. 단순히 그는 우리에게 거룩함과 구속함이 되실 것이라고 말하는 것이 아니라 되신다고 말합니다. 이러한 축복된 특권 사이에는 영원하고도 끊을 수 없는 관계가 있습니다. 그리스도의 순종은 믿는 자들에게 본이 되고 이러한 순종 가운데 그의 인내는 또한 그들을 따르도록 합니다. 그리고 반대하는 이들에 대하여 은혜와 구속의 은혜에 관한 커다란 무지를 가졌다고 주장합니다.

구속함이란 말에 의해서, 우리는 모든 악으로부터의 온전한 구원뿐만 아니라, 몸과 영혼에 있어서의 온전한 기쁨을 이해합니다. 내가 몸과 영혼에 있어서 말하건내, 주님은 또한 육신을 위한 분이십니다. 이런 인생에 있어서 의인들의 몸은 성령의 전입니다. 하나님은 믿는 자들의 몸과 언약을 맺으십니다. 죽은 후 비록 벌레들이 그들을 갉아 먹으나, 그들의 육신은 하나님을 볼 것입니다.

내가 정말로 두려운 것은 우리 시대에 몇몇 사두개인들이나 이단자들입니다. 그들은 말하기를, 우리가 거듭남에 있어서 육신의 부활이나 부활은 이미 지나갔다고들 합니다. 심판의 날, 우리 주님의 육신으로 오심은 부정된다는 것이고, 따라서 우리는 주님의 성찬으로부터 버림받는다는 것입니다. "왜 우리는 주님 오실 때까지 주의 죽으심을 기억해야 하는가?", "우리 마음에 심판하러 오신 그는 두 번째로 오시지 않을 것인가?" 그러나 이 모든 질문들은 명확하게 알지 못하고 의심하는 자들에게서 나온 것들입니다. 그들은 확실히 그들이 무엇을 말하는지 알지 못하거나 확신하지 못합니다.

우리는 거듭나서 주님을 따라야 하고 신생의 동참자가 되어야 합니다. 그리고 그리스도가 우리의 마음에 찾아오심으로 자유롭게 고백하고 인정합니다. 이러한 것들을 말할 때, 우리가 단지 무엇을 알고 느끼는지 말하기를 소망합니다. 그러나 분명한 것은 그리스도 예수는 오실 것이고, 그 후 심판하실 것이며, 땅에 오신 몸과 함께 하늘로 올라갈 것이라는 사실입니다. 그는 그의 부활 후, "나를 만져 보라, 너희가 보고 만진 것같이 성령은 살과 뼈가 없느니라"고 하십니다.

분명한 것은, 그리스도의 부활은 우리가 진정으로 소망하는 바입니다. 사도는 "그리스도께서 죽은 가운데서 다시 살아 잠자는 자들의 첫 열매가 되셨도다. 사망이 사람으로 말미암았으니 죽은 자의 부활도 사람으로 말미암는도다. 아담 안에서 모든 사람이 죽은 것 같이 그리스도 안에서 모든 사람이 삶을 얻으리라."고 말합니다.

오, 믿는 자들이여! 여기 한 사람이 있으니 비록 가장 천하나, 당신은 구속함을 입어 장차 동참자들(partakers)이 될 것입니다. 내가 말하는 것은 당신의 몸이 구속함을 얻을 것을 뜻합니다. 썩어 없어질 것이 새 것으로 덧입혀질 것입니다. 그리고 죽음에서 생명을 얻게 될 것입니다. 영혼뿐만 아니라 당신의 몸도 아버지로부터 예수 그리스도에게 주어졌습니다. 그들은 서로를 지켜보며 변함없는 모습으로, 그리고 기도 가운데 친구가 되어왔습니다. 그러므로 당신의 영혼뿐만 아니라 몸도 심판 날 예수 그리스도가 소생시킬 것입니다.

오, 믿는 자들이여, 죽음을 두려워하지 마십시오! 당신에게 이것은 겨우 신성화된 기숙사 정도에 지나지 않습니다. 그 곳에서 당신의 몸은 부활의 아침 때까지 고요하게 잠을 이룰 것입니다. 대천사의 소리가 날 때, 하나님의 승리가 모든 이들을 깨울 것입니다.

"일어나라, 죽었던 자들이여, 장차 심판이 있으리라." 땅과 하늘과 불과 물이 당신들을 비껴갈 것이며 몸과 영혼이 주와 함께 할 것입니다. 내가 의심치 않는 것은 많은 이들이 얼빠진 몸으로 울부짖으며, 죽음의 몸이 죽지 못할 영혼 아래 거하는 것에 대하여 불평할 것이라는 사실입니다. 우리 약간의 인내심을 가지도록 합시다. 우리는 주위의 사람들로부터 구원될 것입니다. 머지 않아 육신의 장막은 제거될 것이고, 우리는 하늘로부터 온 집과 함께 옷을 입게 될 것입니다. 장차 우리 몸은 거룩하게 될 것이고, 우리의 영혼이 약해서 숨겨지기는커녕, 강하게 될 것입니다. 또한 다른 사람들의 몸은 변화될 것이며, 병들어 여위게 되고 노동과 나이로 더불어 울부짖게 됩니다.

그러나 죽음에 의한 당신의 축복된 변화가 올 때까지 잠시만 기다리십시오, 그러면 당신의 몸은 그리스도의 영광스러운 몸과 같이 새롭게 될 것이고, 찬란하게 될 것입니다. 우리는 우리 주님의 '그의 옷은 밝고 빛나게 되었고 그의 얼굴은 태양보다 더 밝다'는 산상 변화가 우리에게 설명하는 것으로부터 어느 정도 희미한 생각들을 가질 수 있습니다. 믿는 자는 시도의 승리의 외침, "오 죽음이여, 너의 괴로움은 어디에 있느냐! 너의 승리는 어디에 있느냐!"에서 비롯합니다. 우리의 영혼이 더 좋은 곳의 구속함의 비교에서 몸의 구속함은 무엇입니까? 나는 천사가 요한에게 "더 높은 곳으로 올라가라"고 한 것처럼 모든 믿는 자들에게 말해야 합니다.

우리는 그러한 거리에서, 그리스도께서 사셨고 실제적인 곳으로 당신을 놓아두실 구속에 대한 분명한 관점을 취하도록 합시다. 이미 당신은 의롭게 되었고 거룩하게 되었으며 죄의 잘못과 지배로부터 자유롭게 되었습니다. 그러나 내가 주목한 바와 같이 죄의 본성과 거주는 여전히 당신에게 남아 있습니다. 하나님은 이스라엘 백성들을 지키시기 위해 그 땅에 약간의 아말렉 족속들이 남도록 하셨습니다.

내가 납득하는 것은 가장 완벽한 그리스도인도 "본성의 부패는 거듭나서도 남아 있고 육신의 욕망은 항상 영혼을 대적하며, 영혼은 항상 육신을 대적한다"는 우리의 기사들 중의 하나에 동의해야만 한다는 것입니다. 그래서 믿는 자들은 그들이 소망하는 완벽함에 의해서 하나님을 위해 일할 수 없습니다. 이것은 날마다 그들의 의로운 영혼을 슬프게 하고 그들이 이렇게 외치도록 합니다. "누가 우리를 이 죽음의 몸으로부터 구원하리요!"

믿는 자들은 다양한 시험을 통하여 종종 곤혹을 치르곤 합니다. 하나님은 그들에게 이런 것이 필요하고 선하다고 보십니다. 그리고 비록 그들이 하나님과 좋은 교제를 가지고 있을지 모르나 그들이 계시의 풍성함에 거하지 않도록 하기 위해서 사탄의 사자가 그들을 해하도록 보내어 집니다.

그러나 당신의 마음에는 피로하거나 지치지 않습니다. 당신의 완전한 구속의 시기는 거의 지나갔습니다. 하늘에서 사악한 이가 당신을 괴롭히는 것을 관둘 것이고 당신의 지친 영혼은 영원한 휴식을 맛보게 될 것입니다. 사탄의 격렬한 창은 그들의 복된 지역에 도착할 수 없습니다. 예수 그리스도가 문을 닫을 때 사탄은 결코 더 이상 하나님의 아들을 방해하거나 비난하기 위해 나타나지 않을 것입니다.

당신의 영혼은 늘 사악한 자와의 대화로 인해 슬퍼합니다. 가라지들이 지금 밀 가운데 자라고 있습니다. 늑대들이 양의 옷을 입고 옵니다. 그러나 본문의 언급된 구속함은 당신의 영혼을 이러한 모든 걱정으로부터 자유롭게 할 것입니다. 장차 당신은 의인들과 완전히 함께 즐기게 될 것입니다. 불길하고 거룩하게 되지 못한 이들은 거룩한 곳으로 들어갈 수 없으며 이곳은 당신을 위해 준비되어 있습니다. 장차 당신의 구속함이 하늘에서 완성될 때 이 모든 사탄의 올무로부터 놓임을 받게 될 것입니다. 또한 이 모든 좋은 것의 영원한 즐거움에 들어가게 됩니다. 사실, 모든 의인들은 똑같은 행복을 가지지는 않을 것이나 그들은 모두 소망하는 것 만큼의 행복을 가질 것입니다.

믿는 자들이여, 당신은 사탄을 심판할 것이고 친밀하게 하나님과 천사들과 대화를 나눌 것입니다. 아브라함과 이삭과 야곱과 의로운 모든 이들과 함께 자리를 같이 할 것입니다. 그리고 한 마디로 당신의 모든 행복을 요약하면, 당신은 하나님 아버지와 아들, 그리고 성령을 볼 수 있습니다. 하나님을 바라봄으로써 점점 더 그를 닮아가고 영광에서 영광으로, 심지어 영원에 이를 것입니다.

그러나 나는 멈춰야 합니다. 왜냐하면 하늘의 영광이 매우 빠르게 나의 영혼에 밀려들어 왔는데, 나는 그들의 응시 가운데 정신을 잃게 되었기 때문입니다. 형제들이여, 언급된 구속함은 말로 표현할 수 없습니다. 우리는 여기서 그것을 찾을 수 없습니다. 눈은 보지 못했고 귀는 듣지 못했는데 그것은 대부분 거룩한 사람의 마음 속에 들어갑니다.

그것은 얼마나 위대한지요. 당신이 천국에 들어갈 때, 내가 모든 세대의 사람들과 그것에 관하여 이야기하는 것이 즐겁다면, 당신은 시바여왕과 함께 500명도 되지 않는 이들이 우리에게 들었다고 말할 것이 틀림없습니다.

믿음의 눈으로 비스가산에 가기 위해 우리가 할 수 있는 모든 것은 약속의 땅을 멀리 바라보는 것입니다. 우리는 아브라함이 멀리서 그리스도를 바라보고 즐거워했던 것처럼 볼 수 있어야 합니다.

그러나 여기서 우리는 단지 일부분만 알고 있습니다. 하나님은 복의 근원이시고 우리가 하나님을 알려고 할 때, 비록 우리가 안다고 하더라도, 하나님은 모든 것 위의 모든 것이 되시고 오실 시간이 있다는 것입니다. 주 예수님은 그의 택하신 자들을 인도하십니다! 주 예수님은 당신의 왕국을 서두르십니다!

그리고 지금, 이러한 마지막 시기에 조소 자들은 어디에 있습니까? 누가 크리스천의 삶이 미친 것이라 할 수 있으며 그들의 목표가 경외심이 없는 것이라 할 수 있습니까? 불행한 사람입니다! 당신은 무엇을 하는지 알지 못합니다. 만약 당신의 눈을 열어 영적인 것들을 분별할 수 있는 감각을 지녔다면 하나님의 자녀에 대항하는 악의 모든 방법, 태도 등을 말하는 것이 아니라 세상의 위대한 사람들로서 그들을 평가하고 그들의 행복을 부러워할 것입니다.

당신의 영혼은 이후 배고프고 목마를 것입니다. 또한 당신은 그리스도를 위하여 바보가 되어야 합니다. 당신은 지혜를 사랑합니다. 고린도의 철학자들처럼 말입니다. 그러나 당신의 지혜는 하나님의 입장에서 보면 어리석음 중의 어리석음입니다. 만약 당신에게 있어서의 지혜가 당신을 구원에 이르게 하지 못한다면 이러한 지혜는 도대체 어떤 가치를 지녔단 말입니까? 당신은, 모든 지혜를 포함해서, 구원의 소망을 세우기 위해 더 일괄성있는 계획을 제안할 수 있습니까? 당신은, 모든 자연적인 이성과 더불어 주 예수 그리스도의 의에 의한 것보다 하나님을 더 받아들일 수 있는 더 좋은 방법을 발견할 수 있습니까? 당신 자신의 일이 어떤 측면에서는 그것이 할 만하고 획득할 만한 일이라고 생각하는 것이 옳습니까?

그렇지 않다면 왜 당신은 그를 믿지 않으려 합니까? 왜 그의 의에 관하여 복종하지 않으려 합니까? 당신은 당신이 죽었던 자인 것을 부정할 수 있습니까? 불법으로 가득 찼었으며 이러한 불법들이 당신을 불행하게 한 것을 발견하지 못합니까? 당신 자신의 마음을 변화시킬 수 없다는 것을 발견하지 못합니까? 많은 시간을 들이나 이것을 해결하지 못하였고, 당신 위에 이러한 많은 부패함들이 지배하고 있지는 않습니까? 당신은 욕망에 대한 노예가 아니었습니까, 그리고 그의 뜻 가운데 마귀에 의해 생포되어 있지 않았습니까? 왜 거룩함을 입기 위해서 그리스도께 돌아오지 않습니까?

내가 알 수 있는 것은 당신은 멸절된 사고들을 품을 수 없다는 것입니다. 아무리 가장하더라도, 만약 진실을 말하면, 당신이 인정해야 하는 것은 양심이 그렇든, 그렇지 않든 더 진지한 간격 속에 당신에게 침투하여 심지어 지옥은 불로 묘사될 수 없다고 믿도록 강요한다는 사실입니다.

왜 당신은 그리스도께 다가서지 않으려 하십니까? 그는 혼자서 영원히 구속하실 수 있는 분입니다. 서두르십시오! 서둘러서 비탄에 빠진 죄인들을 다시 일으키시는 그에게로 서둘러 가십시오. 당신은 지혜가 부족하다면 그리스도께 구하십시오. 그가 지혜를 주시는 것을 누가 알겠습니까? 그는 당신에게 지혜를 주실 수 있습니다. 왜냐하면 그리스도는 아버지의 지혜이시기 때문입니다. 그는 영원하신 지혜가 되십니다.

당신은 의롭지 못합니다. 그러므로 곧 그리스도께 나아가십시오. "그는 믿는 모든 이들의 의에 대한 율법의 마침이 되십니다." 당신은 거룩하지 못합니다. 예수 그리스도께로 달려가십시오. 그는 은혜와 진리가 충만한 분이십니다. 그리고 그의 모든 충만함은 그에게 있는 믿음을 받아들이는 것입니다. 당신이 게으르다면 그것은 유감스러운 일입니다. 게으름을 그리스도에 속한 당신으로부터 쫓아 버리십시오. 그는 죽음과 지옥의 열쇠를 가지고 계신 분입니다.

그 안에 넘치는 구속함이 있습니다. 그는 혼자서 문을 열고 영원한 삶으로 인도하시는 분입니다. 그러므로 속이는 추론자가 더 이상 그의 외적인 이성을 자랑하지 않도록 합시다. 당신이 무엇을 생각하든, 이 세상에 있는 대부분의 이성적인 것들은 하나님께서 보내신 예수 그리스도를 믿지 않는 것입니다. 왜, 왜 당신은 죽을 것입니까? 왜 당신은 당신의 삶을 소유하고 계신 그에게 나아오지 않습니까?

"너희 목마른 자들아, 물로 나아오라, 돈 없는 자도 오라, 너희는 와서 사 먹되 돈 없이 값 없이 와서 포도주와 젖을 사라."고 했습니다. 이러한 축복된 특권들이 이 본문에서 값으로 사게 되는 것이라면, 당신은 "우리는 가난하여 살 수 없다"고 말할지 모릅니다. 만약 특권들이 그러한 계열의 죄인들에게 임하게 된다면, 당신은 우리와 같은 그러한 죄인들이 어떻게 매우 높게 평가될 수 있겠는가? 라고 말할 것입니다.

그러나 그러한 특권들은 가장 나쁘다고 여겨지는 죄인들에게까지 하나님으로부터 무료로 제공될 것입니다. 사도 바울은 '우리에게', 박해자인 나에게, '불결하고, 술 취하며, 사악하고 게으른 자들'인 고린도인들 당신들에게 말합니다.

그는 여전히 동일한 분입니다. 그는 중재하시기 위해 영원토록 살아 계시고 당신에게 복을 내리실 것입니다. 비록 에서와 같이 당신이 세속적이었고 하늘에 계신 아버지의 상속권을 경멸한다 할지라도 말입니다. 또한 지금도 만약 당신이 그리스도는 당신에게 하나님의 지혜와 의로움과 거룩함과 구속함이 되실 것이라고 믿는다면 말입니다.

그러나 나는 다시 믿는 자들에게 돌아서야 하는데, 그들의 교훈에 대하여, 전에 내가 관찰한 것으로서, 이 강연은 특별히 의도되었습니다. 하늘의 부름을 받은 동참자인 형제들이여, 놀라운 축복은 머리되신 예수 그리스도 안에서 당신을 위해 쌓여져 있고 당신은 그의 이름을 믿음으로 말미암아 권리를 얻게 됩니다. 그러므로 당신은 부름받은 부르심을 따라 걷도록 하십시오. 당신이 얼마나 많이 은혜를 입었는지를 생각해 보십시오. 당신이 그리스도를 선택한 것이 아니라 그리스도께서 당신을 선택하셨습니다. 하나님의 부르심을 입은 자로서 겸손한 마음과 영광으로 옷을 입으십시오.

그러나 오직 주께 맡기십시오. 당신은 당신이 하나님으로부터 받은 것 외에는 소유하지 말아야 합니다. 본질상 당신은 법적으로 불결하고 다른 이들과 같이 진노의 대상으로 어리석은 자였습니다. 그러므로 인정 많고 예절바른 사람이 되십시오. 거룩함은 점진적인 일로써, 당신이 이미 획득했던 사고에 대해서 조심하십시오. 마음 속에 가장 순결한 이가 누구인지 앎으로 장차 하나님의 가장 분명한 비전을 누리게 될 것입니다. 죄 아래 거하는 것은 당신이 매일 짐을 지는 것입니다. 그리고 슬프고 고통스러울 뿐만 아니라 신성한 은혜의 힘에 의해 매일 그것을 정복하는 것을 보는 것입니다.

계속적으로 창조주뿐만 아니라 당신의 믿음의 주관자 되시는 예수님을 바라보십시오. 당신 자신의 신뢰를 쌓지 말고 하나님의 견고하심을 쌓으십시오. 당신은 자신의 의지로 서 있는지 주의해서 생각해 보십시오. 하나님 아버지의 영원하신 사랑은 당신의 유일한 소망이자 위로가 되심이 틀림없습니다. 하나님의 사랑이 이 모든 환란 가운데 있는 당신을 받쳐줄 수 있도록 하십시오. 하나님의 은사와 부르심에는 후회하심이 없으시고 그리스도께서 한번 당신을 사랑하시면 끝까지 사랑하신다는 것을 기억하십시오. 이것이 당신이 순종하게 하며 당신이 복된 시간이 되도록 고대하게 하며 그리워하도록 하십시오. 그는 당신에게 지혜와 거룩함뿐만 아니라 또한 완전하고도 영원한 구속함이 되십니다.

가장 높은 곳에 계신 하나님께 영광을!

9. 보나르
(Horatius Bonar, 1808-1889)

생애

스코틀랜드 에딘버러 출신인 보나르(Horatius Bonar)는 전통적인 목사 집안에서 1808년 12월 19일에 출생하였다. 보나르는 에딘버러에서 고등학교와 신학대학을 졸업하였고, 목사 안수를 받은 1837년 이전까지는 레이스에서 선교사로 활동하였다. 1843년의 스코틀랜드 교회는 교회 분열이라는 시련의 시기였는데, 보나르는 친구인 토마스 칼머와 함께 비장로교운동을 이끌었다.

사역

스코틀랜드 교회 분열기에 보나르는 북부지방의 작은 교구인 켈소에서 성직생활을 시작하였다. 그는 이곳에서 1866년까지 목사로 시무하였으며, 그동안 새로운 교회 형태를 만들어 교회를 급속도로 성장시켰다. 1866년 이후에는 에딘버러의 칼머 기념 교회의 담임목사로 시무하였다.

보나르의 설교가 에드워드 어빙의 설교에 지대한 영향을 받은 것은 사실이나 무조건적으로 답습한 것은 아니었다. 여하튼, 보나르는 전천년주의자로 열정적 설교자가 되었다. 또한 보나르는 디엘 무디의 복음전도운동의 지지자였다. 이와 같은 이유로 인하여 몇몇 목사들에게 비난을 받기도 하였으나 호라티우스 보나르는 분명한 칼빈주의자이며 의심할 수 없는 정교주의자였다.

설교

보나르의 설교의 특징은 가능한 모든 설교를 복음서 중심으로 말한다는 것이다. 또한 그는 설교가 청중들에게 흡사 찬송가처럼 들리도록 노력하였다. 한편 보나르는 장로교인들 중에서 많은 사람들이 수용하고 있던 제7일 안식교에 대하여 예민하게 반응하였다. 그는 무비판적으로 수용하여 전천년설에서 벗어나 상이(相異)한 견해를 가진 사람과 성직자에 반대하였다. 보나르는 제7일 안식교를 부정하는 글을 쓰기도 하고, 설교를 하기도 하였다.

업적

보나르의 모든 업적 중에서도 특히 강조되는 것은, 그가 인간적 공적이나 공로로부터 총체적 해방을 선포하였다는 점이다. 그의 찬송가의 첫 번째 곡에는 다음과 같은 노랫말이 있습니다. "난 예수님의 음성을 들었습니다." 이것은 보나르 자신이 한 모든 일이 자신이 한 것이 아니라 하나님께서 하셨음을 분명히 하고 있다란 증거이다. "내가 나 자신인 것처럼 나는 예수가 됩니다… 그리고 나의 두 손은 아무 것도 할 수 없습니다 …나의 모든 기도와 한숨 그리고 눈물도 아닙니다…" 그는 인간적 업적은 하나님께서 역사하셨기 때문임을 선포하고 있다. 단지 보나르 자신은 가치 있는 부흥이 약간 가미된 참회의 업적이 있을 뿐이다.

강연투

그의 설교 안에서, 여러분들은 예수님에 관한 복음과 성경의 정당한 변론이 아니라 당신은 매우 조심스럽고, 단순 명료한 목사의 설명을 발견할 수 있을 것이다. 이것은 친근하면서도 다정한 미소와 설득력이 있는 그의 설교의 특징이다. 보나르의 요한일서에 관한 투명하고 조심스러운 설교를 실례로 본문에 실었다.

보나르를 연구함에 있어서, 그의 따뜻하고 포근한 복음을 연구하고, 그의 모든 설교에서 발견할 수 있는 분명하고 단순한 성서적 색채를 그의 어조에서 찾아야 한다. 찬송가 작가의 투명한 상상력을 자극하는 그는 감동적이고, 솔직하고, 잊혀지지 않게 말하기를 원했다. 왜냐하면, 그의 글은 만연체에다가 건조체였기 때문이다. 그러나 그의 글은 핵심을 분명하고 정확하게 밝히고 있다.

영혼을 사망으로 인도하는 죄

"누구든지 형제가 사망에 이르지 아니한 죄 범하는 것을 보거든 구하라 그러면 사망에 이르지 아니하는 범죄자들을 위하여 저에게 생명을 주시리라 사망에 이르는 죄가 있으니 이에 대하여 나는 구하라 하지 않노라. 모든 불의가 죄로되 사망에 이르지 아니하는 죄도 있도다"(요일 5:16-17).

여기서 언급된 모든 죄는 '성령에 대적하는 죄'와 동일하게 사용된 것입니다. 사람들이 죄에 관하여 말할 때, 죄에는 전혀 다른 두 가지 의미가 있습니다. 먼저 유대 율법학자들이나 혹은 종교적 형식주의자인 바리새파처럼 예수 그리스도께 적대적 행위를 하는 죄가 있습니다. 다른 하나는 '성령에 대적하는 죄'입니다. 이 죄는 우리들 이전의 문제입니다. 다시 말해, 기독교적 공동체에 관한 죄입니다. "만약에 어떤 사람이 그의 형제가 죄를 짓는 것을 본다면" 우리는 앞에서 언급한 두 가지의 죄를 혼동하지 않도록 주의해야 합니다. 우리의 영혼을 사망으로 인도하는 죄는 믿음이 있는 사람도 저지를 수 있습니다. 그리고 믿지 않는 자들도 성령에 대적하는 모독적인 죄를 충분히 범할 수 있습니다.

우리가 죄를 범하지 않기 위한 최적의 혹은 최소한의 방법은 그 범죄의 울타리를 최소화하는 것입니다. 그렇게 해서 우리의 노력을 용이하게 만드는 것입니다. 그러나 어려운 문제를 하나 해결한 반면에 다른 문제점이 발생하지는 않았습니까? 하나님이 주시는 영광을 배제하고 생각하지 마십시오. 또한 선지자나 사도들에게 있었던 사건들을 무시하지 마십시오. 그러나 "사망으로 인도하는 죄"라는 표현의 의미가 부정적인 만큼, 우리는 이 말로 화두를 삼아야 합니다.

사망이란 일시적 또는 영속적인 죽음을 의미합니다. 다시 말해서, 영혼의 죽음 또는 육체의 죽음을 의미합니다. 사망의 의미를 설명하기 전에 제가 말하는 "사망에 이르는 죄"에서 사망이란 것은 일시적 죽음을 포함하는 죄를 의미합니다. 여하튼 하나님께서는 죄에 대하여 질병과 죽음으로 응징하십니다. 비록 그가 하나님의 왕국으로부터 부름을 받아 행하는 자라도 죄에 대한 하나님의 응징에는 예외가 되지 못합니다.

두 종류의 죄의 다른 점은 이스라엘의 광야 시절을 살펴보면 보다 잘 설명되어질 수 있습니다. 이스라엘은 출애굽 후에 많은 믿는 사람들이 있었음에도 불구하고 그들은 징벌을 받아 광야에서 죽었습니다. 뿐만 아니라, 모세에게서처럼 믿는 자도 그의 죄에 대해 일시적 죽음의 고통을 당하는 것을 볼 수 있습니다. 그럼에도 불구하고 여전히 하나님의 백성들은 천상 가나안의 상속자가 될 것입니다.

그러나 신약에서도 이 같은 경우가 있을까요? 만약에 우리가 우리보다 앞선 위대한 사람들이 해석한 것을 가지고 있다면, 그것에 확신을 가지고 증거로 제시할 것입니다. 모든 점에서, 선지자나 사도들과 같은 방법으로 하나님과 교제를 나눌 것입니다. 그리고 다소 유사한 예로서 여러 가지 고통, 질병, 파산, 친구들과의 이별, 다시 말해서 죽음의 그림자의 징벌들이 있습니다. 모세의 경우에는 죽음을 동반한 아버지의 징벌로, 욥의 경우에는 파산과 가족들의 죽음, 병을 앓았습니다. 하지만 죽지는 않았습니다.

또한 신약성경에서도 선지자나 사도들이 사망에 이르는 고통을 볼 수 있습니다. 가장 대표적인 예는 고린도 교회에서 찾아볼 수 있습니

다. 고린도 교회는 여러 방면에서 "아무런 은사 없이 사신" 예수 그리스
도처럼 고결한 교회였습니다. 그럼에도 불구하고 고린도 교회 내부에는
수많은 죄들이 있었습니다. 이들은 "마치 선지자나 사도가 된 것처럼"
전도여행을 하지 않았습니다. 특히 성찬식과 관련하여 고린도전서 11
장 후반부를 살펴보면 고린도 교회가 중요한 죄를 범했음을 알 수 있습
니다. 초대 교회의 이같은 죄로 인하여 하나님께서는 결코 고민하시지
않았습니다. 뿐만 아니라 초대 교회인들은 이 일로 믿음이 없는 세상과
더불어 처벌을 받지도 않았으며 비난을 받지도 않았습니다. 하지만 고
린도 교회들은 비난받을 만한 사악한 길로는 가지 않았습니다. 따라서
하나님께서는 고린도 교회인들 중에서 죄를 범한 자들에게 질병과 죽
음, 그 이외 많을 것으로 처벌을 하셨습니다.

사도 바울은 말하고 있습니다. "이러므로 너희 중에 약한 자와 병든
자가 많고 잠자는 자도 적지 아니하니"(고전 11:30). 바울은 계속해서
말하고 있습니다. 건강을 잃고, 병들고, 죽는 이 세 가지는 하나님께서
고린도 교회를 응징하신 증거입니다. 하나님께서는 죄악에 대하여 건강
을 잃어버리거나, 병들거나 하는 처벌을 내리십니다. 또한 '수면'이라고
표현되는 죽음으로 징벌하시기도 합니다(고전 7:39-15:8 참조). "사망
으로 인도하는 죄" 중에서 "질병에 이르는 죄"의 용서에 관하여 사도 바
울은 고린도 교회에게 말하고 있습니다. "우리가 우리를 살폈으면 판단
을 받지 아니하려니와"(고전 11:31). 다시 말해서, 우리는 모든 응징
에 대하여 용서받게 될 것입니다. 하지만 만약에 우리가 우리 스스로를
판단한다면, 그리고 우리 자신의 죄를 스스로 벌한다면, 우리는 하나님
의 무서운 심판을 피할 수 있을 것입니다. 그리고 여기에 덧붙여서 우
리가 저주와 분노를 배제하고 사랑으로 심판한다면, 하나님께서 우리를
심판하지 않을 것입니다.

우리는 이와 같은 진실을 야고보서에서도 볼 수 있습니다(약 5:14-

15). "너희 중에 병든 자가 있느냐 저는 교회의 장로들을 청할 것이요 그들은 주의 이름으로 기름을 바르며 위하여 기도할지니라. 믿음의 기도는 병든 자를 구원하리니 주께서 저를 일으키시리라 혹시 죄를 범하였을지라도 사하심을 얻으리라." 이 부분에서 야고보는 병을 죄의 연속성으로 믿고 있습니다. 야고보는 병든 것과 죄를 범하는 것을 기도로써 이길 수 있다고 믿었습니다. 만약에 우리가 죄를 범하거나 병이 들었을 경우에 기도를 한다면, 죄와 병은 하나님의 기직으로 우리를 사망으로 인도하지 못할 것입니다. 죄는 용서를 받고 병은 완치될 것입니다.

우리는 고린도전서 8:11에서 이와 같은 진실을 다시 볼 수 있습니다. "그러면 네 지식으로 그 약한 자가 멸망하나니 그는 그리스도께서 위하여 죽으신 형제라." 이 성경 본문에서 "멸망하나니"는 일시적 사망으로 고난을 의미합니다.

위에서 성경 본문의 진실된 의미를 살펴보았습니다. "사망으로 인도하는 죄"란 하나님의 징벌로써 질병과 죽음의 고통을 뜻합니다. 이 죄가 무엇인지 우리는 알지 못합니다. 이 죄는 모두 같은 의미를 뜻하지 않고 각각 다른 의미를 가지고 있습니다. 고린도 교회의 경우에서처럼, 무의미한 논쟁은 "사망으로 인도하는 죄"입니다. 하지만 다른 관점에서는 반드시 필요한 교훈입니다.

그러므로 요한과 야고보의 글은 분명히 일치하고 있습니다. 한쪽은 다른 한쪽을 예증하고 있습니다. 병든 형제의 경우는 야고보의 말처럼, 우리가 오늘 읽는 본문의 첫 구절에서 언급된 일입니다. 만약에 어떤 사람이 사망에 이르는 죄가 아닌 죄를 범한 형제를 본다면, 그는 스스로 질문해야 합니다. "사망에 이르는 죄가 아닌 그 형제를 살리기 위해서 무엇을 해야 하는가?" 그러므로 성실한 기도는 사망으로부터 병든 자를 구원하는 것이며, 일으켜 세우는 것입니다. 그리고 병들게 하는 죄로부터 사함을 얻게 하는 것입니다. 하지만 의문이 떠오를 것입니다.

"우리가 어떻게 사망에 이르는 병과 그렇지 않는 병들을 구별할 수 있는가?" 그리고 "우리의 성실한 기도가 사망에 이르지 않는 말인가?" 이 질문의 답은 본문 16절에서 "사망에 이르는 죄가 있고" 17절에서 "모든 불의가 죄로되 사망에 이르지 아니하는 죄도 있지만 본문의 말씀에서 사도적 의미에서 16절 후반부에서 "나는 구하라 하지 않노라(I do not say that he shall pray for it)"라고 말하고 있습니다. 만약에 우리의 죄가 사망에 이르게 한다는 것을 알지 못한다면, "나는 구하라 하지 않노라"는 말을 하지 않았을 것입니다.

본문의 '구하다'(pray)라는 의미는 '묻다'라고 번역될 수도 있습니다. 예를 들어, 요한복음 1장 19절에서, "유대인들이 예루살렘에서 제사장과 레위인들을 요한에게 보내어 네가 누구냐 물을 때 요한의 증거가 이러하니라"고 했습니다. 이외에도 요한복음 1:21, 25, 5:12, 9:2, 19, 21에서도 볼 수 있습니다. 그러므로 만약에 이러한 의미에서 오늘의 본문을 보면, "나는 묻지 않기를 요청한다"고 말합니다. 다시 말해서, 만약에 그가 병들거나 곧 죽게 될 형제를 본다면, 그는 말할 것도 없이 사망에 이르는 죄라는 언질을 주신 것입니까? 아닌가요? 아마도 말할 것도 없이 이러한 문제를 구하게 될 것입니다. 그리고 하나님의 손에 맡기고 기도의 응답으로 그가 일어나게 되는 것으로 사망에 이르는 죄의 언질인지 아닌지 알 수 있습니다.

지금까지의 경과로 단순하게 되는 동안에 우리가 거론하지 않은 엄숙한 경고로서의 영원한 저주로 추측되는 신비스러운 죄를 말하지 않았습니다. 이것은 아주 조용히 하나님의 선지자가 범한 죄를 말하지 않은 것이 남아 있습니다. 바꿔 말해서, 만약에 어떤 사람이 그리스도 안에서 죄를 범하는 것을 본다면, 그리고 그 결과로 병상에 누워 있는 것을 본다면, 그는 병든 형제를 위해서 기도해야만 합니다. 그리고 만약에 그의 죄가 죽지 않고 형벌로서의 병 중 하나라면, 그 병자는 건강을 회복하게 될 것입니다. 왜냐하면, 모든 죄는 병으로 인도하지 죽음으로 이끌지는 않기 때문입니다. 그리고 우리가 어제의 죄가 단지 병으로 발병되는지 알기 어렵습니다. 그리고 죽을지 알기 어렵습니다. 나는 이렇게 말합니다. 이러한 질문을 하지 마십시오. 그러나 기도하세요. 그리고 하나님께 맡기십시오.

오늘 읽은 본문에서 주의해서 배워야 할 것이 있습니다.

첫째, 죄들의 특별한 종류에 관한 어려운 문제들에서 당신 스스로 문제를 해결하려고 하지 마십시오. 사망으로 인도하는 죄와 죽음으로는 이끌지 않는 죄를 나누는 것으로 만족해 하십시오. 이와 같은 관점에 관한 여러 문제들로 근심하지 마십시오. 결코 인간은 그 해답을 얻을 수 없습니다. 모든 옳지 못한 것들이 바로 죄라는 것을 기억하십시오. 그리고 정당하고 완벽한 법의 위반처럼 분명한 죄라는 것을 상기하십시오. 본성이나 처벌 조항을 기억하는 것이 아니라 나 스스로가 엄청난 죄 속에 있다는 것을 상기하십시오.

둘째, 형제의 건강을 염려해 주세요. "각각 자기 일을 돌아볼 뿐더러 또한 각각 다른 사람들의 일을 돌아보아 나의 기쁨을 충만케 하라"(빌 2:4)고 한 사도의 말처럼 만약 당시 이 어떤 형제의 죄를 보면, 마치 당신과 아무 관계없는 것처럼 하지 마십시오. "내가 형제들의 관리자인가?"라고 말하지 마십시오. 모든 사도들과 같은 영적 행복을 갈급하세요. 구제할 수 없는 것에 구원을 찾으세요. 그들은 당신의 긍휼과 당신의 노력을 필요로 하고 있습니다.

셋째, 죄 지은 것을 사소한 것으로 여기지 마십시오. 당신의 죄나 다른 사람의 죄를 사소한 것으로 생각하지 마십시오. 교회에서 빈둥거리면서 시간을 낭비하지 마십시오. 죄를 범하고 변명하지 마십시오. "나는 아주 사소하고 작은 실수를 했다"고 말하지 마십시오. 이 부분에 관하여 당신은 반드시 대가를 치르게 될 것입니다. 나는 어떤 방법으로 그 대가를 지불할지 모릅니다. 하지만 나는 단언할 수 있습니다. 멀지 않는 미래에 혹은 조금은 먼 미래에 반드시 영적으로 그리고 육체적으로 대가를 지불할 것입니다.

넷째, 동시에 하나님에게 의탁하십시오. 무의미한 문제를 풀지 마시고 숨김없이 하나님께 의탁하십시오. 어떤 형제의 좋지 못한 예를 들어 보면, 기도를 한다고 해서 건강을 회복하는 것은 아니라고 하는 것입니다. 하나님께 가서 그것에 관하여 이야기 하십시오. 당신의 경우도 같습니다. 당신이 알고 있는 중요한 것을 고백하지 않고 그대로 남아 있는 것입니다. 옳지 못한 행위 즉 범죄한 것입니다. 하나님께서는 그것을 싫어하십니다. 당신 또한 그것을 싫어해야 합니다. 당신의 하나님께서 싫어하시는 것을 받아들여야 합니다. 그리고 그것들을 싫어해야 합니다. 당신은 하나님께서 싫어하시는 것을 당신도 싫어하도록 원해야 합니다.

동시에 하나님께 기도하십시오. 그가 자신의 죄를 어떻게든 숨기고 그것의 일부만을 고백한다면, 그것은 당신의 패망이 될 것입니다. 이것은 당신의 독배가 될 것입니다. 마치 이것을 먹는다는 것은 서서히 파괴될 것입니다. 죄는 덮거나 숨기기에는 너무 큰 일입니다. 오직 그분의 아들의 피로만 가능한 것입니다. 그분의 피는 당신을 순결하게 하고 당신의 영을 도움이 되는 성스러운 효과가 입증합니다. 안식은 위대한 죄 사함의 몫일 뿐입니다. 만약에 당신이 용서를 받지 못했다면, 그 은총은 당신의 것이라고 할 수 없습니다. 그리고 만약에 당신이 용서받지 못해서 고통스러운 대신에 용서받은 즐거움을 느낀다면, 당신이 하나님으로부터 죄 사함의 확신을 받을 때까지 안식은 없을 것입니다. 이 안식은 오직 영원함을 위해서 깊은 질문을 하는 그들만이 알고 있는 화해의 맛, 바로 십자가의 길입니다.

이러한 일을 제 2의 죽음(the second death)이라고 합니다. 그리고 누가 그 불행한 죽음으로 운반됩니까? 누가 그를 지옥에서 나올 수 있게 기도할 수 있습니까? 제 2의 죽음! 아, 그들이 그렇게 될 때에야, 모든 것은 드러날 것입니다. 예수 그리스도의 피가, 그의 십자가가 그렇게 하신 것이 아닙니다. 그분은 죄 사함을 제안했습니다. 하나님께서는 당신의 아들 안에 죄사함을 주었습니다. 그것을 받으십시오. 그리고 영생을 얻으십시오. 그분은 죽었다가 부활하셨고, 현재도 살아계시며, 영생의 선물을 당신에게 선사하십니다. 제 2의 죽음이 없는 생명을 가질 수 있습니다. 죽음의 그림자 골짜기 너머에 존재하는 생명, 숨이 끊어지지 않는, 하나님의 나라 안에서, 죽음이 없는 그곳으로 들어갈 수 있는 생명을 말입니다.

10. 로버슨

(Robertson, 1816-1853)

생애

프레데릭 윌리암 로버슨은 1853년 8월에 뇌와 심장 질환으로 37세에 죽었다. 그는 그의 첫번째 교회이고 단 하나의 교회인 영국 해협에 있는 서쎅스 교회, 브라이톤에서 6년 동안 설교했다. 그의 설교는 한두 편만 출판되었고 그의 명성은 사후에 알려지게 되었다.

그는 영어권 세계의 현저한 설교가들 중의 한 사람이 되었다. 로버슨은 몇 대에 걸친 군인 가족으로 1816년, 런던에서 태어났다. 그는 마음 속에 "포병의 소리에 대하여, 흔들리고, 안착되었던" 군인이었다. 그러나 비록 그가 소망하고 바랬으나 그는 군인으로 임명받는 것에 실패했다. 그래서 앵글리칸 교회의 성직 수임을 인도하는 사역 연구의 훈련에 신청했다. 뒤늦게, 옥스포드에서 신청을 받은 지 5일이 지난 후, 그는 군대의 입영 통지를 받았다. 그러나 목회자가 되기로 결심하고 군의 길을 가지 않았다.

그는 어릴 적부터 원칙적인 사람이었다. 그는 1841년에 졸업하고 독일에서 잠시 훈련한 뒤, 첼텐헴에서 목사로서 6년 동안 불행한 해를 보냈다. 1847년 브라이톤 교회에서 목회자가 된다. 그는 영국 시민들을 알았고 테니슨에게서 직접적인 영향을 받았다. 그는 면도질하는 동안 성경 내용을 암송했는데, 구약 성경의 대부분뿐만 아니라 영어로 된(헬라어로 된 성경에서도 상당수)신약 성경을 전체적으로 암송할 수 있었다.

내용

로버슨은 아침에는 전형적인 설교를 했고 오후에는 강해를 했다. 브라이톤에서 6년 간 사무엘 상하, 창세기, 사도행전과 고린도전서를 강해했는데, 사무엘상하와 사도행전은 지금 손에 넣을 수 없다. 그는 성경으로부터 발췌된 원리를 가지고 설교했다. 이 방법을 연구하면 로버슨의 설교들을 연구하는 진지한 학생들이 열매를 맺게 될 것이다.

그의 설교에는 슬픔의 저류(低流)들이 있다. 종종 그는 자신의 깊은 경험과 사람들의 감추어진 삶으로부터 설교를 했다. 그는 설교자는 남김없이가 아닌 내포된 진리를, 부정적이 아닌 긍정적인 설교를 해야 한다고 생각하였다. 그는 홀로, 교리적으로, 옥스포드 운동주의자들과 복음운동 사이에 서 있었다. 로버슨은 종종 인간의 문제와 필요성에 대하여 설교하였다.

그는 칼빈주의자로서 설교하기 시작했으나 더 넓은 교회적 관심으로 눈길을 가졌다. 그래서 교회 예배를 고양시킬 수 있었고, 외적인 모습은 던져 버리고 바깥으로 나가서 설교하였다. 나이가 들어감에 따라 신학에 있어서도 더 자유로워졌다. 이 책에 실린 원고는 더 자유로운 설교들이다.

구성

대부분 그의 설교는 성경적인 작문과 사고의 구조에 대한 두 가지 일치점을 가지고 있는데 그가 배운 것은 대조법을 이용하는 것이었다. 이것은 연구할 가치가 있다. 브룩스 또한 대조법을 이용함에 있어서 탁월했다. 로버슨의 설교는 매우 깊지 않았다. 일반적으로, 설교들은 연역적이었고 강한 개요들과 실천을 이끄는 이론들이었다.

스타일

스타일은 구어체적이었다. 로버슨의 설교들에는 웅변적인 문장들이 거의 없다. 그는 다른 방법들에 의해서보다 오히려 사고들에 의한 태도를 가졌고 웅변이 설교자들을 싸구려로 만든다고 외쳤다. 그는 항상 청결했으며 진리를 설명함에 있어서 훌륭한 기술들을 사용했다. 그래서 로버슨의 설교가 시작되면 청중들은 그의 설교를 들으려고 가득 모였다.

강연투

로버슨은 그의 설교에서 좋은 평을 듣지 못했다. 그의 목소리는 처음에는 감동적이었고 그의 설교들은 요약된 형태로 적혀 있었다.

그의 설교들은 출판되기에 적합했는데, 그것은 아마도 설교가 전달되었을 때 천천히 받아쓰기에 적합했기 때문이었을 것이다. 그는 골자부터 설교했는데, 이것은 설교하는 동안 분석된 것에 의해서였다. 로버슨의 설교는 현재 93개가 남아있다.

노동자 군중들은 그의 설교를 듣기 위해 모였고 그를 높이 생각하였다. 그의 설교 기술들은 또한 후에 해리, 에머슨, 포스딕같은 많은 설교자들에게 영향을 주었다.

다음은 그의 마지막에 기록된 말들이 있다.

"나는 2주 동안 매일 점점 더 나쁘게 되어갔습니다. 집중석인 뇌의 고통, 그리고 완전히 힘이 빠지고 피로로 인해 쓰기가 너무 힘듭니다. 의사의 걱정하는 모습을 알았던 나는 지금 이러한 것을 극복하지 못할 것이라고 생각합니다. 나는 고통 중에 쓰고 있습니다."

그리스도의 고독

"예수께서 대답하시되 이제는 너희가 믿느냐? 너희가 다 각각 제 곳으로 흩어지고 나를 혼자 둘 때가 오나니 벌써 왔도다 그러나 내가 혼자 있는 것이 아니라 아버지께서 나와 함께 계시느니라"(요 16:31-32).

고독에는 두 가지가 있습니다. 첫 번째는 공간에 고립하는 것이고, 다른 하나는 영적으로 고립하는 것입니다.

첫번째는 단순히 거리에 의한 분리입니다. 우리가 어느 누구와도 관계없이 보고 만지고 듣고 할 때에 고독이라는 소리를 듣게 됩니다. 그리고 모든 이들은 이것이 고독이 아니라고 말하는 진리에 반응합니다. 사람은 다수와 더불어 우리의 고통에 긍휼을 느낄 수 있습니다. 태평양에서 고기를 잡는 낚시꾼은 밤에 홀로 그의 안전을 위해서 집에서 하늘에 떠오르는 진지한 갈망들을 기억할 때 혼자가 아닙니다. 여행자는 그가 터벅터벅 걸음으로써 그의 도착에 있어서, 그를 맞이하는 얼굴들이 빛나 보일 때 혼자가 아닙니다. 고독한 학생은 그가 그들에게 연설하려는 진리들에 반응할 것이라고 느낄 때 혼자가 아닙니다.

다른 하나는 영혼의 고독입니다. 손길들이 우리를 어루만질 때가 있지만, 마음에는 긍휼하지 못한 무관심의 쌀쌀함만이 전달될 때가 많습니다. 많은 이들이 우리를 지켜보지만, 외적인 것으로는 우리 영혼의 밑바닥을 읽을 수 없습니다. 말들이 우리의 입술에서 나올 때, 고독으로 혹은 응답없이 메아리로 되돌아오곤 합니다. 많은 이들이 몰려와서 우리를 강요할 때, 우리는 그리스도가 "누가 나를 만졌느니라" 말할 수 없습니다. 왜냐하면 접촉은 영혼과 영혼 사이에서 뿐만 아니라 육신과 육신 사이에서도 계속 되어왔기 때문입니다.

그리고 다른 방법으로 이러한 마시막 고독을 느끼는 두 종류의 사람이 있습니다.

첫번째는 자기 자신을 신뢰하고 자기 의존적인 사람입니다. 이러한 사람은 상담이나 긍휼을 요구하지 않습니다. 혼자서 행동하고 뭐든지 혼자 해결하려고 합니다. 이러한 사람은 존경을 요구합니다. 누구든지 그 자신을 존경하고, 다른 이들의 존경을 강요합니다. 그러나 자기 의존은 연약한 것입니다. 다툼은 약한 인간의 감각이 그러한 사람에 의해 느껴질 때 비참합니다.

야곱은 밧단아람의 길에서 잤을 때 혼자였습니다. 첫날 밤에 그는 아버지의 가정에서 벗어났고 모든 교제들이 깨어졌습니다. 엘리야는 왕실이 그를 버렸을 때 광야 가운데 혼자였는데, 그는 "그들은 당신의 제단을 해하였고 칼로 선지자들을 죽였으며 오직 나만 남았으며 그들은 나의 생명을 없애려고 찾고 있나이다"라고 말했습니다.

그러나 조심성 있는 야곱의 고독은 엄격히 엘리야와는 달랐습니다. 야곱에게 있어서 그가 바랬던 긍휼은 단순한 꿈의 형태로 알게 되었습니다. 사다리가 땅으로부터 하늘까지 이르렀고 사람의 영과 하나님의 영 사이에 교제가 가능하게 되었습니다. 엘리야의 경우, 폭풍과 지진과 불과 진동시키는 것들이 영혼에 와닿았습니다. 영혼은 아버지가 그들과 함께 하시고 그들은 혼자가 아니라는 가르침을 받을 수 있습니다.

긍휼 가운데 살아가는 또다른 부류의 사람들이 있습니다. 혼자라는 생각에서 조바심 내는 여린 마음을 가진 사람들이 있습니다. 용기의 부족이나 지적인 약함으로부터 다른 이에게 그들의 의존이 나오는 것이 아니라 그들의 애정의 풍부함에서 비롯됩니다. 이것은 그들 안에 있는 인간애의 떨리는 영혼입니다. 그들은 도움이나 후원도 원치 않습니다. 그러나 필요한 것이 있으니 바로 긍휼입니다. 시련은 혹독한 투쟁의 모습으로 등장하는 것이 아니라 쌀쌀하고 완전한 외로움으로 나타납니다. 그때 그들은 차게 보이는 이 세상에서의 일을 하거나 그들의 가슴에 발견되지 못한 진리를 껴안기 위해 부르심을 입습니다.

그리스도의 영의 깊은 인간애는 긍휼의 필요와 함께 애정 어린 본성의 더 좋은 감수성들이 그들에게 임하게 됩니다. 그는 모든 이들에게 긍휼을 베푸셨을 뿐만 아니라, 다른 모든 이들로부터 역시 그것을 원하셨습니다.

그의 역사 가운데 매우 인상적인 특징이 있었습니다. 그것은 그가 이 세상에서 혼자였다는 사실입니다.

우리는 고독의 성격을 묵상합니다. 그리스도의 고독은 그의 신성한 고상함에서 비롯됩니다. 그의 무한한 우월성은 긍휼로부터 그에게 임하였습니다. 그의 고상한 애정은 날카로운 시련에 긍휼을 바라도록 했습니다. 그리스도 자신에 의해 대조되어 데려와진 두 사람을 보면 한 사람은 사람의 형태이고, 다른 이는 인자와 세례 요한으로서 탁월한 신성 모습으로 입증되어집니다.

요한의 삶은 확실히 무뚝뚝하고 거친 자아를 가졌습니다. 모두가 그를 받아들였으며 바리새인과 사두개인들이 세례를 받기 위해 나아갔습니다. 사람들은 그를 선지자로 생각하고 우상화시켰습니다. 그리고 만약 그가 허약한 왕자와 복수심에 불타는 여인의 길을 지나갈 기회가 없었다면 우리는 왜 요한이 비난할 수 없는 것으로써 즐거움과 인정 받음으로서의 그의 과정을 마치치 못했는지 그 이유를 알 수 없습니다. 만

약 우리가 왜 이 세계가 요한은 받아들이되, 그리스도는 거절하는지 묻
는다면, 한 사람의 인생은 유한성을 보유한 채 단순하고 한 면만이 있
으며, 다른 이는 신적으로 복잡해 보인다고 말할 것입니다.

물질세계에서 자연주의자들은 가장 저급한 동물의 조직을 간단한 구
조로 이해하는 것이 어렵지 않다는 것을 발견합니다. 한 동일한 조직과
뇌의 한 부분을 형성하는 조직과 심장과 폐는 동시에 거의 복잡하지 않
습니다. 그러나 그가 사람의 복잡한 해부학을 공부하려 할 때 그의 삶
은 일생 동안의 노동을 가지게 됩니다. 한 나라의 정체를 알기란 어렵
지 않습니다. 그러나 당신이 모든 우주를 이해하려 할 때, 무한한 모순
의 모습들을 발견할게 됩니다. 규칙은 규칙을 반대하고 움직임은 움직
임에 의해 균형잡혔고 행복은 슬픔과 함께 섞였고, 이러한 복잡한 다양
성으로부터 신적 질서와 통일을 세우기 위한 힘은 몇몇 인종에 의해 세
워집니다. 사람의 구조는 복잡한 구조이고 우주는 하나의 나라이며 복
잡하고 그리스도의 무한한 영혼은 다른 사람의 영혼을 인도하였습니다.
그러므로 표면적인 관찰자에게 그의 삶은 모순과 부정 덩어리였습니다.

그 자신들에게 모든 사고는 모순을 지적하도록 부여되었습니다. 바리
새인들은 어떻게 거룩한 인생이 세리와 죄인들과 먹을 수 있었는지 이
해할 수 없었습니다. 그 자신의 형제가 화해할 수 없었던 것은 개인적
으로 공적 지위를 차지함에 관한 것으로 그가 겨냥했던 것입니다. "만
약 당신이 이러한 일들을 행한다면, 이 세상에 당신 자신을 드러내십시
오." 어떤 사람들은 생각하기를 "그는 좋은 사람이었다"고 합니다. 다른
이들은 말하기를 "아니, 그는 사람을 속였다"고 합니다. 가버나움에서
녹아 없어진 것과 같이 그의 사역 초기에 표적화되었던 것을 받아들이
는 것을 살아서 모든 것을 볼 수 있었습니다.

첫째 바리새인들이 놀랐고, 그 다음은 사두개인들이, 그리고 헤롯 당
원들과 사람들이 놀랐습니다. 그것은 모두 다 비참한 것이었습니다. 왜

냐하면 고위층의 증오는 무기력하기 때문입니다. 그러나 무감각한 이성의 외침이 사회의 깊은 곳에서 일어나게 될 때, 바람에 의해 물결이 일어나 강력한 거품들로 휘몰아치는 대양처럼 이성의 목소리에 귀먹은 것과 같이, 단지 땅 위의 오크(oak)의 심령은 기가 죽습니다.

모든 사건에 있어 사도들은 기가 죽었습니다. 한 사람은 제자라는 사실을 부정했고 다른 이는 그 분을 배반하였습니다. 모두 다 떠나 버렸습니다. 그들은 "각자의 소견대로, 흩어졌습니다." 그리고 진리이신 그 자신만이 빌라도의 법정에 홀로 남으셨습니다.

우리는 이 부분에서 매우 중요한 것을 배울 수 있습니다. 고독을 느끼는 것은 흔한 일이 아닙니다. 혼자라는 것을 불평하는 것은, 동정이나 오해없이, 충분히 가능한 일입니다. 모든 장소에서, 많은 가족들 가운데, 치명적인 의식의 이러한 희생들이 발견될 수 있고, 그들은 예수의 사람들과 그들의 감정 사이에 평행한지를 주목함으로써 만족이 줄어가는 것을 발견할 수 있습니다. 그러나 그런 평행함을 견주어 보기 이전에, 매우 확신해야 하는 것은 당신의 기질의 증가는 당신을 아는 이로부터 떼어놓게 합니다. 세상은 하나님의 선하심에 대한 작은 동정을 품고 있습니다. 그러나 이것 또한 이것에 동의할 수 없는 훌륭한 많은 다른 특성들을 거의 소유하고 있지 못합니다.

우리 다같이 그리스도께서 느끼셨던 한두 가지 고독을 보도록 합시다.

첫번째는 그가 12살 때로, 그의 부모들이 그를 성전에서 발견했는데, 그는 선생들에게서 듣고, 그들에게 묻고 있었습니다. 고결한 사고들이 어린 아이의 영혼 속에 있었습니다. 삶에 대한 관점과 그 자신의 목적과 의무의 더 큰 견해들을 상술하고 있었습니다.

모든 진실한 인생에는 순간들이 있습니다. 어떤 이들에겐 오래되고 판에 박힌 듯한 일이 커보이지 않고 아버지라는 지붕이 낮아 보일 때 그것이 매우 일찍 다가옵니다. 무한한 상승은 영혼을 덮습니다. 신조와 교리와 조항들에 있어서 낡은 방식들이 좁아 보일 때, 그리고 이 땅위에서의 아버지의 자격이 하늘에 계신 아버지보다 우선하게 될 때 그것들은 옆으로 밀쳐지거나 살아 있는 동안에 변형될 것입니다.

어린 영혼이 먼저 하나님을 느낄 때-이 땅이 두려운 장소, 즉 바늘의 문으로 인정될 때, 그것은 고독하고 고독한 순간입니다. 꿈에서 사다리가 하늘로 닿아지는 것처럼 보인 후 꿈에서 깨어날 때, 그 꿈은 고상한 현실로 나타납니다. 당신은 보는 것에 대한 어떤 활동에 의해, 어조의 진지한 갈망에 의해, 그리고 모든 종류의 책을 진지하게 연구함으로, 당신 자신의 영향력이 작아짐으로 인해, 젊은 남녀 가운데 그 순간의 접근을 발견할 수 있습니다. 반면에 의문자는 세상의 커다란 성전에서 선생들과 학자들에게 진리를 묻습니다. 어떤 의견상으로는 엄격하고 동의할 수 없을 만큼 충분합니다. 그러나 효과를 기대할 수 없는 순간은 그러한 충분함으로부터 사라져 갈 때입니다. 만약 당신이 인내 가운데 기다린다면, 괴로운 일이 즐거움이 될 것입니다.

오래된 계류소(Moorings)가 떼어지고, 영혼은 하나님의 광대한 무한하심 가운데 보이지 않는 손의 인도를 제외한, 매우 종종 나침반없이 표류하고, 표류하고, 표류합니다. 그리고 나서 "어찌하여 나를 찾으셨나이까? 내가 아버지의 집에 있어야 될 줄을 알지 못하셨나이까?" 하시면서 당황해 하지 않으시고 이런 말들을 하셨습니다.

고독은 시련 가운데 그리스도에 의해서만 느껴졌습니다. 광야에서, 빌라도의 법정에서, 뜰에서 그는 혼자였고 홀로 시련의 시간들을 보내야만 했습니다. 각자의 영혼도 이런 시간이 필요합니다. 각 사람들은 그분 앞에 무한한 가능성을 가진 경험없는 이 세상에서의 새로운 영혼들입니다. 어느 누구도 그가 어떤 사람이 될지, 그의 의무들을 규정하거나, 의무들을 설계하는 것을 예견할 수 없습니다. 각 사람 자신의 본성은 각자 자신의 독특한 규칙을 가지고 있습니다. 그는 혼자서 그의 인생 계획을 세울 것이 틀림없습니다. 그리고 낯선 사람의 간섭없이 완벽한 개인으로서의 모습으로 참고 견디려고 합니다.

각 사람의 시험은 다른 사람이 측정할 수 없는 내외적으로 많은 독특한 것으로 구성되어 있습니다. 당신은 혼자서 시험받고, 혼자서 광야를 통과해야 하며, 혼자서 견뎌야 하고, 혼자서 고통을 극복해야 합니다. 그리고 혼자서 세상에 의해 심문되어질 것임에 틀림없습니다. 시험은 성령의 연합된 전체적인 힘에 의해 만나질 수 있습니다. 그러나 하늘에 계신 아버지에 대한 순종은, 땅에 있는 아버지에 대한 불순종에 의해 오직 지불될 때입니다. 또는 의무에 대한 충실은 오직 어떤 얽히게 하는 일에 대한 불충실로 지속될 수 있습니다. 그리고 곧은 길은 다른이들의 비참한 일을 양도받을 수 있습니다. 애정 어린 친구의 상담은 "사단아, 내 뒤로 물러가라"와 더불어 충족될 수 있습니다.

사람의 충고가 가치가 없을 때, 영혼은 혼자라는 것을 느낍니다. 한 번 더 언급하건대, 구속자의 영혼은 죽어가는 가운데 혼자였습니다. 시간이 왔고, 그들은 모두 떠났으며, 그가 예언했던 대로 그는 혼자 남았습니다. 사람의 얼굴들이 지나갔고 어렴풋해지며 세상의 소리들이 그를 외면했습니다. "나는 혼자 죽을 것이다"라고 하셨고 "나 혼자서 너희를 살릴 것이다"라고 하셨습니다. 철학자는 우리에게 말하기를 "피조물 가운데 원자가 다른 원자를 접촉할 수는 없고, 단지 어떤 거리에서만 접근할 수 있다"고 합니다. 그리고 나서 이런 흡인이 끝난 후, 보이지 않는 것은 사라지고, 오직 접촉할 수 있는 것만 볼 수 있다고 합니다.

영혼은 한두 가지 시험을 제외하고는 다른 영혼을 접촉할 수 없습니다. 그리고 그것들은 주로 외적이고 두렵고도 유일한 사고입니다. 그러나 사람의 가장 진실한 것 중의 하나입니다. 죽음은 모두에게 사실로 인식하게 합니다. 우리 자신의 깊은 내면 가운데 우리는 혼자였습니다.

나는 혼자지만, 당신은 혼자가 아닙니다. 우리가 슬픔을 가진 사람들에 대해 말함에 있어서 연약하고 감각적인 점이 있습니다. 우리는 더 부드러운 감정을 어루만지고, 긍휼을 일깨우기 위해 십자가와 고통과 외로움을 호소합니다. 당신은 당신의 긍휼에 의해 외로움을 경감시킵니다. 긍휼! 그를 위한 긍휼입니까? 만약 당신이 어느 누구에 의해서도 아닌, 아버지께서만 소유하셨던 그 위대한 고독을 존경하고 따를 것이라면 그분만을 경배하십시오. 영혼의 더 확고하고 좋은 은혜들을 그려 보도록 하십시오. 인간에게 있어서 인간이 소유하고 있는 힘은 그 자신의 근원들이 던져지고 홀로 남게 될 때, 배울 수 있습니다. 다른 이들과의 만남 가운데 사람이 할 수 있는 일은 사람을 시험하는 것이 아닙니다.

그가 혼자서 무엇을 할 수 있을지 우리에게 말하십시오. 진실을 방어할 수 있는 오직 한 가지 일은 당신이 당신의 청중이 이미 생각되는 것과 모든 논쟁이 기꺼이 응답하려는 것을 아는 때입니다. 그리고 이것은 진리가 지지를 받게 될 때, 진리를 소유해야 할 또 다른 것으로, 고독은 차가운 관점과 비긍휼적인 의심에 의해 만나졌습니다. 이것은 사람들의 외침과 긍휼로 달려가는 것입니다. 이것은 가라앉는 배의 선장이 혼자서 배가 떨어져 나가는 것을 마지막으로 보고 어둠으로 내달리기 위해 그의 팔을 접으나 가라앉지 않는 또 다른 것입니다. 더 먼 것은 구원자의 고독의 힘과 주권이었습니다. 이것은 외로운 은둔자의 시련이 아니었습니다. 혼자 살게 된 인생에는 어떤 멋지고도 기뻐할 만한 우울함이 있습니다. 그러나 그에게 말할 본성의 형태들이 있고, 만약 그가 실질적인 긍휼이 없다면 인류의 긍정적인 반대를 가지고 있지 않습니다. 이것은 빠른 강과 같은 것에 의해 돌진하는 영원성을 느끼기 위해, 그리고 모든 이로부터 멀어지기 위한 의심할 여지없는 외로운 것입니다. 그러나 그리스도의 고독은 군중들의 고독이었습니다.

당신은 완전한 고독의 그림자가 그의 영혼을 가로지르며, "나의 하나님, 나의 하나님, 어찌하여 나를 버리셨나이까?"라고 하였던 웅장한 말들을 느낄 수 없습니까?

또한, "당신은 혼자 나를 남겨둘 것입니다"라는 자기 신뢰적인 말들로부터 배우십시오. 홀로 사람의 아들은 만족케 되셨습니다. 그는 그 자신의 고독한 사고에 그 자신을 던졌습니다. 이 세상과 만나기 위해 내려가지 않으셨습니다. 그러나 그는 기다렸습니다. 비록 얼마가 될지 몰라도 이 세상이 그에게로 올 때까지 말입니다. 그는 항상 있어 보이는 것에는 목적을 두지 않으셨고 미래에 호소하셨습니다. 그는 설명할 수 없는 반박을 남기셨습니다. "나는 아버지로부터 왔고, 세상을 떠나 아버지께로 간다." 그들은 "지금", "당신은 교훈을 말하지 않았다"고 하였습니다. 그것은 신비합니다. 그러나 그가 말하기 전에 더 어렵고 비밀스런 말을 많이 하셨고 그들을 떠나셨습니다.

가냘픈 의지가 모든 진실한 행동을 통해 움직이고 한 연결된 고리 가운데 그들을 묶습니다. 그러나 이것이 하나님의 아들이 각각 그들의 일관성을 증명하기 위한 것이 아닙니다. 이것은 자기 신뢰로서 우리의 가슴 속에 깊게 자리 잡고 있는 생각 속에 온화하게 머무르려는 것에 대한 것이고, 만약 세상이 아직 그것을 받아들이지 않는다면 움직이지 않으려는 것입니다. 세상에 대하여 당신 자신의 신념 가운데 사는 것은 세상을 극복하는 것이고, 당신 안에 있는 가장 진실한 것이 모든 이들에게도 진실하다고 믿는 것입니다.

은퇴해서 당신 자신의 뜻대로 사는 것이 어렵지는 않을 것입니다. 또한 다른 이들과 어울려 지내고 그들의 신념에 동조하는 것도 어렵지 않습니다. 그러나 이 세상에 들어가 당신 자신의 양심에 따라 확신과 두려움 없이 사는 것, 그것이 바로 기독교인의 위대함입니다.

우리는 진리의 결과들로부터 움추리곤 합니다. 우리는 의존적으로 주위를 둘러보고 의존합니다. 우리는 그들이 무엇을 생각할지 다른 이들이 무엇을 말할지, 그들은 놀라움 가운데 주목하지 않을지 모릅니다. 아마도 그들은 그럴 것입니다. 그러나 그것을 계산한다면 어떤 것도 성취하지 못할 것입니다. 우리와 함께 계시고 우리 안에 계신 아버지이신 그분은 무엇을 생각하실까요? 하나님의 사역은 성령 없이는 아무것도 할 수 없습니다. 사람은 그가 겸손하게, 그리고 위엄있게 "나는 혼자려고 한다"라고 말하는 것을 배웠을 때 기독교인의 삶 가운데 어떤 점을 배우게 됩니다.

결국, 나는 이 고독의 사람을 인지합니다. 사람의 아들이 간단하게 혼자일 수 있다고 말했다면, 그는 단지 자기의존적인 사람이 말할 수 있는 어떤 자랑을 말했을 것입니다. 그러나 그가 "아버지가 나와 함께 하신다"고 덧붙였을 때 그의 자립은 또 다른 특징을 드러냈고 자기의존은 하나님을 의존하는 또 다른 형태가 되었습니다.

진짜와 가짜 인간을 구별해 봅시다. "이것은 나 자신의 볼품없는 사고요, 나는 그것을 신뢰하지 말아야 합니다. 나는 나 자신의 이성과 판단을 신뢰하지 말아야 합니다. 왜냐하면 그것들은 나 자신이기 때문입니다. 나는 나 자신의 양심에 대하여 말하는 것을 받아들이지 말아야 합니다. 왜냐하면 "이것은 나 자신이 아니고 우리의 타락한 본성의 커다란 잘못, 그 자체가 아니던가?"라고 말하는 잘못된 겸손이 있기 때문입니다. 지금 어떤 다른 것을 기억해 봅시다. 우리 영혼과 함께 증거하시는 성령이 계십니다. "어느 누구도 우리를 멀어지게 할 수 없는" 하나님이 계십니다. "이 세상에 온 모든 사람에게 비춰졌던 빛"이 있습니다. 아마도 당신의 마음 속에 있는 사고들은 하나님의 사고일 것입니다. 그를 따르기를 거절하는 것은 하나님을 부인하는 것입니다.

듣자마자 진리로 인정되는 위대한 말들을 하는 훌륭한 사람의 매력은 당신 자신의 마음을 가로질러 왔던 지혜로서 그러한 말들을 인정하는 것입니다. 당신은 위대한 사람의 말들이 당신 자신의 사고들로 당신에게 되돌아 오도록 느낍니다. 그 외에 당신은 즉시 그러한 말들을 인정하지 않습니다. "이 모든 것이 전에 나를 가로질러서 떠올랐고, 나는 그것에 대해 말할 수 없었으며 그것을 단언할 만큼 충분한 확신을 느끼지 못했습니다. 또한 그러한 말들 가운데 그것을 둘 만한 충분한 확신이 없었습니다." 그렇습니다. 하나님은 당신에게 그들로 하여금 무엇을 하셨는지 말씀하셨습니다. 오직 그들은 그것을 믿었고, 그것을 말했으며, 그들 안에 있는 말을 확신했으나 당신은 그러하지 못했습니다.

종종 당신은 "이것은 오직 나 자신의 볼품없는 사고요 나는 혼자"라고 말할 때 "혼자지만 아버지가 나와 함께 계신다"고 생각하는 것이 올바른 사고입니다. 그러므로 나는 이런 확신 가운데 살 수 있습니다.

이 안에는 위험이 전혀 없습니다. 우리는 이런 문제에서 불확신 중에 거하지 않습니다. 이것은 우리의 고상한 시간들로부터 우리의 근본을 알게 해 줍니다. 위로부터 오는 목소리와 아래로부터 오는 말하는 것 사이를 구분하는 것은 우리의 동물적이고 이기적인 본성의 심연을 제거하게 합니다. 사무엘은 에서의 아들 중에서 꽤 출중해 보였던 엘리압을 선택했는데, "주께서 말씀하시기를 그 용모와 신장을 보지 말라, 내가 이미 그를 비렸노라"고 하셨던 것에 의해 깊은 판다과 자극 가운데 구별할 수 있었습니다. 의심할 여지없이 이런 특징에 관한 깊은 진리는 이것에 관해 요구됩니다. 속삭이는 목소리는 서로 섞여 있고 우리는 감히 우리 자신의 생각을 고수하지 못합니다. 왜냐하면 우리 자신이 그것들을 생각하고 하나님을 생각하지 않기 때문입니다. 그리고 우리는 이것을 더 진지하게 알도록 노력해야 하기 때문입니다. 이것은 단지 다름을 알기 위해 진실로 주어지는 것입니다. 그는 그것을 알았습니다. 왜냐하면 그의 모든 복된 삶이 오래 계속 되기에 "내가 내 자신의 뜻을 찾는 것이 아니라 나를 보내신 이의 뜻을 찾기 때문에 나의 판단은 옳다고" 말할 수 있습니다.

이 모든 것의 실질적인 결과와 결론은 매우 간단하지만 굉장히 깊습니다. 우리의 인생이 믿음의 삶이 되도록 합시다. 다른 이들이 무엇을 생각하는지, 무엇을 믿는지, 무엇을 말하는지 묻는 것에 대하여 두려워하며 나아가지 맙시다. 이것은 가장 쉬워 보입니다. 이것은 하나님을 믿는 것에 대하여 삶에 있어서의 가장 어려운 일입니다. 하나님은 당신 가까이 계십니다. 두려움 없이 자신을 맡기십시오. 당신이 그것을 명령할 때 일으킬 당신 영혼 안에 알지 못하는 힘이 있습니다. 그 날에 그들이 그로부터 떨어져 나간 것과 같이, 당신으로부터 모든 이들이 떨어져 나갈 때가 올 것입니다. 그의 강함이 당신의 강함이 되게 하십시오. 지금 그 모든 것들로부터 자립하십시오. 아버지가 당신과 함께 하십니다. 그를 바라 보십시오. 그는 당신을 구원하실 것입니다.

영감

"우리 강한 자가 마땅히 연약한 자의 약점을 담당하고 자기를 기쁘게 하지 아니할 것이라. 우리 각 사람이 이웃을 기쁘게 하되 선을 이루고 덕을 세우도록 할지니라. 그리스도께서 자기를 기쁘게 하지 아니하셨으니 기록된 바 주를 비방하는 자들의 비방이 내게 미쳤나이다 함과 같으니라. 무엇이든지 전에 기록한 바는 우리의 교훈을 위하여 기록된 것이니 우리로 하여금 인내로 또는 성경의 안위로 소망을 가지게 함이니라"(롬 15:1-4).

형제여, 우리가 노력하려고 하는 것은 이러한 구절들의 다른 부분들 사이에서 관련성을 찾으려는 것입니다.

먼저, 사도는 "우리 각 사람이 이웃을 기쁘게 하되, 선을 이루고 덕을 세우도록 할지니라"는 말씀을 통해 기독교인의 의무를 규정합니다. 다음, 그는 시편 69편에서의 인용("기록하기를 당신을 질책했던 그들의 비난들이 나에게 임했다")을 통해 그 원리들의 설명을 덧붙입니다. 결국 그는 마치 "나는 완전히 그리스도에 대한 일을 적용함으로써 의롭게 된다. 왜냐하면 이전에 쓰여졌던 것이 무엇이든지간에 우리의 배움에 대해 쓰여졌기 때문이다"라고 그가 말했던 것처럼 시편의 적용을 설명하고 변호합니다.

이러한 인용에서, 이러한 구절들 가운데 포함된 것으로 그것을 변호하기 위해서, 우리는 사도적인 해석의 원리를 가지고 있습니다. 우리는 사도들이 구약을 사용했던 원리를 가지고 그들의 영감된 관점을 이해할 수 있게 되었습니다. 이것은 우리가 지금도 같이 누릴 수 있는 가장 중요한 고려사항 중의 하나입니다. 이것은 우리 시대에 가장 중요하고도 깊은 질문이라고 할 수 있습니다. 일반인들의 마음을 동요시키는 교황의 판결권이나 혹은 우리 자신의 교회에서의 교리의 다양성들에 관한 질문들은 피상적입니다. 이것은 이 시대가 해결하기 위해 주어진 영감의 커다란 질문입니다.

우리가 알아보려는 주제는 이러한 것과 같은 질문에서 그 자체를 자세히 분석하려는 것입니다. 성경은 무엇이고, 성경이 아닌 것은 무엇인가? 영감에 의한 것은 무엇인가? 영감은 정확무오한 것으로 똑같은가? 하나님께서 사람에게 영감을 불어 넣으셨을 때, 그는 그의 말씀을 받아 썼는가? 사람의 영감은 그들의 말의 완전무오성을 의미하는가? 영감은 받아쓰기와 똑같은가? 우리가 하나님의 말씀을 소유하는 것이 허락된다면, 또한 우리가 하나님의 말씀을 가질 것인가? 사람을 영감시키는 성령의 작업은 그들을 거룩하게 함에 있어서, 그의 작업들이 부분적으로 악마와 양립할 수 있는 것처럼, 부분적인 실수로 양립할 수 있는가?

어떻게 우리는 성경을 해석하고 적용할 것인가? 로마 학자들이 말한 것처럼, 성경은 이해할 수 없고 불분명해서, 우리가 무오한 교회의 인도 없이는 이해할 수 없는 것인가? 그렇지 않다면 이것은 어떤 공상에 잠긴 프로테스탄트가 우리에게 말할 것으로 모든 정교함 위에 있는 이 책은 모든 문장에서 그리스도를 발견하게 하는가?

이런 것들에 있어서 많은 관점들이 있습니다. 일부분은 잘못되었고 일부분은 미신적입니다. 그러나 이것은 우리가 다루고자 하는 일이 아닙니다. 우리가 하고자 하는 것은 부정적인 것보다 오히려 긍정적으로 가르치려는 것입니다. 우리는 진리를 견고히 하도록 노력할 것이고 잘못된 것들은 그분 앞에서 없어지게끔 할 것입니다. 우리는 영감을 받아들이며 사도적인 해석의 원리가 무엇이었는지 이해하도록 노력할 것입니다.

이 본문에서 우리는 두 가지 원칙들을 발견할 수 있습니다. 첫째, 성경은 보편적인 적용에 관한 것입니다. 그리고 두번째, 모든 성경의 행들(lines)은 예수 그리스도를 향해 집중되어 있다는 것입니다.

첫째, 여기에는 성경의 보편적인 적용이 있습니다. 사도에 의해 인용된 구절은 시편 69편에서 따온 것입니다. 그것은 분명히 다윗 자신에 관한 고백이었습니다. 첫번째에서 마지막까지, 선입관을 가진 이는 그리스도에 대한 적용에 있어서의 저자의 마음으로부터 개념을 발견할 수 있습니다. 시편 기자는 그 자신과 그 자신의 슬픔으로 가득차 있습니다. 당신이 주목해야 할 것은 사도 바울은 이러한 말들의 사용을 넓혀나가며 이러한 말들을 그리스도께 적용시킨 것입니다. 아울러 모든 기독교인들에게 속하는 것으로 사용합니다.

그는 "전에 쓰여졌던 무엇이든지, 우리의 배움을 위해 쓰여졌다"고 말합니다. 만약 우리가 성경 말씀 가운데 "성경의 예언이 어떤 개인적인 해석이 아니라는 것을 아는 것"이라고 말한다면 보다 분명할 것입니다. 신령한 사람은 그들 자신의 제한된 개인적인 감정을 말하는 것이 아니라, 하나님의 성령에 의해 영감된 것으로 말합니다. 그들의 말들은 우리 일반인, 전체에 속했습니다. 성경의 예언은 어떤 개인적인 해석이 아닙니다.

예언된 말은 단순히 미래 사건의 예언에 의해 우리가 무엇을 지금 이해해야 하는가에 관한 것이 아니라 성경에서 이것은 영감된 가르침을 의미합니다. 선지자들의 가르침은 항상 예언하는 것이 아니었습니다. 우리 모두 다 사도가 말한 성경은 어떤 개인적인 해석이 아니다라는 말을 기억합시다. 시편이 다윗에게만 적용되었다면 그것은 개인적인 해석이었을 것입니다. 이것은 특별하고, 제한되었으며, 독특했을 것입니다. 그것은 아마도 개인에 국한되었을 것입니다. 그러나 시편은 모든 인간에게 적용됩니다.

우리가 지난 주에 언급했던 예루살렘의 파괴에 관한 예언을 다시 한 번 상기시켜 보십시다. 분명히 그것은 근본적으로 예루살렘에서 언급되었습니다. 이것은 예루살렘에 제한되어 보입니다. 왜냐하면 바로 그 이름이 언급되었기 때문입니다. 그외에, 우리가 이 아침에 읽을 때 우리의 구원자가 "이 세대가 다 지나가기 전에 이 일이 다 이루리라"고 하십니다.

그러나 예언이 거기서 끝났다면 당신은 여전히 예언했을 것입니다. 그러나 이것은 개인적인 (독특하고, 제한된) 해석이었을 것입니다. 반면에 우리 구원자의 원리는 이것입니다. 예루살렘에서 선포하신 이 운명은 보편적으로 적용할 수 있습니다. 부패가 만연하는 어느 때든지, 악함이 왕성한 어느 곳이든지 사람의 아들이 오셔서 판단하십니다. 예언은 예루살렘의 파괴로부터 세상 끝까지, 모든 세대에 속합니다. 마태의 글을 보면 보편적으로 적용할 수 있습니다. 성경은 원리들을 다루기에 개인적이 아닌 오히려 근본적인 인간 상태를 다룹니다. 약속들과 위협들은 개인적으로 적용됩니다. 왜냐하면 등장 인물이 특별한 상태에 있기 때문입니다.

우리는 복된 상태의 예를 들어보고자 합니다. 아브라함에게 언급된 복이 있습니다. 로마서에서의 커다란 논쟁은, 아브라함에게 임한 약속은 그의 사람됨으로서가 아니라 그의 믿음에 의한 것입니다. 그리고 사도는 말하기를 "믿음에 속한 그들은 신실한 아브라함과 복을 누릴 것이라"고 합니다.

지금 우리는 저주와 협박의 경우를 보고자 합니다. 하나님에 의해 명령받은 요나는 니느웨로 가서 그곳의 멸망에 관하여 외쳤습니다. 그 예언은 니느웨가 어떠했는지에 대해 드러내는 것이었습니다. 그들이 회개하고 자세가 달라졌을 때 그 예언은 이루어지지 않았습니다. 이러한 것에서 우리는 더 크고 위대한 성경의 해석을 알 수 있습니다. 고린도서에서 발견할 수 있는 것은 사도가 약속한 땅을 향하는 그들의 행렬에서 유대인들의 상태와 그들의 우상숭배와 폭음상태를 언급합니다. 그들에게 임한 심판을 언급하기 시작하고, 그가 우리에게 역사적인 문제 뿐만 아니라 원칙에 관한 예들을 덧붙입니다. 그들은 영원하고도, 변경할 수 없는 율법의 견본들입니다. 이러한 유대인의 상태에 거하려는 누구에게든지, 그들을 모방하려는 누구에게든지, 똑같은 심판이 그들에게 임할 것입니다.

그는 말하기를 "이 모든 것들이 본보기로써 그들에게 임했다"고 했습니다. 다시 그는 개인으로서가 아니라, 보편적인 적용으로서 똑같은 원리를 사용합니다. 왜냐하면 그는 "사람이 감당할 시험 밖에는 너희에게 당한 것이 없나니"라고 말하기 때문입니다.

국가에 적용된 경우가 아닌 개인에게 적용된 다른 한 가지 경우를 살펴봅시다. 히브리서 13장에서 우리는 구약성경으로부터 "나는 결코 그들을 버리거나 떠나지 않을 것이다"라는 말을 발견하게 됩니다. 사도가 말힌 이러한 내용을 우리는 담대하게 말할 수 있습니다. "주는 나의 도움이시라, 내가 누구를 두려워하리요."

우리가 성경을 말할 때, 발견할 수 있는 것은 원칙적으로 야곱에게 행하신 약속이었다는 것입니다. 사도는 모든 기독교인들에게 이것을 약속하고 인정하도록 하는 것을 망설이지 않습니다. 왜냐하면 이것은 사람으로서 야곱에게 된 것이 아니라 야곱이 어떠했는지의 상태에 대해서 되었기 때문입니다. 이것은 야곱과 같이 이 세상에 방황하고 순례하는 모든 이들에게 적용됩니다. 이것은 버려진 죄를 가진 모든 이들과 돌아오기를 갈망하는 모든 이들에게 주어졌습니다. 약속은 온유함에 속하도록 온유케 했으며, 겸손함에 거하도록 겸손하게 하였습니다.

그리고 이 약속은 이 성경책이 복된 책일 뿐만 아니라 우리의 책이 되게 합니다. 이 책은 국가들의 심령을 매혹했는데, 전에는 이런 일이 없었습니다. 기억하십시오, 놀라운 이 약속을 전파함으로 말미암아 국가는 사람들을 박해하기 시작했습니다. 지난 1800년 동안 유대인들은 속담조로 독특하게 말해왔고 질책해 왔습니다. 이스라엘에 대한 모욕은 세상에 새로운 것이 아닙니다. 로마인들이 그들을 경멸하기 전에 앗수르인과 애굽이 그들을 경멸했습니다. 이스라엘의 예언으로부터 왔던 이 말들은 세상에 집념하는 것에 관하여 생기의 근원(life-blood)이 되어 왔습니다. 선생들과 시편 기자와 선지자들과 율법사들이 사람의 마음을 울렸던 진리들을 말했습니다. 이것은 그들이 유대인이기 때문이 아니었습니다.

계약에 의한 왕의 통치는 말씀에 기초했습니다. 사람들은 그들의 손에 성경책을 가졌는데 그 때는 그들이 삶과 죽음과 번영에 영향을 주는 엄숙한 증거를 주기 위해 준비될 때였습니다. 아픈 사람은 거의 죽는 것을 두려워 하는데 그것은 책이 그의 손에 있지 않을 때입니다. 시편은 우리가 하나님께 말할 때 사용하는 언어입니다. 만약 나라의 중심에 찬송과 기도가 울려 퍼졌다면, 당신은 성경에 있는 근본을 확실히 발견하게 될 것입니다. 이 세상에 임한 새로운 종교 아이디어는 없습니다 독일인과 영국인은 그들이 성경이 번역되었기 때문에 말하는 것으로서 말합니다. 성경은 그의 자신의 나라의 위치보다도 대부분 무지한 농부들에게 고대 팔레스틴의 역사와 문화와 진리에 가장 친밀하도록 만들어졌습니다.

Grampians과 Snowden과 Skiddaw에 대해 잘 알지 못하는 사람들도 시온성이나 게넷사렛 호수가나 카르멜의 실개천은 알고 있습니다. 런던에 대해서 거의 알지 못하던 사람도 십자가에 못박혔던 지나온 길을 압니다. 성당의 건축에 대해 거의 알지 못하던 사람도 거룩한 성전의 구조에 대해서 말할 수 있습니다. 심지어 이것은 성령의 영향력을 우리에게 보여 줍니다. 연설자는 숨쉴 틈없이 30분 동안 천여 명의 사람들에게 말하는데 이들은 하나같이 그의 한 마디 한 마디를 귀담아 듣습니다. 그러나 하나님의 말씀은 몇 번이고 수천년 동안 수많은 국가들을 매혹시켰습니다. 지속적인 힘으로 그들에게 영향력을 끼쳤고 심지어 진리를 보편화 시키셨습니다. 우리는 하나님의 말씀을 통해 진리를 깨닫게 됩니다.

두번째로 이 본문 안에 포함된 원리들을 생각해 보려고 합니다. 모든 성경은 예수 그리스도에게 집중되어 있습니다. 사도 바울은 그리스도 안에 충만하다고 유대의 말을 인용합니다. 나사렛 예수는 성경의 모든 행(lines)을 모으는 중심점입니다. 다시 성경 언어에서 이 원리를 설명하고자 합니다. 요한계시록에서 "예수의 증거는 예언의 영이시다"라고 쓰여진 것을 발견할 수 있습니다. 성경의 요점은 바로 성경에 관한 한 성경이 예수 그리스도를 증거한다는 것입니다. 우리는 사도들이 근본적으로 그에게 언급하지 않던 그리스도에 관해 언급한 구절들을 인용한 것에서 종종 놀라고 당황하게 됩니다.

예를 들면, 본문에서 다윗은 자기 자신에 대해서 말하나 바울은 그것을 그리스도에게 적용시킵니다. 우리는 이미 성경이 개인을 다루는 것이 아니라 국가와 원리들을 다루고 있음을 들었습니다. 약속들은 그들이 무엇을 취할 것인가에 관한 한 사람들에게 속하고 결과적으로 모든 무제한적인 약속들은 개인들에게 이뤄졌는데, 그것들은 개인들에게 단순히 언급되는 한, 필연적으로 과장됩니다. 약속들은 성취시키는 하나의 진리라고 할 수 있습니다.

예를 들어봅시다. 우리는 발람의 예언에 대해 매우 잘 알고 있습니다. 우리 모두는 그가 저주하기 위해 부름받은 사람들에게 약속했던 많은 운명들을 기억합니다. 이러한 약속들은 결코 이루어지지 않습니다. 발람은 "여호와는 야곱의 허물을 보지 아니하시며 이스라엘의 패역을 보지 아니하시는도다"라고 말합니다. 이것은 우상을 섬기고 반역하는 나라인 이스라엘의 특징이라 할 수 있습니까? 문자적으로 이스라엘에 적용하면 이 예언은 잘못됩니다. 그러나 이것은 이스라엘이 일시적이고 불완전한 형태였다는 흠없고 정결한 것으로서는 잘못이 '아닙니다.

형제여, 나사렛 예수는 흠이 없고 정결하신 분입니다. 그리스도는 완전하신 분입니다. 모든 성인은 부분적입니다. 모두가 그에게 속해 있습니다. 사도 바울은 단지 다윗에게 말해진 것으로서의 시편을 접하지 않았습니다. 이 시편에서는 다윗의 고상한 열망들과 순수함과 겸손함만을 열거해 놓은 것입니까? 그 안에 하나님의 성령을 갈망하는 마음들로 그리스도에 관한 표현들이 있었습니다. 약속들은 다윗 안에 계신 그리스도이십니다. 그러므로 이 약속들은 그리스도께서 오실 때까지 유효합니다. 이러한 적용으로부터 발췌해 보도록 합시다.

형제여, 성경은 그리스도로 충만합니다. 창세기에서 요한계시록까지 모든 것들이 그에게 집중되어 있습니다. 성경은 그리스도로 충만합니다.

예를 들면, 사람들이 성막에 집중되는 것을 읽게 된다면 함축된 교리를 발견하게 될 것입니다. 만약 성막의 커텐 중 하나가 빨간 것이라면, 그들은 그리스도의 피의 예언을 보게 됩니다. 만약 그들이 하늘나라가 높은 가격의 진주라고 들었다면, 함축된 의미들, 즉 진주는 동물의 고통에서 나온 생산품이듯이 하늘나라는 구속자의 고통에 의해 얻어진 것이라는 것을 살피게 될 것입니다. 나는 이것이 주석의 의미에서 벗어났음을 말합니다. 이것은 확실히 위험합니다. 이것은 성령이 성경의 해석과 신비들과 어려운 문제들을 말하게 하나 그럴 듯한 추측일 뿐입니다. 이러한 모든 유치함들을 재쳐놓은 후, 성경은 바로 그리스도로 충만해져 있음을 말합니다. 모든 이가 과거 인간의 열망을 성취시키지는 못했습니다.

모든 희생물, 즉 우상 숭배의 모든 것들조차도, 우리가 원하는 것의 충만한 점에서, 모든 소망하는 것에 대한 답은 완벽한 인간의 형체를 가지신 주 예수 그리스도이십니다. 그리스도께서 하셨던 모든 습관을 좇으십시오. 그는 어떻게 느끼셨고, 생각하셨으며, 행동하셨습니까? 나는 어떻게 느끼고 생각하고 행동합니까? 어떻게 그리스도께서 바울의 마음 속에 살아 계신지를 주목하십시오. "나 자신을 기쁘게 하겠느뇨?" "심지어 그리스도는 그 자신을 기쁘게 하지 않으셨습니다." "이것은 주는 것이 받는 것보다 더 복된 것이라 할 수 있습니다."

11. 브룩스

(Phillips Brooks, 1835-1899)

생애

필립스 브룩스(Phillips Books)는 1835년 보스톤(boston)에서 출생하였습니다. 그는 회중 교회(Congregational church)에서 세례를 받았다. 회중교회가 차츰 단성론(Unitarian)의 성격을 띠게 될 무렵, 그의 가족들은 회중교회를 탈퇴하여, 성 바울 성공회 교회로 이적하였다.

소년 시절에 브룩스(Brooks)는 '주일 노트(Sabbath Notebook)'를 만들어 그 안에 아침, 저녁의 설교 말씀을 성서 요절과 찬송가와 함께 기록하였다. 그는 보스톤 라틴 학교(The Boston Latin School)를 걸쳐 하버드 대학에 들어갔다. 대학에서 고전학과 교부학을 전공하였고, 1859년에 버지니아의 알렉산드리아 소재의 성공회 신학교를 졸업하였습니다.

브룩스는 1859년부터 1862년까지 필라델피아 소재의 재림 교회(Church of Advent)에서 시무하였고, 1869년까지는 삼위일체 교회(Trinity Church)에서 목사로 있었다. 이후 1869년부터 1891년 사이에는 성공회 삼위일체 교회의 담임 목사로 시무하였다. 이 사이에 브룩스는 성공회 주교가 되었다.

브룩스는 낮은 교회 신앙을 가지고 있었고, 신학은 근본적으로 정통파였으나, 자유주의의 확실한 강조점들에 대해서는 개방적이었다. 그의 나이 30세에 캠브리지의 성공회 신학교 학장이라는 제안을 받았으나, 거절하였다.

보스톤의 신도시에서 그의 설교는 유명하였다. 그의 『설교 강의』(Lectures on Preaching)는 최고로 꼽히며, 예일 대학 문고판은 특히 사랑을 받았다. 설교에 대한 그의 유명한 정의가 『설교 강의』 서문에 있다. 그것은 "설교란 인격을 통한 진실이다(Truth through personality)."라고 한 것이다.

설교 내용

브룩스는 로버슨과 같이 성경 말씀과 청중들의 실제 삶으로부터 얻은 것을 연결시켜 설교하였다. 이와 같은 설교 방법은 공부할 만한 가치가 있다.

필라델피아에서 브룩스는 당시 사회적 문제를 겨냥하여 설교하였다. 그러나 보스톤에서 그는 목회 사역에 초점을 맞추어 설교 주제를 복음과 교리로 하였다. 브룩스는 여기 보스톤에서 교리 주자로 성장하였다. 그는 보스톤 단성론자들 사이에 삼위일체를 설교하였다. 브룩스는 삼위일체 교리적 측면에서 그의 옹호자들에 의해서 하버드 대학의 단성론자들을 위한 학부 설교자로 초청을 받았다! 그는 그 지위를 거절하였지만 가끔은 설교를 하였고, 하버드 대학 역사상 가장 인기 있는 설교자가 되었다.

실제로, 그의 설교의 거의 절반 정도는 복음주의적이다. 왜냐하면,

그의 설교는 깊이가 있었으며, 죄로 가득한 자연인의 정확한 이해를 보여 주었기 때문이다. 또한 그는 청중들을 분석하고 그 결과를 묘사하기 위해서 지속적으로 연구하였기 때문이다. 브룩스는 사고하는 청중을 만들었는데, 설교 도중에 혹은 설교를 마친 이후에 다소 상반된 관점을 설명함으로써 젊은 청년들에게 도전을 주었다.

문체

브룩스의 대부분의 설교가 주의 깊게 계획되었다. 그는 명백한 아웃라인(outline)으로부터 설교를 시작하였다. 그의 설교는 보통 아주 사소한 것으로부터 시작하여 의미 있는 것으로, 인간으로부터 시작하여 그리스도로, 설명으로부터 적용으로 나아가는 점층법을 사용하였다.

그는 종종 설교 초반에 일반적인 것으로부터 특별한 것으로, 추상적인 것에서 구체적인 것으로, 원리적인 것으로부터 실천적인 것으로 확대하여 설교하였다. 그의 설교 중에서는 다소 교훈적인 아웃라인들이 있다. 하지만 그 아웃라인들은 필요에 따라 정형화된 강의 형식에서 변형된 것들이었다.

말투

브룩스는 시인들과 친분이 있었으며 그 자신도 시인으로 "O Little Town of Bethlehem"이라는 크리스마스 캐롤을 작사하기도 하였다. 그의 설교의 핵심적인 이미지는 '빛', 즉 '밝음'이었다. 그래서 거의 모든 설교에서 '빛'을 중심적으로 표현하고 있습니다. 앤드류 W. 블랙우드는 브룩스의 설교에 관하여 다음과 같이 말하고 있다. "그는 흥미로운 행동과 때때로 호소하는 듯한 눈빛으로 매우 인상적으로 그림을 그립니다."

브룩스의 설교 형식을 비롯하여, 그의 예화와 설교 어투의 분석은 현저한 유익이 있을 것이다. 브룩스는 그의 설교 전체에서 2인칭을 사용하지 않았으나 필요한 경우에는 대담하게 사용하였다. 그는 가능한 2인칭을 적당한 관점에서 1인칭이나 3인칭으로 돌려서 말하고자 노력하였다.

전달

브룩스는 자기의 설교를 완전한 하나의 설교문으로 써서 읽었다. 하지만 고도로 발달한 효과적인 어투로 낭독하였다. 그는 분당 200 단어 정도를 읽는 속도로 매우 빠르게 읽었다. 브룩스는 우선적으로 남성을 대상으로 설교하였으므로 실제적으로는 여성을 극히 소홀히 다루고 있었다.

주님의 촛불

"사람의 영혼은 주님의 촛불이니"(잠 20:27).

하나님과 인간의 삶 사이를 이어주는 핵심 요소는 세상이라는 대진리입니다. 그리고 그 진리라는 것은 오늘 아침 내가 본문으로 선택한 말씀에서 솔로몬이 진술한 그 진리입니다.

그 말씀들을 들을 때 연상되는 장면은 매우 단순합니다. 꺼지지 않는 촛불이 어두움 가운데 있습니다. 그리고 어떤 사람이 그것을 키려고 옵니다. 처음에는 불붙은 종이 한 조각에만 불이 붙어있습니다만 희미하고 금방 깨질 것 같습니다. 그것은 빛을 내며 확 타오르고 어느 순간 스러져버릴지도 모릅니다. 그러나 그 희미하고 확실치 않은 타는 불꽃이 촛불에 닿으며, 촛불은 불꽃을 낚아채고 동시에 흔들거리지 않는 불길을 내게 됩니다. 그것은 계속해서 똑바로 탑니다.

촛불은 그것에 의해 비춰지는 방안 구석구석에 불빛을 전합니다. 촛불은 불빛에 의해 영광을 얻고, 불빛은 촛불에 의해 나타내집니다. 그둘은 그들이 각자의 삶을 수행해 나가면서 서로에게 증인이 되는 것입니다. 그 임무수행은 더 못한 물질이 그보다 나은 것에 순종하는 방식으로 이루어집니다. 촛불은 불꽃에 순종합니다.

그 유순한 모습은 그 예민한 불길이 자신의 주인이며 자신은 그의 힘에 복종해야 하는 것을 압니다. 그리고 그는 신실한 종처럼, 촛불은 즉시 자기 주인의 고상함에 자신을 드러내고 자신의 것이 아닌 영광으로 옷 입습니다. 만약 당신이 순종치 않는 화강암을 태우려 한다면 그것은 불꽃이 밝게 빛나게도 하지 않고 불꽃에게 어떤 광채도 내게 하지 않을 겁니다. 그것은 오로지 저항하며 크고 열이 가해지면 깨지고 쪼개지지 굴욕하지는 않을 것입니다. 그러나 촛불은 순종합니다. 그래서 촛불 안에서 불꽃은 영원하고 분명하게 자기를 표현할 자리를 찾을 수 있는 것입니다.

이 연상된 장면을 떠올리면서 한 존재가 다른 존재의 촛불이라고 말해졌을 때 그것은 무엇을 의미하는지 생각할 수 없습니까? 한 공동체 안에는 크고 부유한 인물이 있습니다. 그리고 그의 영향력은 만방에 떨쳐집니다. 여러분은 그 동시에서 어떤 사람과 얘기하지 않고 그 사람의 방식대로 만방에 떨쳐집니다. 여러분은 그 동시에서 어떤 사람과 얘기하지 않고 그 사람의 방식대로 나태내려지고 그 중심 인물이 모든 공동체로 하여금 생각하고 느끼게 가르치고 사상과 느낌을 알 수 있습니다. 바로 그런 사람들이 그의 권력을 잡고 만약 그가 그 도시에 살지 않는다면 있을 수 없는 어떤 중요한 것을 가집니다.

그 남자의 삶이 불꽃이고 모든 사람들의 인생이 그가 켜놓은 촛불입니다. 그 촛불의 불꽃 안에서 견고하게 자기 표현을 더하게 되는 부요하고 따뜻하고 생기있고 비옥한 성질을 드러내고, 그래서 그 불꽃이 촛불들을 통하여 그 도시를 밝혔다고 말할 수 있습니다. 그렇게 넓게 보지 않고 만약 당신의 가족 안에서 불꽃과 같이 따뜻하고 생기 있는 사람이 없다면 안타까운 일입니다.

당신의 차갑고 어두운 초는 그 불에 의해 점화되면 밝고 선명하게 타게 됩니다. 당신이 가는 곳 어디서나 여러분은 그것이 불꽃도 가져가고 어떤 새로운 장소에서 그것을 채웁니다. 그뿐 아니라 그 불꽃 자체는 사라질 수 있을 수도 있지만 그 특성은 지구로부터 사라져 하늘로 갈 수 있을지도 모릅니다.

그리고 불이 밝혀진 당신의 촛불로서의 인생은 세상에서 그 불꽃을 발하다가 자신의 짧고, 뜨거운 인생을 마치고 죽습니다.

회계사무소에 있는 남자는 집에 있고 여자의 촛불입니다. 그와 같이 그녀의 발이 갈 수 없는 곳인 거친 사업 현장에서 그녀의 부드러운 영향력이 느껴지게 하면서 말입니다.

그리고 그 도시에서 정직하고 순수하고 자비롭게 강화를 주며 살아가는 사람이 있다면 그는 여전히 20년 전 돌아가셨던 또다른 강하고 진실한 남자의 불꽃을 태우는 순종의 삶을 살아가는 불꽃이 될 수 있습니다. 사람들은 그 아버지가 죽었다고 합니다. 그러나 그는 언덕 위에 타고 있는 봉화불을 켜는 횃불이 사라지지 않은 것처럼 아버지도 죽은 것이 아닙니다.

이제, 인생에서 인생을 밝혀 주는 이 모든 것들에 관하여, 두 가지 확실한 것이 있습니다. 촛불과 그 불꽃이 이야기에 나왔던 것과 똑같은 두 가지인데 첫 번째 둘은 특성이 같고, 둘째는 더 큰 자에게 작은 자가 순종한다는 점입니다. 그 특성은 그것이 그것 가까이에 붙잡혀 있다 할지라도 다른 특성의 따뜻함을 느낄 수 없습니다. 다른 특성의 불길이 그것에 닿을 수 있는 곳에 있기를 거절합니다. 더 높은 인생의 불길이 아무리 뜨겁게 타오른다 할지라도 이 둘은 모두 불이 켜지지 않은 채로 지내야 합니다.

나는 이제 우리가 솔로몬으로 돌아갈 그의 말씀을 다시 읽고 그 말씀을 이해할 준비가 되었다고 생각합니다. "사람의 영은 주의 촛불이다"라고 그는 말합니다. 하나님은 이 세상의 불꽃이시고 그 생명의 원리시며, 모든 곳에 편재하신 분입니다. 외계의 어떤 것이 우리에게 이 신비하고 오묘하며 빠르고 살아 있고, 생산적이고 파괴적인 사상(생각)을 묘사해 줄 수 있겠습니까?

그 생각은 항상 인간들의 마음을 교만케 해서 그들이 하나님이란 말을 들을 때, 그들의 얼굴을 장엄케 합니다. 마치 이상한 것들처럼 매우 천상적인, 매우 세속적인, 매우 심한, 그리고 매우 은혜로운 등 창조로 가득찹니다. 그러나 그 길에서 매우 그것을 반대하는 것은 무엇이든 없애는 빠르고 흉포한 이 경이로움과 이 아름다움, 그리고 영광과 불꽃의 신비입니다. 사람들은 항상, 외형적으로 좋아보이는 것은 그리고 그 불꽃은 항상 사람들의 모든 세속 요소들로 붐빕니다.

생각하는 신이 앉을 보좌 주위에 이제 사람의 영혼의 불꽃은 촛불입니다. 그것은 무엇을 의미합니까? 만약 사람의 본성이 하나님의 본성과 일치하고, 그래서 인간이 하나님께 순종하는 한 하나님의 생애가 전 우주에 퍼져 자신을 드러내십니다. 그리고 인간 모든 만물들을 그것들이 우리의 인간성을 볼 수 있다면 하나님이 불붙여 놓으신 인간을 바라봄으로써 하나님이 어떤 분이신가를 알 수 있습니다. 그렇다면 그 외형은 평범하지 않습니까? 그것은 많은 설명되지 않는 신비로운 생명의 경외심을 의미하는데 그 힘 속에서 사람들은 어느 정도 알 수 있습니다

그것은 하나님을 느끼는 것인데 불꽃으로 보이지는 않지만 대기 중에 열기가 가득한 것을 느끼는 것과 같은 것입니다. 이제 이 엄숙한 세계 한 가운데 순수하고 하나님의 형상을 담고 완전한 하나님께 순종하는 한 사람이 서 있습니다.

그것은 마치 가열된 방이 불을 붙이지 않았지만 그것이 불길로 번지도록 불붙일 수 있는 장소로 여겨질 수도 있는 것과 같습니다. 하나님이 임재(임박)하심을 느끼는 것은 그 존재가 명확함을 느끼게 해줍니다. 신성에 대한 느낌(인상)은 영원히 변함없습니다. 그 특성을 변화시킵니다. 그리고 그 신비란 것은 빛의 신비이지 어두움의 신비가 아닙니

다. 하나님께 순종하는 인간이 그분의 본성을 깨닫고 드러내기 시작하자마자 주님의 불꽃은 주님의 촛불을 발견합니다. 그리고 밝고 끊임없이 타오릅니다. 우리를 당황케 하거나 놀라게 하기보다는 인도하고 기운을 돋우면서 나는 이 진리가 우리 개인의 삶에 매우 밀접한 것을 우리가 발견하게 되길 기대합니다. 그러나 우리가 그렇게 되기 전에, 저는 여러분에게 먼저 생명을 덧입는 것이 얼마나 중심이 되는 위엄을 갖는가와 함께 이 위대한 세상에 있는 인간을 상기시키고 있습니다. 우리 시대에 속한 것이 어떤 철학들은 세상에서 인간의 존엄성 떨어뜨리고, 인간에게서 인간의 중심성을 빼앗습니다. 인간의 본능과 인간의 자존심은 그것을 싫어합니다. 그러나 그는 그것들의 그럴듯함에 놀랍니다.

그렇게보이는 것처럼 진정 이 세상에 사람에 의하여 만들어진 것이 사실일까요? 이 세계가 포함하고 있는 모든 만물이 그들의 참된 가치를 얻고, 그들의 운명을 받아들이는 중심부에 서서 그것은 성경이 말하고 있는 오랜 이야기입니다. 에덴동산에 나오는 창세기와 인간이 그들에게 이름지어주길 기다리고 있는 그의 순종하는 동물을, 그리고 세상의 역사에 대한 찬미가 초두에서 인간이 중심이었음을 알 수 있습니다. 그리고 에덴동산은 모든 서부 숲의 모든 오두막집 또는 남부의 정글에서 그 자체를 반복하고 있는데, 그곳을 처음의 아담과 이브가 인간의 역사를 다시 시작한 곳입니다.

그 숲은 그의 인생의 색깔을 잡기 위하여 기다립니다. 동물들은 그가 그들을 길들이거나 그들에게 떠나게 할 때까지 두려움과 분노 속에 초조해 합니다. 지구는 그의 발 아래에서 그의 머리 위의 그 하늘을 그의 명령에 의해 비옥합니다. 그리고 그의 곡식이나 꽃씨들을 냅니다.

그를 순종하고 그가 지구 위에서 하는 것은 기후의 변화나 폭풍의 변화속에 화답되어집니다. 이것은 인간의 가장 단순한 삶이 모두 창조되었다는 강한 감동이고 인간 삶의 구별됨과 경시하려는 그 철학자들과 항상 싸워야 합니다.

그리고 이것은 솔로몬의 이 말씀과 같은 그러한 메시지가 나올 때 고상한 위엄과 장엄한 책임에 붙잡히고 강화되고 명료해지고 자존심에서 돌아선 인상입니다.

그는 인간의 진정한 구별과 우위성, 중심성은 하나님에 대한 본성과 유사한 것이라고 합니다. 그리고 사람이 온 세계에 하나님을 선포하고 드러냄으로써 하나님께 할 수 있는 영적 순종 능력이라고 말합니다. 그 진리가 서는 한 인간의 중심성은 확실합니다.

"인간의 영혼은 주의 촛불인 것입니다." 이것이 내가 여러분들에게 오늘 얘기하기 원하는 진리입니다. 바로 인생에 의해 하나님이 계시되는 것 말입니다. 여러분은 먼저 자신에게 하나님이 어떤 분인지 물어보아야 합니다. 여러분은 그의 존재의 맨 밑바닥에서 여러분이 그분을 느낄 때 이 두 가지 생각을 어떻게 하는지 알아야 할 것입니다.

가난하고 야위고 헐벗고 상한 인생이 만약 그것이 참된 인생의 질을 유지하기만 하고 비인간적이 된다면, 그리고 그것이 눈멀고 귀먹고 의식이 거의없는 방식으로 하나님께 순종한다면, 그 인생은 빛이 됩니다. 그러나 있는 그대로보다 더 어두운 인생들은 그것을 통해 하나님을 희미하게 알게 됩니다. 난시 어린 아이가 그의 순수한 인간성을 가지고, 그리고 그의 쉽고 본능적으로 그가 왔던 사람들로부터 하나님을 향하여 그의 인생의 방향을 바꾼다면 그것은 그가 신성의 어떤 암시와 함께 타오를 수 있는 여러분의 집들의 평범한 일 중의 하나이고, 그 자신이 결코 느끼지 못해 왔던 신비스런 어려움과 문제들에게 빛을 던져줄 수 있을 것입니다. 어디고 타오르는 위대한 등잔들과 거의 타지 않는 등잔들이 있습니다. 세상은 그것들로 환합니다.

여러분은 여러분이 항상 위대한 영혼들 중 하나와 하나되어 온 여러분의 책을 덮으십시오. 그리고 그가 그 주위에 흘러 온 빛 속에 당신이 있는 동안 당신 옆에 있는 당신의 아이는 어떤 간단하고 아이스런 것을 말합니다. 그리고 빛나는 새로운 지혜의 줄이 위대한 사상가가 당신에게 주었던 미묘한 사상을 통해 흐릅니다. 작은 초의 불빛이 태양빛 세상에 광채를 통해 밝은 빛을 보내듯이 그것은 이상한 일이 아닙니다.

불꽃은 같은 것입니다. 그것이 그 표현을 하는 인간의 등불이 되더라도 만약 그것이 진실하고 인간적이고 하나님께 순종적이라면 그렇게 겸손한 인생은 없습니다. 그의 빛을 비추는 것을 기대할 수 없을지도 모릅니다. 그것을 무시할 수 있다면 그처럼 야윈 인생도 없습니다. 우리 중 가장 위대하고 현명한 자가 어떤 갑작스런 순간 그것이 하나님의 생명과 함께 터져나올 수도 있다는 것을 전혀 알 수 없습니다.

그리고 이 진리 속에서 우리는 분명 때때로 우리를 당황시키는 다른 신비의 열쇠를 가지고 있습니다. 무엇이 사람을 수용함에 있어서 그리고 관대한 욕구, 잘 교육받고, 잘 행동함이 풍요롭게 만들까요? 그는 자신을 빛이 되게 훈련해 왔고, 다른 사람을 도우며, 그의 훈련이 완벽함으로 하여 완전히 어둡고 도움이 없는 그의 동료들 속에 서 있습니까? 그런 많은 사람들이 있습니다. 우리는 사람들이 어떻게 성장하는지 보아온 그들을 모두 알고 있습니다. 그들의 형제들은 그들 주위에서 그들로부터 나오는 빛을 기대하며 서 있습니다. 그러나 빛이 나오지 않습니다. 그들 스스로는 그들 자신들에게 놀라움에 휩싸입니다.

그들은 스스로를 영향을 주기 위해 세웠습니다. 그러나 누구도 그들을 느끼지 못합니다. 그들은 스스로를 빛을 내라고 불을 지폈습니다. 그러나 누구도 그들에게 감사의 답변을 비추어내지 않습니다. 아마도 그들은 동료들을 태웁니다, 그리고 너무나 무뎌서 그들의 광채를 보지 못합니다. 아마도 그들은 무엇이 문제인지 놀라고 오래 지연된 인식과 감사가 있는 동안 실망하여 죽지 않길 바라면서 기다립니다. 마침내, 그들이 죽으면 그들의 무덤 주위에 서 있는 그 사람들은 그들의 죽음이 세상이 그들의 죽어가는 동안 더 어둡지는 않다는 것에 대하여 가장 큰 슬픔을 느낍니다.

그것은 무엇을 의미합니까? 만약 우리가 솔로몬의 창조의 진리가 그것에 조력한다면 친숙한 실패에 대한 의미는 이것이 아닙니까? 이 사람들은 불이 밝혀지지 않는 하나님의 마지막 터치를 잃은 상태입니다. 은빛 등잔이 서있는 것처럼 모든 귀한 기름 가득 채워졌지만 불이 붙지 않은 것입니다. 그러므로 이 사회에서 문명화된 사람들의 긴 행렬이 어둡고 역사의 진행을 따라 세워져 왔던 것입니다.

만약 그것들이 언급될 수 있고 비출 수 있는 여기에서 인간의 본성이 없었다면 새로운 목적과 의미입니다. 이 두 가지 특질들이 수행되는 것이 지구상에 존재할 수 있었을 때를 제외하고 하나님께 어떤 인격을 부여하는 것은 정말 불가능합니다. 사랑 속에서 지식은 계획되고, 의무 속에 의가 삽니다. 그러므로 여러분 자신에게 이 두 가지 특질을 어떻게 아는지 자문해 보십시오. 그것들이 무엇이며 그것들이 그들의 완벽한 조화 속에서 어떤 종류의 것이 되는 것인지를 오로지 한 사람만이 진실로 한 사람을 언급할 수 있습니다. 오직 한 개인만이 한 인물로 반향될 수 있습니다. 여러분이 본 하늘에 하나님이 옳으셨다고 쓸 수도 없을 것입니다. 결코 그것은 사람들의 마음을 알게 하여 기쁘게 하는 어떤 것은 아닙니다. 그것은 단지 하나님의 정의와 같은 정의를 수행할 수 있는 한 인간의 삶이 하나님에 의하여 만들어지고 인간들의 눈 속에서 하나님의 정의, 즉 주님의 촛불을 빛내게 하는 때에야 나타납니다.

나는 우리가 주목할 필요가 있는 한 가지를 암시해 왔습니다. 인간이 하나님을 드러내는 것은 그 특질을 말하는 것입니다. 그것은 내게 하나님의 완전한 생명을 형성하는 양에 대해서는 말해줄 수 없습니다. 그 하나님은 공의로우시다는 것, 그리고 공의롭다는 것 자체라시는 것, 내가 내 주위에 있는 정의로운 사람들의 정의로운 삶에서 배울 수 있는 그런 것을 말입니다. 그러나 하나님이 어떻게 얼마나 정의로우신지 그 완전성은 알 수도 없고, 그 자체가 발전되는 것은 기대될 수 없고, 정의의 특징은 그에게 다다를 수 있습니다.

나는 어떤 판단은 할 수 없고, 어떤 것은 가치가 없고, 동료들 속에서 내가 볼 수 있는 그런 정의에서 이것은 내게 내가 말하고 있는 진리의 영역을 즉시 넓히게 하는 것 같습니다. 만약 어떤 사람이 하나님의 득성을 말할 수 있다면 그것은 그 언급을 하는 데 꼭 필요한 인간의 위대성의 정도도 아닐 것입니다. 그 사람 속에서 인간의 특성을 가진 자는 누구나, 진정으로 인간의 영혼을 가진 자는 누구나 주님의 촛불이 될 수 있습니다.

그 영혼의 더 큰 측정은 더 밝은 빛을 낼 수도 있을 것입니다. 그러나 어떤 사람이고 그의 인간성으로 순종함으로써 하나님과 함께 빛을 내는 것은 어디서고 빛이 있음에 틀림없습니다. 고상한 영적 천재들이 즉 우리 인류의 지도자들이 있습니다. 그들은 어떻게 역사를 통해 유명한가요? 모든 사람들은 그들이 하나님의 빛 속으로 통과하고 있는 그들의 실존을 지나갈 때 어떻게 느낄까요! 그들은 그늘이 그것을 설명하려 할 때 당황해 합니다. 무엇이 영감인지 그들이 말하려 할 때 사람들이 느끼는 당황보다 더 교훈적이고 암시적인 것은 없습니다.

어떻게 사람들은 영감을 받게 될까요? 그들이 하나님과 사람 사이에 계속적인 대화를 통해 끌어내는 계통은 항상 불안정하고 혼돈되어 가는 것입니다. 그러나 일반적으로 어떤 힘있는 자연의 존재에게 나아가는 자는 그의 힘은 영적인 것인데 어떤 방식으로 그가 하나님의 임재(존재)로 나아가고 있다는 것을 확신합니다. 그러나 만약 그 위대한 사람들이 단지 이 확신을 우리에게 줄 수 있는 것이라면 그것은 얼마나 우울하겠습니까? 세상은 모든 인간의 영혼이 그것이 순종적이 되자마자, 주님의 촛불이 되지 않는다면 그보다 더 어두워질 것입니다.

현명한 대학의 홀이나 교회 강단에서나 헌신의 불꽃이 없는 곳이요 자신들만큼 지혜있는 자들 앞에서 두려움에 그리고 존경으로 서 있는 자들이요, 자만심과 이기심으로 가득찬 사람들이요 순종하는 것이 무엇인지 모르는 자들입니다. 여러분이 세상이 총명하다 하는 어떤 사람들과 가까이 지낼 때, 그리고 여러분이 그로부터 어떤 총명함도 얻어내지 못할 때 여러분의 놀라움의 설명이 있습니다. 당신 자신의 설명이 있는데 당황한 사람으로 결코 왜 세상이 더 도움을 위해 당신에게 돌아서지 않는지 결코 모르는 자입니다. 비판하고 눈먼 세상은 그 필요를 말할 수도 없고 그것의 본능도 분석할 수 없고, 왜 그것이 한 인간을 구하고 다른 인간은 남겨두는지 말하지도 못합니다. 그러나 그 눈먼 눈을 통하여 하나님의 불꽃이 인간의 삶 위에 떨어질 때 그것은 압니다.

이것이 그가 진정 변화될 때 한 사람으로 되는 이상한 도움의 의미입니다. 그것은 그가 아는 새로운 진리가 아닙니다. 또 그가 할 수 있는 새롭고 경이로운 일도 아닙니다. 그것은 불켜지지 않는 특성이 순종과 자기 희생 속에서 들어올려져 하나님의 불꽃에서 빛을 내고 이제 하나님과 함께 타는 것입니다.

그러나 사람이 힘이 없거나 영향력이 없다는 것이 가장 나쁜 것은 아닙니다. 우리는 그들이 해가 없어도 하나님께 감사하고 좋지 않아도 하나님께 감사하는 인간이었습니다. 나는 이제 어떤 영향력 없이 전체적으로 인생으로서 그러한 가능한 일이 있는지 또 내가 말해온 사람들이 내가 다음에 말하고 싶은 그룹에 속하지 않는 사람인지 묻기 위해 쉬지 않겠습니다.

내가 확신컨대 여러분은 자신의 등잔이 분명 어둡지 않은 많은 사람들이 있다는 사실을 알 것입니다. 그리고 누가 주님의 촛불이 아닌지도 알 것입니다. 본성, 지식, 위트, 기술, 사상이 있는 인간에게 완전한 몸의 은혜, 순수치 않은 세상적인 회의주의를 제공합니다. 흩어지는 영,

그가 어디고 갈 수 있는 곳에서 그 사람 주위에 모든 선과 악의 불켜지지 않는 촛불도 아닙니다. 그는 종종 너무나 밝게 불타서 순수한 빛이 그 빛 속에서 희미해져 가기도 합니다. 그러나 인간 촛불이 가능하다면 그것이 모두 만들어졌을 때, 또 인간 본성의 미묘한 요소들이 모두 가장 조심스럽게 혼합되었을 때 불켜지는 대신, 그것도 그것이 그 때, 하늘까지 영원히 적대적으로 선한 존재 앞에서 불켜지는 대신 그것은 지옥으로까지 낮아져야 하고 그 무시무시한 구덩이 밖으로 타오르는 노란 화염에서 빛을 비추어야 하는 것입니다.

그리고 나서 우리는 모든 뛰어난 인간의 특성에서 풍요로운 사람을 이해할 수 있습니다. 그의 인생에서 신과 같음 대신 악마같은 요소를 계속적으로 드러냄으로 세상을 저주하면서 짐승같은 강한 욕망의 용량으로 순수한 사랑의 힘이 나타날 때 사랑이 동료의 특성을 발견할 수 있는 거룩한 독창력(그는 그의 최선의 모습이 되게 도울 수 있다)으로 악당이 그의 희생자를 연구하는 거룩하지 않은 기술로 돌아갈 때 그는 그의 가장 완벽한 저주를 할 방법을 알게 됩니다.

거의 신적인 자력, 이것은 사람이 그를 믿는 어떤 영혼에게 갖는 믿음과 소망을 스며들게 하기 위하여 한 사람에게 주어지는데, 친구의 의지하는 영혼의 모든 실체를 통해 의심과 절망을 토로하게 하곤 합니다. 진리를 아름답게 해야 할 위트가 거짓말로 악용될 때, 정직함이 모독의 종으로 타락되었을 때, 그리고 그 종의 명성이 주인에게 부끄러움을 주는 역할을 했을 때 이 모든 경우에 그들은 얼마나 자주 우리 가운데서 알지 못한 사람이었습니까? 당신은 단순히 불 밑에서 불붙여진 사랑의 영을 가지고 있습니다. 위에서부터가 아니고, 주님의 촛불은 악마의 불과 함께 타고 계십니다.

그것은 여전히 타오를 것입니다. 인간의 본래의 불타기 쉬운 빛이 있겠지요. 힘도 있겠고요. 그리고 빛과 힘만을 원하는 사람들이 그것이 될것입니다. 그토록 단순한 힘이나 밝음이 힘이 하고 있는 일과 그 밝음이 말해야 하는 이야기로부터 서로 멀어져서, 우리가 더 좋은 것들을 기대할 수 있는 사람들의 믿음과 칭찬을 얻을 것이라는 것이 얼마나 훌륭합니까! 밝은 책 또는 밝은 극본은 대중을 끌어모을 것입니다. 그 의미가 혐오스럽다 할지라도 현명한 사람은 그가 그들의 원칙을 그들에게서 끌어내오고 그들을 도덕적 바보로 남겨두는 반면 소년들과 남자들을 매력적인 새들처럼 만들 것입니다. 전 공동체가 바보같은 양들처럼 막대기로 달려갈 것이고 그들은 그들이 알기에 거짓되고 짐승같은 인간에게 투표합니다. 왜냐하면 그들은 그가 강하다고 말하라고 배워왔기 때문입니다.

이 모든 것이 사실입니다. 그러나 인간들이 이렇게 거칠고 바보스런 짓들을 하는 반면 그들은 위로부터 불붙여진 인간 생활의 조명과 아래로부터 불붙여진 것 사이의 차이점을 압니다. 그들은 한 인간의 순수한 불꽃과 다른 무시무시한 불꽃을 압니다. 그러나 그들은 칭찬하고 위트와 힘을 따라갈 수도 있습니다. 마치 위트였거나 힘있는 것이 자체로 충분한 목적인 것처럼 그들은 항상 그들의 하나님에 의해 영감받은 힘이나 위트에 대한 존경과 믿음을 유지할 것입니다.

여전히 다른 방법도 있습니다. 이보다 더 교묘하고 때때로 더 위험한 인간의 영이 주님의 촛불로서의 그 가장 완벽한 기능을 하지 못하는 그 등불은 켜질 수 있습니다. 그것이 빛나는 불꽃은 정말 하나님의 불꽃이 될 수도 있지만 그것이 세상에 비추이는 하나님만이 아닐 수도 있는 것입니다.

저는 제 자신을 어떤 면에서 그 자체인 실체의 특별성과 그 빛이 비춰지는 것과 섞여지게 하는 촛불로 저 자신을 묘사할 수 있습니다. 그 빛에 근본적으로는 그것이 비춰졌던 그 불꽃에 속해 있지 않는 색채를 주면서 그것을 본 사람들은 불꽃이 밝음만 보지는 않을 것입니다. 그들은 그 등불의 색조나 색깔도 보겠지요. 제 생각에 어떤 선한 사람들이 하나님을 나타낸 방식처럼 그것도 그렇다고 생각합니다. 그들은 정말 그분께 그들의 인생에 불을 붙였습니다. 그들 속에서 타고 있는 것은 그분의 불꽃인 것입니다. 그들은 순종적이며, 그분은 그들이 그렇게 그분을 나타낼 수 있도록 하실 수 있는 것입니다. 그러나 그들은 그들 자신을 없앨 수는 없습니다.

그들은 그들이 나타내 보이는 하나님과 섞여버린 것입니다. 그들은 그분처럼 자신들을 나타냅니다. 그것은 거울이 그 자체의 형태와 그것에 반사되는 물체들의 반사된 형태와 섞이는 때와 같은 것입니다. 왜냐하면 그 거울 자체가 볼록거울이면서 그것들에게 이상한 볼록한 형태로 보이게 하는 이것이 모든 신앙이 깊은 체 하는 고집불통의 비밀이고 모든 거룩한 편연의 비밀이기 때문입니다. 그것은 그 자체의 색깔을 하나님의 불꽃으로부터 빌려온 불꽃으로 집어넣는 촛불입니다. 폭력적인 사람은 하나님이 폭력적인 것 같이 만듭니다. 연약한 사람은 하나님도 약하신 것처럼 만듭니다. 사색적인 인간은 하나님을 아름다운 꿈같이 보이게 합니다. 합법적인 인간은 하나님이 이렵고 딱딱한 법같아 보이게 합니다.

종파주의자들의 편협한 모든 부분이 나온 것이 여기입니다. 편협한 장로교나 감리교 또는 감독파 또 퀘이커 교도들은 헌신으로 가득합니다. 그러나 그는 단지 하나님께 대한 불타는 항상 그 불꽃에 그 색깔을 더 위대한 것보다 더 그들의 인생의 작은 부분들에 가치를 주어야 하는 많은 사람들과 같은 마음으로 그것이 그것에게 빌려 주는 특별한 색보다는 그 불꽃의 밝음을 덜하게 하는 촛불입니까?

아마도 그것은 마치 내가 이렇게 말하면서 모든 인간의 종교에 있어 개별적인 요소가 반대로 내가 가장 높은 가치를 두었던 것 위에 어떤 약간의 의심을 던진 것과 같습니다.

크리스천은 모두 특별히 그 자신만의 기독교적 삶을 살아가야 합니다. 모든 주님의 촛불들은 그 특별한 빛을 발해야 합니다. 그 진정한 믿음의 개별성만이 그것을 고집불통으로부터 구해내는 이런 특성을 갖게 되는 것입니다.

첫째, 우수적 빛에 어떤 것을 더하지 않을 뿐 아니라, 특별히 그 자체의 어떤 가장 강한 면을 드러내줍니다.

두 번째로, 항상 그것이 발하는 특별한 방식에 대하여 보다 그 근본 빛에 대해 더 관심을 갖습니다.

셋째, 쉽게 우주적 빛의 다른 특별한 발언들과 섞입니다. 그것이 그들 속에서 발견하는 가치를 진정 동정하고 인정하면서 이런 특성들이 모든 사람들이 종교 속에 있도록 합시다.

그리고 나서야 믿음의 개별성은 측량할 수 없는 유익입니다. 그리고 나서 주님의 다른 촛불들은 그분의 위대한 세상 궁전홀들을 오래 내리 비취며 타는 것입니다. 모두 함께, 나머지 모두를 각자 도우면서 그들은 그분과 함께 광대한 전 우주를 비치는 것입니다.

저는 솔로몬이 이 위대한 진리 즉 "사람의 영혼은 주님의 촛불이다"의 대상에서 그 충만한 전시물들을 방해하는 몇 가지 어려움들을 묘사하려고 했습니다. 인간은 이기적이고 순종적이지 않으며 그의 삶을 전혀 불태워 희생하려고 하지 않습니다. 인간은 고집이 세며 감정적이고 그의 인생을 세상적 불꽃에 불태우려고 합니다. 또한, 자기 뜻대로 하려 하며, 편협하고 고집불통이며, 하나님의 빛을 자기 자신이 특별한 색으로 비추려 합니다.

그러나 이 모든 것들은 사고입니다. 이 모든 것들에 대해 진정으로 완벽한 사람이 있습니다. 그같은 분이 누구겠습니까?

그렇게 고귀하고 아름답고 완벽한 사랑! 어떤 손, 어떤 발, 어떤 눈, 어떤 사람에 얼마나 순결하고 실수 없는 사람이십니까? 저는 그들의 가장 나쁜 것이나 가장 좋은 것이 그분께 못미치며 내 인간의 의식이 나로 하여금 확신케 할 바로 그때 인간 자체이었던 분이 가장 좋은 생각보다 못한 것을 인간이셨던 분이 내 경험이나 그분의 존재에 대한 상상을 하게 되고 바라보게 됩니다.

여기 그 완벽함 속에 인간의 영이 있습니다. 그리고 그 다음은 무엇입니까? 그것은 또한 주님의 촛불이 아닙니까? "나는 세상에 빛으로 왔다."라고 예수님은 말씀하셨습니다. "나를 본 자는 아버지도 보았느니라." 그분을 가장 잘 알았던 모든 사람들 중의 그 분이 그렇게 쓰셨습니다. 그리고 그 분 안에서 어려움들이 있는지 우리는 보았습니까? 한 순간이라도 이기적인 뜻을 찾을 수 있습니까? 내게 있어 예수님의 풍성한 인성이 결코 자신의 유익을 추구하거나 자신만 즐겁기 위하여 모든 영혼들에게 위험을 그런 마음이 얼마나 매혹적입니까?

유용함에서 어떻게 구별합니까? 계속하여 그들의 숨은 보배를 다루기 위하여, 생각하는 순수한 기쁨을 위해 영적인 감정을 가꿔진 이기주의의 삶의 분위기로 바꿔보십시오.

한 순간도 예수님 안에서 그런 것이 없었습니다. 그의 인성의 모든 풍성함은 하나님이 인간에게 말씀하시는 힘보다 더 많이 그분을 위하신 것을 의미했습니다. 그러나 그분의 풍성한 삶은 참으로 순수했습니다. 그것은 신성하지 않았습니다. 어떤 불꽃으로 타는 것을 싫어하였습니다. 그러한 풍성한 생명, 그리고 가장 거룩한 것 외에는 어떤 것도 말씀하시지 않았습니까?

그렇게 불타오르는 힘은 하나님의 것 외에는 어떤 터치에 의해서도 불붙여질 수 없는 것이었습니다. 그처럼 순수함의 충만함은 결코 지구상에 보인 적이 없었습니다. 그러나 우리는 그것을 보는 것처럼 그분이 괴물이 아니요 모든 인간들이 되어야 하는 모습인 것을 압니다. 예수님 이외에 모든 사람들은 그렇게 되지 못했지만 그러나 다시 한번 예수님

안에서는 한순간도 고집불통 없는 인격이 있었습니다.

특별한 인생, 즉 모든 살아있는 사람들 중에 명백히 자신을 드러내신 그 생명, 그러나 그 명백하심으로 우주적 하나님을 더욱 우주적으로 설명하신 한 생명은 그분 자신을 충만케 하셨던 개벽성의 격렬함에 비례하여 모든 생물들에게 호소하셨습니다.

나는 내가 당신이 그분을 보도록 할 필요가 있고 당신이 우리의 약한 불빛이 흔들리는 것을 보아야 한다고 생각합니다. 주님의 촛불이신 진정한 성품인 사랑, 모든 사람들에게 비춰이신 빛이 있습니다.

그것은 우리 모두의 정상적인 삶의 표준에는 새로운 정말 새로운 삶입니다. 이 진리가 드러내신 것이지요. 우리 모두는 일반적으로 그들 자신을 빛을 비추고 시들어지고 솔로몬의 더 높은 메시지가 있기 전에는 별 의미가 없게 됩니다.

더 고상한 메시지는 무엇을 말합니까? "당신은 신의 일부분입니다. 당신은 이 세상에 거할 장소나 의미가 없고 오직 하나님과의 관계 속에서만 있습니다." 그 완전한 관계성은 순종에 의해서만 깨달아질 수 있습니다. 그분께 순종하십시오. 그러면 여러분은 당신 자신의 빛이 아닌 그분의 빛을 받게 될 것입니다. 그리고 나서 여러분은 어둡지 않을 수 있습니다. 왜냐하면 그분이 여러분을 불붙이실 것이기 때문입니다. 그 후 여러분은 여러분이 진정한 것으로 알고 달려갔던 것과 같은 거짓 열심이 타지는 않을 것입니다.

그럼 악마는 여러분에게 그의 횃불을 잡을지도 모릅니다. 그가 그것을 광야에서 예수님의 마음에 일으켰던 것처럼 그러면 당신의 마음은 그분처럼 불타지 않을 수 있을 것입니다.

그러나 하나님께서 당신을 건드리시자마자 당신은 당신 자신의 빛이 너무 진실하게 당신 자신의 신비로운 삶을 존경하는 그런 진실한 빛으로 불타게 되고 그분의 빛이 너무 진실하여 그 자긍심은 불가능한 것이 될 것입니다. 그것이 인간생활의 철학인 것입니다. "오, 아무것도 아닙니다. 아무것도!"라고 신비주의의 가수가 그의 찬양 속에서 소리칩니다. 하나님께 정신을 팔리길 원하면서 "그러나 그렇지 않습니다. 아주 중요한 것이 되는 것입니다. 중요한 것이요." 개인적인 삶과 성격에 열심인 것을 반대합니다.

이 둘이 만나는 곳이 어디입니까? 누구도 자신의 인간성 속에서 자기자신의 자신을 존경하는 것을 정당화할 수 없다면 자기 포기하는 것이 높은 자기 가치를 가질 수 있겠습니까? 그들이 이 진리 안에서 외에는 어디서 만나지겠습니까?

인간은 그가 아무것도 아닐 수 있는 중요한 무언가가 되어야만 합니다. 그가 되어야 하는 어떤 것은 우주에 있는 유일한 근본적인 힘인 신성한 생명을 발하는 데 적당하고 단순한 것에 달려있어야만 합니다.

그리고 나서 사람은 그가 중요한 어떤 것이 될 수도 있는 아무것도 아닌 것이 되어야 합니다. 그는 하나님께서 그를 사용하시도록 사용될 수 있는 그 자신만의 특별한 특성을 가진 어떤 면에서 세상을 비추고 돕기 위하여 하나님께 순종함으로 자신을 복종시켜야 합니다.

제게 말해보십시오. 하나님께 자신의 인생을 바침으로써, 자신의 삶을 찾은 기독교인의 포부 속에서 자신이 아닌 예수님의 것이 됨으로써 자신이 됨으로 그 두 외침이 만나는지 않는다는 것을요.

지역에서 어떤 거룩한 의식을 위해 사람들이 가장 큰 관심으로 촛불들을 준비합니다. 증류하여 만든 바로 그 벌들은 신성합니다. 그들은 그들만을 위한 달콤한 꽃들이 심겨진 정원에서 아닙니다. 그 밀랍은 봉헌된 손에 의해 모아집니다. 그 양초들의 모양은 거룩한 작업인데 기도 속에서 거룩한 처소 성소에서 찬송가 소리를 연주합니다. 이 모든 것은 그 양초들이 가장 거룩한 날에 가장 숭고한 의식에서 타오르기 때문에 이루어집니다. 그 사람은 그의 영혼이 주님의 촛불로 만들어져야 합니까?

그것은 하나님이 그 사람 자신으로 불붙이게 한 그의 영혼입니다. 그러므로 그 영혼은 그에게서 가장 고귀한 부분임에 틀림없습니다. 그 영혼이 촛불이 됨으로 얻는 힘은 순종입니다. 그러므로 순종은 그의 삶의 욕구와 싸워야만 합니다. 순종, 어렵고 강요된 것이 아니라 기꺼이 하는 사랑이 있어 즉각적으로 하는 순종말입니다. 아버지에 대한 아이의 순종이 불꽃에 대한 촛불의 순종인 것입니다. 그 의무를 행하는 것은 의무감에 의해 행해지는 것이 아니라 영혼이 그것을 함으로써 하나님을 드러내고 수용할 수 있기 때문입니다.

고통을 참은 것도 단순히 그 고통을 참아야 하기 때문이 아니라 그것이 하나님의 불꽃에 달을 수 있고 별들처럼 영원히 하나님의 사랑으로 빛날 수 있기 때문입니다. 무엇보다 특히 인생의 그림들 — 그것이 의미하고 또 그것에서 만들어 잊을 수 있는 그림들 — 거기에서 그리고 그분을 다른 사람들에게 보이면서 그것이 순종하는 하나님의 빛 속에서 타오르는 인간의 영혼의 이 그림을 드러내 줍니다.

오, 나의 친구들이여! 늙은이들은 여러분에게 인생의 더 저급한 그림들과 그 목적이 거짓과 실수로 판명된다고 말할 것입니다. 그 삶이 그런 순종은 하려고 애쓰는 사람은 결국 그의 이 세상의 사역이 끝날 때, 이 세상의 삶의 경계에서 다른 경계까지 고대할 수 있습니다. 그리고 겸손하게 말할 수 있을 것입니다. 그가 살아온 삶의 역사로서 그리고 다가올 생명을 위한 기도를 드릴 것입니다. 예수님이 하셨던 말씀 "나는 이 세상에서 당신을 영화롭게 했습니다. 오 아버지여, 이제 당신과 함께 영원히 저를 영화롭게 하소서"라고 하셨던 말씀처럼.

(이 설교가 웨스트민스터 사원에서 설교되었을 때, 1880년 7월 4일 주일 저녁, 다음 문장이 첨가되었다).

나의 친구들이여, 제가 여러분에게 몇 마디 더 하는 동안 어떤 것은 내가 말했던 것에 적절치 못한 것이 될지, 그리고 잠시 동안 — 미국 독립기념일인 7월 4일에 — 오늘이 미국인인 우리들 마음 속에 갖게 하는 불러 일으킬지에 대해 좀 생각해 보시갈 바랍니다.

제가 감히 우리의 축제가 우리뿐 아니라 여러분에게도 어떤 신성함을 갖게 하는 것이라고 단언한다면 제 주장은 모든 진실한 사람들에게 한 국가의 탄생은 항상 신성한 것이 되어야 한다는 간단한 진리에 기초한 깃입니나 — 제가 감히 역사와 마찬가지로 우리의 역사로 가득찬 이 존엄한 사원에서 오늘밤 서 있도록 허락해 주심으로 여러분들의 우리의 현대적 사고 속에서 국가란 인간의 만든 것입니다.

그 역사의 전통에 의해서도 아니고 그것의 협력된 성취의 빛남에 의해서도 아니고 그 구성의 탁월성 때문도 아니고, 단지 인간을 그가 되어야 할 "완벽한 인간"으로 만들고 완벽한 인간성에 공헌케 하려고 함으로써 — 즉, 이것으로써만 인간의 특성을 낳고 교육시키고 각각의 나라가 오늘날 판단되어야만 합니다. 국가들은 주님의 촛불을 높이는 금 촛대입니다.

너무나 부요하고 존엄하여서 사람들이 그것이 더 이상 촛괼을 지탱할 수 없다면 그것을 존경할 수 있을 어떤 촛대는 없습니까?

"우리에게 여러분의 사람들을 보여 주십시요"라고 땅이 땅에서 소리칩니다.

그러한 시대에 어떤 나라도 가정으로 화할 우리의 보편적 인간성이 특별히 발전되도록 하는 그 새로운 촛대에서 인간 촛불의 특별한 타오름을 바라보아야 합니다. 열성과 기도로 그 새로운 촛대에서 인간 촛불의 특별한 타오름을 바라보아야 합니다. 새로운 국가가 하나님께서 여러분 나라의 한가운데에서 우리 나라를 이끄셨던 것처럼 하나님께서 다른 나라를 인도해 내셨던 가운데서 나온 새 땅이 세상에 그 완전함을 도울 강하고 자유롭고 개성적인 인간성을 가졌기 때문에, 그리고 만약

하나님께서 세우려 하셨던 그 소망과 약속을 이 나라가 본다면 그 모국
은 문명 그 출생을 같이한 다소 고통스런 생각과 기억을 잊게 될 것입
니다. 인간성이 만들었던 그 유익에 대해 암시하기 때문에 "사람이 이
세상에 태어난 기쁨 때문에" 오늘밤 제가 제 온 마음과 혼을 다하여 사
랑했던 나라를 영화롭게 하려는 것입니다. 이것이 제게 어울리지 않는
것 같습니다.

저는 미국이 이제까지 행해온 받을 만한 어떤 일에 대해 여러분들의
칭찬은 구해야 할지도 모르겠습니다. 그러나 제 나라의 탄생일에 저는
좀 더 거룩한 일과 좀 더 귀한 시간을 갖고 싶습니다. 미국의 유익을
위하여 여러분이 기도해 주시기 바랍니다.

하나님께서 미국에 주신 다양하고 놀라운 기회입니다. 미국의 자유,
(미국은 자유롭습니다. 그 오랜 노예제도의 사슬이 피를 씻겼기 때문입
니다) 미국의 속박없는 종교적 삶, 교육에 대한 열정과 진리에 대한 뜨
거운 추구, 가난한 사람의 권리와 기회에 대한 뜨거운 관심, 미래 세대
들이 자라날 조용한 가정들, 동부와 서부로 활짝 열린 광대한 문들, 새
로운 종족들이 서서히 태어남으로 생기는 그 종족들과 만남, 미국의 거
대한 기업과 그 무한한 희망, 이런 모든 요소들과 인간 기계들 위에 또
이 모든 것 위에 내 나라의 생명온 인간성을 위해 의미를 가져야만 합
니다.

저는 여러분이 인류의 아버지 하나님을 축복과 존재해야만 하는 인
자이신 예수님의 축복이 영원히 함께 하시길 기도해 주시기 바랍니다.

여러분이 영국인이고 제가 미국인이기 때문에 또한 여기의 이 높고
극진한 하나님의 지붕 아래서, 우리는 모두 영국인보다 더 귀하고 미국
인보다 더 귀한 존재이기 때문입니다. 또한 우리는 우리 아버지의 나라
가 온전히 보시길 기다리면서 모두 하나님의 자녀이기 때문에 그 기도
를 여러분께 부탁드립니다.

12. 스펄젼

(spurgen, 1834-1892)

생애와 사역

설교자들의 왕자라고 불리는 찰스 해든 스펄젼은 1834년 에섹스(Essex)의 겔브돈(Kelvedon)에서 태어났다. 그의 가족은 핍박을 위해 영국으로 이주했던 플랑드르(Flanders)의 위그노 지방 출신이었다. 그의 할아버지는 조합교회의 설교자였고 그의 아버지는 조합 교회에서 평신도 설교자였다. 콜체스터(Colchester)에 있는 그는 1850년 16살의 나이로 감리교 수구파 교회에서 한 평신도 설교자가 이사야 45장 22절을 선포할 때 개종했다. 여기 그가 한 말이 있다.

"나는 내가 작은 예배 장소로 올라섰을 때 강단 위로 한 크고 마른 분이 걸어 올라가는 것을 보았던 그 시간을 기억합니다. 그는 성경을 펴고는 연약한 목소리로 읽었습니다. '땅끝의 모든 백성아 나를 앙망하라 그리하면 구원을 얻으리라.' 아 ─, 나는 생각했습니다. '나는 땅끝의 한 사람이라고.' 그때 돌아서는데 그는 나를 응시하면 마치 그가 나를 알고 있는 듯이 말했습니다. '앙망하라.'고."

다른 진술에서 그는 덧붙인다.

"그가 말하길 '젊은이, 당신은 어려움 가운데 있군.' 나는 충분히 좋았습니다."

그리고 세 번째 진술에서는 "오, 나는 내 눈이 멀리 볼 수 있을 때까지 보았습니다. 그리고 하늘에서 나는 여전히 내 말할 수 없는 기쁨 속에 있을 것입니다."라고 했다.

그때 이후, 그는 성경과 결국 그가 유산으로 받은 청교도 저서들을 읽기 시작했다. 스펄전의 도서관은 지금 미추리주 리버티에 있는 윌리엄 주웰대학의 메이드스톤에 위치한다. 그는 콜체스터(Colchelster)에서 교육받았고, 캔트에 있는 농과대학에서도 교육을 받았다.

1851년 스펄전은 침례교인이 되었다. 그의 첫 번째 설교는 캠브리지 외곽, 테버샵에 있는 한 오두막집에서 그의 17번째 생일 직전에 행해졌다. 그 설교는 즉석에서 얼떨결에 한 것이었지만 매우 성공적이었다. 그는 계속해서 설교 요청을 받았다.

1851년 그가 아직 16살이었을 때 그는 캠브리지 근교 워터비치에 있는 작은 교회의 목사가 되었다. 그것은 한 헛간과 닿아 있었다. 19살에, 스펄전은 6개월동안 새 공원거리 예배를 지원해 달라는 요청을 받았다.

그 때 그 긴물은 1200 좌서이었지만 거의 200명도 참석하지 않고 있었다. 첫 번 일요일, 그들은 그의 설교를 듣고 놀랐다. 새 목사에 대해 얘기하면서 그룹으로 모였으며 스펄전을 부르기로 결정했다. 그는 1854년 4월 그 부름을 수락했다.

삶과 목회

온 런던시민이 그의 설교를 듣게 되어 그 교회는 금세 만원이 되었다. 스펄전은 뒤쪽 벽을 가리키며, "믿음에 의해서만 여리고의 성벽이 무너졌습니다. 믿음으로 우리는 이 벽을 무너뜨릴 수 있을 겁니다"라고 소리쳤다. 금세 그 교회는 1800석이 차도록 켜졌다.

그후, 그 회중은 엑시터홀(Exeter Hall)로 옮겨졌고 그후 슈레이가든(Surrey Gardens)에 있는 국립음악홀로 옮겼습니다. The Great Metropolian Tabernacle은 1861년에 열리게 되었습니다.

여기서 그는 30년 이상 설교했다. 주일 두 번의 예배에 정규적인 예배 참석자가 10,000명이 넘었다.

스펄전은 1855년만큼 이른 시기에 신학교 학생들을 가르치기 시작했다. 처음에는 집에서였고 나중에는 예배 처소에서였으며, 이 사역은 목회자 대학으로 발전하였다. 그는 700명 이상의 학생들을 훈련시켰다. 1874년에 각 시설들이 영국 남부에 세워졌다. 1867년 그는 500명의 아이들은 12동의 건물에서(숙박시키며) 양육했다. 스톡웰 고아원을 설립했다. 그는 또 90명의 coporleurs와 함께 성경모임을 구성했고 '칼과 모종삽'이라는 책자를 편집했다.

우리가 갖고 있는 것은 스펄전이 그가 그들에게 설교하길 원했던 방식의 설교들이다. 그의 설교들 중 수백만의 사본들은 인쇄되어 배포되었고 그의 설교들은 그가 죽기 전에 거의 40권의 인쇄된 책을 채웠다.

그의 설교를 시대별로 나누면 다음과 같다.

1. 초기시대(1854-1859)

2. 중기시대(1860-1867) — 이 시기는 세우는 기간이었고 그의 전성기는 아니었다.

3. 말기 시대(1868-1891) — 최상의 시기로 이 시기를 통해 가장 높은 질의 설교가 지속되었다. 스펄전의 설교는 강해졌고 그리하여 그의 전 사역을 통해 강하게 남았다.

스펄전은 작고 땅달막한 사람이었고, 무게가 많이 나가고 수수했다. 그러나 그는 유머감각이 있었고 위트가 있었다. 또한 고추 식초를 꿀꺽

삼킴으로 위에서 강하게 했던 깨끗한 목소리를 가지고 있었다.

그가 죽었을 때 10만명 이상이 최상의 의료 매트로폴리탄 예배소에 있었던 다양한 장례와 추도예배에 참석했다.

내용

스펄전은 성경적 기독교에 대하여 관심을 가졌고, 그의 설교들은 교리적 교훈으로 가득했다.

아이언 머레이가 쓴 〈잊혀진 스펄전〉에는 스펄전의 뒷이야기 진실과 자신이 비신앙과 구별됨을 위한 자신의 타협하지 않는 싸움에 대하여 말해준다. 그는 또 칼빈주의 기독교에 대해서도 관심을 가졌다.

윌리암 주웰 대학에 있는 그의 도서관에는 그의 할아버지가 그에게 남긴 청교도 저작들과 많은 다른 신학적 취득물들, 뿐만 아니라 많은 과학서적들과 많은 주제에 관한 다른 책들도 있다. 7000권이 소장된 이 도서관에는 많은 반기독교적 작품들이 있는 것이다.

스펄전은 언제나 주석적이었던 것은 아니었다. 그의 설교의 기조는 확신이었다. 그는 청교도를 잘 알고 있었지만, 그들 중 많은 수가 빠졌던 준비지의 실수는 확실히 피했다.

〈챨스 해든 스펄전의 설교 속에 있는 매력〉이라고 제목이 붙은 스펄전에 대한 책이 그의 설교에 있어 이 문제에 대한 중요성을 드러내고 있다. 나는 스펄전 설교 속에 있는 매력을 매우 가치있는 공부로서 권하는 바이다.

구성 : 그의 설교 구성에는 다양성이 있다. 그 구성이 항상 만강하고 대체로 돌출적이긴 했지만 대체적으로 그것을 가르치는 형태였다.

양식 형식 문제 : 스펄전의 장점이 여기에 있었다. 그의 문제 양식은 생동감있고, 음률적이고 종종 시적이었다. 그는 생생한 이미지를 사용

했다. 그는 모든 감각에 호소했고 예화 사용에 강했다.

학생들에게 하는 강의 속에 들은 번쩍이는 설교들에 대한 그의 주석들을 보라.

예화와 묵상 : 조명과 중재에 대한 서론에서 스펄젼은 그가 다른 설교자들을 어떻게 공부시키는지 말한다. 한 예가 그의 책 〈청교도의 정원에서 온 꽃들〉인데, 그것은 토마스 맨튼(Thomas Manton)이 쓴 글 중에서 발견된 예화를 확장시킨 것이다.

이야기 방식 : 스펄젼은 뛰어난 목소리를 가졌다. 강의에서 그 목소리에 대한 그의 단원, 그리고 특별히 목회 체험에 대한 그의 설명은 대단히 귀중하다. 그는 제스처의 명수여서 그의 강의에서 제스처에 대하여 말했던 것을 읽는 것은 가치있다. 그는 노트없이 설교했다.

그가 성공한 진정한 비결은 무엇이었는가? 그의 형이 쓰길 "나는 그것이 그가 나사렛의 예수를 사랑하고 나사렛의 예수가 그를 사랑한다는 사실에 있다"라고 하였다.

마음에 쓰여진 계명

"그날 후에 나 여호와가 말하노라 내가 나의 법을 그들의 속에 두며 그것을 그 마음에 기록하여 나는 그들의 하나님이 되고 그들은 내 백성이 될 것이다"(렘 31:33).

지난 주일 아침, 우리는 은혜 언약의 첫 번째 위대한 축복에 대해 얘기했습니다. 즉 죄에 대한 완전한 용서였습니다. 그때 우리는 그 놀라운 약속 "그들의 죄와 그들의 죄악들을 내가 더 이상 기억하지 않겠다" 하신 것을 듣고 기뻐했음을 상세히 말했었습니다.

나는 우리의 양심들이 평화로이 안정되길 바라고 우리의 마음이 하나님께서 그의 백성의 모든 죄를 그분 등 뒤로 던져버리신 것을 생각할 때 놀라움으로 가득차길 기대합니다. 다윗이 "주를 축복하라. 오 내 영혼아 그리고 내 속에 있는 모든 것들아 그의 거룩한 이름을 찬양하라. 오 내 영혼아 주를 찬양하고 그의 은혜를 잊지 말라. 그는 네 모든 죄악을 용서하였다"라고 한 것처럼 우리는 노래할 수 있도록 말입니다.

이 위대한 죄 용서의 축복은 항상 마음의 갱신과 연결됩니다. 그것은 마음이 변했기 때문에 주어지는 것이 아니고 항상 마음의 변화와 함께 주어집니다.

만약 하나님이 죄를 사해주신다면, 그는 분명 동시에 죄의 세력을 물러가게 그의 계명에 반대하려는 마음을 없애신다면, 주님께서 우리가 그분에게 그분은 또한 우리에게 미래에 그 법에 순종하고픈 마음을 주십니다.

본문에서 우리는 하나님의 법(계명)의 뛰어남과 권위를 보았습니다. 복음은 법을 폐기하려고 세상에 온 것이 아닙니다. 은혜에 의한 구원은 법의 교훈을 없애는 것도 아니요 최소한 정의의 기준을 더 낮추는 것도 아닙니다.

그와는 반대로, 바울이 얘기했듯이 우리는 믿음을 통하여 율법(계명)을 없애는 것이 아니라 율법을 세웁니다. 율법은 결코 넘어진 자가 그것의 비난하는 규칙으로부터 벗어나 믿음으로 걷고 은혜의 언약 아래 살아갈 때에야 비로소 존귀케 됩니다. 우리가 행위 언약 아래 있을 때 우리는 율법을 더럽혔습니다. 그러나 이제 우리는 도덕적 성실의 완벽한 표현으로서 율법을 존중합니다. 우리 주 예수는 율법이 소홀히 취급되지 않고 모든 세계에 오셨고 허물과 불순종이 즉시 보상되어야 하는 세계에 오셨습니다.

우리의 죄 때문에 오셨기 때문입니다. 왜냐하면 순전하신 그분은 우리 대신 지셔야 했던 우리의 죄 때문에 오셨기 때문입니다. 우리 주 예수께서는 죄가 용서되었음에도 불구하고 고통받고 죽어야 하는 운명으로 그 분이 죽으심으로 말미암아 속죄의 희생없이 죄가 없어지지 않는다는 것을 증명하셨습니다.

예수 그리스도의 죽음은 율법 아래 있던 자들의 모든 순종이 할 수 있는 것보다 그 율법에게 더 많은 영광을 돌려주었습니다. 그리고 그것은 모든 구원받은 자들이 지옥으로 언질받는 것보다 더 영원한 정의를 강력히 증거해 주는 것이었습니다. 거룩하신 분이 그의 외아들을 죽였을 때, 죄에 대한 그분의 분노가 모두에게 증거가 된 것입니다. 그러나 이것으론 충분치 않습니다. 복음 안에서 율법은 예수 그리스도의 희생으로 증명되었을 뿐 아니라 그것은 인간의 마음을 향한 하나님의 영의 사역에 의해 존귀케 되기도 한 것입니다.

구약 아래에서 율법의 명령은 반항하려는 우리의 악성을 자극시켰던 반면, 은혜 언약 아래에서 우리는 선한 그 율법에 만족하게 되고 우리의 기도는 "오 주여 당신의 뜻대로 행하도록 나를 가르치소서"가 되는 것입니다. 율법이 육체의 약함을 인하여 할 수 없었던 것을 복음은 하나님의 영을 통하여 하고 계신 겁니다. 그러므로 율법은 믿는 자들 사이에서 영광을 얻었습니다. 그들이 더 이상 행위 언약으로서 율법 아래 있지 않더라도, 또 그들은 예수 그리스도의 삶 속에서 그것을 율법에 일치하는 척도 속에 있다 할지라도, 그리고 그들이 내면의 사랑을 따라 속에서 기뻐한다 할지라도 말입니다.

율법에 의하여 요구되는 것은 복음에 의하여 주어집니다. 하나님은 율법 아래에 순종을 요구하십니다. 복음 아래서는 순종이 생겨나게 하십니다. 거룩이란 율법으로 우리에게 요구됩니다. 거룩은 복음에 의해 우리 안에서 생겨납니다. 그래서 율법과 복음의 차이점은 율법의 요구를 줄이는 데서 발견되는 것이 아니고 구원받은 자들에게 그것들을 요구했던 율법을 실제적으로 주는 속에서 발견되는 것입니다. 그리고 그들 안에서 그 율법이 요구했던 바가 생겨나는 것 속에서 발견됩니다.

사랑받은 친구들이여, 구약에서 하나님의 율법은 가장 두려움 속에 주어졌지만 그것은 충성스런 복종을 얻지 못했음을 기억하십시오. 하나님이 시내산에 오셨고, 그 산은 온통 연기로 자욱했습니다. 왜냐하면 하나님이 불 가운데 그곳에 내려오셨기 때문이지요. 그리고 그 연기는 용광로의 연기처럼 타올라갔습니다. 그리고 산이 크게 흔들렸습니다. 시내산에 자신을 드러내신 하나님의 임재는 대단히 무시무시했습니다. 모세가 "내가 두려워 심히 떨리나이다"라고 말할 정도로 장엄한 절정까지 덮은 짙은 어두움으로부터 나팔 소리가 났습니다. 아주 크고 길게 그리고 그 하나하나 10개의 계명과 도덕법령을 선포한 소리였습니다.

나는 내가 멀리서 산둘레에 진치고 두려움 속에 웅크린 채 마침내는 이 말씀들이 그들에게 더 이상 말해지지 않길 간절히 부탁하고 있는 그 백성을 본다고 생각합니다. 여호와의 음성이 너무나 무시무시했기 때문에 단순히 의를 설명하고 계셨을 때에조차 그 백성은 더 이상 그것을 들을 수 없었던 겁니다. 그러나 그들의 마음 속에 인상이 영원히 남아 있지 않았고 그들의 삶 속에서 순종도 일어나지 않았습니다.

인간은 힘에 의하여 겁먹게 될 수도 있지만 오직 사랑에 의하여서만 이 변화될 수 있는 것입니다. 정의의 힘은 자비보다 인간의 마음에 영향력을 덜 가지고 있는 것입니다.

그 율법에 대하여 더 살펴보면 하나님 자신이 그것을 두 돌판에 쓰셨고 하나님이 그것을 모세의 손에 넘겨 주셨습니다. 얼마나 보배입니까! 지금까지 이 석판들 만큼이나 존귀한 물건은 분명 없었을 것입니다. 이것들은 하나님의 손가락이 닿은 것이고 하나님 마음을 읽을 수 있는 흔적으로 그들에게 주어진 것이었습니다.

그러나 이 돌판 위의 율법들은 지켜지지 않았습니다. 그 돌판들뿐 아니라 율법들도 존중받지 못했습니다. 모세가 산에 올라간 후 얼마되지 않아 한때 두려움에 떨던 백성들은 시나이와 그 장엄한 목소리는 잊은 채 금송아지, 즉 풀을 뜯어먹는 황소의 형상을 스스로 만들어 그 앞에서 절하고 있었습니다.

하나님의 상징으로 금송아지 앞에 모세가 이 귀중한 돌판들을 손에 들고 산에서 내려왔을 때 그는 완전히 우상에 빠진 백성들을 보았고 분개하여 그 돌판들을 땅에 던져 깨뜨려 조각냈습니다. 그가 백성들이 어떻게 영적으로 그것들을 깨뜨리고 가장 높으신 분이 모든 말씀에 반기를 들었는지 보았을 때 그가 취할 수 있는 만큼 내가 모든 것으로부터 율법은 노예의 두려움이라는 결과로서는 진정 순종될 수 없습니다. 여러분은 하나님의 천사를 설교할 수도 있습니다. 그리고 다가올 세상에 공포에 대해서 설교할 수 있습니다. 그러나 이러한 것은 마음을 녹여 충심에서 나오는 순종을 불러일으킬 수 없습니다.

죄를 벌하시는 하나님의 해결책을 알아야 하는 다른 목적이 필요합니다. 마음이 그 사실에 의하여 선을 얻을 수는 없는 것입니다. 인간은 점점 반항합니다. 그래서 그가 명령을 받으면 받을수록 그는 더 강하게 반발합니다. 여러분 교회벽 위에, 그리고 여러분의 매일 드리는 예배 안에서 십계명은 끝났습니다. 그것은 또 사람들의 마음 속에 쓰여질 때까지 사람들의 삶에 작용할 수 없습니까?

돌판은 단단합니다. 명령들은 마음이 돌처럼 단단해지는 동안 돌처럼 단단해진 채로 결정됩니다. 그리고 사람들은 그 교훈의 방식이 그들의 악한 마음에 맞지 않기 때문에 자신들을 단단하게 합니다. 돌들은 차갑습니다. 그리고 그 율법은 차갑고 서늘한 어떤 것 같습니다. 사랑이 없기 때문입니다. 돌판들은 분명히 튼튼함에도 불구하고 깨져버렸고 하나님의 명령들도 그럴 수 있습니다. 그래서 진정으로 우리에 의해 매일 여겨지고 있습니다.

그리고 하나님의 뜻을 분명히 알면서도 그에게 대적하는 자들, 그들이 그것을 단지 멸망받을까 하는 두려움 때문이나 상 받고자 하는 이기심에서 지키는 한 그들은 주님의 계명을 중심으로 순종하지 않는 것입니다.

이 시간에 나는 여러분에게 하나님께서 아주 다른 양식으로 그의 율법에 자신이 순종하도록 한 방법을 보고자 합니다. 시내산에서 천둥으로 한 것에 의해서가 아니고, 그 율법을 돌판 위에 새겨서가 아니고, 인간의 마음 속에 부드럽고 무한한 사랑으로 다가오심으로써 거기에서 육체의 판 위에 그들이 즐겁게 순종할 수 있고 사람들이 하나님의 종으로 기꺼이 되어지는 그러한 방식으로 그의 율법의 명령을 쓰신 것입니다.

이것은 언약의 두 번째 위대한 특권입니다. 가치에 있어 두 번째가 아니고 순서상 두 번째란 말입니다. "당신의 모든 죄악을 용서하신 분입니다. 당신의 모든 질병을 고친 분입니다." 그러므로 이것을 에스겔이 "그리고 내가 너희 안에 내 영을 부어주리니 너희들이 내 계명 안에서 걷게 하고 그러므로 너희를 향하신 히브리인들에게 주사"라고 묘사했습니다.

히브리서에서 우리는 다른 형태를 발견하는데 우리는 이 말을 읽을 수 있습니다. "보아라 그 날이 오리니, 나 주가 말하노라. 내가 새 언약을 유다의 집에 세우리라 내가 전에 너희 조상을 애굽 땅에서 이끌어내던 때에 했던 그 언약에 따른 것이 아니다. 그들이 내 언약안에 계속 머물러 있지 않았기 때문에 나 여호와가 말하노니, 나는 그들을 이것은 내가 그때 이후 집과 맺은 언약이니 나 주가 말하노라. 내가 내 율법을 그들의 마음에 붓고 그것을 그들의 마음에 새기리라. 그리고 나는 그들의 하나님이 되고 그들은 내 백성이 되리라."

이것은 너무나 귀해서 주님을 아는 여러분을 그것을 사모하고 있고 그것이 하나님의 은혜에 의해 여러분 안에서 생겨난다는 것이 여러분의 큰 기쁨입니다. 무엇보다 우리는 서판을 살펴보겠습니다. "내가 내 율법을 그들의 안에 붓고 그들의 마음에 새길 것이다." 두 번째 쓰는 것을 보고 셋째 쓰는 자를 보십시오. "오, 우리를 모든 진리로 이끄시겠다고 약속하신 성령이 지금 우리에게 조명하실 것이다."

여러분, 하나님이 그의 율법을 쓰신 서판에 관심을 기울이시기 바랍니다.

"내가 네 안에 내 법을 부을 것이다." 그가 뒤주나무 방주에 그 서판을 넣자마자 그는 그의 거룩한 율법을 우리의 내면 본성에 넣을 것이고 그것을 우리의 생각과 정전, 그리고 기억과 감정에 넣어두시는 겁니다. 마치 보석함 안에 넣은 보석처럼 그때 그는 덧붙입니다. "그리고 나는 그것을 너희 마음에 쓰겠다." 그 거룩한 말씀들이 돌판에 쓰여졌던 것입니다. 그것들은 이제 마음 안에 새겨질 것입니다. 주님 자신이 쓰심으로 율법이 마음 위에 쓰여지는 것이 아니고 마음 안에, 즉 바로 마음의 조직과 구성 안에 쓰여짐에 유의하십시오. 그럼으로써 영혼의 중심 안으로 순종이 살아 있는 원리로 부어지는 것입니다.

그러므로 여러분이 알다시피 주님은 생명의 자리인 그의 서판을 선택하였습니다. 그것은 생명이 발견될 수 있는 바로 마음 속입니다. 죽을 수밖에 없는 상처난 곳 말입니다. 그곳은 생명의 자리에서 순종의 자리가 있을 수 있는 것입니다. 마음 속에서 생명은 그 영원한 성과 영구한 거처를 가지고 있습니다. 그래서 하나님이 말씀하십니다. 멀리 던져질 수 있는 돌 위에 그의 거룩한 율법을 쓰는 대신, 그는 그것을 마음속에 쓰시겠다고. 그래서 그 율법은 항상 우리와 함께, 우리 안에 있게 되는 것이지요. 눈 사이에서 속박될 수 있지만 쉽게 없어질 수도 있는 성구함 위에 율법을 놓는 대신, 그분은 그것을 마음 속에 쓰실 것입니다. 마음 속에서 율법은 항상 머물 수밖에 없겠지요.

그의 백성들이 그의 율법을 문설주에 쓰고 대문 위에 쓰도록 하셨습니다. 그러나 그런 과시적인 장소에서 그들은 잘 주목받지 못하게 될 수도 있었습니다. 이제 주께서는 친히 율법들을 항상 영향을 줄 수 있는 곳에 쓰십니다. 사람들이 그들의 생명이 거하는 곳에 쓰여진 교훈을 갖고 있다면 그들은 율법과 함께 살고 그것 없이는 살아갈 수 없는 것입니다. 하나님이 이것을 행하신 것이 얼마나 놀라운 일입니까? 그것은 그 법이 화강암 돌판 위에 새겨지게 하거나 금판 위에 새겨지게 하는 것보다 더 큰 지혜임을 보여 줍니다. 생명의 근원 위에서 작용하는 이것이 바로 지혜입니다. 그래서 인간으로부터 흘러나오는 모든 것을 신성케 된 근원지로부터 나오는 것입니다.

다음 것을 보십시오. 마음이 생명의 자리일 뿐 아니라 지배하는 능력입니다. 왕궁의 수도에서처럼 사람의 지상명령이 손과 발, 그리고 눈과 혀로, 또한 명령받은 모든 지체들로 인해 생기는 것은 바로 마음에서부터인 것입니다. 마음이 올바르다면 다른 힘들은 그 지배권에 복종할 것임에 틀림없고 또한 바르게 될 것입니다. 하나님께서 마음에 그의 법을 쓰시면 눈은 그것을 밝히 볼 것이고, 혀는 법칙에 따라 말할 것이며 손과 발은 하나님이 정하신 대로 움직이고 다닐 것입니다. 마음이 완전히 하나님의 영에 의해 감동되면 의지와 지성, 기억과 상상력, 내면의 사람을 결정짓는 그 밖의 모든 것들이 왕중의 왕에게 기꺼이 충성하게 되는 것입니다. 하나님 자신이 말씀하시길 "내게 네 마음을 달라"고 하십니다. 왜냐하면 그 마음이란 것이 모든 지체들의 중심이기 때문이지요. 그의 율법을 그것이 사람 전체를 움직일 수 있는 곳에 놓으시는 것에서, 그러나 하나님께서 인간의 마음 위에 쓰시기 전에 그것은 준비되었음이 틀림없습니다.

마음이 새로워지기까지 주님을 위해 쓰어진 책상이 되기에 석절치 못합니다. 마음은 무엇보다 먼저 지워져야 합니다. 마음판에 이미 쓰여진 것을 우리 중 몇 명은 깊은 후회를 하며 알고 있습니다. 근본적인 죄가 깊은 줄을 그어 놓았고 자판이 그의 검은 글씨로 무시무시한 글들을 써 놓았으며, 우리의 악한 습관들이 그들의 인상을 남겨놓았습니다.

어떻게 주님이 거기에 쓰실 수 있겠습니까? 누구도 거룩치 못한 마음판 위에 거룩한 하나님의 율법을 쓸 수 있다고 기대할 순 없을 것입니다. 먼저 것은 없어져야 합니다. 그래서 그곳이 깨끗해지면 그 위에 새롭고 더 좋은 것들이 새겨질 수 있게 되는 것입니다. 그러나 누가 이 줄들을 지울 수 있습니까? "에디오피아인이 그의 피부를 바꿀 수 있습니까? 아니면 표범의 자기 점을 없앨 수 있겠습니까? 당신이 아무리

선을 행하려 해도 악을 행하는 데 익숙해 있습니다." 표범의 점과 에디오피아인의 검은 피부색을 없앨 수 있는 분인 하나님께서는 또한 이제 마음을 흉하게 하는 악한 줄들을 없애실 수 있습니다. 마음이 지워져야 할 때, 그것도 표면뿐 아니라 그 조직 전체까지 완전히 깨끗함을 받아야 합니다.

형제들이여, 진실로 헤라클레스가 아우게이아스 마굿간을 깨끗케 하는 것이 우리 마음이 깨끗함받은 것보다 훨씬 쉬웠을 것입니다. 우리 안에 있는 죄는 외적인 더러움들이 아니고, 내적이고 모두 퍼지는 더러움이기 때문입니다. 비밀스럽고 영적인 죄의 더러움은 인간의 본성 속에 살고 있고 그 영혼의 모든 충동이 그것에 의해 병들어 있습니다. 모든 죄악이라는 알들은 우리 내면에 있습니다. 모든 닭들에게는 치명적인 독으로부터 나올 저주받은 바이러스가 영혼 속에도 있습니다. 죄를 지으려는 성향뿐 아니고 죄 자체가 영혼을 사로잡고 있으며 마음이 부정(죄악)으로 완전히 물들 때까지 마음을 완전히 검게 하고 오염시켜 왔던 것입니다.

하나님은 물과 피로 그가 우리를 깨끗케 하신 후에야 우리 내면에 그의 법을 쓰실 수 있습니다. 주님이 쓰실 판은 깨끗해야만 하는 것입니다. 그러므로 하나님이 그의 입을 세기실 마음은 깨끗한 마음이 되어야 합니다. 그리고 우리 하나님의 사람으로부터 마음을 깨끗케 하는 피와 물이 흘러나온 것을 아는 것은 큰 기쁨이요, 그래서 그 준비는 필요와 일치하는 것입니다. 은혜의 하나님의 이름을 찬양드립니다. 그 분은 악을 지우는 방법을 아시며 우리에게 예수님의 사역을 적용시키는 성령님을 통하여 우리 혼을 깨끗케 하시는 방법을 아십니다.

이에 덧붙여 마음은 부드럽게 될 필요가 있습니다. 왜냐하면 마음은 근본적으로 단단하고 어떤 사람들 중에는 그 마음이 돌보다 더 단단하기 때문입니다. 그들은 그들이 하나님의 사랑을 받아들이지 않음으로 하나님의 사랑을 거부합니다. 그들은 하나님의 뜻에 반대하는 편에 섭니다. 그들이 손해받고 그래서 어떤 것도 그들에게 영향을 끼칠 수 없을 때까지 하나님은 그 마음을 녹이셔야 하고 마음을 화강암에서 변화시켜야 하는 것입니다. 그리고 그분은 그렇게 할 수 있는 힘이 있습니다. 그의 이름을 찬양합니다. 은혜 언약에 따라 그분은 이 놀라운 일을 하실 것을 약속하셨고 하실 것입니다.

그 부드럽게 하는 일이 충분치 않을 수도 있습니다. 왜냐하면 가장 거짓된 부드러움을 가진 자들이 있기 때문입니다. 그들은 말씀을 기쁨으로 받습니다. 그들은 그것의 모든 표현을 드립니다. 그러나 금세 자기 길로 가며 그들이 어떤 태도의 사람인지 잊어버립니다. 그래서 또 다른 변화가 필요합니다. 계속 기억하도록 해야 할 필요가 있습니다. 여러분은 밀납 위에 다시 말해 그들이 선한 것인지 쓰여진 것처럼 옆에 노출되면 그것이 금세 없어질테니 새기고 또다시 새기고 해야 할 것입니다.

귀신, 세상, 그리고 생명의 유혹은 곧 마음에서 그가 선한 것을 쉽게 잡을 수 있는 장비와 함께 재차 그것을 창조하시지 않았다면 하나님이 마음에 쓰셨던 모든 것을 금세 지워버렸을 것입니다. 한마디로 인간의 마음은 완전히 변화될 필요가 있습니다. 그래서 예수님께서 니고데모에게 "네가 거듭나야 한다"라고 말씀하셨던 것입니다.

친애하는 여러분, 우리는 여러분께 예수 그리스도를 믿는 자는 누구나 영원한 생명을 얻었음을 선포합니다. 그리고 우리가 그렇게 말할 때 하나님의 진리보다 더도 덜도 아닌 것입니다. 우리를 믿으십시오, 인자가 죽었다가 다시 사셨던 것처럼 마음에는 대변화가 있어야만 하는 것입니다.

새 창조, 죽음에서의 부활임에 틀림없습니다. 옛것은 지나고 모든 것이 새롭게 되어야 합니다. 하나님의 법은 결코 옛날의 본성이 있는 마음 위에 쓰여질 수 없습니다. 새롭고 영적인 본성이 되어져야 합니다. 그런 후 그 새 생명의 중심 위에 우리 생명 안에 있는 새 힘의 왕관의 위에 하나님은 그의 복된 뜻을 선포하실 것이고 그가 명령한 것이 이루어질 것입니다. 그러므로 그때에 여러분이 이 판들이 우리가 처음에 생각했던 것만큼이나 쉽게 쓰여질 수 없는 것임을 알게 될 것입니다. 만약 하나님이 법을 마음에 쓰길 원하신다면 그 마음은 준비되어야 합니다. 그리고 준비되기 위하여, 그것은 완전히 자비의 기적으로 새로워져야 합니다. 하늘과 땅을 지으셨던 전능하신 손에 의해 쓰여질 수 있듯 그렇게 말입니다.

이제는, 그 쓰신 내용을 살펴보겠습니다.

"내가 그들 안에 내 법을 넣을 것이요, 그들의 마음에 그것을 쓰겠다"고 하셨습니다. 이 쓴 것이 무엇입니까? 첫째, 그는 거기에 허구적인 것이나 드러나지 않은 것은 쓰시지 않았습니다. 다만 그가 이미 율법책에서 우리에게 주셨던 자신의 뜻을 쓰시는 것입니다. 그분은 자비로운 동작으로 그분이 이미 은혜스런 계시로써 성경에 이미 쓰셨던 것을 마음에 쓰십니다. 철학도, 상상도, 광신주의자도 우상숭배도 쓰시지 않았습니다. 어떤 사람이 내게 "하나님께서는 내 마음 속에 그러 그러한 것들을 쓰셨다"라고 한다면 나는 대답하길 "그것을 책에 써서 보여주시요"라고 대답하겠습니다. 왜냐하면 그것은 다른 접경에 의한 것도 아니요 하나님의 성경도 아니기 때문입니다.

인간 존재에 관한 공상의 산물은 인간의 마음에 존재할 수 있습니다. 그러나 하나님은 그곳에 그것을 쓰시지 않으셨습니다. 왜냐하면 그 분 자신이 "나는 내 법을 그들 마음에 쓰겠다"고 공포하셨고, 그분은 그밖에 어떤 것도 말씀하지 않으셨기 때문입니다.

그것은 예언하는 체 하는 현대의 난센스는 하나님이 쓰신 것이 아니라는 점입니다. 그에게 그것을 묘사한다는 것은 정상적인 사람에게는 불명예가 될 수 있을 것입니다. 그것은 어떻게 하나님의 것이 될 수 있습니까? 여기서 그 분은 마음 위에 자신의 법을 쓰겠다고 약속하십니다. 그밖의 어떤 것도 아닙니다. 여러분은 여러분의 영혼 위에 율법이 쓰여지는 것을 만족하십시오. 그리고 여러분이 거짓을 믿는 혼란을 받아들이지 않기 위해 헛된 공상에 사로잡히지 마십시오.

그러나 하나님이 그가 그의 모든 법을 마음에 쓰겠다고 하신 것을 살 살펴보십시오. 이것은 그 말씀들 즉, "내 법"을 포함합니다. 하나님의 사역은 그 모든 면에서 완벽합니다. 그리고 아주 아름답게 조화를 이룹니다. 그분은 한 명령만 쓰시지 않을 것이고 그들의 재편성 속에서 많은 것이 행해지는 것처럼 나머지마저 남겨두지 않을 것입니다. 그들은 특별한 죄에 반대되는 선행에 분개하게 됩니다. 그러나 그들은 다른 일 속에 살아갑니다. 술 취함은 그들에게 모든 불의 중 가장 지겨운 일입니다. 그러나 탐욕과 부정에 그들은 눈짓합니다. 자만에 대해 소리치지만 시기합니다. 그러므로 그들은 공평치 않고 거짓으로 주님의 일을 합니다. 그래서는 안됩니다. 하나님은 우리 앞에 불완전한(부분적) 거룩을 잃지 않으셨습니다. 다만 전체적으로 도덕적인 법을 듣는 것입니다.

"내가 그들의 마음 속에 내 법을 이을 것입니다." 인간의 교정은 일반적으로 편향되어 있지만 하나님의 은혜의 사역은 조화를 이룹니다. 주님은 인간의 마음에 완벽한 법을 쓰십니다. 왜냐하면 그분은 완벽한 사람들을 만드시길 의도하시기 때문입니다. 다시, 마음 뒤에 부드럽게 하고 바뀌어진 율법이 아니라 처음에 타락하지 않은 인간의 마음에 썼던 바로 그와 똑같은 "나의 율법"을 쓰신 것을 주목하십시오.

바울은 원래 인간에 대해 말하길, "그들은 그들의 마음에 쓰여진 율법의 일을 드러낸다"라고 합니다. 대부분 그들의 부정 때문에 사람을 비난하는 양심 위에 남아 있는 빛이 충분히 있습니다. 그분이 창조할 때 사람의 마음에 원래 쓰여졌던 것은 해를 받아 인간의 타락과 불의로 말미암아 거의 말살되었습니다. 그러나 주님은 마음을 새롭게 하심으로 그 쓰신 것을 새롭게 생생하게 하십니다.

의와 진리의 처음 원칙에 대해 쓰셨던 것조차 그러나 그 문제를 다시 더 구체적으로 보자. 마음 안에 하나님의 법을 씀으로써 성경은 무엇을 의미합니까? 쓴 것 자체는 매우 많은 것을 뜻합니다. 무엇보다 먼저 그의 마음 위에 쓰여진 하나님의 법을 가진 자는 그것을 압니다. 그는 하나님이 하시고자 하심과 그 말씀 속에서 교훈을 받습니다. 그는 조명받은 사람이고 더 이상 율법을 모르고 저주받은 자가 아닙니다. 하나님의 영이 그에게 옳고 그른 것을 가르칩니다. 그는 마음으로 이것을 알기 때문에, 더 이상 어두움을 빛이라, 빛을 어두움이라 할 수 없게 됩니다.

다음으로 이 법은 그의 기억 속에 자리합니다. 그가 그것을 판 위에 갖게 되면, 그는 그것을 보기 위해 그의 집에 가야 합니다. 그러나 그는 그것을 그의 마음 속에 가지고 다니므로 무엇이 옳고 그른 것을 즉시 아는 것입니다. 하나님은 그에게 그가 어떤 일을 하려 하는 시금석을 주셨습니다. 그는 "반짝이는 모든 것이 금이 아니다"라는 것을 알고 거룩한 체 하는 것이 거룩한 것이 아님을 알게 됩니다. 그는 귀한 자들과 악한 자들을 구분하여 이것을 습관적으로 행합니다. 하나님의 법에 대한 지식과 그 기억이 그에게 행하셨던 영혼의 분별력에 의해 주어지기 때문입니다. 그래서 그는 빨리 무엇이 하나님의 마음에 합한 것인지 아닌지 알게 되는 것입니다. 이제 이것은 위대한 그들에게 전혀 나쁘지 않다는 것입니다. 왜냐하면 어떤 일들은 그들이 변호하고 주장하려는 사람들에 의해 보통 행해지기 때문입니다. 그러나 신성한 규칙에 따르면 그들은 아주 불의한 것입니다. 하나님의 백성들은 이런 것들을 판단하고 그들과 함께 기뻐하지 않습니다. 신성한 본능이 죄에 다가간 신자들을 경고합니다. 대중의 양심이 의심스러운 proutices에 대항하여 고함치기 훨씬 전에 크리스챤은 마치 잠시 동안 경외심과 습관에 미혹되었다 하더라도 경외심과 불편함을 느낍니다.

그가 보편적 견해에 위압된다는 것을 동의한다 할지라도 어떤 것이 있습니까? 그가 악을 발견하자마자 그는 그것으로부터 움츠러듭니다. 우주적 발견자를 소유한다는 것은 대단한 일입니다. 그러므로 여러분이 갈 수 있는 곳에 가십시오. 여러분은 다른 이들의 판단의 의존하지 않습니다. 그리고 많은 이들이 속는 것처럼 속지 않는 것입니다.

그러나 이것은 그 문제의 일면일 뿐이고 비교적 작은 부분입니다. 율법은 이보다 더 깊이 인간의 마음 속에 쓰여 있습니다. 그가 옳은 율법에 동의했을 때 그의 양심은 회복되면서 소리칩니다. "그래 그런 거야, 그렇게 되어야 해. 하나님이 금지하셨던 그 명령에 의해 어떤 과정은 적절하고 신중한 명령이야. 그것은 금지되어야 해." 어떤 이가 더 이상 그들 자체보다 신성한 명령들이 다르길 원하지 않을 때 그것은 희망적인 표시입니다. 그러나 그의 판단에 의해 그들이 강하게 화날 때 죽이는 것은 살인이 아니길 바라는 사람이 없습니까? 훔치지 않지만 그들이 이웃의 물건을 갖고 싶어하는 사람들은 없습니까? 간음이 악이 아니라고 바라는 많은 사람들이 있지 않습니까? 이것은 그들의 마음이 타락된 것을 증명합니다. 그러나 그것은 그리 개심되지 않습니까? 그들은 율법은 어떤 식으로든 바뀌게 하진 않을 것입니다.

그들의 표는 법에 있습니다. 그들은 그것을 사회의 인도자로 간주하고 우주의 평화가 홀로 설 수 있는 기초로 간주합니다. 왜냐하면 오직 의로써만 사물의 어떤 질서가 세워질 수 있기 때문입니다. 만약 우리가 하나님의 지혜를 가지고 있다면 우리는 즉시 하나님이 만드신 불법을 만들 수 있을 것입니다. 왜냐하면 그 법이 거룩하고 정의로우며 선하고 인간의 가장 높은 유익을 조장하기 때문입니다. 인간이 거기까지 멀리

도달한다면 그것은 진정 위대한 일입니다.

그러나 하나님에 의하여 마음에 행해진 것이 있으니 그것에 동의할 뿐 아니라 율법을 사랑하는 것입니다. 마치 그 사람이 그런 사랑으로 하나님께서 그에게 완전히 거룩한 것은 선하고 사랑스럽게 표현해 주신 것을 감사하는 사랑으로 그는 그런 측정하는 줄을 주었습니다. 그런데 그는 그 줄로 하나님께서 거할 수 있는 집이 어떻게 지어져야 하는지 아는 것입니다. 그러므로 주께 감사하면서 의를 추구하는 그의 기도, 소망, 기원, 타는 듯한 간절함이 하나님의 마음에 따라 모든 것 중에 있을 수 있습니다. 그 안에서 위안과 기쁨을 발견한다면 사람이 거룩함 속에서 기쁨을 얻고 죄가 그에게 다가올 때마다 깊이 고통을 느끼게 될 때, 율법은 완전히 그 마음에 쓰여진 것입니다.

오, 친애하는 친구여, 주님은 여러분들을 위에 위대한 일을 해놓으셨습니다. 모든 악한 것이 여러분들을 불쾌하게 할 때 여러분이 여러분의 육체의 죄악으로 죄에 빠지게 된다 할지라도 그것이 여러분에 격렬한 고통과 슬픔을 주지 않는다면 그것은 하나님께서 당신의 마음 속에 그의 법을 쓰셨기 때문입니다. 여러분이 원하는 만큼 거룩하게 될 수 없다 할지라도 거룩함의 방식이 여러분의 기쁨이 되고, 그것들이 여러분이 바다에서 물고기가 살 듯 여러분이 풍요롭게 살아가는 주요한 요소가 된다면 그때 여러분은 마음에 아주 대단한 변화를 한 주역인 것입니다. 그것은 여러분이 그것을 기뻐하는 것만큼 그렇게 여러분이 한다는 것은 아닙니다. 다만 그것은 여러분 성격을 가장 잘 평가할 수 있는 것이 됩니다.

엄격하게 교회에 가고 예배에 참석하는 많은 종교적인 사람들이 만약 그들이 그렇게 해야 하는 필요가 없다면 얼마나 기쁘겠습니까? 그들의 대중예배는 죽은 형식이 아닙니까? 많은 사람들이 그들이 성가신 사람이 되지 않기를 바라는 가족 지도자와 개인 지도자를 가지고 있습니까? 마음에 짐이 되는 육체적 연습 속에 어떤 종교가 있습니까? 그 것이 여러분 자신에게 받아들여지기까지 하나님께 받아들여지는 것은 아무것도 없습니다. 하나님은 당신이 당신의 제물을 기꺼이 바치지 않는다면 이것은 많은 사람들의 말에 얼마나 반대되는가, 그들은 말하길 "나는 아주 많이 예배 처소에 가고 개인기도를 함으로 나 자신을 부정하는 것을 당신을 알 것입니다. 그러므로 나는 진정 종교적이지요"리고 하기 때문입니다.

바로 그런 태도와 반대될 때, 진리와 더 가깝습니다. 그 마음은 영적인 건강과 거리가 멉니다. 왜냐하면 하나님께 예배하는 것이 비참할 정도로 느껴질 때 그 때 진정 마음이 새로워졌을 때, 마음은 주님을 경배하고 예배하는 것을 즐거워하기 때문입니다.

회심한 사람은 "나는 내가 할 수 있다면 기도를 안하고 싶어"라고 말하기 보다는 "나는 항상 기도하고 싶어요"라고 소리칩니다. 거듭난 영혼은 "가능한 한 하나님의 사람들이 회중에서 벗어나고 싶어."라고 하기보다 다윗처럼 주님의 집에 영원히 거하길 소원합니다. 거룩함이 기쁨이 되고, 죄가 슬픔이 될 때, 이것이 바로 그 미음에 율법이 쓰여진 증거입니다. 이렇게 된다면, 하나님이 우리를 위해 행하신 일은 얼마나 위대합니까?

제일 중요한 요점은 이것입니다. 즉 우리의 본성은 하나님의 법과 반대되는 반면 하나님께서 금하시는 것을 우리가 즉시 하고 싶어 하고 하나님이 명령하시는 것은 무엇이든 우리가 싫어하게 될 때, 성령님은 우리에게 다가 오셔서 우리의 본성을 바꿔 주시고 우리 본성을 율법에 맞게 만드십니다. 그러므로 이제 하나님께서 금하시는 것이 무엇이든 우리도 싫어지고 하나님께서 명령하시는 것은 무엇이든 우리의 의지가 명령한다는 점입니다. 돌비에 적는 것보다 마음에 율법을 적는 것이 얼마나 좋습니까!

만약 누군가 "어떻게 주님은 사람의 마음에 계속 써 있도록 하시나요?"라고 묻는다면 나는 기꺼이 다음 과정을 보여 주고 싶습니다. 첫째, 어떻게 성령님은 마음에 율법을 쓰시는지 나는 말할 수 없습니다. 외적인 방법은 그것에 대한 글을 읽고 말씀을 전하는 것이지요. 그러나 어떻게 성령님은 영혼에 직접 작용하시는지 우리는 모르지요. 그것은 큰 은혜의 신비 중 하나입니다. 우리는 우리 안에서 이것을 잘 압니다. 즉, 우리가 전에는 보지 못했지만 지금은 우리가 본다라고 하셨지요. 그리고 우리가 하나님의 법을 싫어했지만 이제는 그 속에서 매우 기뻐합니다. 즉 성령님께서 이 변화를 일으키신 것입니다. 그러나 우리는 그가 어떻게 그렇게 하시는지는 모릅니다. 우리가 알 수 없는 그의 거룩한 사역은 정신작용의 보편적 법칙에 따른 것입니다. 그는 지식으로 밝히시며 논쟁으로 확신시키시고 설득하여 인도하시고 교훈하여 힘을 주십니다. 율법이 기독교인의 마음 위에 쓰여지는 방식을 잘 알 수 있는데 그것은 하나님의 임재를 느끼는 것입니다. 신자는 그가 하나님께서 보고 계심으로 죄지을 수 없음을 느낍니다.

왕 앞에서 반역하려는 자는 놋쇠로 만든 얼굴이 필요할 것입니다. 사람들이 말하듯 그러한 일들이 '장미 아래서' 행해집니다. 그러나 군주의 얼굴 앞에서는 아닙니다. 그러므로 크리스천은 그가 하나님 안에서 거함을 느끼고 있으므로 이것이 그로 하여금 불순종하지 못하도록 하는 것입니다. 하늘의 아버지의 눈이 하나님 자녀의 가장 좋은 모니터인 것입니다.

크리스천은 일단 죄가 그에게 일어나는 타락이 그 안에 있다는 것을 생생히 느낍니다. 내가 개인적으로 있을 수 없는 일이 하나 있다면 그것은 내가 아직 아래 있을 때 그것이 내 마음의 공포였고 하나님께서 내게 내 상태를 드러내 주셨다는 것입니다. 친구여, 불에 데어본 아이는 불을 무서워 한다는 오랜 속담은 그것에 데어 보았던 사람의 경우에는 진실입니다. 그는 정말 죄를 증오합니다. 그리고 죄로 인한 절망에서 구출받기 위해 그런 방식으로 하나님께서 그의 마음에 벌을 쓰신 것입니다.

그러나 사랑은 더 강력한 요소입니다. 한 사람이 하나님이 그를 사랑하시는 것을 알게 하고, 그가 진정으로 하나님께서 항상 그를 세상 창조 전부터 사랑하는 것을 느끼도록 해보십시오. 그러면 그는 하나님을 기쁘시게 해드리려고 노력할 것입니다. 그가 그 아버지께서 그를 너무나 사랑해서 그가 그를 통해 살 수 있도록 하기 위해 그의 독생자를 보내셔서 죽게 하셨다는 것을 확신하게 해보십시오. 그러면 그는 분명 하나님을 사랑하고 악을 미워할 것입니다. 하나님의 준비와 은혜 속에서 하나님의 사랑과 용서, 그리고 양자됨은 사람을 성화시킬 것입니다. 그는 그러한 사랑에 저항할 수 없고 반대로 그는 그런 은혜 속에서 하나님께 순종하게 될 것입니다. 하나님께선 그런 사랑의 감정으로 그의 백성의 마음에 그의 법을 쓰시는 것입니다.

주님께서 쓰시는 또다른 매우 강력한 펜이 있으니 그것은 우리 주 예수 그리스도의 고난 속에서 발견됩니다. 우리는 예수가 침뱉음 당하고 채찍 맞고 십자가에 못박히신 것을 안다면 당연히 우리의 본성에 있는 모든 죄를 증오할 것입니다. 여러분은 그의 구속하는 보혈의 붉은 핏방울을 세고 나서 주님이 그렇게 귀한 값으로 치르신 그 부정된 삶으로 다시 돌아갈 수 있습니까? 불가능합니다. 예수 그리스도의 죽음은 인간의 마음 중심에 매우 깊이 하나님의 법을 써놓습니다. 십자가는 죄를 십자가에 박는 것입니다.

그것에 덧붙여서 하나님은 적극적으로 그의 거룩한 법을 우리에게 새롭게 신성한 하늘의 생명을 주심으로 심령의 보좌 안에 세우십니다. 죄를 지을 수 없는 영원한 원리가 크리스천 안에는 있습니다. 왜냐하면 그 원리는 하나님께로 낳고 결코 죽지 않기 때문입니다. 그것은 영원히 사는 살아있고 썩지 않는 것입니다. 신성한 원리가 부패될 수도 없고 죽을 수도 없는 영혼에 들어오게 되고 이 방법에 의하여 율법이 마음에 쓰여지는 것입니다. 나는 갱생의 과정을 설명하려는 척하지 않습니다. 다만 확실히 그것은 성령에 의해 심어지는 신성한 삶을 포함합니다.

한번 더 말한다면, 성령 자신이 기도합니다. 즉 진실로 하나님께서 신자 안에 거하십니다. 중보자의 모습으로 인간의 육체 안에 거하셨고, 그리하여 성령께서는 모든 중생한 구원받은 남녀의 몸 안에 거하신다는 사실을 알아야 합니다.

영원히 가장 높으신 분의 뜻에 복종하게 되는 것입니다.

이제 우리는 잠시 그 쓰시는 분에 대해 생각을 바꿔보겠습니다. 누구죠? 네, 자신입니다. "내가 그렇게 하겠다"라고 하나님은 말씀하셨습니다.

먼저, 그가 그의 법을 마음에 "쓰실 권리"가 있음을 주목하십시오. 그는 마음을 만드셨습니다. 그것은 그의 서판입니다. 그러니 그분이 거기에 그가 의도하시는 것은 무엇이든 쓰도록 하십시오. 진흙이 토기장이의 손 안에서 빚어지듯 우리도 하나님의 손 안에서 빚어졌습니다.

다음으로 "그가 홀로" 마음에 그 법을 쓰실 수 있다는 것에 주목하십시오. 다른 어떤 손에 의해서는 거기에 그것이 절대 쓰여질 수 없을 것입니다. 하나님의 법은 인간의 힘으로는 마음에 쓰여질 수 없습니다. 아, 제가 하나님의 법과 하나님의 복음을 얼마나 자주 설명했던가요! 그러나 나는 귀보다 더 깊이 깨닫지 못했습니다. 듣고 흘려버렸습니다. 살아있는 마음에 쓰실 수 있습니다. 이것은 고귀한 일입니다. 천사들도 그 일에 참여할 수 없습니다. "이것은 하나님의 손가락입니다." 하나님이 홀로 거기에 쓰실 수 있고 쓰셔야만 하듯이 그것이 완벽하게 되면 그분만이 홀로 그 쓰신 것에 대한 영광을 받으실 것입니다.

하나님이 쓰실 때, "그 분은 완벽히 쓰십니다." 여러분과 나는 실수를 합니다. 인간이 쓴 모든 문서에는 오자가 있습니다. 그러나 하나님이 쓰실 때, 오자나 실수는 있을 수 없습니다. 성령의 내적 사역이 완전히 완성되면 성령에 의해 진행되는 거룩함을 능가할 어떤 거룩함도 없을 것입니다.

게다가 그분은 지울 수 없도록 쓰십니다. 저는 하나님이 하나님의 법을 인간의 마음에 쓰실 때, 악마가 그 마음에서 하나님 법외 한 자는 악마가 빼낼 수 없다고 생각합니다. 성령이 우리 본성 위에 그의 모든 신적 능력으로 오셔서 쉬시며, 거룩한 생명을 그 속에 인치십니다. 그때 악마가 그의 검은 날개와 모든 천한 기교를 가지고 올 수 있으나 그는 결코 영원한 줄을 지울 수는 없는 것입니다. 우리는 영원하신 주 하나님의 흔적을 기억합니다. 그래서 우리는 그것들을 영원히 가슴 속에 품습니다. 바위에 쓰여진 글들이 오래간다 해도 마음에 쓰여진 것은 영원히 갈 것입니다. 주님이 "나는 나를 떠나지못할 그들의 마음속에 내 두려움을 주겠다"라고 말하시지는 않습니다. 이 하나님의 자녀가 죄에 빠지지 않도록 하시는 그 영원한 원리를 주신 하나님께 찬양하십시오.

저는 율법이 마음에 쓰여짐으로 "그 결과"기 이띤 것인지 발씀드림으로 끝맺고자 합니다. 제가 그것에 대해 설교해 오는 동안 여러분 중 많은 분들이 "그 법이 내 마음에 쓰여졌으면" 하고 말씀하시길 기대합니다. 이것은 인간의 업적이 아니고 은혜 언약의 선물이 특권인 것을 기억하십시오.

친애하는 성도 여러분, 여러분 중 누군가가 "나는 내 안에 어떤 선한 것도 없어. 그러니 나는 예수님께 나아갈 수 없어"라고 하시는 분이 있다면 어리석게 말하고 계신 것입니다. 선한 것이 없는 것은 여러분이 당신의 필요를 채워주실 예수님께 나아가야 하는 바로 그 이유입니다. "오! 그러나 내가 하나님의 법을 내 마음에 쓴다면 나는 예수님께 알 수 있을텐데요"라고 하시겠습니까? 여러분이 예수 그리스도를 왜 필요로 하십니까? 법이 당신의 마음에 쓰여지지 않았다면 그때 예수님께 나아가 그것이 쓰여지게 하십시오.

예수님께 나아가는 것입니다. 신약에서 "내가 내 법을 그들 안에 부을 것이고 내 법을 그들의 마음에 쓰겠다"고 하십니다. 그러나 여러분 안에 그 법이 쓰여지도록 나아오십시오. 있는 모습 그대로 나오십시오. 한 줄이 쓰여지기 전에 주 예수 그리스도는 그 자신이 서판을 갖고 나아가십니다. 그는 당신을 위해 모든 것을 하실 것입니다.

사람의 마음에 율법이 쓰여진 결과는 무엇입니까? 첫 번째 결과는 큰 슬픔입니다. 만약 내 마음에 하나님의 율법이 쓰여진다면 그때 나 자신에게 말할 것입니다. "아, 그렇게나 오래 법을 어기며 살아오다니! 이 복된 법, 이 사랑스러운 법, 왜 나는 이제까지 그것을 모르고 살아왔던가, 그래서 그것이 나로 하여금 불순종하게 했었구나. 죄가 살아나고 명령이 오면 나는 죽게 되는구나"라고 우리는 우리의 손을 꼭 쥐고 울부짖습니다. "우리가 어떻게 저렇게 정의로운 법을 깰 정도를 사악할 수 있었지? 우리가 어떻게 우리 자신이 원하는 대로 하려고만 했지? 명령을 어기는 것이 우리 자신을 해하는 것임을 몰랐었구나." 그러므로 우리는 처음 태어나는 죽음의 고통 속에 있게 됩니다. 저는 아마도 하나님께서 그의 법을 여러분의 마음에 쓰지 않으셨다고 믿습니다. 은혜의 최초의 표징 중 하나는 죄로 인해 흘린 눈물 방울인 것입니다.

그것의 다음 법 영향은 그 사람이 그 법을 다시는 깨지 않고 할 수 있는 한 지키겠다는 강한 결심으로 나타납니다. 그는 다윗이 "내가 맹세컨대 그것을 수행한 것이며, 당신의 의로운 판단을 지키겠나이다"라고 한 것과 같이 소리칩니다. 그의 모든 마음이 주님의 말씀을 읽을 때, "네, 그것은 하나님의 뜻에 따라 제가 되어야 할 것이고, 그것은 제가 되고 싶은 것이며, 제가 될 것입니다"라고 말합니다.

그 강한 결심은 곧 강한 갈등을 낳습니다. 왜냐하면 다른 법(우리 지체 중에 있는 법이)이 그 머리를 들고 그 다른 법이 "거기에 그렇게 빨리 가지 마. 네 영혼에 들어온 그 새 법을 지키지 않아도 돼."라고 소리치고 "내가 주인이 될거야."라고 하기 때문입니다. 우리 안에서 우리 왕으로 태어난 그는 안목의 정욕과 육체의 정욕과 옛 헤롯이 어린 아이들을 죽이게 한데서 알 수 있습니다. 이생의 자랑, 이런 각각의 것이 새 군주에 대항하여 싸움입니다. 여러분중 몇은 이 싸움이 무엇을 의미하는지 아실 것입니다. 죄로부터 벗어나는 것은 아주 어려운 싸움입니다.

화가 날 때, 어떤 사람에게 있어 예전에 하던 말을 하려는 자신의 입을 손으로 막아야 했던 적은 없습니까? 이를테면 다시는 말하고 싶지 않은 그런 말입니다. 여러분은 종종 혼자 있으려고 위층으로 올라간 적은 없습니까? 만약 주님이 당신을 잡아주시니 않는다면 금방이라도 넘어질 것 같은 기분을 느끼면서. 하나님과 함께 홀로 지내며 그분께 도움을 청하는 것이 얼마나 현명합니까? 밤낮으로 악에 대항해 싸우는 것이 얼마나 분별있는 것입니까? 어떤 허풍쟁이들은 그 모든 것 이상 얻었다고 얘기하곤 합니다. 나는 그런 형제들이 있다는 섯을 생각하면 기쁩니다. 그러나 나는 그들이 그들을 보여주면서 유리진열장 안에 있거나 도둑들이 그들을 가져갈 수 없는 철금고 속에 있었으면 좋겠습니다. 나는 여러분이 악마의 올무라고 생각합니다.

매일 필요 이상으로 얻는 것을 상상하는 것이 제 입장에서는 갈등과 싸움에 지나치지 않았습니다. 그 전투가 매일 더 강력해지는 증거가 제게 있습니다. 내가 속해 있는 하나님 백성들이 여전히 싸우고 있음을 압니다. 그는 양보할 때마다 더 큰 속셈이 있어 양보하는 것입니다. 그래서 당신이 스스로에게 "내 부패(타락성)는 모두 죽었어. 나는 이제 더 이상 죄 지으려 하지 않아"라고 할 때마다 당신은 무서운 위험에 웃는 것입니다. 가련한 영혼이여, 당신은 당신이 무엇을 말하고 있는지도 모릅니다. 하나님은 당신을 학교에 보내시고 당신에게 약간의 빛을 주십니다. 그래서 당신은 오래지않아 다른 장단에 맞춰 노래할 것입니다.

이것은 부수적인 결과입니다. 주님이 마음 안에 법을 쓰시면 갈등과 싸움이 사람 안에서 없어집니다. 거룩함이 싸우기 때문입니다.

그러나 신성한 마음에 쓰는 것으로 인한 이것보다 더 좋은 것은 없습니까? 물론 있습니다. 능동적인 순종이 옵니다. 그 사람은 선한 법에 동의할 뿐만 아니라 그것에 순종합니다. 그리고 만약 예수 그리스도께서 명령하신 것이 있다면 그것이 무엇이든 그 사람은 그것을 하려고 합니다. 그것을 하기 원할 뿐 아니라 능동적으로 그것을 합니다. 만약 잘못된 것이라면 그는 그것을 삼갈 뿐 아니라 하지 않습니다.

하나님이 그를 돕기 때문에 그는 올바르고 의로우며 정상적이고 신성하며 사랑스럽고 기독교인답습니다. 왜냐하면 이것은 하나님의 영이 그 사람 안에서 일하고 계시기 때문입니다. 기독교인답습니다. 왜냐하면 그는 새로워진 마음 속에 머물렀던 육체의 오랜 소욕들이 있을 수 없는 완전한 상태가 됩니다. 이제 그 신자는 옳은 모든 것에서 큰 기쁨을 느낍니다. 세상에 옳고 진실된 어떤 것이 있다면 그는 그 편이 됩니다. 만약 진리에 패배된 것이 있다면 그는 패배당합니다. 그러나 진리가 승리해 나가고 승리히기 위해 나아가면 그는 승리할 것이고 기쁨으로 그 전리품을 취하고 나눌 것입니다.

이제, 그는 하나님 편에 있고 예수님의 편에 있고 진리의 편에 있고 거룩함 편에 있습니다. 그처럼 행복한 사람은 없을 것입니다. 모든 그의 싸움, 그가 흘린 모든 눈물, 그리고 그의 모든 고백 가운데 그는 행복한 사람인 것입니다. 왜냐하면 그는 행복한 편에 있기 때문입니다. 하나님이 그와 함께 하시고 그가 하나님과 함께 합니다. 그래서 그는 복받은 자임에 틀림없습니다.

이런 과정에서 그 사람은 점점 더 하나님께 거할 거처를 준비하게 됩니다. 그는 마치 주님의 영에 의한 것처럼 영광에서 영광까지 하나님의 형상으로 변화됩니다. 우리가 하늘에 적합한 자가 되는 것은 우리 인생의 마지막 몇 분, 즉 우리가 막 죽어갈 때 우리에게 서둘러 만들어지는 것이 아닙니다.

그러나 하나님의 자녀들은 그들이 구원받으면 하늘에서의 만남이 있습니다. 그리고 그 만남은 그들이 마치 잘 익은 과일처럼 성숙하여 나무에서 떨어지고 하나님 아버지의 가슴에서 발견되어질 때까지 성장하고 증가하는 것입니다.

하나님은 결코 한 순간도 한 영혼이 하늘에서 떠나있게 하지 않으실 것입니다. 거기에 갈 준비가 된 후에는 그래서 하나님이 우리가 빛 속에서 성도의 위업을 받을만한 자가 되게 하셨을 때, 우리는 즉시 우리 주의 기쁨으로 들어갈 것입니다.

형제들이여, 나는 이제까지 사람들이 생각해 왔던 가장 복된 주제중 하나에 대해 나약하게 얘기했던 것 같습니다. 즉 어떻게 하나님의 법이 유지될 것이고 그것이 어떻게 영광받으며, 거룩함이 어떻게 세상에 드러내어 우리는 더 이상 반항하지 않을 것이라는 것들을 이에 비추어보아 우리가 우리 주 예수를 믿어 봅시다. 그는 우리에게 한 큰 약속이 언약에 대한 보증되시는 분입니다. "내가 너희 안에 내 법을 부어주리니 그리하여 너희 마음 속에 내가 그것을 쓰리라" 하신 약속 말입니다.

하나님께서 우리에게 그렇게 하십니다. 왜냐하면 예수 그리스도를 위하시기 때문입니다.

"그러므로 자기를 힘입어 하나님께 나아가는 자들을 온전히 구원하실 수 있으나 이는 그가 항살 살아서 저희를 위하여 간구하심이니라."

구원

구원은 계시에 있어 독특한 교리입니다. 계시는 우리에게 그것의 완전한 역사를 제공합니다. 그러나 우리는 어디서고 그것의 흔적을 찾을 수 없습니다. 하나님께서는 많은 책들을 쓰셨습니다. 그러나 오직 한 책만이 자비의 방식을 가르쳐 주는 목적을 가지고 있습니다. 그분은 창조에 대한 위대한 책을 쓰셨고 그것을 읽는 것이 우리의 의무이며 우리의 기쁨입니다. 그것은 겉에는 보석들과 무지개 빛으로 윤색된 책입니다. 그리고 현명한 자들이 연대에 대해 궁금해할 수도 있는 것에 대한 경탄함을 포함하고 있습니다. 그러나 그들의 추측에 대한 뚜렷한 주제를 발견하지도 못한 자연은 인간의 철자 교본입니다. 그 안에서 인간은 조물주의 이름을 배울 수도 있고, 그것에 자수, 금, 보석들로 장식해 왔습니다.

위대한 별들에는 진리의 원칙들이 있습니다. 그리고 녹색 지구 위와 땅에서 솟아난 꽃들 안에 쓰여진 교훈들이 있습니다. 우리는 폭풍과 비바람을 볼 때 하나님의 책들을 읽습니다. 하나님께서 그들에게 하셨던 것처럼 만물이 말하고 있기 때문에, 그리고 우리의 귀가 열리면 우리는 졸졸 흐르는 시냇가에서나 천둥소리에서나 빛의 광채 속에서나 별들의 반짝임 속에서, 그리고 모든 꽃들이 싹트는 것 속에서 하나님의 목소리를 들을 수도 있습니다. 하나님은 창조의 위대한 책을 써오고 계십니다. .

그 분이 누구인지, 우리에게 가르치기 위해서 그 분이 얼마나 위대하며 능력있는 분인지에 대해서 말입니다. 그러나 나는 창조 속에서 구원에 대한 어떤 것도 읽지는 못합니다.

바위들이 사람들에게 말합니다. "구원은 우리 속에는 없다." 바람은 윙윙 거리지만 구원을 말하지는 않습니다. 파도는 해안으로 밀려들어 오지만 그들이 닦아내는 난파선들 속에서 구원의 흔적을 드러내지는 않습니다. 대양의 깊이를 잴 수 없는 동굴들은 진주를 갖고 있지만 그들이 은혜의 진주를 갖고 있지는 않습니다. 빛나는 하늘은 빛나는 유성들을 던지지만 그들은 구원의 소리를 가지고 있지는 않습니다.

나는 우리에게 인간이 잃어버린 바 되었지만 그분이 그들을 구원할 수 있고 그들을 구원함으로써 그분이 불의한 자들의 정의로운 판단자가 될 수 있음을 가르치면서 인간에게 향하여 펼쳐놓으신 하나님의 사랑을 발견한 책 속에서만 쓰여진 구원을 발견합니다.

그래서 구원은 성경에서만 발견될 수 있습니다. 왜냐하면 우리는 그 밖에 어디서고 그것을 읽을 수 없기 때문입니다. 나는 성경이 나에게 역사를 가르쳐 주기 위해 보내진 것이 아니라 은혜를 가르치기 위해 전달된 것으로 믿습니다. 또 나에게 철학 체계를 주기 위해서가 아니라 신성의 체계를 주기 위해서고, 세상적인 지혜를 가르치기 위해서가 아니라 영적 지혜를 주기 위해서입니다.

그러므로 나는 강단에서 철학이나 과학이 설교되는 것은 잘못이라고 봅니다. 나는 이 점에서 인간의 자유는 없다고 봅니다. 왜냐하면 하나님만이 인간 양심의 판단자이시기 때문입니다. 그러나 만약 우리가 크리스천이라고 주장한다면 우리는 기독교를 지켜야 한다는 것이 나의 굳은 생각이고 만약 우리가 기독교 목사로 자칭한다면 우리는 안식을 허비하고 우리 청중으로 조롱하고 하나님을 저주합니다. 만약 우리가 구원에 관한 설교를 하는 대신 식물학이나 지질학 강의를 한다면 그는 진정한 복음을 항상 전파하지 않는 자로 진정한 하나님의 목사라 불려져서는 안됩니다.

그래서 내가 여러분에게 선포하기 원하는 것이 바로 구원입니다. 본문에서 우리는 두 가지 또는 세 가지를 가지고 있습니다. 첫째로, 그들은 구원받은 자들인데 "예수 그리스도에 의해 하나님께 나아온 자들"이라는 것입니다. 둘째, 우리는 구원하시는 구세주의 능력권에 있는데, "그는 완전한 구원에 이르는 자"라고 하십니다. 셋째, 우리는 그가 왜 구원하실 수 있는지 이유를 압니다. 즉 "그가 항상 살아서 우리를 위하여 간구하심이니라" 하셨습니다.

우리는 구원받은 자들입니다. 그리고 구원받을 수 있는 자들이란 "예수 그리스도로 힘입어 하나님께로 나아가는 자들"입니다. 이 말씀에 어떤 제한도 없습니다. 침례교인, 회중교회파 교인, 감독파 교인만이 예수 그리스도를 통해 하나님께 나아갈 수 있다고 말하지 않습니다. 다만 성경은 "그들"이라고 말합니다. 나는 모든 종족, 모든 계급, 모든 신조를 가진 사람들이라고 이해합니다. 그들이 단지 예수 그리스도게 나아가기만 하면 되는 것입니다. 그들이 사람들 앞에 어떤 위치이건 또는 그들이 속한 교파가 무엇이든 구원받을 수 있습니다.

이제, 나는 이 사람들이 어디로 나아가야 하는지 지적해야겠습니다. 그들은 "하나님께 나아갑니다." 하나님께 나아감으로써 우리는 헌신의 외형을 이해하지 못할 수도 있습니다. 왜냐하면 이것이 단지 죄의 엄숙한 의미가 될 수도 있기 때문입니다. 우리는 잃어버린 양처럼 실수하고 길을 잃고 헤매며 왔습니다. 우리는 우리가 하지 말아야 할 일을 해왔고 우리가 해야할 일들을 하지 않았습니다. 그리고 우리에게 건강도 없습니다. 영어로 된 이보다 더 좋은 고백은 들어본 적이 없습니다. 그러나 친애하는 성도 여러분, 얼마나 자주 우리가 말로 그러한 표현을 반복하고 우리로 우리가 해야 할 우리의 의무를 생각함으로써 하나님을 조종해 왔습니까?

여러분은 얼마나 예배에 참석하고 당신이 무릎 꿇고 기도하는 동안, 또는 찬송가를 부르는 동안 생각없이 고백하였습니까? 친구들이여, 교회나 예배에 참석하는 것과 하나님께 나아가는 것은 아주 다릅니다. 유창하게 기도 잘할 줄 아는 사람은 많습니다. 그들은 기도 형식을 배웠거나 아마도 자신이 생각해낸 특별한 말을 사용합니다. 그러나 하나님께 나아가는 대신 그들은 하나님으로부터 멀리 떠난 자들입니다.

이제 여러분에게 외식만으로 만족하지 말라고 권하고 싶습니다. 안식일을 결코 어기지 않는 저주받은 많은 사람들이 있을 것입니다. 그러나 그들의 삶은 온통 안식일을 어긴 자의 삶인 것입니다. 안식일을 공원에서 어기는 것과 마찬가지로 교회 내에서도 안식일을 어길 수 있습니다. 여러분 자신의 집에서처럼 여기 이 엄숙한 회중 안에서 안식일을 어기기도 쉽습니다.

여러분 중 많은 분들이 단순히 의무를 수행해 나갈 때 안식일을 어기는 것입니다. 선의로 여러분이 여러분 사무실에서 은퇴하고 자신에게 만족하여 모든 것을 미친 듯 좋아하면서 당신의 하루의 일을 미친 것을 하는 반면, 여러분은 완전히 하나님께 나아가지 않을 수도 있습니다. 단순히 외부의 법령과 보이는 수단에만 나아가고, 즉 하나님 자신께 나아가지 않고 다른 어떤 것에 나아가는 것입니다.

여러분께 다시 말씀드리겠습니다. 하나님께 나아가는 것은 여러분이 생각하는 어떤 것이 아닙니다. 때때로 신실하게 헌신을 하는 것이고 세상에 여러분 인생의 더 위대한 부분을 제공하는 것입니다.

여러분은 때때로, 여러분이 진실하고 하늘에 부르짖으면 하나님께서 여러분을 받아주실 것이라고 생각합니다. 그리고 당신의 삶이 여전히 세상적이고 당신의 욕망이 여전히 육적이어도 이따금씩 하는 헌신으로 인해 하나님이 무한하신 그의 사랑으로 당신의 죄를 사해 주실 것이라고 생각합니다.

죄인인 여러분께 말하자면 여러분들이 반만 하나님께 가고 반은 다른 곳에 있을 수는 없습니다. 한 사람이 여기 와 있다면 그는 그 자신 전체가 와 있는 것입니다. 그러므로 한 사람이 하나님께 나아가면 그는 그의 반만 가고 반은 남아 있을 수도 없습니다. 우리 전 인격이 우리 창조주의 예배에 헌신해야만 합니다. 우리는 그분께 우리 전체를 헌신함으로 나아가야 합니다. 우리 현재의 모습 모두를 포기하고 또 미래에 될 우리의 모습도 포기한 채, 그 분의 예배에 헌신해야 합니다. 그렇지 않으면 우리는 하나님께 바르게 나아갈 수 없습니다.

나는 요즈음 얼마나 많은 사람들이 세상과 예수 그리스도를 둘 다 사랑해 보려고 하는지 보고 놀랐습니다. 옛 잠언(격언)에 의하면 그들은 "토끼와 개를 다 잡으려는 자"들입니다. 그들은 때로는 진정 좋은 기독교인들입니다. 그들이 종교적이어야겠다고 생각할 때는, 그러나 그들이 종교는 그들에게 좀 손해가 된다고 생각될 때에는 그들도 아주 나쁜 친구들이 됩니다. 여러분 모두에게 경고합니다. 여러분이 이 질문의 두 쪽에 다 속하려 하는 것은 유익이 없습니다.

"하나님이 하나님이면 그를 섬기고 바알이 하나님이면 바알을 섬기시오."

나는 철저히 어떤 한 쪽의 사람을 좋아합니다. 나는 그의 악함 속에서 그가 신실한 것을 보고 그 자신의 성격을 알아가는 데서 그에게 희망을 갖습니다. 그러나 만약 당신의 마음이 내켜하지 않는 사람, 즉 귀신처럼 아주 대담하지도 않고 예수님처럼 신실하지도 않은 사람을 데려온다면 나는 그러한 사람은 절망적이라고 말하겠습니다.

그들은 함께 묶기 원하는 사람은 아주 희망없는 케이스에 속합니다.

  죄인인 여러분, 여러분은 이 두 주인을 섬길 수 있다고 생각합니까?
예수님께서는 여러분이 그렇게 할 수 없다고 하십니다. 여러분은 여러
분이 하나님과 함께 동행할 수 있고 마귀와도 동행하고 싶습니까? 한
팔엔 하나님을, 다른 팔엔 마귀를 취할 것입니까? 여러분이 주님의 컵
과 동시에 사탄의 컵을 마실 수 있다고 생각하십니까? 여러분께 말씀
드리건대 만약 여러분이 하나님께 나아가면 저주받고 비참한 위선자로
서 여러분은 출발한 것입니다. 하나님은 여러분 전인격이 나아오도록
하실 것입니다. 그렇지 않으면 여러분은 전혀 나아오지 못할 것입니다.
전인격이 주를 찾아야 합니다. 전체의 혼이 그분 앞에 쏟아져야만 합니
다. 그렇지 않으면 그것은 전혀 하나님께 받아들여지지 않는 것입니다.
오, 두 견해 사이에서 망설이시는 분들이시여, 이것을 기억하고 떠나십
시오.
  내 생각에 어떤 사람이 "글세, 그러면 우리에게 하나님께 나아가는
것이 무엇인지 말하라"고 말씀하신 것 같습니다. 제 대답은 이렇습니다.
하나님께 나아가는 것은 뭔가 다른 중요한 것에서 떠나는 것입니다. 만
약 어떤 사람이 하나님께 나아가면 그는 그의 죄에서 떠나야 합니다.
그는 그의 의에서도 떠나야 합니다. 그는 그의 악행과 선행에서도 떠나
야 하고, 그렇게 완전히 그것들로부터 떠나 하나님께 나아가야 합니다.
  다시 하나님께 나아가는 것은 그 분을 향하여 어떤 반감도 없는 것
을 의미합니다. 왜냐하면 그가 하나님을 증오할 때 그는 하나님께 나아
가지 않을 것이기 때문입니다. 그는 분명 떠날 것입니다. 다시 말씀드
립니다. 하나님께 나아가는 것은 하나님을 갈망하고 그분께 가까이 가
는 것을 갈망하는 것입니다. 그리고 무엇보다도 그것은 하나님께 기도
하고 그분을 믿는 것을 의미합니다. 그것이 하나님께 나아가는 것입니
다. 그리고 그렇게 하나님께 나아간 자들은 구원받은 자들 가운데 있는
것입니다. 그들은 하나님께 나아갑니다. 그것이 갈급한 영혼이 가는 곳

입니다.

　두 번째, 그 다음으로 지적할 것은 그들이 어떻게 나아가야 하는가입니다. 그들은 "예수 그리스도를 통하여 하나님께 나아갑니다." 우리는 자기 자신들을 모태신앙인이라고 말하는 많은 사람들을 압니다. 그들은 자연이라는 하나님을 경배합니다. 그리고 그들은 예수 그리스도와 관계 없이 하나님께 다가갈 수 있다고 생각합니다. 구세주의 중재를 무시하는 사람들이 있습니다. 그들은 그들이 위험에 빠지면 중재자에 대한 믿음 없이도 즉시 하나님께 기도할 수 있다고 생각합니다.

　여러분들도 창조주, 위대한 하나님께 그의 아들과 상관없이 들려지고 구원받고 싶습니까? 하나님의 거룩한 이름을 걸고 엄숙히 확신컨대, 아담이 실패한 이후 중보자 예수 그리스도 없이 창조주 하나님께 구원을 응답받은 기도는 없었습니다. 누구도 예수 그리스도 없이는 하나님께 나아갈 자가 없습니다. 만약 누구든지 예수 그리스도의 신성을 부인하면 또 너희 중 누구든지 구세주를 통하지 않고 하나님께 나아간다면 감히 말씀드리건대 그는 저주받은 사람입니다. 왜냐하면 아무리 당신이 호감가는 사람일지라도 당신이 그분에 대해 옳게 포기된 죄를 선고받은 생각하지 않는다면 옳을 수 없기 때문입니다.

　여러분께 말씀드립니다. 여러분은 기도할 수 있는 모든 기도를 드릴 수 있습니다. 그러나 여러분이 기도를 예수 그리스도를 통하여 하지 않는다면 여러분은 저주받을 것입니다. 여러분이 여러분의 기도를 취해 그것들을 하나님 보좌로 가져간다는 것은 헛수고입니다. "그러므로 죄인아, Get thee. Get thee!"라고 하나님은 말씀하십니다. "나는 결코 너를 모른다. 너는 왜 중개자의 손에 네 기도를 맡기지 않았냐? 그랬다면 분명히 응답받았을 것을. 그러나 네가 그것을 네 스스로 내놓았으니 내가 그것에 대해 할 것을 보아라!" 그리고 그는 당신의 소원을 잃고 그것을 하늘의 바람을 향해 날려보낼 것입니다. 당신은 기도가 응답되지도 구원받지도 못한 채 쫓겨나왔을 것입니다.

아버지 하나님께서는 결코 예수 그리스도를 떠나서 사람을 구원하시지 않습니다. 예수 그리스도 없이 구원받은 영혼은 하늘에 하나도 없습니다. 하나님께 똑바로 간 사람은 하나도 없습니다. 예수 그리스도를 통해 가지 않은 자를 만약 여러분이 하나님과 화평하길 원하신다면 여러분은 말씀하시며, 길이요 진리요 생명되시며, 그의 의로 유일하신 예수 그리스도를 통해 그분께 나아가야 합니다.

그러나 이 사람들이 왔을 때, 그들은 무엇을 위해 나아옵니까? 그들은 올바른 것을 위해 나아오지 않으면서도 그들이 하나님께 나아온다고 생각하는 자들이 있습니다.

많은 젊은 학생들이 하나님께 그들의 공부를 도와달라고 부르짖습니다. 많은 상인들은 그가 그의 사업 부진 속에서 하나님께서 인도해 주시길 바라고 하나님께 나아오기도 합니다. 그들은 어떤 어려움 속에서 기도를 하는데 익숙합니다. 만약 그들이 그 가치를 알았다면 그들은 기도하는 것을 멈췄을 것입니다. 왜냐하면 "사악한 자의 희생은 주께 싫어한 바 되셨다" 했기 때문입니다.

그러나 불쌍한 죄인은 예수 그리스도께 나아갈 때, 오직 한 목표만 가집니다. 모든 세상이 그분께 드려진다면 그가 예수 그리스도를 가질 수 없을 수도 있다는 것을 받아들이는 것이 얼마나 가치있는 것인지 생각지 못했을 것입니다. 저주받아 죽게 되고 저주받은 곳에 감금된 불쌍한 사람이 있습니다. 종이 울리고 있습니다. 교수대로 올려져 죽게 될 것입니다. 거기서 그 사람, 나는 당신에게 좋은 예복을 가져왔습니다. "어! 웃지 않아? 봐! 비싼 거야! 보석으로 어떻게 잔뜩 꾸며졌는지 보이지 않니? 많은 돈을 들인 저런 옷, 저렇게 멋진 작품이 저것에 들어갔어."

그는 그것을 보고 경멸적으로 웃겠지요. 여기 이 남자를 보십시오.

나는 그밖에 다른 것을 여러분에게 보여드리겠습니다. 여기 당신을 위한 영광스러운 땅이 있습니다. 넓은 대지에 멋진 저택, 공원과 잔디도 있습니다. 이것은 당신 것입니다. 취하십시오. "뭐라고? 어머, 선생님 웃기지도 않으시네요." 내가 그 길을 걸은 어떤 사람에게나 그 땅을 주었다면 당신보다 덜 가난하더라도 그는 기뻐 춤추었을 것입니다. 내가 당신을 부자가 되게 하고 금으로 옷입혔을 때 여러분은 웃지 않겠습니까?

그런데 한 번 더 다른 예를 들어보겠습니다. 당신에게 줄 시이저의 자줏빛 옷이 있습니다. 당신 어깨에 그것을 걸쳐 보시지요. 그의 왕관도 있습니다. 그것은 그 누구의 머리도 아닌 당신의 머리에 얹히게 될 것입니다. 그것은 끝없는 제국의 왕관입니다. 나는 당신이 왕이 되도록 하겠습니다. 당신은 태양이 결코 지지 않는 왕국을 갖게 될 것입니다. 당신은 극에서 극까지 다스리게 될 것이다. 일어서십시오. 당신을 시이저라 부르겠습니다. 당신은 제국의 통치자요! 와우! 웃지 않습니까? 그럼 당신이 원하는 건 무엇입니까?

"그 물건을 가지고 가시오"라고 그는 왕관을 보고 말합니다. "저 가치 없는 문서를 찢어버리십시오. 그리고 저 옷도 가져가십시오. 에이, 바람에 날려비리십시오. 그것은 살아 있는 지상의 왕들에게나 주십시오. 그러나 나는 죽어야 합니다. 그러니 이런 것들이 내게 무슨 소용이란 말입니까! 내게 용서를 주십시오. 나는 시이저가 되고 싶지 않습니다. 내가 왕자로 죽는 것보다 거지로라도 살게 해 주십시오."라고 할 것입니다. 그가 하나님께 나아갈 때 죄인으로서의 심정도 그렇습니다. 그는 구원을 위하여 나아가는 것입니다.

그는 말합니다.

"나는 부와 명예를 경멸합니다. 주여, 세상적 안일도 헛됩니다. 이러한 것들은 결코 나를 만족시키지 못할 것입니다. 제게 예수 그리스도를 주십시오. 그렇지 않으면 난 죽습니다."

자비만이 그가 요구하는 것입니다. 오, 나의 친구들이여 여러분이 오직 구원만을 위해, 구원을 얻기 위해 간구하며 일단 하나님께 나아가면 그 때 여러분은 하나님께 똑바로 나아가게 됩니다. 그 때엔 당신을 조롱하는 것도 소용없습니다. 당신이 빵을 구해 애걸한다면 내가 여러분에 돌을 주어야 할까요? 여러분은 내게 그것들을 던질지도 모릅니다. 내가 여러분에게 부귀를 주어야 할까요?

그것은 별 가치 없을 것입니다. 우리는 예수 그리스도께 나아오는 죄인에게 선포해야 합니다. 그가 원하는 은사를, 그것은 주 예수 그리스도에 의한 구원이라는 선물인 것입니다. 그가 믿음으로 되듯이.

이 예수 그리스도께 나아가는 것에 대한 한 가지 더 생각해 보십시오. 이런 사람들은 어떤 양식으로 나아갑니까? 나는 여러분에게 어떤 사람들의 모습을 묘사하려 합니다.

자비의 문으로 나아간 사람들입니다. 그들이 생각하는 대로, 구원을 얻기 위해서입니다. 거기 착한 사람 하나가 6두 마차에 타고 있습니다. 그가 얼마나 격렬하게 몰고 있는지, 그가 얼마나 빨리 달렸는지 모릅니다. 그는 좋은 사람입니다. 그는 제복을 입었고 그의 말들은 멋지게 장식되었습니다. 그는 아주 부자입니다. 그는 대문까지 말을 달려 와서 말합니다. "저를 위해 저 문을 두드리십시오. 나는 아주 부자입니다. 그러나 내가 감히 말하건대 아직은 완전한 이쪽 편에 있는 것 같소. 나는 매우 존경받을 만한 신사요. 나는 내 좋은 직업과 장기와 이 이름 전차가 있습니다. 감히 말하건대 나를 저 죽음의 강 건너편으로 옮겨 주십시오. 그리고 나를 저쪽 편에 안전하게 내려 주라. 그러나 아직 내가 종교적인 것이 유행이고 그래서 나는 저 문에 도달할 것입니다. 문지기, 대문을 열어 들어가게 해주십시오. 내가 얼마나 고귀한 인물인지 보십시오."

또 다른 사람이 있는데 그는 장점도 없고 약간의 뭔가를 가지고 있습니다. 그는 계속 걸어옵니다. 여유롭게 걸어서 그리고 소리칩니다. "제게 문을 열어주세요. 저는 예수 그리스도께 가는 중입니다. 저는 구원받고 싶습니다. 저는 구원이 매우 필요합니다. 저는 항상 매우 정직했고 옳았고 도덕적인 사람이었습니다. 저는 죄인들이 같이 살지 않았습니다. 저는 제 옷이 있습니다. 그러나 예수의 옷을 기꺼이 입겠습니다. 그것은 저를 해치지 않을 것입니다." 그는 결혼예복을 입는 게 달랐습니다. 그러면 그 때 나는 바로 내 옷을 입을 수 있겠습니다. 아! 대문은 여전히 단단하고 누구에게도 열려있지 않습니다.

그러나 제가 여러분에게 그 올바른 사람을 소개하겠습니다. 저기 그가 옵니다. 한숨 쉬고 신음하며, 계속 소리쳐 울면서 그는 그의 목에 줄을 감았습니다. 왜냐하면 그는 비난받아 마땅하다고 생각하기 때문입니다. 그는 누더기를 걸치고 하늘 보좌로 다가갑니다. 그리고 자비의 문에 다다랐을 때 그는 거의 노크하기도 두려워합니다. 그는 그의 눈을 들어 쓰여진 것 "두드리라, 그러면 열리리라" 하신 것을 봅니다. 그러나 그는 자신이 두드림으로써 그 문을 더럽히지나 않을까 두려워 합니다. 그는 처음에 부드럽게 두드립니다. 그리고 만약 자비의 문이 열리지 않으면 곧 죽을 것만 같은 존재입니다. 그런 후 그는 다시 두드립니다. 그리고 나서 또다시 그가 셀 수 없을 만큼 두드린다 해도 응답이 없습니다. 여전히 그는 죄인인 것입니다. 그는 자신이 가치없는 인간임을 압니다. 그래도 그는 계속 두드립니다.

마침내 선한 천사가 문에서 웃으면서 말합니다. "아! 이 문은 갈급한 자들을 위해 세워졌습니다. 귀공자들을 위해서가 아니라 하늘문은 영적으로 가난한 자들을 위해 만들어졌습니다. 부자들이 아니라 예수 그리스도께서는 죄인들을 위해 죽으셨습니다. 선하고 뛰어난 자들을 위해서가 아니고 그 분은 하찮은 자들을 구원하기 위해 세상에 오셨습니다.

의로운 자들이 아닙니다. 죄인들입니다. 예수께서는 죄인들을 부르기 위해 오셨습니다. 가난한 자여! 들어오십시오. 당신을 환영합니다!" 그리고 그 천사는 "환영합니다"를 노래합니다.

여러분, 여러분 중 얼마나 많은 분들이 그런 식으로 예수 그리스도를 통하여 하나님께 나아가셨습니까? 바리새인의 자만심으로가 아니고, 자신이 구원받을 가치가 있다고 생각하는 의인의 말로가 아니고, 참회하는 진실한 울부짖음으로, 또 생명수를 갈급하는 타는듯한 영혼의 갈급한 심정으로, 시내를 찾아 광야에서 헐떡이는 목마른 고라니처럼 아침을 애타게 기다리는 것처럼, 예수 그리스도를 갈망하면서 말입니다. 말씀드리건대 아침을 찾는 자들보다 더한 심정으로 말입니다. 하늘에 앉아 계신 나의 하나님께 제가 이런 방식으로 하나님께 나아가지 않으면 당신은 결코 하나님께 나아갈 수 없습니다. 그러나 여러분이 그렇게 하나님께 나아간다면 영광스런 말씀이 당신께 있을 것입니다. "그를 통해 하나님께 나아오는 자는 모두 완전한 구원에 이를 수 있다"라는 말씀 말입니다.

이제 구세주의 능력의 크기는 무엇인가 알아보겠습니다. 이것은 마치 그것이 삶을 위해서나 죽음을 위해서나 중요한 문제입니다. 즉 예수 그리스도의 능력에 의한 문제입니다. 구원은 어디까지 미치고 그 한계는 무엇입니까? 예수 그리스도는 구세주이십니다. 그런데 그 분은 어디까지 구원하실 수 있습니까? 그 분은 내과의사입니다. 그의 의술이 병을 고치는 범위는 어디까지입니까? 본문이 주는 답변은 얼마나 귀한가요! "그는 완전히 구원하실 수 있으니"라고 하십니다. 이제 저는 분명히 말씀드릴 수 있습니다. 누구도 그것을 부인할 수 없습니다. 즉, 여기 계신 누구도 완전한 데까지가 뭔지 모르실 것입니다. 바다 끝까지 날아갔을 것이라고 말합니다.

누가 그 온전한 데를 알겠습니까? 천사의 날개를 빌려 보십시오. 그리고 멀리 날아가 보십시오. 가장 먼 저 너머까지 멀리, 전에는 날개가 펄럭거려본 적이 없는 곳으로 가보십시오. 그리고 하나님의 가슴처럼 고요한 혼동되지 않은 하늘로.

여러분은 온전한 데까지 가지 못할 것입니다. 계속 가보십시오. 아침 햇살을 타고 날아서 창조의 세계를 넘어 우주가 끝나는 곳까지, 그리고 혼돈 상태로까지 가십시오. 그래도 당신은 온전한 끝까지 도달할 수 없을 것입니다. 그것은 너무나 멀어 유한한 지성으로는 인식할 수 없는 것입니다. 그것은 이성이나 자유의 범주 너머에 있는 것입니다. 이제, 본문은 우리에게 예수 그리스도는 온전한 데까지 구원하실 수 있다고 말씀하십니다.

여러분들에게 저는 먼저 죄인에 대해 말씀드릴 것입니다. 그리고 하나님의 성도들은 그 다음에 말씀드린 것입니다. 죄인, 예수 그리스도는 온전한 데까지 구원하실 수 있습니다. 죄의 끝을 구세주의 능력으로는 구원될 수 있다고 우리는 이해하면 됩니다.

누군가 무엇이 죄를 지은 것이라고 할 수 있을 만큼 끝인지 말해 달라고 할 수 있습니다. 우리들 중 몇몇은 성지순례자가 인간 타락의 거의 마지막까지 갔다온 사람이라고 생각합니다. 또 우리는 고의로 살인을 생각히고 오래 범죄를 수고하는 것보다 더 악한 마음은 없다고 생각하길 좋아합니다. 그러나 나는 그보다 더 나쁠 수 있는 것이 있다고 생각합니다. 만약 그의 생명이 해를 당치 않았고 그가 이례적으로 자리를 잡았다면 그는 현재보다 훨씬 더 나쁜 사람이 될 수도 있을 것입니다. 만약 그가 다른 살인을 저지른다면 또다시 끝까지 갈 수 있겠습니까? 한 사람이 더 악해질 수 있을까요? 그가 살아 있는 한 그는 그 전보다 더 악해져갈 것입니다.

그러나 본문은 예수 그리스도는 온전케 구원하실 수 있다고 말씀합니다. 한 사람이 여기서 기어가고 있다고 상상해 볼 수 있습니다. 그는 그 자신이 모든 것들 중 가장 혐오스런 존재라고 생각하고 모든 창조물 중 가장 저주받았다고 생각합니다. 그가 말하길 "분명 나는 죄의 가장 끝까지 갔어. 누구도 나를 죄에서 빼낼 수 없을거야"라고 합니다. 친애하는 친구여! 당신이 가장 끝까지 갔다면 그때조차도 당신은 신령한 자비의 도달점을 넘어갈 수 없음을 기억하십시오. 왜냐하면 그는 "온전한 데까지 구원하실 수 있기 때문입니다." 당신 스스로가 좀더 멀리 갈 수 있는 것이 가능하고, 여러분은 아직 끝까지는 가지 못했기 때문입니다. 그러나 여러분이 아무리 멀리 갈 수 있다 하더라도 만약 여러분이 매우 악한 지점까지 갔다면 자비의 태양이 단지 약간의 빛만 비추는 곳일 뿐 당신에게 구원의 빛은 올 수 없을 것입니다.

만약 내가 지옥으로 비틀거리며 가고 있는 죄인을 본다면, 나는 그를 못가게 할 수 없을 것입니다. 그가 죄악의 마지막 단계에 올라가려고 할 때조차도, 지옥 가장자리 가까이 위에서 그의 발이 떨리며 매달려 있다 할지라도, 나는 그를 위해 기도하기를 멈추지 않을 것입니다. 그리고 취한 듯이 빠져 있는 악 속에서 그가 지옥 위에 한 발자국 놓을 때까지 나는 그를 절망하지 않을 것입니다. 그 구덩이가 그를 삼킬 때까지 나는 여전히 신령한 은혜가 그를 구원할 수 있다는 가능성을 믿을 것입니다. 저기를 보십시오! 그가 그 구덩이 가에서 있습니다. 떨어지려 하면서. 그러나 떨어지기 전에 값없는 은혜가 베풀어집니다. "그 남자를 체포해라"는 자비가 내려와 그를 넓은 날개를 낚아채고 그는 구원받아 회복되는 사람의 기념들이 되는 것입니다. 이 큰 회중 속에 그러한 자가 있다면 만약 이 공동체 중 여기에 악한 자 중 가장 악한 자요 당신은 죄인들 중의 괴수입니다. 이 비전에 세상의 찌꺼기인 자가 있다면 오! 당신은 죄인들 중의 괴수입니다.

예수 그리스도는 끝까지 구원하실 수 있습니다. 어떤 다락방이든, 지하실이든, 어떤 악의 소굴이나, 죄의 소굴에서든 모든 곳에서 말하십시오. "그 분은 그들을 완전한 데까지 구원하실 수 있다."고.

다시 죄의 끝까지 뿐 아니라 거절의 끝까지도 포함됩니다. 나는 내가 이것에 대해 의미하는 바를 설명드려야 합니다. 여기 계신 여러분 중 많은 분들은 어릴 때부터 복음을 들어왔던 분들입니다. 나는 여기 계신 몇 분이 저를 좋아하고 경건한 부모님의 자녀들임을 압니다. 몇 분은 그 어머니가 계속 눈물을 흘리도록 했을 것입니다. 그 무릎으로 훈련받으신 분들은 있습니다. 그 무릎이 굽혀질 때마다 여러분들을 위한 것입니다. 그녀는 밤에 당신을 위한 기도를 하고서야 잠자리에서 들었습니다. 그녀의 첫 번째 아들인 당신을 위해서. 아마도 여러분의 어머니는 천국에 가셨을 것입니다. 그리고 그녀가 당신을 위해 드렸던 모든 기도는 아직 응답되지 않은 채 말입니다. 때때로 당신은 웁니다. 당신은 그녀가 당신에게 "아! 존!"하며 손을 얼마나 꼭 잡았는지 잘 기억합니다.

당신은 그 때를 기억하지 못합니까? 뜨거운 땀이 그녀 이마에 흐르는데 당신은 말했습니다. 당신은 그녀의 가슴을 아프게 할 수 없었기 때문에 "어머니, 저도 그것을 생각할께요."라고. 그러고 그것을 생각했습니다. 그러나 당신은 밖에서 친구들을 만났고 그건 모두 사라져버렸다. 당신 어머니의 충고는 쓸어버린 듯 사라졌습니다. 북풍이 불면 그 흔적도 없이 시리지는 가냘픈 거미줄처럼, 그 때 이후 당신은 종종 목사의 말을 들으러 오곤 했습니다. 근자에 여러분은 힘찬 설교를 들었습니다. 그 목사는 마치 그가 그의 무덤에서 금방 일어나 나온 사람처럼 얘기했습니다. 마치 그가 절망의 지역에서 돌아온 유령인 것처럼 진지하게. 당신은 눈물이 어떻게 여러분 볼에 흘러내린 것을 기억하십시오.

그가 여러분에게 경고했습니다. 여러분에게 죄에 대해, 의에 대해, 그리고 다가올 심판에 대해 이야기를 하는 동안 여러분은 그가 당신들에게 어떻게 예수 그리스도와 그 십자가에 의한 구원 그리고 당연히 그 예배 중에 당신 자리에서 일어났는지 말했습니다. "하나님! 나는 변함

없이 있었습니다. 아마 당신보다 더 나았고, 당신은 당신이 일요일 오후에 그 천사가 알도록 보냈습니다. 그리고 당신 어머니의 영혼은 당신이 그것을 보냈다면 그녀는 울었고, 무시된 하나님의 안식일을 무시무시한 당신으로 알았고 울 것입니다. 그의 거룩한 말씀을 짓밟으면서 그러나 오늘밤 당신도 당신의 마음 속에 성경의 부드러운 움직임을 느끼지 않습니까?"

당신은 양심이 당신에게 속썩이는 것, 그리고 당신의 지난 잘못을 말하는 것을 듣지 못합니까? 여러분, 죄인들에게 말씀드립니다. 여러분은 예수 그리스도를 끝까지 거절할 수도 있습니다. 그러나 그는 여전히 여러분을 구원하실 수 있습니다. 당신이 짓밟던 수천의 기도자들이 있고 당신에게 소용이 안된 수백의 설교가 있고, 당신이 던져버린 수천의 안식일이 있습니다. 당신은 예수 그리스도를 거절해 왔습니다. 당신은 그의 영을 무시해왔습니다. 그러나 그분은 여전히 소리치시길 그치지 않으십니다. "돌아와!" 그는 "당신은 완전히 끝까지 구원하실 수 있습니다." 만약 당신이 그를 통해 하나님께 나아가기만 하면 그것은 절망의 끝까지만 사람의 경우입니다.

오늘만 제 특별한 관심이 필요한 다른 경우가 있습니다. 그것은 절망의 끝까지 간 사람의 경우입니다. 이 세상에는 몇몇 가난한 피조물들이 있습니다. 그들은 죄를 짓는 과정에서 굳어져 결국 후회하게 되고 양심이 찔렸을 때 구원을 바라는 것이 희망이 없다고 말하면서 그것을 곰곰 생각하는 악한 영혼입니다. 귀신들조차 그들보다 더 구원받을 수 있다고 생각하는 그런 사람들을 나는 만난 적이 있습니다. 그들은 그들의 불행한 삶을 마감하기 위하여 그들의 손에 스스로 빗줄(고삐)을 잡고 그런 마음의 상태에서 그들의 사형집행 명령 사인이 떨어짐으로 자신을 포기합니다.

절망은 많은 사람에게 때이른 죽음을 가져옵니다. 그것은 많은 칼을 날카롭게 하고 많은 독잔을 섞습니다. 내가 절망하고 있는 사람이 여기에 있습니까? 나는 그의 우울한 얼굴과 풀죽은 표정의 그를 압니다. 그는 그가 죽었으면 좋겠다고 바랍니다. 왜냐하면 지옥이 여기서 더 기대되는 것보다 더 고통스럽지 않을 것으로 생각하기 때문입니다. 그에게 위로의 말씀을 드립니다.

절망하는 영혼이여! 그러나 희망을 가지십시오. 왜냐하면 그리스도는 끝까지 구원하실 수 있기 때문입니다. 그리고 당신이 절망성 가장 낮은 곳까지 빠졌다 할지라도, 또 열쇠가 지나면 다른 열쇠가 당신을 적대하건, 당신 창문의 철창이 모든 것을 금하고 감옥 벽의 높이가 너무 무시무시해서 당신은 도망칠 엄두도 못낸다 할지라도 당신에게 말하겠습니다. 그 문에서 모든 빗장을 부수고 모든 잠긴 것을 풀어주실 수 있는 한 분이 계신다고 말입니다. 당신을 하나님의 신선한 공기로 이끌고 당신을 구원할 수 있는 분이 있습니다. 사태가 자주 나빠진다 할지라도 "그는 끝까지 당신을 구원할 수 있습니다."

이제 성도에게 할 말이 있습니다. 평안하게 하기 위하여 이 본문 또한 그의 것입니다. 복음 안에 사랑받은 형제여, 그리스도는 당신을 끝까지 구원할 수 있습니다. 당신은 고통으로 매우 낮아졌습니다. 당신은 집과 가정, 친구와 재산을 잃었습니까? 기억하십시오. 당신은 아직 끝까지 간 것은 아닙니다. 당신이 가난하더라도 당신은 더 나빠질 수도 있습니다. 그 분은 당신을 구원할 수 있습니다. 그리고 만약 여러분이 당신은 넝마만 남지 않았고 식빵 껍질만 남은 것도 아니고 물 한 방울만 남은 것이 아님을 알기만 한다면 여전히 그분은 당신을 구원할 수 있습니다. 왜냐하면 "그는 끝까지 구원할 수 있기" 때문입니다. 그러므로 유혹과 함께 인간이 겪을 수 있는 유혹 중 가장 예리한 유혹이 있다 해도 그는 당신을 구원하실 수 있습니다.

만약 귀신의 발이 당신 목 위에 있는 그런 상태에 당신이 처하고 악마가 "이제 너를 끝장내주겠다"라고 말한다 할지라도 하나님은 그때 당신을 구원하실 수 있습니다. 아, 그리고 자막 최대한의 약점(허약) 속에서도 당신은 살 수 있습니다. 당신이 지팡이에 의지하여 험한 세상을 뒤뚱 걸어갈 때까지 만약 당신이 므두셀라보다 오래 산다 해도 당신은 끝보다 더 살 수 없을 것입니다. 그리고 그는 그때도 당신을 구원하실 것입니다. 그리고 알려지지 않은 영원의 바다에서 죽음에 의하여 당신의 띄워졌을 때에도, 나무껍질이 떠내려갈 때 그분은 당신과 함께 하실 것입니다. 우울한 어두움의 두꺼운 연기와 나무껍질이 당신 주위를 둘러싼다 해도, 그리고 당신이 희미한 미래를 볼 수 없다 해도, 당신의 생각이 당신에게 당신은 망할 것이라고 말한다 할지라도 끝까지 당신을 구원하실 수 있는 것입니다.

그러니 친구들이여, 그리스도께서 크리스천을 끝까지 구원하실 수 있다면 그분은 크리스천의 멸망도 허락하시지 않겠습니까! 내가 가는 곳입니다. 나는 항상 성도의 패망에 대한 가장 비난받는 신조에 반대하는 마음이 듭니다.

자, 천사들이여! 내가 말하려고 하는 것을 듣지 미십시오. 내 말을 들어보십시오. 지옥에 있는 자들이여, 왜냐하면 그것이 당신들에게 적합할 것이기 때문에 오늘은 하나님의 자녀이지만 내일은 마귀의 자녀가 될 수도 있다고 설교하는 몇몇 목사들이 있습니다. 또 하나님이 인간을 석방하실 수도 있고 비난하실 수도 있습니다. 즉, 은혜로 구원하고 그리고 나서 그를 멸망시킨다는 것입니다. 그리스도의 손에서 취함받은 사람을 괴롭게 합니다. 그가 그러한 일이 결코 일어나지 않을 것이라고 말했는데도 말입니다.

당신은 이것을 어떻게 설명하겠습니까? 그는 사랑이 충만합니까? 그리고 그는 또한 힘이 있으므로 그의 백성 중 하나는 멸망시키지 않을 것입니다. 그가 그들을 끝까지 구원하실 것은 사실입니다. 진정 진실할 것입니다.

이제 마지막으로 왜 예수 그리스도께서 "끝까지 구원하실 수 있느냐!"는 것입니다. 답변은 이렇습니다. "그는 그들을 위해 중재를 하기 위해 사셨기 때문"입니다. 이것은 그가 죽었다는 것을 의미하고 그는 진정 구원하는 힘의 크고 위대한 근원이 되심을 의미합니다. 그가 "우리 고백의 대제사장"이 되심으로 우리를 구원하실 수 있는 것입니다.

갈보리 언덕을 되돌아 생각해 보는 것은 기쁜 일입니다. 그 나무에 달려 피 흘리신 것을 보는 것은 기쁜 일입니다. 그 올리브 사이에서 사랑의 눈으로 보는 것, 그리고 그 보혈을 흘리신 인자의 신음소리를 듣는 것은 점점 놀라운 일입니다. 죄인이여, 당신이 나에게 어떻게 그리스도께서 당신을 구원할 수 있는가 하고 묻는다면 이것은 말해 주겠습니다. 그는 그가 자신을 구원하지 않았기 때문에 당신을 구원할 수 있고, 그가 당신의 죄는 대신 지고 당신의 멸망을 대신 견디셨기에 당신을 구원할 수 있다고 말입니다. 신성한 정의의 만족과 구원의 방법은 없습니다. 죄인이 죽든지 아니면 다른 인간이 그를 위해 죽어야 하는 것입니다.

죄인이여! 그리스도는 당신을 구원할 수 있습니다. 왜냐하면 당신이 그를 통해 하나님께 나아갈 때 그는 당신을 위해 죽었기 때문입니다. 그는 그것을 지불하길 요구하실 것입니다. 그리스도가 그것을 지불하십니다. 그때 그 가련한 죄인은 자유가 되는 것입니다.

그리고 그가 우리를 왜 구원할 수 있는지 다른 이유가 있습니다. 그가 죽었기 때문만이 아니고 그가 우리를 위해 중재(보)하기 위해 사셨기 때문입니다. 십자가에서 죽었던 인자는 살아나셨습니다. 무덤에 묻혔던 그 예수가 다시 살아나신 것입니다. 당신이 나에게 그가 무엇을 하고 있느냐고 묻는다면 들어보십시오. 귀가 있다면! 당신은 그가 하는 말을 듣지 못했습니다. 가련히 참회하는 하아프 주자가 죄인이여 당신은 하아프 타는 소리보다 더 감미로운 당신은 그의 목소리를 듣지 못했습니까? 당신을 매력적인 소리를 듣지 못했습니까? 들어보십시오. 뭐라고 합니까? "내 아버지여! 용서하소서" 왜 그는 당신 자신의 이름을 말하셨나요? "오, 내 아버지여 나를 용서하소서. 저들은 자기가 하는 것을 모릅니다. 그러나 아버지여 저를 용서하소서. 빛에 반대하며 그는 죄를 지은 것이 사실입니다. 고의적으로 죄를 지었습니다."

만약 당신이 참회하는 사실을 들을 수 있다면 당신은 그가 당신을 위해 기도하는 소리를 들을 것입니다. 그것은 그가 구원할 수 있는 이유인 것입니다.

경고와 질문을 하겠습니다. 첫째, 경고입니다. 기억하십시오. 하나님의 자비에는 한계가 있습니다. 저는 성경으로부터 여러분에게 말합니다. "그는 끝까지 구원하실 수 있습니다." 그러나 구원하는 그의 목적에는 한계(제한)가 있습니다. 내가 성경을 올바로 읽는다면 용서받을 수 없는 죄는 하나도 없습니다. 그것은 성령을 훼방하는 죄뿐입니다.

용서받지 못한 죄인들이여, 그런 죄를 범치 않도록 하십시오. 만약 내가 성령 훼방죄가 무엇이라고 생각하는지 여러분에게 말한다면 "나는 다른 사람들 사이에 그것은 다르다"고 말해야 합니다. 그러나 많은 인간들 중에 성령 훼방죄는 그들의 죄를 숨겨 놓는 것에 있습니다.

청중들이여, 오늘밤 설교가 여러분이 듣는 마지막 설교가 되지 않도록 당신이 하고 싶으면 가서 설교자를 비난하십시오. 그러나 그의 경고를 무시하지 마십시오. 아마도 당신이 설교를 비웃은 바로 그 다음에 직후, 아니면 기도를 조롱하고 본문을 무시한 직후, 여러분은 바로 다음 맹세를 할 수도 있습니다. 하나님은 말씀하실 것입니다. "그는 우상에게 준비된 자 입니다. 그를 홀로 남겨두십시오. 내 영은 그 사람과 더 싸울 필요가 없습니다. 나는 결코 그에게 다시 얘기하지 않겠습니다. 이것이 경고입니다.

이제 마지막으로 질문을 하겠습니다. 그리스도는 당신을 위해 얼마나 많은 것을 하셨습니까? 또 당신은 그를 위해 무엇을 해왔습니까? 아! 가련한 죄인이여! 당신이 그리스도께서 당신을 위해 죽으신 것을 안다면 — 당신이 회개한다면 내가 그가 했던 것을 알고 — 또 당신이 어느 날 그의 것이 된 것을 안다면 당신은 이제 그에게 침을 뱉겠습니까?

당신이 하나님의 날을 비웃을 수 있습니까? 당신이 어느 날 그것이 당신의 날이 된 것을 안다면, 또 당신이 그가 지금 당신을 사랑하고 있고 점차로 사랑하는 것을 보인다면 당신은 그리스도를 무시하겠습니까? 오! 여러분이 그를 더 잘 대접하지 않았기 때문에 당신이 그리스도를 알았을 때 스스로를 혐오하는 분이 계십니다.

그 분은 이 밝은 어느 아침에 당신에게 다가가 말하실 것입니다. "가 없은 죄인아! 내가 너를 용서한다."라고, 그리고 당신은 그의 얼굴을 올려다 보며 말하겠습니다. "예, 주님, 저를 용서해 주십시오. 저는 당신을 저주해 왔고 당신의 백성을 비웃고 종교적으로 행해야 되는 모든 것은 무시했는데 저를 용서해 주세요." 그리스도가 말씀하십니다. "그래, 네 손을 내밀어라. 네가 나를 미워할 때도 나는 너를 사랑했다. 이리 와라!" 그리고 당신이 당신이 그렇게 많이 사랑했던 분께 죄를 지었던 방식을 생각하는 것만큼 많이 어떤 것도 마음을 슬프게 하는 것이 없을 것입니다.

오! 사랑받은 자여, 이 본문을 다시 들어보십시오. "그는 그를 통하여 하나님께 나아가는 자는 누구나 끝까지 구원하실 수 있으니." 나는 연설자가 아닙니다. 웅변가도 아닙니다. 그러나 내가 그 사랑이고 다른 인간을 얻었다면 나는 당신에게 내 모든 혼을 다바쳐 설교하겠습니다. 있는 그대로 나는 바로 말합니다. 그리고 당신에게 내가 아는 것을 말합니다. 나는 다시 말할 수 있을 뿐입니다.

그는 하실 수 있고, 기꺼이 하시며 더 이상 빚을 채근하지 않으십니

다. 오시오, 목마른 자여, 와서 하나님의 값없이 주는 선물을 받고 영
광 돌리십시오. 우리에게 값없이 주시는 모든 은혜를 진정한 믿음과 진
정한 회개로 예수 그리스도께 와서 사라 하였습니다.

왜냐하면 "그는 그를 통해 하나님께 나아오는 자들을 끝까지 구원하
실 수 있기 때문입니다." 오 주여! 죄인들이 오게 하소서! 하나님의 영
이여! 그들이 오게 하소서. 그들이 부드러운 구속으로 그리스도께 나아
오게 하소서. 그리고 우리의 말이나 수고가 헛되지 않게 하소서. 왜냐
하면 예수 그리스도를 위해서 말입니다.

13. 네더후드
(Nederhood, 1930~)

조엘 네더후드는 최근에 '하나님의 시간으로 돌아가서'라는 프로의 라디오와 TV 목사이다.

네더후드 박사는 기독교 개혁의 기독교 방송인이라는 이 지위를 1965년부터 맡았는데 그때 그는 'Back to God Hour'의 설립자인 피어 엘더스벨드의 죽음으로 설교 책임을 맡게 된 것이다.

네더후드는 몇 년 동안 엘더스 벨드와 함께 일해 왔다. 이미 여름휴가(방학)와 많은 다른 시간 동안 그를 위해 일을 해오고 있었다. 두 사람은 종교방송 부문에서 국내상을 수상했던 매체에 잘 적용된 설교 스타일을 개발했다.

방송 역사상 그런 부드러운 과도기 속에서 네더후드가 엘더스 벨드 뒤를 이은 것은, 마치 그의 전임자에 의해 만들어졌던 발자욱을, 그가 죽자 그 발자욱을 따라 걸은 것과 같았다. 그의 걸음을 재고 맞춰간 것과 같았다.

망설임도 없이 네더후드의 설교들은 특별한 프로그램을 만드는 모든 기술적 요소들의 관점에서 보면 기독교 방송의 모델이다. 그것들은 설교 자체의 전망뿐 아니라 방송 전망으로부터도 습득될 수 있었다.

사실상 주로 복음주의적이었기 때문에 회중에게 선포된 한 편의 설교 속에서 누군가 발견할 만큼 그렇게 많은 해설은 없다. 네더후드는 그의 설교의 독자들이 그가 그의 설교를 대중매체와 목표로 하는 청중에 적용시킨 점을 이해하길 충고한다.

바로 그렇다. 그것은 멋지게 적용된다. 그것이 요점이다.

그러나, 엘더스 벨드가 발전시켰고 네더후드가 오랫동안 계승하여 개원해 온 이 방식은 무엇이었나? 목소리의 억양, 휴지, 속도 등등과 같은 그러한 것들이 논의되지 않을 것에 대한 많은 면들이 있다. 그러나 우리가 생각해야 할 4가지가 있다. 이 4요소는 네더후드 박사의 허가 아래 이 교과서에 재판된 설교들 속에서 발견된다. 그것들은 다음과 같다.

1. 영어의 구두 형식

2. 청중들을 포함하는 흥미있는 현시대의 사실들, 사건들, 그리고 일들의 언급

특별히 그가 이런 것들을 서론에서 사용할 방법을 주의하라.

3. 우리가 살고 있는 시대와의 관련성

4. 복음의 투명성

이 4 영역들에 대해 그 이상의 도움을 필요로 하는 사람은 "Back to God Hour" 설교가의 설교를 집중적으로 공부하는 것보다 더 나은 방법이 없다. 누구도 학교에서 구두 영어 쓰는 것을 배우지는 않는다. 우리는 다소 아주 다른 방식으로 쓰기를 배운다. 그것은 왜 설교자들이 설교할 때 좋은 구두 영어를 재생산하는 기술을 개발하는 데 그렇게 많은 어려움을 갖는 이유들 중 하나이다.

글을 쓸 때, 심지어 글의 윤곽만을 쓸 때도 우리는 영어 선생님들께 오랫동안 훈련받았던 그 연습문제들로 돌아가려는 경향이 있다. 그것들은 우리가 생각하는 것보다 더 효과적이었다. 여기에, 이 설교들 속에

는 드문 형상이 하나 있다. 독학된 좋은 구두영어가 쓰인다. 그 구성요소들(축약 사용, 불완전한 문장 등) 조심스러운 분석을 통하여 그것을 여러분이 이용해야 할 설교의 역사 속에서 살펴보라. 이런 예는 극히 드물다.

그리고 네더후드는 그의 청중을 안다. 그는 처음에 잡아채 그들을 붙들지 않으면 그에게 흥미를 잃을 것을 안다. 그의 설교의 서론을 보라. 즉 그들이 가지고 있는 관심 가치, 우리가 살고 있는 시대에 그가 말해야 하는 것에 대한 언급과 관련성을 보고 공부하고 배운다. 그러면 그가 말해야 하는 것 속에서 복음을 투명성을 놓치지 않는다.

최근에 그가 심한 병이 들었기 때문에 네더후드의 설교는 깊어졌습니다. 사상, 두려움, 그리고 어려움에 처한 사람들의 내면적 관심들에 대한 그의 통찰력은 예민하다.

그 80편의 설교들 중에서 이런 강조의 새로움은 특별히 병을 나눠야 하는 것은 설교에서 또한 설교 분석을 위한 뛰어난 소재를 구성하기 때문이다.

두 번째 사람이라는 관점에서 네더후드의 능력있는 사용을 놓치지 않는가? 그는 그것을 좀더 자주 사용할 수 있었겠는가?

이 책에 나오는 설교들은 내가 말했던 모든 특징들을 보여줄 수는 없을 것이다. 그러므로 "Back to God Hour"가 공부하는 데 도움이 된다는 것을 발견한 동지가 그렇게 은혜롭게 사용했던 다른 것들을 얻어 공부하도록 권고한다. 그들의 주소는 일리노이스, 60463, 판로스 헤이츠, 웨스트칼리지 드라이브 6555 이다.

병자들을 위한 복음

"이 병은… 하나님의 영광을 위한 것이라…"(요 11:4).

저는 제게도 그런 일이 갑자기 일어났었던 것과 마찬가지로 여러분에게도 그런 일이 일어난 것을 압니다. 즉 어떤 사람이 여러분에게 다가와 당신 친구들 중 하나가 갑자기 심히 아프게 되었다고 말하는 것입니다.

여러분은 그 질문자를 보고 또 어떤 충격적인 일이 있음을 알게 됩니다. 여러분은 그 답변을 듣기 전에 조금 기다리고 금방 당신의 생명이 그 답변에 의해 변화될 것을 알게 됩니다.

"요한은 암에 걸렸어요" 또는 "요한은 오늘 아침 심장 마비를 일으켰어요." 또는 "요한이 사고를 당했어요."라는 답변이 될 수 있을 것입니다.

"오, 안돼." 당신은 대답하는 것입니다. 그리고 난 후 당신은 세부적인 것을 묻습니다. 어떤 종류의 암인지, 심장마비라면 그가 어떻게 하고 있는지, 그 사고는 얼마나 심했는지 요한은 살 것인지에 대해서 말입니다.

오, 그런 것들은 끔찍한 순간들입니다. 그 사람이 당신과 얼마나 가까운지에 따라 당신의 충격, 당황 절망의 정도가 다를 것입니다.

"그가 그것을 이겨 나가길 바래요. 즉 그가 살길 바랍니다." — 이것이 여러분이 생각하는 것이거나 여러분이 그 나쁜 소식을 들은 당신이 친구에게 해주는 말입니다. 당신은 머리를 흔들지요. 아마도 당신은 눈물이 맺히는 것을 느끼기도 합니다. 그래서 멀리 바로 보고는 당신이 그의 회복을 위해 기도하러 갈 수 있는 곳을 생각해 보기도 합니다.

이제, 그 일이 요한에게 나타났습니다. 그러나 때때로 그 일은 우리에게도 일어납니다. 아마 여러분은 이것을 이미 경험하셨을 것입니다.

"의사 선생님, 검사결과가 어떻습니까?" 당신은 시계 바늘이 3시를 가리키자마자 전화합니다. 의사는 "목요일, 3시 정도에 전화하면 더 많이 알려드리겠습니다"라고 말했던 것입니다.

당신은 목소리를 진정시키려 했습니다. 마침 당신이 시간을 묻고 있는 것처럼 그러나 당신은 속이 울렁거리고 긴장하고 있습니다. 왜냐하면 그 소식이 나쁘면 당신이 생명도 똑같지 않을 것을 알기 때문입니다.

의사는 그 줄의 다른쪽 끝에서 좀 망설이다가 말합니다. "악성입니다. 병리학에서 그렇게 말하는 것과 증상이 비슷해 보이는데." 그는 암외 일종을 뜻하는 모호한 단어를 사용합니다 "죄송합니다. 그러나 상태가 좋지 않습니다. 우리는 이것을 다루는 데 몇 번 성공한 적이 있습니다. 경과를 더 지켜보고 검사를 몇 가지 더 해보아야 하겠습니다. 내일 다시 얘기합시다."

그리고 그것이 전부입니다. 그게 오류입니다. 그것은 모든 것을 바꿉니다. 어떤 것도 5분 전 같지 않습니다. 그 메시지가 당신에게 들려졌습니다. 당신은 아프고 당신은 죽을 수 있는 병에 걸렸다는 것입니다. 사실 당신이 죽을 수도 있다는 말입니다.

만약 당신이 그런 경험을 한 적이 있다면 그런 소식을 수용하는 것이 얼마나 어려운지 아실 것입니다. 오랫동안 우리의 두뇌는 정상적으로 돌아가지 않아 기계적으로 그 일이 우리에게 잊혀왔다는 것을 부인하려고 합니다.

우리는 죽지 않는다고 우리 자신에게 확신시키기도 합니다. 그러나 이제 바로 몇 문장들이 당신이 세우려고 한 모든 것을 48초 후에 파괴해 버립니다. "당신은 아파요. 그래서 곧 죽을 거에요."

당신이 전화한 후 처음 몇 초 동안은 당신이 이제까지 경험하지 못했던 것과 같습니다. 좌절, 분노, 의욕, 그리고 두려움 이 모든 것이 당신 머리와 마음을 꽉 채웁니다. 몇 분 동안 당신의 상상력이 거칠어집니다. 당신은 이 병의 무자비한 공격 아래 당신 자신이 시들어가고 있음을 알게 됩니다. 그리고 그 마지막 순간, 바로 그 마지막 순간에 어찌 될지 떠올립니다. 그러나 여러분은 소생할 수 있습니다. 그러므로 여러분의 마음 속에서 다음 달, 또는 다음 해에 당신이 다시 건강해질 수 있도록 매주 치료법이 하루 빨리 개발되길 소원하기 시작합니다. 그런 처음의 공포 순간에서 당신은 아주 이성적으로 생각하지 못하고 아주 비정상적입니다.

아마 이것이 당신에게 일어났을 수도 있습니다. 바로 이순간 아마도 당신은 치료의 불안을 겪고 있을지도 모르겠습니다. 당신은 무시무시한 걱정 속으로 점점 끌려 내려가는 것을 경험하고 있겠습니다.

나는 궁금합니다. 여러분은 성경의 신약 부문에서 요한복음 11장에 대해 아십니까? 저는 그것이 도움이 될 수 있기에 그것에 대해 여러분께 얘기해야겠습니다. 그것은 예수님의 친구 나사로가 병들어 죽게 되었을 때 예수님이 말씀하시고 행하였던 것에 대한 것입니다.

요한복음 11장은 이렇게 시작합니다.

이제 나사로라 불리는 사람이 병들었습니다. 그는 베다니 출신이었습니다. 이곳은 마리아와 마르다의 고향 마을입니다. 이 마리아의 오빠 나사로가 이제 병석에 누웠는데, 마리아는 주님께 향유를 붓고 그의 발을 자신의 머리털로 닦았던 여인입니다. 그래서 두 자매는 예수님께 "주여, 당신이 사랑하는 자가 병들었습니다."라는 전갈을 보냈습니다.

예수님이 이 말을 들었을 때 말씀하셨습니다. "이 병은 죽을 병이 아니다. 그것은 하나님의 아들이 그것을 통하여 영광을 받도록 하나님의 영광을 위한 것이다"라고.

나사로는 병들어 죽었습니다. 그는 며칠 후에 죽었던 것입니다. 그리고 예수는 그가 죽을 것을 알았습니다. 그렇다 하더라도 예수님은 그와 함께 있는 자들에게 나사로의 병은 죽을 병이 아니라고 하셨습니다. 대신 그것을 하나님과 하나님의 아들에게 영광을 돌릴 것이라는 것입니다.

요한복음 11장이 성경 가운데 있는 이유중 하나가 하나님께서 우리가 예수 그리스도께 영광을 가져올 것을 알기 원하시는 것입니다. 나사로는 예수님의 친구였습니다. 나는 여러분도 그렇게 되기를 바랍니다.

예수님의 친구는 하나님의 독생자인 예수님을 믿어 구원에 이른 것을 믿는 인간입니다. 그는 예수님이 그의 죄를 위해 기도하실 수 있다는 것을 압니다. 또한 예수님이 살았던 것처럼 살려고 하고 예수님이 하나님에 의해 드러내신 것을 믿습니다.

요한복음 15장에서 예수님은 그의 친구들에 대해 애기합니다.

"네가 내 명령을 행하면 너는 내 친구다. 나는 더 이상 너희들을 종이라 하지 않는다. 왜냐하면 종은 그 주인의 일을 모르기 때문이다. 내가 내 하나님께로부터 배운 모든 것을 너희도 알게 하기 때문에 너희들을 친구라 부른다."

항만노동자 철학자인 에릭 호퍼는 인간의 삶은 모든 사람을 사형 집행장소로 데리고 가고 있는 버스여행과 같다고 묘사했습니다. 호퍼에 의하면 속타고 초조한 가운데 우리 모두 성공하는 것은 우리가 버스 안에서 좌석을 바꾸는 것입니다. 그러나 우리는 결코 버스에서 내리지 않습니다. 그가 옳습니다.

호퍼 자신도 이제 죽었습니다. 나사로는 그 버스에 있었습니다. 그리고 당신과 나도 역시 그 버스에 타고 있습니다. 그러나 예수님의 친구였던 자들에게 그 버스 승차는 죽음으로 끝나게 되는 것이 아닙니다.

생명을 위협하는 나쁜 소식들, 말은 몇몇 사람들을 예수 그리스도, 즉 하나님의 아들에게로 이끕니다. 당신이 매우 아파 매우 놀라고 있는데 당신이 예수님께 당신의 친구, 당신의 구세주가 되어 달라고 해본 적이 없다면 당신은 그렇게 해야 합니다. 예수 그리스도께 기도해야 합니다. 그에게 당신의 죄를 고백하고 그분께 당신의 구세주가 되어달라고 요청하셔야 합니다.

예수님께 친구가 되길 원한다고 말하십시오. 지금 도와달라고 말하십시오. 만약 예수의 친구라면 병도 죽게 될 것이라고 확신할 수 있을 것입니다. 당신이 병으로 언젠가 죽는다 할지라도 그것은 죽음으로 끝나는 것이 아닐 것입니다. 만약 예수님이 당신 친구라면 당신은 예수님께서 병을 그 자신의 영향을 위하여 쓰실 것을 확신하실 수 있을 것입니다. 그리고 당신이 예수님의 친구가 되면 그 영광이 당신의 영광이 되는 것입니다.

그러나 여기에 대해 더 이야기 해야 했습니다. 예수님께서 나사로의 병이 죽을 병이 아니라고 말씀하신 후 이틀을 더 머물렀다고 하십니다. 그는 요단강 동편 지역에 계셨습니다. 그리고 나사로가 살고 있던 베다니는 요단 서편에서 이틀이 걸리는 곳이었습니다.

그러나 결국 그분은 그의 제자들에게 베다니에 가겠다고 말씀하십니다. 그들은 예수님께 베다니에 많은 적들이 있음을 알리려고 했습니다. 그러나 예수님께서는 재촉하시며 그의 추종자들에게 말씀하십니다. "우리의 친구 나사로가 잠들었다. 그러나 내가 가서 그를 깨우리라."

예수님께서 그의 친구의 죽음에 대해 얘기하시는 방법에 주목하십시오. 여러 달 동안 그와 함께 살아왔던 사람들조차 예수님이 말씀하시는 것을 이해하지 못했습니다. 예수님은 "나사로가 잠들었다"라고 말씀하셨습니다. 그 용어는 제자들을 혼란스럽게 했습니다. 그래서 예수는 그들에게 쉽게 "나사로가 죽었다"고 말해 주셨습니다.

예수 그리스도를 믿는 자들이 죽었을 때, 그의 친구들이 죽었을 때 진정으로 일어나는 것은 그들이 잠든 것입니다. 사도행전에서 우리는 최초의 순교자 스데반의 죽음을 읽습니다. "스데반이 이 말을 한 후, 그가 잠들었다." '잠들다'는 구절은 예수님의 친구들이 죽음에 대해 두 가지 중요한 것은 강조합니다.

첫째는 그것에 대해 우아(온화)함이 있고, 둘째 잠든 그 친구가 깰 때가 올 것이라는 것입니다. 예수님이 필요합니다. 당신은 보이지 않습니까? 당신은 친구가 필요합니다. 당신이 예수를 믿으면 당신은 당신의 죽음 — 그것이 다음 주, 다음 달, 다음 해, 어떤 때가 되든 — 이 진정한 죽음이 아니고 그것은 예수 안에서 잠자는 것이 확신할 수 있습니다.

당신은 쉬지 못한 아이가 잠들도록 해보았습니까? 그 작은 아이는 울지 않고 당신도 매우 부드럽게 그의 등을 두드려 주며 낮은 음조로 콧노래하거나 몇 마디 달래는 말을 합니다. 그리고 당신이 두드리고 콧노래로 노래하면 마침내 그의 숨소리의 리듬이 변하고 작은 웃음이 있은 후 그 어린 아이는 자게 됩니다. 예수의 친구가 죽은 때도 그런 식입니다. 그는 잠듭니다. 그녀는 잠듭니다. 예수님과 그의 제자들이 베다니에 도착했을 때 일어난 것은 이것입니다.

그가 도착하자, 예수님은 나사로가 이미 4일 동안이나 무덤에 있었던 것을 알게 됩니다. 마르다는 예수님이 오신다는 말을 들었을 때 그를 맞으러 나갔지만 마리아는 집에 있었습니다.

"주여" 마르다가 예수님께 말했습니다. "당신이 여기 계셨더라면 내 오라비가 죽지 않았을 것입니다. 그럴지라도 하나님이 당신으로 하여금 당신이 구하는 것은 무엇이든지 주실 줄 내가 아나이다"

예수님께서 그녀에게 "너의 오라비가 다시 살리라"고 하셨습니다.

마르다는 대답했습니다. "그가 마지막 날 부활 때에 다시 살 줄 나도 압니다."

예수님은 그녀에게 "나는 부활이요 생명이니 나를 믿는 자는 그가 죽었더라도 살 것이요 살아서 나를 믿는 자는 결코 죽지 않으리라. 네가 이를 믿느냐?" 하십니다.

"나는 부활이요 생명이니." 예수님의 이 장엄한 말씀을 하신 후에 요한복음 11장은 예수께서 어떻게 나사로 무덤으로 가시고 나사로를 나오라고 부르셨는지 기술하면서 계속됩니다.

우리는 예수께서 그 돌을 무덤에서 굴려내라고 하였을 때 마르다가 어떻게 막았는지 압니다. 그녀는 죽음의 냄새를 두려워했습니다. 그러나 시체의 악취에도 불구하고 나사로는 수의를 두른 채, 무덤에서 나왔습니다. 부활이요 생명이신 예수님, 그 분이 그를 다시 생명으로 일으키셨습니다.

예수님께서 베다니로 오셔서 그의 친구 나사로를 죽음에서 살리셨을 때 그는 분명 죽어서 자신의 무덤에 있었습니다. 며칠 내에, 그는 자주 죽음을 동반한 고통을 경험할 수 있었을 것입니다. 오, 우리는 잠든 것으로 죽음에 대해 얘기할 수 있습니다. 그러나 죽음에 대해 무언가를 아는 사람은 마지막 잠이 오기 전에 무시무시한 고통과 괴로움이 있을 수 있다는 것을 압니다.

의사들이 당신에게 당신이 심한 병에 걸렸다고 말했다면 나는 당신의 마음 속의 생각들 중 하나가 당신이 죽기 전에 해야할 것을 포함한다고 확신합니다.

내가 더 이상 똑바로 생각하지 못할 정도로 고통을 없애기 위해 그 많은 약이 필요할까요? 글쎄요, 예수님은 그 전이나 그 후나 어떤 사람보다 더 큰 고통을 당하셨습니다. 그가 나사로를 살린 지 오래지 않아 그는 하늘에게서 그의 아버지 앞에 고통스러워 무릎을 꿇고 고통의 잔을 그에게서 옮겨달라고 구했습니다.

당신이 그를 믿어 그의 친구가 되도록 초청한 예수님께서는 보통 사람이 아닙니다. 신약의 다른 책은 "맛보시기 위해 그가 죽음을 당하셨습니다"라고 말합니다. 예수님은 죽음을 맛보셨습니다. 그는 지난 날 하나님의 은혜로 그가 모든 사람을 위하여 내 차의 차창에 부딪혔던 나비처럼 죽었습니다. 한 순간, 그것은 쾌활하게 공기 중에서 날고 있었습니다. 그리고 다음 순간 잊혀집니다! 예수님은 죽음이 무엇을 의미하는지 완전히 알려고 죽음에 다가가셨습니다. 그는 자진해서 죽음의 저 밑바닥까지 내려가셨습니다. 그는 마르다와 말합니다. 그의 친구 나사로의 무덤가에 서서 얘기하실 때 그가 곧 죽게 된다는 것을 아셨습니다.

그럼에도 그는 그가 죽음을 이기실 것과 승리하실 것을 아셨습니다. 이것이 그가 "나는 부활이요 생명이니"라고 말씀하신 이유입니다.

이 말씀을 하시며 그는 오늘도 아픈 사람들에게 희망을 주신다는 위대한 사실을 세우셨습니다. 예수님은 부활이요 생명이신 것입니다.

그가 마르다와 얘기할 때, 그분은 그녀에게 그가 죽음을 승리하신 것이 그 분 자신을 위한 유익이 아니라 그의 오빠 나사로를 위한 것임을 또 얘기했습니다. 그 순간 무덤에서 썩어가고 있는 나사로를 위해서입니다. 예수님은 말씀하십니다. "나를 믿는 자는 살 것이요 그가 죽었다 할지라도 그리고 나를 살아서 믿는 자는 누구나 결코 죽지 않으리라." 이것을 매우 주의깊게 보십시오. 믿음, 신앙은 중요한 요소입니다. 나사로는 예수를 믿었습니다. 그의 믿음은 그의 자매들의 믿음과 같았습니다. 마르다는 말했습니다. "나는 당신이 그리스도시오 하나님의 아들임을 믿는다."라고.

예수님이 상황을 만드셨던 때에 그가 베다니에 가서 모든 것을 행하실 것을 준비하신 것대로 그들이 예수를 믿었을 때, 죽음을 이기실 것을 아픈 사람들에게 보이시려고 상황을 만드셨을 때에 그가 예수는 모든 것을 하셨습니다. 나사로가 예수를 믿었기 때문에, 그는 그의 엄마의 품 속에 있는 아기처럼 안전했습니다. 불치의 병이 그에게 왔을 때에도 그의 자매들을 그가 매우 위험하다고 생각했는데 — 그것은 인간의 관점에서는 그랬습니다. — 그러나 예수는 나사로가 예수의 능력으로 다시 하나님의 아들을 영화롭게 할 것을 아셨습니다. 이 이유 때문에 예수는 나사로의 병들었다는 소식을 들었을 때에 그가 하시고 있던 모든 것을 그만두시지 않았습니다.

만약 당신이 전에 이 소식을 듣지 못했다면 제가 예수 그리스도를 믿는 것이 신자들이 죽음에 정복되지 않을 것이라는 것을 보증해 준다고 당신에게 말할 수 있어 매우 기쁩니다.

이것이 내가 여러분이 예수를 믿어야 한다고 다시 한번 강조해아 하는 이유입니다. 당신이 그렇게 하는 것은 매우 중요합니다. 당신이 믿지 않는다면 죽음이 여러분을 정복할 것입니다. 여러분이 믿는다면 안전합니다.

나쁜 소식으로 인해 당신이 그것으로 어리벙벙해 있을 때, 당신이 아주 불안함을 느끼는 것이 사실 아닌가요? 여러분이 아주 잘 느껴왔던 것이 여기 있습니다. 그런데 사태가 악화되기 시작했고 당신은 의사에게 갔습니다. 이제 검사 결과가 나왔는데 당신이 듣기 가장 두려워하는 것입니다. 당신은 병들었습니다. 당신이 죽을 수도 있는 것입니다.

그 병이 든 사람들 중 몇 퍼센트는 죽습니다. 당신이 기회가 무엇인지 압니다. 그리고 이제 때때로 울부짖기도 합니다. 당신이 매우 두렵기 때문입니다. 당신은 매우 불안함을 느낍니다.

아마 사태는 당신에게 아주 잘 돌아갈 수도 있고 의사가 잘 회복되어가고 있기 때문에 당신에게 축하할 수도 있습니다. 정상인 것입니다. 당신은 그것으로 행복합니다. 그러나 당신은 달력을 봅니다. 때때로 사태가 나쁘게 되지 않을 수도 있고 당신은 당신의 병이 재발할 수도 있다고 생각합니다. 어느 날 당신은 당신이 아주 회복되어 기뻤고 병이 재발할 수도 있다고 생각합니다. 어느 날 당신의 생명이 사라져버릴 수도 있습니다.

그러나 당신이 예수님을 믿으면 분명히 알 수 있는 것 하나가 있습니다. 당신의 병은 당신을 죽일 수 없다는 것입니다. 당신은 그것 때문에 죽는 것이 아님을 알게 됩니다.

나는 내가 말하는 것이 이상한 것처럼 보이는 것을 압니다. 그것은 예수님이 그것에 대해 얘기하실 때도 이상하게 여겨졌습니다. 당신이 예수님을 믿으면 그분은 당신에게 말씀합니다. "너의 병은 죽음에 이르게 하지 않고 그것은 내 영광에 이를 것이다. 나는 죽음이 네게 올 때 네 생명 속에서 위대한 기적을 수행하러 왔노라. 내가 그것이 일어날 때 바로 거기에 있을 것이다. 내가 네가 정말 죽는 것이 아니라 네가 잠드는 것임을 확신케 해 주겠노라."고 하십니다. 그때 예수님을 덧붙이십니다.

"네가 나를 믿고 죽으면 너는 결코 진정 죽지 않을 것이다. 네가 나를 믿으면 너는 다시 살리라."

한 사람이 주 예수 그리스도를 믿으면 그는 안전합니다. 죽음도 그를 건드릴 수 없습니다. 예수는 사탄을 정복하기 위하여 갈보리 십자가 밑에 가셨습니다. 사탄은 죽음의 대왕입니다. 예수는 죽은 지 사흘 만에 다시 사셨고 살아나셨습니다. 그를 믿는 자들은 예수의 위대한 힘과 권능으로 새 삶으로 다시 살아날 것입니다.

우리는 요한복음 11장에 대해 얘기하고 있습니다. 신약의 많은 다른 책들과 장들과 문장들이 예수님이 말씀하신 것이 진리임을 우리에게 확신시킵니다. 로마서 8:11은 말하기를 "예수를 죽은 자 가운데서 살리신 이와 영이 너희 안에 거하시면 예수 그리스도를 죽은 자 가운데서 살리신 이가 너희 안에 거하시는 그의 영으로 말미암아 미리 죽을 몸도 살리시리라"

고린도후서 5:1 에서는 "만일 땅에 있는 우리의 장막집이 무너지면 하나님께서 지으신 집 곧 손으로 지은 것이 아니요 하늘에 있는 영원한 집이 우리에게 있는 줄 아나니."라고 했습니다.

고린도전서 15:51-52에서 "보라 내가 너희에게 비밀을 말하노니 우리가 다 잠잘 것이 아니요 마지막 나팔에 순식간에 홀연히 다 변화하리니 나팔 소리가 나매 죽은 자들이 썩지 아니할 것으로 다시 살아 우리도 변화하리라."고 했습니다.

성경의 주요 주제들 중 하나가 주 예수 그리스도를 믿음으로 말미암아 영생을 얻는 것입니다. 어떤 사람들은 단지 그들이 죽음을 두려워하기 때문에 예수를 믿는다고 신자들을 비난합니다. 그기 맞습니다. 받아들이겠습니다. 죽음에 대한 두려움이 전에는 그가 결코 보지 못했던 예수를 보게 하는 한 방편으로 그를 이끌 수도 있습니다.

아마 지난 주, 여러분이 건강했기 때문에 죽음을 두려워하지 않았을지도 모릅니다. 그러나 이번 주에 당신은 매우 두렵습니다. 예수님께 나아가 그 분이 여러분을 구해달라고 부탁하는 것을 부끄러워하지 마십시오.

여기 병자들을 위한 복음이 있습니다. 당신이 병들고 죽는 것이 두렵다면 당신에게는 내가 방금 말했던 것보다 할 수 있는 더 좋은 것은 없을 것입니다. 나는 여러분에게 부활이요 생명이신 예수님에 대해 얘기했습니다. 이 예수를 믿고 당신의 죄를 고백하십시오. 그는 살아계시다는 것을 믿으십시오. 그리고 언젠가 당신도 예수 그리스도 안에서 생명의 충만함을 경험하실 것을 믿으십시오.

당신은 예수를 믿으면 당신이 바로 지금 아프지만 당신의 하나님께서 당신의 병을 그분 자신과 그의 아들 예수께 영광을 가져오기 위하여 쓰실 것이라는 것을 확신할 수 있을 것입니다. 그리고 당신은 안전하다는 것도 확신할 수 있습니다.

아무리 나빠진다 해도 당신은 잠들 것입니다. 그 일이 일어났을 때 예수는 당신을 깨우실 것입니다.

어두움 대신에

　"어두움 대신 저가 빛 가운데 계신 것같이 우리도 빛 가운데 행하면 우리가 서로 사귐이 있고 그 아들 예수의 피가 우리를 모든 죄에서 깨끗하게 하실 것이요"(요일 1:7).

　초등학교 학생들이 그들은 핵폭탄이 던져지기 전 자살할 시간이 있을까 염려한다면 여러분은 고민 속에 빠질 것입니다. 나는 새로운 시대의 아이들이 있다는 것을 들었습니다. 그들이 정말 종결시키기 위해 핵전쟁에 대하여 충분히 아는 매우 어린 아이들 말입니다. 전쟁은 정말로 기회를 갖지 못한다는 것을, 그리고 그들 중 하나는 정신과 의사에게 그가 핵 공격이 진행되고 있다고 들었을 때와 첫 폭탄이 투하되기 시작했을 때 사이에 자신을 죽일 충분한 시간이 없을 것 같아 걱정하고 있다고 말했습니다.

　지난 50년대와 60년대 초반으로 돌아가서 큰 전쟁이 있었고, 아이들은 그들이 책상밑에 숨는 것을 배웠고, 가능하면 어디든지 은신처로 피하라고 배웠습니다. 그리고 나서 사람들은 진정한 은신처에서 그들은 파괴로부터 피할 수 있음을 믿게 되었습니다. 그러나 이제 그건 다릅니다. 아이들은 폭탄을 피할 어떤 것을 하는 것도 별 유익이 없음을 느낍니다. 어린 아이조차 일단 폭탄이 그들이 가는 길에 있으면 그들의 생명을 끝낼 어떤 것을 하는 것에 대해 얘기하고 있습니다.

오, 우리는 분명 좋지 않은 세상에 살고 있습니다. 그렇지 않습니까? 이제는 성인이 된 우리가 더 이상 우리 아들로부터 이 사실을 비밀로 할 수 없음을 압니다. 그것은 진정 매우 많은 면에서 어두움이 꽉 차 있는 세상입니다. 우리가 앞을 보고 우리가 무엇을 보고 있습니까? 당신은 무엇을 봅니까? 자, 내게 무엇이 보이는지 말해 볼까요? 나는 빛을 봅니다. 그리고 그것은 파괴적인 핵 파괴의 비밀이 아닙니다. 나는 또 다른 빛을 봅니다. 하나님의 빛입니다. 그것은 아름답습니다. 그리고 그것은 당신과 나를 위한 것입니다.

저는 그 빛에 대하여 얘기하기 원합니다. 그 속에서 걷는 것은 선합니다. 어둠 속에서 걷는 것은 말할 수 없이 나쁩니다. 우리 모두는 이것을 본능적으로 압니다.

우리는 몇 가지 이유 때문에 밤 한가운데서 일어나 거실을 통과할 때 더듬더듬 걷습니다. 불 스위치를 찾으면서 더듬거립니다. 특별히 의자에 걸려 넘어지면 우리는 절망감을 느낍니다. 그것이 어디에 있습니까? 그것은 도대체 어디에 있습니까? 우리는 은밀히 발작을 합니다. 다른 사람 앞에서 우리가 그 벽을 더듬는 동안 우리의 손가락이 그것을 만질 때까지.

자, 이제 여러분의 손가락을 성경을 펴는 데 사용하십시오. 전기불 스위치를 찾아 헤매고 있는 여러분, 페이지를 넘기십시오. 거기, 이제, 거의 성경 끝부분에 요한일서라고 불리는 이 짧은 책이 있습니다. 그리고 첫 문장들에서 우리는 우리가 우리의 인생을 현명하고 아름답게 하기 위해 필요한 빛을 발견합니다.

요한 사도가 이 작은 책을 어떻게 시작하는지 주목하십시오. 그는 예수와 하나님에 대하여 얘기하고 있습니다. 요한은 특별히 예수님의 배반의 그 밤에 예수님께 가까이 갔던 사람인데 그는 구세주께 가까이 한 경험을 말합니다.

처음부터 있었고, 우리가 들었고, 우리가 우리 눈으로 보았고, 우리가 지켜 보았고 우리 손이 만졌던 그 분, 우리는 이것을 생명의 말씀과 관련하여 선포합니다. 이 말씀들로 요한은 예수 그리스도에 대해 우리에게 소개합니다. 그가 보았고 만졌던 그 분을 또 그가 "생명의 말씀"으로 알았던 그 분을 말입니다.

그는 계속 그가 예수님이 계실 때 영생에 대해 배웠던 방식에 대해 얘기합니다. 생명이 나타났습니다. 우리가 그것을 보았고 그것에 대해 증인이 되었으니 우리는 영생을 당신에게 선포합니다. 영생은 아버지와 함께 계시고 우리에게 나타내진 바 되었습니다. 우리는 우리가 보고 들은 것을 전하노니 당신도 우리와 화목되게 하기 위해서입니다. 우리의 사귐은 아버지와 그의 아들 예수 그리스도와 함께 있는 것입니다."

예수님이 나타나셨을 때 생명이 나타났습니다. 그리고 예수님이 나타나셨을 때 요한은 우리에게 그가 예수 그리스도와 함께 있을 때 그가 이 빛이신 것을 어떻게 배웠는지 계속해서 말해갑니다.

"우리가 저에게서 듣고 너희에게 전하는 소식이 이것이니 곧 하나님은 빛이시라 그에게는 어두움이 조금도 없으시니라. 만일 우리가 하나님과 사귐이 있다 하고 어두운 가운데 행하면 거짓말을 하고 진리를 행치 아니함이거니와" 이것은 자주 재미있습니다. 우리가 어둠 속에서 걷고 있다고 종종 느끼는 우리를 사람들이 좋아하기 때문에 그것이 가장 확실합니다. 그런데 특별히 사도가 여러분과 제가 하나님의 빛속에서 걸을 수 있다고 말함으로 결론을 내렸기에 더 그렇습니다. 우리는 하나님과 함께 빛 속에서 걸을 수 있습니다. 우리는 함께 빛 속에서 행할 수 있습니다.

이는 지금 말의 외형에 대해서만 얘기하고 있는 것이 아닙니다. 저는 실재에 대해 얘기하고 있습니다. 사람들이 어둠과 가까이 있다고 느끼는 우리들을 좋아하기 때문에라도 하나님의 거룩한 빛 속에 잠긴 삶을 사는 진정한 기회가 있습니다. 아, 당신에게 이것에 대해 더 얘기하겠습니다.

사도가 더 깊이 얘기한 것을 보십시오. "만일 우리가 하나님과 사귐이 있다 하고 어두운 가운데 행하면 우리는 거짓말을 하고 진리를 행치 아니함이거니와 저가 빛 가운데 계신 것 같이 우리도 빛 가운데 행하면 우리가 되고 사귐이 있고 그 아들 예수의 피가 우리를 모든 죄에서 깨끗케 하실 것입니다."

여기에 빛 가운데 행하는 몇 가지가 있는데 우리는 매우 신중히 살펴보아야 합니다.

첫째는 빛 가운데 행하는 것은 분명히 기계적인 것이 아니라는 것입니다. 그것은 단순히 살아가는 것이 아닙니다. 사람들이 우리를 좋아하기 때문에 다른 가능성이 있습니다. 사람들이 어둠 가운데 행하는 것은 가능합니다. 요한 사도는 그것에 대해 얘기하고 우리가 그렇게 할 시간을 가져야 한다고 말합니다.

그럼 어둠 가운데 행하는 것이 무엇입니까? 이것은 단순히 당신의 길을 위험 가득한 세상으로부터 끄집어내는 것을 말합니까? 아닙니다. 진정 아닙니다. 그것은 하나님과 대적된 생활방식을 선택하는 것을 의미합니다. 그리고 이 생활 방식은 불행하게도 요즈음 매우 널리 퍼져 있습니다. 이 어둠의 방법으로 사는 생활방식을 설명할 수 있는 많은 행동들이 있습니다.

"플레이보이"라고 있습니다. 그것은 우리 모두 들어온 많은 것들을 대표하는 단어입니다. 성적 해방, 자유, 자유사랑… 모든 것들! 쾌락, 즐거움, 향락주의입니다. 이것은 만족, 쾌락, 즐거움, 향락주의를 강조하는 생활방식입니다. 남자들을 위해서는 여자들이 있고, 여자들을 위해서는 남자들이 있으며, 자신의 성을 최고로 좋아하는 사람들을 위해서 또 그런 것이 있습니다.

당신이 원하는 것은 무엇이든 당신이 그것을 원할 때마다 다 있습니다. 이제 이 생활방식은 공상입니다. 진정 공상입니다. 그러나 수백만이 빠져왔고 약화시키고 타락시키는 공상입니다. 그리고 때때로 이 덫에 넘어진 사람들과 얘기할 때, 나는 그들에게 그 삶 속에서 어떤 선하고 진실한 경험들을 가질 수 있었을 유일한 방법이 생활방식으로부터 그들을 구해낼 수 있음을 말해줘야만 합니다.

어두움 속에 살고 있는 한 빛 속에서 살 수는 없습니다. 이 말은 시간의 일부는 어두움에, 일부는 빛에 투자할 수 없다는 말입니다. 어둠에 사는 것이 재미있다고 확신하는 사람들은 우리가 이제까지 이야기해 왔던 빛으로부터 오는 유익을 얻을 어떤 기회도 없습니다.

우리가 이야기해 온 빛이 실제로 하나님과 함께 사는 것이기에 그것은 당신의 친구로서 하나님과 함께 사는 것입니다. 그를 의지할 수 있고 그분과 얘기할 수 있고 진정 당신에게 관심이 있고 가장 분명하게 당신의 인생경험을 항상 완전과 영광으로 이끌어 가실 그분을 아는 것입니다. 당신은 당신이 어둠 속에 행할 때 하나님과 함께 살 수 없습니다. 왜냐하면 하나님은 당신이 살고 있는 어둠 속에 계시지 않기 때문입니다. 요한 사도는 우리에게 하나님이 빛이시고 그분 안에는 어두움이 없음을 상기시킵니다.

바로 여기서 여러분은 해야할 많은 것들을 생각할 수 있습니다. 당신은 당신의 인생이 왜 그렇게 소망이 없고 왜 그리 절망과 고통으로 기도하는지 궁금하시지요? 왜그렇게 어둡습니까? 아마 대답은 간단합니다. 당신이 살아가려고 선택한 곳이 그 어둠 속, 바로 그곳이기 때문에 당신의 인생은 그렇게 어두운 것입니다.

그러므로 당신은 무엇을 기대할 수 있습니까? 당신은 자신을 꼭 붙들어야 합니다. 당신은 변화해야 합니다. 당신은 당신으로 하여금 어둠 속에 있게 한 친구들로부터 스스로를 떼어야 합니다. 아마도 당신은 당신 스스로 빛 속에 한 번은 들어가 보았을 것입니다. 당신은 또한 그들이 빛으로 들어가도록 도울 수 있을 것입니다. 그러나 지금은 당신이 할 수 있는 한 그들로부터 멀리 있어야 합니다.

구약의 예언자 중 하나인 이사야는 바로 이 주제에 대해 명백하게 얘기합니다. 그는 하나님의 빛에 가까이 가길 원하는 사람들에게 말하고 있었고, 그는 말하길 "사악한 자들은 그의 길을 버리고 악한 자는 그의 생각을 버리라"고 합니다. 자, 당신도 하면 됩니다.

매우 간단합니다. 빛 안에서 행하기를 원하는 사람들을 어둠에서 떠나야 합니다. 빛에서 행하는 것은 기계적인 것은 아닙니다. 그것은 결코 그렇지 않았고 오늘날도 분명히 아닙니다. 그러나 이것은 내가 강조하고 싶은 두 번째 문제인데 그것이 가능하다는 것입니다.

요한 사도는 "만약 우리가 빛 가운데 행하면 하나님이 빛가운데 계신 것처럼…"이라고 말합니다.

이것은 놀라운 말이 아닙니까? 하나님이 빛 가운데 계신 것처럼 빛 가운데 행하는 것이 어떻게 가능합니까?

자, 바로 여기서 우리는 우리 자신들에 대한 위대한 사실 하나를 배웁니다. 우리는 하나님과 같은 중요한 존재입니다. 정말 그렇습니다. 성경은 하나님의 영광에 대한 책이며 또 사람의 영광에 대한 책입니다.

하나님은 하나님의 형상을 따라 인간을 창조하셨습니다. 우리는 결코 이것을 잊어서는 안됩니다. 인간들이 불결하고, 이기적이고, 부정적이고, 살인적이고, 곧 어둡게 살아가는 이유가 바로 하나님의 형상으로 창조되었다는 것을 잊었기 때문입니다. 우리는 어두움에서 살라고 창조된 것이 아닙니다. 우리는 하나님과 같이 되라고, 빛 속에서 살라고 창조된 것입니다.

당신은 어떻게 빛 속에 살아갈 수 있습니까? 무엇보다 먼저 당신은 하나님의 아들 예수 그리스도를 믿어야 합니다. 이 분은 우리가 보고 있는 이 책에서 요한 사도가 얘기한 그분입니다. 그분은 하나님의 빛임을 계시한 분입니다. 우리는 우리의 죄를 고백하고, 하나님께 우리 죄를 용서해 달라고 구할 때 예수 그리스도를 믿는 것입니다.

우리는 하나님께 이렇게 할 수 있습니다. 왜냐하면 예수께서 갈보리 십자가에서 죽으심으로 인간의 죄를 대속하셨기 때문입니다. 당신이 예수 그리스도를 믿을 때 예수 그리스도는 당신에게 하나님의 뜻에 따라 당신이 살도록 준비된 그의 성경을 당신에게 주실 것입니다. 이것은 어둠에서 떠나고 하나님이 당신이 하기를 원하시는 것을 하는 것을 의미합니다.

그후, 빛 가운데 행하는 것은 예수를 믿고 하나님을 경외하며 살아가는 것을 의미합니다. 하나님의 형상대로 창조함을 받은 인간에게 그밖의 것은 가치가 없습니다. 하나님은 의로우시고 하나님은 순전하며, 하나님은 거룩하시고 하나님은 사랑하시며, 그분은 우리도 또한 이렇게 되기를 원하십니다. 이제 나는 우리가 이것을 완벽히 할 수는 없다는 것을 압니다. 그리고 만일 당신이 요한일서를 계속 읽는다면 그분께 나아와 용서를 계속 비는 사람들을 하나님께서는 어떻게 계속해서 용서하시는지를 배울 것입니다.

오늘 여러분께 얘기하고 있는 모든 것이 가능합니다. 저는 여러분에게 사실을 얘기하고 있습니다. 바로 지금 어둠 가운데 행하고 계시는 분들도 계십니다. 또 바로 지금 빛 가운데 행하고 있는 분들도 계십니다. 당신은 어디입니까? 우리와 함께 얘기해 왔고 내가 여러분에게 "저는 어둠에서 행하고 있지만 나는 그렇게 하는 것을 좋아하진 않습니다." 그렇게 함으로 그리 즐겁진 않다고 당신은 말하겠습니까? 당신이 주 예수 그리스도를 믿는다면 당신의 삶이 변화될 수 있음을 깨닫습니까? 그것은 변화될 수 있습니다. 그리고 이것이 내가 이 모든 것에 대해 여러분에게 얘기하고 있는 이유입니다. 어둠 가운데 행해 온 사람들이 어둠에서 돌아서서 빛으로 가는 것이 가능합니다. 하나님께서 그의 명령을 당신의 인생에 보내달라고 요청하십시오. 여러분이 그 기쁨 중 빛 속에서 살아감으로 얻을 유익을 경험할 수 있도록 우리는 서로서로 사랑을 가진 것입니다.

나는 요즘 수백만의 사람들이 사귐을 원하고 있음을 압니다. 나는 바로 지금 이것을 읽고 있는 여러분들 중 많은 분들이 외롭다는 것을 압니다. 그리고 여러분들 중 몇은 자신의 외로움을 스스로 만드는데 당신은 다른 사람들을 무시해 왔고 다른 사람들을 상처주어 왔습니다. 그래서 이제 당신은 당신 자신의 작은 공간 안에서만 앉아 있습니다. 당신의 아내는 떠났고 당신의 아이들도 떠나 당신은 혼자임을 느낍니다. 오, 얼마나 끔찍한가요! 당신이 손을 뻗어 만질 수 있는 다른 사람들이 있다는 것을 느껴 보십시오. 당신과 관련된 사람들, 당신을 사랑하는 사람들을 이는 멋진 일이 아닙니까?

들어보십시오. 성경은 우리에게 믿는 자들은 가장 큰 사이즈로 사귄다고 말합니다.

우리기 빛 가운데 행할 때 우리는 일세기에 빛 가운데 살았던 사람들의 친구입니다. 우리는 우리에게 오늘날 그렇게 많은 도움을 주는 이 책을 쓴 요한과 친구입니다.

우리는 전세계에 있는 그리스도 교인들하고 친구입니다. 우리는 오랜 세월을 통해 살아온 셀 수 없는 많은 사람들과 지금 살아가고 있는 사람들의 일부분으로 우리 자신을 느낄 수 있습니다. 그리고 아직도 태어나야 할 많은 우리의 좋은 친구들도 있습니다. 후에 기독교인이 될 사람들 말입니다. 그러나 우리 모두는 함께 사랑과 생명과 빛의 끈으로 묶여 있습니다.

　　그리고 서로 서로 빛 가운데 행하는 사람들 묶어 주는 이 사귐은 사람들이 주 예수 그리스도 안에서 형제요 자매로서 함께 살아갈 수 있는 지역교회 내에서 바로 표현됩니다. 이것이 당신에게는 신비적이고 이상하게 들립니까? 당신은 어떤 사람들이 교회에 대하여 퍼뜨리기 좋아했던 모든 잘못된 소문들을 믿어왔습니다.

　　교회는 완벽하지 않습니다. 그러나 그것은 그것이 친교와 우정이 될 수 있을 때 우리가 가질 수 있는 가장 좋은 것입니다. 나는 압니다. 내가 그 구성원들이 서로서로 연관된 지역 교회의 부분인 것을. 그들은 그들이 아프고 그들이 다른 문제들을 가지고 있을 때 서로를 위해 기도해 줍니다. 빛 속에서 함께 행하는 사람들은 매우 매우 진정한 관심의 끈으로 서로 묶여 있습니다. 사귐은 그들이 함께 행하고 있는 빛의 일부분입니다.

　　만약 당신이 사귐을 추구한다면 그것을 찾을 장소가 있습니다. 당신은 그것을 어둠 속에서는 찾을 수 없을 것입니다. 많은 거짓말들이 어둠의 세계에서 나옵니다. 우리가 어둠 속에 살 때, 우리가 즐거움을 얻을 것이라고 믿게끔 합니다. 그러나 그것은 사실이 아닙니다. 우리가 주 예수 그리스도를 믿을 때에야, 하나님이 우리에게 살도록 원하시는 방식으로 살 때에만, 바로 그때에만 우리는 우리가 필요로 하는 사귐을 경험할 것입니다.

　　여기에 유익들이 있습니다. 하나님은 우리에게 빛 속에서 행하는 데 따른 많은 유익을 주십니다. 만약 우리가 그것을 행한다면 우리는 사귐을 발견할 것이고, 둘째로 우리는 깨끗함을 발견할 것입니다. 다시 한 번 우리가 오늘 얘기하고 있는 문장을 주목하십시오. 저가 빛 가운데 계신 것같이 우리도 빛 가운데 행하면 우리가 바로 사귐이 있고 그 아들 예수 그리스도의 피가 우리를 모든 죄에서 깨끗하게 하실 것입니다.

　　예수의 피는 우리를 깨끗하게 하십니다. 그 이상한 말에 대해 생각해 보십시오. 그 피가 우리를 깨끗게 합니다. 사도 요한은 예수 그리스도의 피가 흘려졌을 때 있었습니다. 나는 여러분에게 예수의 피에 대해 얘기할 수 있지만 내가 그럴 때 나는 내가 누군가로부터 들은 무언가에 대해 얘기하고 있는 것입니다. 그러나 요한은 그렇지 않습니다. 예수가 십자가에 못박힐 때 요한은 예수의 어머니와 함께 십자가 바로 옆에 있었습니다. 그는 예수의 상처들을 보았습니다. 그의 머리에는 가시 면류관이 그의 두개골을 찢은 상처가 있었고, 그의 상처난 손과 발에서 흐르는 피를 요한은 보았습니다. 그는 그것이 흘러 마치 아벨의 피가 몇 세기 전에 땅에 빨려들어 갔던 것과 똑같이 그것이 땅에 흡수되기 전 땅 위에 작은 웅덩이를 만들었던 것은 있을 수 없었습니다. 그 요한이 말하고 있는 그 피가 여러분을 깨끗하게 하실 것입니다.

당신은 그것이 무엇을 의미하는지 알겠습니까? 이것은 그것이 나에게 내가 성경의 나머지 부분 중 빛 안에서 이 생각을 할 때 그런 것 같은 방식입니다.

예수께서 갈보리 십자가 위에서 돌아가실 때, 그는 두 가지 일을 하였습니다. 그는 죄의 값을 치르셨습니다. 그러므로 그를 믿는 자들의 죄가 사라집니다. 그리고 그는 그의 성령을 신자들이 의롭게 살 수 있도록 하기 위하여 신자들의 삶 속에 보내실 수 있는 권리를 얻으셨습니다.

그래서 사도는 말합니다. 하나님이 빛 속에 계신 것같이 당신은 빛 속에서 행할 때 사귐이 있고, 당신의 인생에서 그것 자체가 작용하기 시작하는 이 정화 과정을 갖게 됩니다. 당신의 죄값은 치러졌고 당신의 죄악도 사라졌습니다. 그러므로 이것과 함께 당신은 하나님으로부터 특별한 힘을 받습니다. 하나님은 당신이 어둠에서 떠나 빛에 머물도록 하실 수 있습니다.

나는 당신이 내가 여기서 무엇을 보는지 알 수 있을지 궁금합니다.

나는 원을 보고 있습니다. 여기에 원 추론이 있고 종종 우리는 원 추리를 좋아하지 않습니다. 잠시만 나와 함께 그 원을 보십시오. 성경은 우리가 빛에서 행해야 하고, 그리고 나서 우리는 사귐이 있고, 그런 후 우리는 깨끗하게 될 것을 말합니다. 다른 말로 하면 우리가 빛 가운데 행할 수 있기 위해서는 빛 가운데서 행해야 함을 성경은 말합니다. 그 것이 진정으로 깨끗하게 되는 방법입니다.

우리는 우리가 예수의 흘린 피로 신자가 된 특별한 힘을 통하지 않고 완전히 행할 수 없는 어떤 것을 하라는 등 말을 듣습니다. 그래서 "사람이 이미 빛 가운데 있지 않으면 어두움을 떠나서 빛 가운데 살 수 가 없는데, 어떻게 사람이 어두움을 떠나 빛에서 살 수 있습니까?"라고 질문할 수 있습니다.

좋은 질문입니다. 그리고 나도 그 대답을 모릅니다. 그러나 나는 하나님께 당신으로 하여금 당신이 예수를 믿는다면 그 모든 것이 당신을 위해 작용할 것이라는 것을 확신시키신다는 것을 압니다. 당신이 예수를 믿는다면 예수님은 당신에게 어둠에서 떠나 빛에 살게 하실 힘을 주실 것입니다. 그리고 당신이 빛 가운데 산다면 어둠에 있을 때보다 당신의 인생이 매우 매우 더 만족스러운 것을 알게 될 것입니다.

우리들 중에 앞을 바라보며 생명의 빛을 보는 많은 이들이 있습니다. 우리가 예수를 구세주로 가지고 있기 때문에 그것이 보이며, 우리가 그와 함께 걸을 때 우리가 사귐을 즐길 것이며, 예수님의 계속적인 사역으로 말미암아 깨끗하게 될 찬란한 빛의 원으로 나아갈 것입니다.

만약 여러분이 어둠 속에 살고 계시다면 당신이 하나님의 빛으로 충만된 세상에서 살고 있는 사람들과 함께 할 수 있기 위하여 하나님은 당신의 그의 아들 예수 그리스도를 믿기 원하신다는 것을 당신을 확신할 수 있습니다.

*
설교 분석 리포트
*
초판1쇄 — 2001년 3월 31일

*
지은이 — J. E. 아담스
옮긴이 — 김 의 종
펴낸이 — 이 규 종
펴낸곳 — 엘맨출판사
*
서울시 마포구 합정동 433 - 62
출판등록 — 제10 - 1562호(1985. 10. 29.)
*
TEL. — (02) 323-4060
FAX. — (02) 323-6416
e-mail — elman1985@hanmail.net
*
잘못된 책은 바꾸어 드립니다.
*
값 12,000원